普通高等院校经济管理系列规划教材

公共管理学

（第二版）

主　编　赵艳霞

副主编　尹景瑞　岳丽娜　王　颖

哈爾濱工程大学出版社
Harbin Engineering University Press

内容简介

公共管理学是公共管理一级学科的核心课程,同时也是公共管理专业学生的一门必修课程。本书系统介绍了公共管理的特性,内容涉及公共组织管理、公共政策分析、公共人力资源管理、信息资源管理、电子化政府、公共管理的新策略及公共管理的未来。本书既能反映公共管理理论的发展,也能提供实务上的最新发展及其趋势的特色信息。每章包括内容提要、知识结构图、引导案例、重要内容、核心概念、思考与练习、案例分析七部分,便于学生自主学习和拓展使用。

本书可作为高等院校公共管理类相关专业研究生、本科生的理论教材,也可作为相关专业人士的参考用书。

图书在版编目(CIP)数据

公共管理学/赵艳霞主编. —2版. —哈尔滨:哈尔滨工程大学出版社,2023.5
ISBN 978-7-5661-3920-7

Ⅰ. ①公… Ⅱ. ①赵… Ⅲ. ①公共管理-高等学校-教材 Ⅳ. ①D035

中国国家版本馆CIP数据核字(2023)第073715号

公共管理学(第二版)
GONGGONG GUANLIXUE (DI ER BAN)

选题策划 刘凯元
责任编辑 张 彦 田雨虹
封面设计 李海波

出版发行 哈尔滨工程大学出版社
社 址 哈尔滨市南岗区南通大街145号
邮政编码 150001
发行电话 0451-82519328
传 真 0451-82519699
经 销 新华书店
印 刷 哈尔滨市石桥印务有限公司
开 本 787 mm×1 092 mm 1/16
印 张 18.5
字 数 473千字
版 次 2023年5月第2版
印 次 2023年5月第1次印刷
定 价 60.00元
http://www.hrbeupress.com
E-mail:heupress@hrbeu.edu.cn

前　言

公共管理学是公共管理一级学科的核心课程,同时也是公共管理专业学生的一门必修课程,在整个公共管理学科知识体系中处于十分重要的地位。公共管理学不仅具有较强的理论性,还具有非常强的应用性。公共管理学在专业培养目标中的定位是:培养德智体诸方面全面发展,适应社会市场经济要求,能在政府部门及非政府公共机构从事公共事务、公共管理、公共政策研究与实务的应用型和复合型人才。通过公共管理学的学习,学生不仅能牢固掌握公共管理学的基础理论知识,深入了解公共管理的具体实践和改革发展趋势,而且会独立思考和解决公共管理实践中遇到的问题。

公共管理学科在内容上具有交叉性和综合性特征。公共管理学与管理学、政治学、经济学、法学、社会学和心理学都有密切的联系,它们在内容上有不少相通之处。从这个意义上说,公共管理学是一门综合学科。为此,公共管理学必须在坚持学科内核的基础上,广泛地吸取与利用其他相关学科的知识和研究成果,从而逐步完善学生的综合知识体系,培养和提高学生解决公共管理领域实际问题的能力。公共管理是一门应用性较强的学科,只有将所学理论与实践结合才能体现其意义。

公共管理学以公共部门的管理(以政府管理为重点)作为研究对象,自 1980 年以来,日益受到理论和实务部门人士的广泛重视。它不仅促进人们重新思考传统的公共行政的知识典范,而且激荡着现实世界中各国的政府再造运动。为了能够体现公共管理本身的特点和培养人才的需要,本书系统介绍了公共管理的特性,内容涉及公共组织管理、公共政策分析、公共人力资源管理、信息资源管理、电子化政府、公共管理的新策略及公共管理的未来。本书既能反映公共管理理论的发展,也能提供实务上的最新发展及其趋势的特色信息。

本书共十一章,第一章和第二章是公共管理的研究对象、方法及理论与实践发展;第三章至第十一章是公共管理主体、客体、管理流程和具体管理环节、公共管理的热点问题及未来发展趋势。

本书具体分工如下:赵艳霞对整个教材体系进行了确定,主要编写第一章至第八章;尹景瑞主要编写第九章;岳丽娜主要编写第十章;王颖主要编写第十一章。华北理工大学管理学院赵德信、杨正、王亚男、温晴、李思蒙对案例分析、资料收集、文稿校对做了大量的工作。

本书在编写过程中参考了部分教材、文献等,在此对书籍及文献的作者表示感谢。由于编者水平有限,书中难免有不足之处,恳请广大读者批评指正。

编　者

2023 年 2 月

目　　录

第一章　绪　　论

【内容提要】

20世纪70年代以来，顺应全球化和后工业时代社会治理的要求，在公共行政学的基础上，公共管理应运而生。20世纪80年代以后，随着世界范围内“新公共管理运动”的兴起，现代意义上的公共管理学突破公共行政学的视野和学科范式，脱颖而出，引起理论界和实务界的普遍关注，显现出独特的魅力。本章将围绕公共管理作为一门学科的基本问题来介绍和分析，从公共管理的背景到公共管理的内涵、特征及形成和发展，具体包括公共管理成为一门独立学科的依据，公共管理的特性、内涵、研究方法，以及现代社会对其的影响。

【知识结构图】

本章知识结构图如图1-1所示。

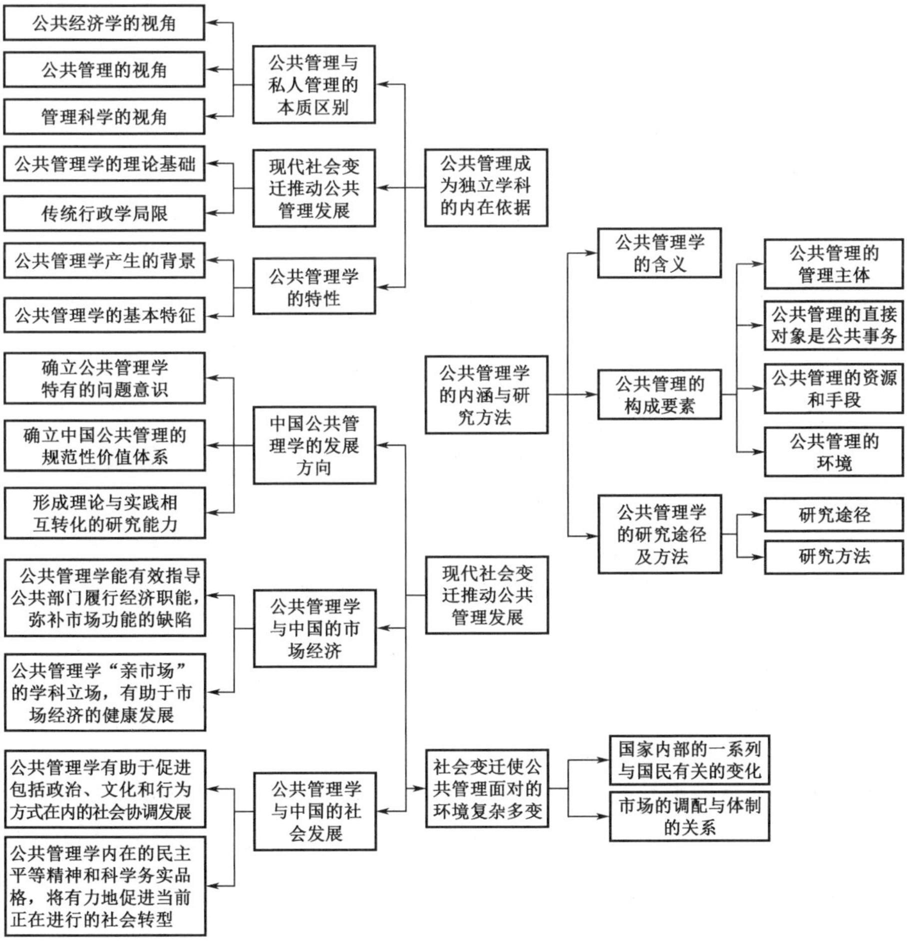

图1-1　本章知识结构图

【引导案例】

欧盟既想与中国加强贸易往来,又纠结“市场经济地位”

入世20余年,中国应得的市场经济地位呢?

相关资料表明,在中国应得的市场经济地位问题上,欧盟依旧很纠结。一方面,种种迹象表明,美国政府的贸易保护主义趋势令以德国为首的欧盟国家希望加强对华合作;另一方面,受困于欧盟内部各种代表落后产能的游说团体利益诉求,欧盟仍然无法做出快速决断。

在中国要求世界贸易组织(WTO)成立专家组就欧盟、美国对华实施反倾销“替代国”做法做出裁决,但要求遭到欧盟反对的情况下,中方商务部表示,要求WTO争端解决机构(DSB)会议再次考虑中方请求,届时专家组会自动设立。

2016年3月23日,时任商务部发言人孙继文表示,中方有信心世界贸易组织会做出公正裁决,也敦促欧方切实履行世贸义务,改变针对中国的歧视性反倾销“替代国”做法。

一、美日欧拒绝承认中国“市场经济地位”

按照《中国加入世界贸易组织议定书》(下称《中国入世议定书》)第15条(a)规定,在2016年12月11日后,WTO成员应停止对中国使用“替代国”反倾销调查措施,并以中国企业所上报的价格和成本为基础,定夺倾销幅度。

欧美等方早在2016年7月就表示,拒绝在12月自动授予中国市场经济地位。彼时中国表示,《中国入世议定书》第15条(a)(Ⅱ)到期并不要求成员自动授予中国市场经济地位,然而该到期要求各成员消除对中国在反倾销调查中所使用的具有歧视性做法的法律基础。

随后,在2016年12月12日,中国就欧盟反倾销“替代国”法律措施,提出WTO争端解决机制下的磋商请求。

2017年1月,中欧双方在日内瓦举行了磋商。孙继文在3月23日的例行发布会上表示:很遗憾,磋商没有解决中方关注。

同年3月9日,中方要求世界贸易组织设立专家组对本案进行审理。孙继文表示,3月21日,DSB会议首次考虑了中方请求,但欧方反对设立专家组。

欧盟方面的辩解主要同“时间节点”有关。欧盟表示,已经同中方解释过,欧盟的《基本规章》的第2条第7项第(b)款规定的有关措施正处于立法程序之中,且最终这些措施可能被撤销。

欧盟补充说,对中国“持续打击”欧盟正在进行的立法过程表示遗憾。中国的要求“显然是过早了”,为此欧盟只能断定,中国的目标就是干涉欧盟内部的立法过程,这对WTO成员来说,应该是一个得到“严重关切的问题”。

美国随后则提出对欧盟和其他国家在有关中国反倾销问题上,继续使用“非市场经济方法论”方面的支持,并指出中国在诸如钢铁等方面仍对国际贸易系统构成扭曲。而WTO规则允许成员利用非市场经济的方法来解决中方在价格和成本扭曲方面的问题,WTO争端解决制度也不能改变这些权利。

日本在此次磋商中同样表示,在普遍意义上支持欧盟和美国的立场,并分享他们的关切。

二、纠结的欧盟

纠结的欧盟举棋不定。为预防美国政府在贸易上的保守立场,欧盟正在为与美国发生贸易战争的可能性做准备,并考虑同中国加强贸易往来的可能性。

然而欧盟也必须倾听其区内包括钢铁业在内的利益群体诉求。此前德国慕尼黑经济研究所(IFO)的数据指出:如果中国得到市场经济地位,欧盟对华的反倾销税有可能降低17%~28%,这将直接影响到欧盟的生产和就业。

不过通过多份报告可以清晰看出,所谓中欧之间的反倾销争端并不广泛,且仅仅集中在几个特定领域和特定国家之中。在争端出现的领域方面,在化学产品和金属制品领域反倾销案件十分集中;而反倾销争端较为集中的国家,又以法国、德国、意大利以及西班牙为主。

美国众达律师事务所布鲁塞尔合伙人安东尼(Renato Antonini)对第一财经记者表示,中欧市场经济地位之争的最佳结果是:欧盟授予中国市场经济地位,并确保对欧盟重点行业的长期保护;而通过 WTO 争端解决机制,争端解决的结果会提供一个明确的答案。

思考:如何理解公共管理学与中国市场经济的关系?

第一节　公共管理成为独立学科的内在依据

公共管理是关于以政府为核心的公共部门处理公共事务,提供公共产品和服务的活动。公共管理学的研究对象存在于公共生活领域之中。对于公共管理可以有三种理解:一是广义的公共管理,由于有人类社会就有公共生活及其管理,因此,最广义的公共管理可以追溯到早期的人类社会;二是比较狭义的公共管理,指发端于 19 世纪末的行政管理学或公共行政学;三是严格意义的公共管理,即滥觞于 20 世纪 70 年代,兴于“新公共管理”运动,也就是本书所指称的公共管理。迄今为止,尽管人们对于什么是公共管理,在总体上还处于一种众说纷纭的状态,在许多基本问题上没有形成共识,公共管理学理论基础、研究范围和研究重点也还在变化和发展之中,但公共管理成为一个独立的实践和研究领域存在的必要性,公共管理学作为一门独立学科的理论和实践价值已越来越为人们所认识。

随着科学技术的迅猛发展、社会的加速进步,以及人类生活的公共领域不断扩大、地位不断上升,公共管理的重要性显得越来越突出,同时,旧有的以行政学为代表的管理理论、原则和方法受到越来越大的挑战,迫切需要进行变革和创新,以适应社会发展的需要。这表明,认真学习并大力发展公共管理学,是时代的客观要求,也是社会不断走向文明的必然。

一、公共管理与私人管理的本质区别

(一)公共经济学的视角

公共经济学(Economics of the Public Sector)也称政府经济学、公共部门经济学。西方经济学把所有经济主体分为两大类,即公共部门、私人部门,前者是指政府及其附属物,后者

是指企业和家庭。无论是政府还是企业和家庭,都以各自的方式参与国民经济的运行,影响着国民经济的发展。但它们的行为方式和目的却不一样。企业和居民(家庭)以实现利润最大化为目标,有强烈的利益动机,行为方式也自然是以有利于自己的方式进行;政府却与此不同,它主要是为了社会目标而存在。当然政府的经济活动不能完全忽视收益和成本,但它更多的是考虑社会公正和公平。市场由于信息不对称、公共产品、垄断、外部性等原因会出现失灵的现象。弥补市场失灵的重担自然就落到了政府的身上,政府可以弥补市场的失灵与不足。在市场经济的作用下,政府的作用主要表现在:提供公共服务、维护市场秩序、影响收入分配、优化资源配置、稳定宏观经济等。

公共管理与私人管理有何不同?

第一,公共管理与私人管理的使命不同。公共管理是为公众服务,追求公共利益,而私人管理以营利为目的。

第二,与私人管理相比,公共管理的效率意识不强。

第三,与私人管理相比,公共管理尤其是政府管理更强调责任。

第四,就人事管理方面而言,公共组织尤其是政府中的人事管理系统比私人组织中的人事管理系统要复杂和严格得多。

第五,与私人管理不同,公共管理包括广泛而复杂的政府活动,其运作是在政治环境中进行的,具有明显的政治性或公共性的特征。

西方国家以"企业型政府"为核心理念开展的改革,正好与中国开始从计划经济向社会主义市场经济转轨的改革同步。东西方政府改革的这种巧合,说明世界各国在公共行政管理改革中面临的许多问题都是共同的,如西方国家饱尝了福利国家的恶果,而中国则受计划经济的束缚。面对不同的问题,大家都选择了市场化导向的变革,因而,我们可以从"企业型政府"理念的特征和实践中吸取有益经验。具体来说,"企业型政府"对我国行政改革的借鉴意义主要体现在以下几点。

(1)把一些科学的企业管理方法,如目标管理、绩效评估、全面质量管理、战略管理等引入公共行政领域,把企业适应市场需求、重视顾客反馈,讲究成本核算的精神引入政府行政管理之中。这不仅可以更为科学地衡量管理人员的工作业绩,提高其责任感,同时对提高政府工作的绩效也有积极的促进作用。

(2)破除"官本位"的传统观念,确立为民众服务、为纳税人服务的理念。我国政府是人民政府,应以"人民高兴不高兴,人民答应不答应,人民满意不满意"作为政府施政的目标,因此,应改变传统体制下政府过分强调生产者、监督者、控制者的角色,把为人民服务落到实处。

(3)适度授权基层部门和基层管理人员,鼓励公众参与决策和管理,激发他们的创造精神、参与意识和责任感。

(4)将竞争机制引入公共服务领域,如实行"竞争性招标"、政府部门之间竞争等,以打破政府的垄断,提高公共服务质量。

(5)更好地发挥市场机制的作用,在加强宏观管制的同时,开放一些公共服务市场,鼓励私人投资和经营公共服务行业,从而改变我国长期以来在基础建设中存在的"瓶颈"现象,以提高我国政府在公共服务领域,特别是基础设施行业的管理效率和水平。

值得指出的是,我国在借鉴"企业型政府"理论时,还应当充分考虑改革理论和措施的环境适应性问题。例如,"企业型政府"强调缓和规制,强调分权与授权,但缓和规制和分权的前提是完备的法制社会、公民强烈的法制意识和有效的司法监督。我国目前还不具备这样的条件,我国目前的法律、法规、条例还远不像西方国家那样多到数不胜数的地步,执法也远未达到西方国家“合法不合情”的地步,因此不能盲目照搬。加快法制建设步伐,严格执法,依法行政,加强对各行政主体的监督制约机制,避免产生监督制约的真空无疑是必要的。总之,我国在借鉴“企业型政府”理论时,不可全部照搬,而是应保持清醒的头脑,采取科学的态度。

(二)公共管理的视角

公共管理有何特质,也就是说与私人部门管理在哪些方面有区别,这一直是一个有争议的问题。从规范理论的角度来看,强调公私管理之间的区别以及联系,对于理解公共管理的特质是十分有益的。

从现实来看,公共部门与私人部门的界限尽管不是那么明晰,但是二者皆为整个社会不可或缺的组成部分,公域和私域往往是相连的和互动的。但是以政府为核心的公共部门与企业管理毕竟是两种不同类型的组织和实体,其组织性质决定了二者之间存在着本质的区别,反映在组织管理和运作中,不可避免地会出现差异。现将二者的差异分析如下。

1. 政治权威与经济权威

公共管理是一种活动,这种活动在本质上是国家的活动。公共管理不可避免地包括政治权威的作用,也存在着非权威的作用。公共管理的主体为政府。波兹曼认为公共管理就是对政治权威的管理,这说明了公共管理的本质。政府虽然是公共服务的提供者,但也是政治权威的执行者,所以许多公共管理活动本身就有强制性,当有违反法令的事情发生时,其便可以在职权范围内依法予以处理,而其他组织不具有这种权力。

私人部门或组织的管理,在很大程度上也是权威的行使,但这种权威是市场的权威或经济的权威。这种权威非制度与法律所授予,而是来自经济性的市场力量,这种权威往往不能以国家强制力为后盾。

2. 多元制衡与自主性

公共管理是在民主宪政的框架下进行的。在民主宪政国家,公共管理的权威是割裂的。政府部门虽然较重视层级节制的权威,但大多数情况下,它仍然处于各种政治力量相互作用的环境中,因此,公共管理的过程充满了政治气氛,使公共管理的自主性受到影响。

私人管理,固然也受到各种权威以及政治环境的影响,但这种影响与公共管理不可比拟,因而,私人管理有相对充分的管理自主权。

3. 公共利益与私人利益

就公共利益而言,政府具有促进和实现公共利益的义务及责任,这是公共管理区别于私人管理的一个重要特征。公共管理应当将公共利益作为自己行动的出发点,当代公共管理的一个核心议题就是如何保证政府及其管理者能够代表并回应公共的利益。

相反,私人组织和部门往往是个人利益最大化的追求者,经济利润不仅仅是其管理的底线,而且往往被视为具有积极的经济和社会价值,当然,私人企业对经济利益的追求不能损害社会中其他人的权益。

4. 法的支配与意思自治

政府部门可以依据不同的具体情况采取不同的行政行为,但是应在法律规定的范围内,受到法的支配。这是法治国家的基本要求和原则。随着社会的发展,在现实管理中政府拥有广大的自由裁量权,并发展有"行政保留权",但法治政府的基本内核并没有发生根本性的改变。

对于私人管理,相比较公共管理的严格受法的支配而言,其更多遵循的是契约自由和意思自治,拥有高度的管理裁量权,其内部管理和外部的交易活动完全可以按自己的意思而为之。

5. 政府与市场

政府与市场是现代社会的两大控制体系,公共管理与私人部门管理的一个重要区别之处就在于政府与市场的区别与差异。与企业组织不同,政府提供的产品以及服务往往面对的不是自由、竞争性的市场。具体而言,这种差异表现在以下几方面。

其一,垄断与市场。私人部门提供的产品和服务,多有竞争者;而公共部门提供的服务,往往只有一家,因此公共部门通常缺乏竞争的压力。

其二,公共产品与私人产品。政府部门提供的是公共产品或准公共产品,这些产品和服务具有不可分割性和非排他性;而私人部门提供的产品和服务为私人产品,是可以分割和排他的,价格也是可以衡量的。

其三,自由与依赖。消费者在购买私人产品时,可以自由选择;而公共部门所提供的产品和服务公民没有自主决定的权利。

其四,利润与支持。私人部门大都以利润为导向,而利润的多少取决于顾客的满意度,顾客导向很容易成为其经营目标;而政府往往缺乏服务的动机。

其五,多元理性与经济理性。公共部门处在各种社会力量作用的中心,公共管理事实上也承担着社会价值权威性分配的职责。在这个利益和价值多元化的社会,政府往往需要在多元的甚至是冲突的利益和价值之间做出平衡与选择,强调市场机能、强调大规模使用企业管理的哲学与技术、强调顾客导向的行政风格。新公共管理代表着现实世界中人们持续不断改进政府,实现理想政府治理的一个努力方向。它是否意味着政府治理的一个新典范时代的到来,现在下结论还为时尚早。

(三)管理科学的视角

公共管理与私人管理有什么区别?管理科学的发展表明,现代人力资源管理在企业管理领域成就突出,同时以企业家精神改造政府部门、建立企业型政府也成为学术界的一种潮流。但政府和企业毕竟是两种类型的机构组织,二者之间存在界限。前者是公共机关,后者是经济部门。企业的动力通常来自竞争,政府则来自种种垄断。企业领导者的行为动机是获取利润,政府领导者的行为动机是连选连任。企业的大部分收入来自顾客,而政府的大部分收入则来自纳税人。这一切决定公共部门与私人部门在人力资源管理方面必然存在区别。

1. 价值取向差异使管理目标不同

公共管理追求的是公共利益,政府以公众委托人身份提供公共产品。对政府行政人员的管理是为了最大化地为社会利益服务,而私营机构则多是营利单位,追求效率、效益是其基本的价值取向。公共部门的财政来源是税收,这决定其工作人员的行为要对公共利益负责,而企业只需对领导者利益、企业自身利益负责。因此,公共部门的人力资源管理必须考虑政治价值;企业人力资源管理首先考虑的不是政治回应性与社会公平,而是经济生活中的交换与回报,其人力资源管理则主要考虑的是谁进入企业将最有利于企业的发展。政府系统的人力资源管理部门必须注意其透明化程度、公众的接受程度，必须面向社会，承受社会的压力；企业人力资源管理部门只听命于领导者，领导者完全可以决定员工的任命与使用，对员工的需要通过专业化的工作分析获得，并通过职位说明书及培训计划等充分展现出来，录用和解雇员工时较少考虑外部压力，政治责任与社会责任相对缺失。企业的管理活动服从于其决策层的意志，无须对社会公众公开，其操作过程也经常是隐蔽、不公开的。

2. 管理对象行为取向的不同

在公共部门中工作的员工，其行为有一种保守趋向，倾向于“明哲保身，不求有功，但求无过，好自为之”的心态。在企业组织中的员工更加趋向于要富有创造性，这与公共部门组织强调稳定性有关。作为政府系统的人力资源管理部门必须能从根本上保障政府运作的稳定，进而维护社会的稳定，这是政府人力资源管理须遵守的基本价值取向。公共部门的组织成员要受更多规章制度的限制，强调严格遵守规则，势必使成员或多或少地变得墨守成规和强求一致，组织成员的工作具有更多“非人性化”的特征；行政人员多半带有官的味道，人们的着眼点在于其行为是否符合规范而不是其什么行为能给组织带来最大的贡献。

可以说，理性官僚制的弊端在行政组织中比在企业组织中体现得更加明显，帕金森定律①更容易在公共部门中发挥作用，这也可以说是现代人力资源管理制度难以在公共部门建立的原因。在以工作成果或工作目标为导向的私人组织中帕金森定律是不会发生作用的，私人企业部门以“效率”为首要追求目标，对利益追求其永恒性，使得私营部门成为最具创新精神的部门。试想，如果一个部门的领导对利润负责、对成本负责，他怎么会找两个助手去做毫无意义的事呢？

3. 公共部门与私人部门对员工任职资格的要求差异

前面一点强调作为载体的公共部门与私人部门组织本身特点对人力资源的影响，这是由公共部门本身的政治性决定的。作为行政部门总是不可避免地和政治联系在一起，行政与政治是不可能完全分离的。当前公共部门政府公务员招考信息对应聘人员任职资格中公务员对宪法及法律以及对党和国家所具备的忠诚，是制度化的要求。公务员的道德素质被排在前面，能力素质一般包括知识、技能和行政职业能力。在当前的情况下，对于公务员的绩效管理实际上并不是政府的第一目标，尽管口头上很多政府都将之称作第一目标。

在私人部门，雇主首先要求雇员具备必要的专业能力。专业能力是指对专业的熟悉程度，处理专门业务的技巧和能力。对于下属的道德素质要求相对要淡化一些，雇主们还希望员工更具有创造力，这意味着雇员可能带来更高的效率和更多的财富。当然这并不意味着私人部门完全忽视员工的道德素养，只是道德素质考察的困难使企业领导更加注重可以量化的指标，如专业能力方面。在私人部门，雇主以雇员是否损害雇主的根本利益为第一道德标准。一个有能力但道德水准一般的人，有时是能被雇主容忍的。一般来说，私人部门的领导们不会对雇员提出过多的道德要求。

4. 公共部门与私人部门人力资源管理重点的不同

人力资源管理可以分为选人、用人、育人、留人四个方面。相对而言，公共部门在人力资源管理中比较关注人力资源选取环节；而私人部门则更重视人力资源的开发环节。公共部门对于人员的招募录用是较为重视的，有时公共部门对于人员的雇用要受制于外部压力，同时公共部门绩效评估的困难会导致公共部门比较忽视内部人力资源的开发环节和绩

① 帕金森定律（Parkinson's Law）是官僚主义或官僚主义现象的一种别称。

效评估环节。直到今天,我国尚没有对政府公务活动进行全面系统的工作分析,没有制定出科学、规范的职位说明书。私人部门基于绩效的考虑,更注重人力资源管理的开发功能,员工的培训、教育与发展方案设计和绩效评估及员工的职业生涯规划成为人力资源管理者的重要工作。在企业组织中,绩效评估标准是确定的,指标是可以量化的,员工对人力资源的开发、自身专业能力的提高也更为重视。总之在当前的情况下,公共部门人力资源管理具有更多的传统人事管理的特征;而在企业中,把人视作使组织在激烈的竞争中脱颖而出的关键性因素,致力于使人力资本增值并为企业创造更大的效益。

5. 公共部门与私人部门适用法律方面的差异

政府公务员的行为多是行政执法行为,公务员的行政行为以行政执法为第一要义,对法律责任的关注始终居于第一位,选择主动性、创造性行政行为的责任风险或法律风险就会相应加大,这也是公务员的行政行为总是趋向于保守的重要原因。企业则是为追求经济效益而生长的组织,以效率为中心制定员工的行为规范,有时这些行为规范可能是与法律规范相冲突的,当企业利益与法律规范相冲突时,要积极采取规避措施。在个人利益保障方面,企业适用《中华人民共和国劳动法》界定劳动关系,《国家公务员暂行条例》是公务员必须遵守的基本法律规范。公务员的个人权力较容易得到保障,而劳动法对劳动关系的规定比较原则性,企业必须依此制定更加具体的管理规范。由于雇主地位的非对等性,企业容易制定有利于雇主的规则,就存在企业员工的个人利益难以得到充分保障的可能。例如,政府淘汰公务员比较困难,而企业组织淘汰一个员工有时只需老板的一句话。

以上就是对于公共部门与私人部门人力资源区别的一些分析,认识到这些区别,有利于分清政府行为与企业行为,也可以正确认识现代人力资源管理制度在公共部门建立的难度,在公共部门建立现代人力资源管理制度要充分考虑公共部门的特殊性。

二、现代社会变迁推动公共管理发展

(一)公共管理学的理论基础

现代社会由政府、市场和社会构成,它们分别通过行政机制、市场机制和社会机制共同推动社会的发展。发展公共事业是国家的重要职能。在现代社会,政府是公共事业管理最重要的管理主体。此外,公共事业是经济和社会发展的载体,它直接关系到社会公共利益,关系到人民群众的生活质量。从某种意义上讲,社会公共事业是社会公共需求不断增长的产物。公共事业是指那些面向全社会,以满足社会公共需要为基本目标,直接或间接为国民经济和社会生活提供服务或创造条件,并且不以营利为目的的社会活动。正确认识这种变化的需要,构成了推动公共管理作为一门学科建立和发展的原动力。具体来说,在推动公共管理作为一门学科发展方面,公共领域中的如下变化发挥了重要作用。

1. 公共物品的需求和供给在稳定地扩大

在经济学中,通常使用公共部门来表示政府预算维持的各类经济活动。因此,用政府预算收入与支出决定的公共部门规模,可以粗略地反映一国政府对公共物品的需求日益扩大,政府公共支出具有随经济发展而不断增长的趋势。以政府支出占国民生产总值或国内生产总值的比重为例,在 1880 年至 1985 年的 100 余年,六个主要工业化国家上述比重的平均水平由 10%上升到 47%;低收入国家和中等国家的政府支出占国民生产总值的比重,也在 1986 年分别达到 23%和 27%。

2. 社会生活中的公共事务日益增加

在现代社会,科技革命和全球化使整个社会生活结合得越来越紧密,与每个社会成员生存和发展息息相关的公共事务也日益增加,既有与可持续发展有关的重大问题,如环境保护问题、资源合理开发和使用问题、人口控制问题等;也有维持宪政秩序和社会安全,回应科技革命和全球化挑战,提高社会经济和政治体制对于社会治理的有效性问题,改善政府和其他公共组织的问题;另外,还有文化、教育、福利、市政、公共卫生、交通、能源、住宅、失业、犯罪等方面的问题。

3. 公共管理所面临的环境更加复杂多变

随着科技和经济的发展,在工业化、城市化和社会信息化的进程中,出现了大量的新情况和新问题,公共管理的环境呈现出多元、复杂、动荡和多变的特点,这就对公共管理提出了更高的要求,也使得传统的公共管理——政府治理面临着力不从心的感觉。这种格局不仅要求整个社会对公共管理投入更多的关注,而且要求公共管理跳出旧有的治理框架,寻找新理论、新思路、新手段和新方法,从而改变公共管理不适应社会需求的局面。

(二)传统行政学局限

1. 理论框架局限

行政学的理论基础主要由政治学和理论学两者构成,其中行政学与政治学渊源最深。在经历了一段相当长的重合期后,行政学才从政治学中分离出来。伍德罗·威尔逊在 1887 年发表的《行政学研究》是行政学学科走向独立的标志。威尔逊主张行政不应是政治的附庸,而应从政治中独立出来,成为专门的研究领域。但是,行政学既然以政府管理作为研究内容,就注定无法独立于政治学,因为“政府”本身就是一个政治学范畴。行政学在威尔逊以后一百多年的发展中,一直与政治学保持着时亲时疏、若即若离的关系,政治学所具有的规范取向是行政学始终无法回避的问题。从“行政管理学”的名称本身可以看出,人们在相当程度上把行政学作为管理学的一个分支学科来看待,将其视为一门特殊的管理学科,即行政的管理学。但是,将管理学原则贯彻到底,采取一般的工具取向,使公共行政类同于一般管理的研究,又会抹杀公共领域特有的政治文化价值。显然,如何在规范取向和一般工具取向中找到契合点,同时,冲出政治学和管理学的藩篱,将政策分析、社会学,尤其是当代经济学等学科纳入自己的理论基础和研究方法论体系中,是研究当代公共管理学科所需要解决的重要问题。

2. 管理主体局限

行政管理明确地将管理主体定为政府或国家行政机构,有学者更是将行政管理学称为政府管理学。诚然,现代政府作为全体社会成员共同利益的代表,通过民主程序产生,其权力得到公众的广泛认同,具有合法性和强制性。在社会生活中,政府负责承担公共服务的主要责任,无疑是最重要的公共管理主体。但是,将公共管理的主体局限于政府,将难免失之狭义。事实上,随着社会生活的复杂性和多样性,社会公共事务也日益呈现多样性的特点。为了有效弥补政府功能的不足,保证社会生活的正常进行,人们在政府之外组建了各种非政府的公共组织。这些非政府公共组织已逐渐成为公共管理的重要组织形式。这些组织广泛分布于教育、科学研究、文化艺术、医疗保健、社区服务、咨询、行业协会、消费者保护等领域,其从政府获得授权进行公共管理,与政府一起努力提供公共产品,维护社会公共利益。因此,研究它们在公共管理中的作用和活动规律是很有必要的。同时,即使是对于政府主体,也存在着依据时代的要求,进行研究视角和研究主题创新的问题。

3. 管理理念与手段局限

现代公共管理是在市场经济条件下的管理。公共部门如何在与市场、企业和社会的关系中,确立科学的管理理念和切实有效的管理手段是一件至关重要的事情。由于传统行政学的核心管理理念可以概括为“全能的政府以行政的手段实施全面管理”,这就在管理主体上排除了非政府主体的参与,在管理任务上将规则制定、监管与直接管理混为一谈,在管理手段上排斥私人部门成功的管理手段和竞争机制,使机构臃肿、效率低下、运转不灵、官僚主义盛行、腐败现象丛生成为难以克服的顽症。因此,从根本上突破行政学在管理理念和手段上的局限,成为公共领域管理发展的内在要求。

4. 管理对象与目标局限

行政管理学将管理对象确定为两类:一类是政府本身,包括人员、体制以及过程;另一类是政府管辖范围内的公共事务。在这两类管理对象中,行政学注重的是内部管理,关注的焦点是行政秩序和行政效率,然后才是属于政府管辖的传统事务。但行政学忽视了行政与外部环境的关系;忽视了行政作为一个系统对“外部”公共事务的作用力;也忽视了传统上不属于行政学管理对象的社会公共事务,如公共环境、公共伦理、绩效评估等。

三、公共管理学的特性

(一)公共管理学产生的背景

公共管理学是时代的产物,其产生的时代背景包括以下几个方面。

1. 西方国家摆脱困境的需要

(1)政府角色膨胀和规模扩大引起民众的不满。

(2)经济衰退和财政压力的加剧。

(3)社会问题与政府不可治理性的增加。

2. 科技革命和全球化的浪潮

(1)科学技术革命是公共管理学产生和发展的重要推动力量。

(2)全球化是公共管理学产生和发展的另一推动力。

3. 政府管理和民主制度方面的矛盾

(1)以马克斯·韦伯提出的“韦伯的层级官僚制理论”①官僚制思想为基础的行政体制难以适应时代的要求。

(2)西方国家民主的现状难以满足民众的“民主需求”。

公共选择理论的代表人物詹姆斯·布坎南等人,对这一现代西方国家制度在政治运作层面的基本矛盾进行了详尽分析。20 世纪 80 年代以来,为了改善西方国家民主制度的缺陷和弊端,民众纷纷提出了新的民主要求,概括起来有以下几个方面:

其一,民主应直接参与公共服务的管理过程;

其二,公民既能控制政治家,又能控制官僚;

其三,国家应解决特殊利益集团对政府决策的控制;

① “韦伯的层级官僚制理论”是指一种以“分部—分级”“集权—统一”“指挥—服从”等为特征的组织形态,也是现代社会实施合法统治的行政组织制度。

其四，国家应寻找解决西方民主运作过程中深层次矛盾的途径。

（二）公共管理学的基本特性

1. 公共管理的基本要素

（1）公共管理的主体是多元的，包括社会公共组织和社会其他组织两大类。

（2）作为公共管理客体的社会公共事务表现不断扩展的趋势。

（3）公共管理的目的是推进社会整体协调发展和增进社会公共利益实现。

（4）公共管理的职能是调节和控制。

（5）公共管理体制和手段面临创新的迫切任务。

2. 公共管理的特点

（1）公共管理是一个整合性的概念。公共管理在"什么"（What）与"为何"（Why）层面上沿袭公共行政或公共政策，而在"如何做"（How to do）做的层面上沿袭企业管理。

（2）公共管理在并不改变公共部门公共性的前提下，将私人部门的管理手段运用于公共部门。

（3）公共管理重视与外部环境的关系，强调以最高管理者的战略设计、政策设计为核心。

（4）公共管理不等于"政府管理"，而意味着一种新治理。

（5）公共管理强调价值调和与责任，重视 4E，即经济（Economy）、效率（Efficiency）、效能（Effectiveness）、公平（Equality）。

（6）公共管理关注和重视政府改革与再造。

（7）公共管理是一个不同学科共同参与的研究领域。

3. 公共管理学的特点

（1）鲜明的实践导向性。

（2）理论上的包容性。

（3）学科的先进性。

第二节　公共管理学的内涵与研究方法

一、公共管理学的含义

公共管理从产生意义上讲是公共组织的一种职能，包括以政府为主导的公共组织和以公共利益为指向的非政府组织（Non-Coverment Organization，NGO）为实现公共利益，为社会提供公共产品和服务的活动。现代公共管理与传统管理的区别集中体现在是否将目标定位在公共利益上，公共管理不仅为社会提供高效、优质服务，而且更应当强调社会公平，因为社会公平是作为分配的公共服务的法律和现实基础。

公共管理学是一门运用包括管理学、经济学、政治学在内的多学科的理论和方法，研究公共管理部门和公共管理过程及其规律性的科学；是关于促进以政府为核心的公共组织更有效地提供公共物品和公共服务，以增进和公平分配社会公共利益的知识体系。

公共管理学是时代的产物，其产生的时代背景包括西方国家摆脱困境的需要、政府角色膨胀和规模扩大引起民众的不满、经济衰退和财政压力的加剧、社会问题与政府不可治理性的增加、科技革命和全球化浪潮、科学技术革命是公共管理学产生和发展的重要推动力量、全球化是公共管理学产生和发展的另一推动力、政府管理和民主制度方面的矛盾、以韦伯官僚制思想为基础的行政体制难以适应时代的要求、西方国家民主的现状难以满足民众的"民主需求"。

公共管理学与中国社会发展的关系主要有公共管理学有助于促进包括政治、文化和行为方式在内的社会协调发展;公共管理学内在的民主平等精神和科学务实品格,将有力地促进当前正在进行的社会转型。

二、公共管理的构成要素

(一)公共管理的管理主体

公共管理的主体包含两大形态:公共组织和个人。其中公共组织又可以分为政府和非政府公共组织。政府是公共管理的主要组织依托,具有合法性和强制性,提供公共服务是政府的主要责任。随着社会生活的复杂化和多样化,为了有效地弥补政府功能的不足,非政府公共组织或非营利组织也逐渐成为公共管理的重要组织形式。非政府公共组织是指不以营利为目的,服务社会公众的非官方性公共组织。以个体形态出现的公共管理主体包括三种类型:领导者、管理者和被管理者。由于领导者在指挥、协调和激励被领导者实现公共组织目标方面发挥着核心作用,公共管理对公共组织的领导者在思想品德、文化水准、领导能力、心理品质和身体素质等方面都有特殊要求。管理者则是因担任了职位而拥有合法权利的人。根据在公共管理活动中地位与作用的差异,可以将公共组织中的管理者划分为决策者、执行者、监督者与参谋人员等不同角色。公共组织的管理活动是一个动态过程,其中管理者与被管理者只是一种相对静态的区分。一方面,社会公众作为公共管理的基础性主体,创建了公共组织,并从社会基本面上规定着公共管理活动的取向;另一方面,公众又是公共管理中的被管理者,其个人利益又必须以集体利益为依归,服从公共组织的管理。

(二)公共管理的直接对象是公共事务

公共事务涉及的范围极为广泛,从人到物,从有形的制度到无形的精神,可以说无处不在。公共事务的广泛是与公共领域的广阔性和公共管理活动的宽泛性相吻合的。在公共事务中,公共组织的构成和运行,公共问题的加剧和列入议事日程,公共物品的生产和供给,公共政策的制定和执行,公共服务的品质和绩效,都是公共管理的重要议题。

(三)公共管理的资源和手段

公共管理的过程,是公共管理机构凭借组织相应的资源、调动必要的手段,实现管理目标的过程。与私人部门最重要的资源是资金迥然不同,公共管理最重要的资源是合法性,包括合法地组成公共组织和成为管理者,合法地进行管理,以及被管理者对管理者及其行为人的认同。在公共管理的具体资源构成中,强制力和税收能力尤其重要,前者是维护基本公共利益不受侵害的政治保障,后者是支付管理成本、实施公共管理项目的物质基础。与私人部门有限资源一样,公共管理的资源也是有限的。如何有效利用资源,以及获得尽可能大的社会收益,也是公共管理需要认真对待的一个问题。

公共管理的手段是多种多样的，但基本的手段是制定和执行公共政策。公共管理的过程可以具体地表达为公共政策的制定、修改和实施，一项具体的公共政策实施后达到了预期的效果，相应的管理过程也就结束了。

（四）公共管理的环境

任何公共管理总是在一定的环境中进行的。一方面，特定的环境决定了公共管理的特定性质、目标和方向，也决定着具体管理的实施；另一方面，公共管理的过程也是能动改造公共管理环境的过程。因此，公共管理环境是公共管理的重要构成要素。在公共管理的宏观环境分析中，人们用得较多的是以内容为标准而划分出的政治环境、经济环境、文化环境、自然环境、国际环境等。由于公共管理环境具有复杂性、差异性和变动性，因此，对于环境的正确分析是实施有效公共管理的基本前提。

三、公共管理学的研究途径及方法

（一）研究途径

美国著名学者波兹曼认为，公共管理学研究可分为以下两种途径。

1. 公共政策途径

公共政策途径（Policy Approach，P 途径）主要来自公共政策学院，强调学习实践者的经验，重视吸取经验教训并加以传播，促进政治执行官与资深管理者的对话。P 途径强调的是与政策分析的渊源，认为公共管理必须与公共政策的形成和制定密切相关。但 P 途径的公共管理对政策分析强调的是计量分析，与经济学的应用的思路不同，更看重政治和管理的层面。

具体地说，P 途径的公共管理有如下特征：一是着眼于高层管理者以及他们所进行的政策研究；二是重视非量化和实务的取向，推崇通过个案研究来发展相关知识；三是强调与政策分析结合，进行具有前瞻性、规范性的理论研究。

2. 企业管理途径

企业管理途径（Business Approach，B 途径）主要来自商学院，强调以研究理论为主要方向，应用和融合不同学科的理论、方法和技术，发展一种以公共管理与私人管理相比较为基础的综合框架，注重战略管理，关心过程问题，把焦点集中在职业化的公共管理者而非政治执行官身上。B 途径重视的不再是内部行政管理的机制与过程，而是受管理主义的影响，主张效法企业，以企业管理的方法来提升公共部门的服务质量，新公共管理思潮是其代表。

B 途径的管理特征有以下几方面：

第一，偏爱企业管理的原则；

第二，对公、私部门的差异不进行严格区分；

第三，除了重视策略管理及组织间的管理外，还强调对公共管理的过程进行管理；

第四，在研究方法上也偏爱诸如实验设计之类的量化方法。

与 P 途径的公共管理相比较，目前 B 途径的公共管理在学术界和事务界更具影响力。

（二）研究方法

公共管理学的研究方法是研究主体认识公共管理这一研究对象的本质和规律所采用

的思路与程序,是研究主体把握公共管理这一研究对象的途径、方法、手段和工具的总和。其所要解决的是“怎样才能正确认识公共管理”这个问题。由于作为公共管理学研究对象的公共管理极其复杂,使得研究主体对公共管理的研究不可能仅仅采用某一单一的方法就能达到研究的目的。因此,众多的公共管理学研究方法就构成了公共管理学的研究方法体系。

公共管理学的研究方法体系,是指公共管理学的研究主体为实现特定的研究目的,在研究公共管理的本质和规律时所采用的一组相互联系、相互作用、相互制约的特定方法,这些方法共同构成了一个有机整体。

公共管理学的研究方法体系具有鲜明的层次性特征:第一层次是公共管理学研究的方法论,它是研究主体认识和研究公共管理的根本方法,从最本质的基础上揭示了公共管理学研究方法的根本特质;第二层次是公共管理学研究的一般方法,它是研究主体进行公共管理学研究的基本思维原理和分析方法;第三层次是公共管理学研究的具体方法。每一学科都有其自身的特点和研究对象,否则该门学科就难以独立存在,而与公共管理学的研究特点和研究对象紧密相连的方法,就是公共管理学研究的具体方法。

1. 公共管理研究的方法论

公共管理学研究的方法论作为公共管理学研究方法体系中的最高层次,是公共管理学研究的哲学基础,是最抽象、最具有普遍指导意义的根本方法。因而,它对公共管理学研究方法体系中的其他层次的方法具有指引与导向的功能。也就是说,在公共管理学研究方法的运用中,方法论运用的正确与否,直接影响着公共管理学研究的方向问题,只有有了正确的指导方法,公共管理学的研究才会有事半功倍的效果。

公共管理学的方法论包括两个层面:一是马克思主义哲学方法论;二是马克思主义哲学方法论在第一层次上的进一步的具体化,即亚哲学方法论——广义系统理论方法。

马克思主义哲学方法论包括唯物辩证法、历史唯物主义和马克思主义认识论三个组成部分。其在公共管理学研究方法体系中的作用:一是从方法论本身看,唯物辩证法、历史唯物主义和马克思主义认识论三者互为条件、互相依存、互相转化,把马克思主义哲学转化为方法论的“合力”,使得每一个从事公共管理学研究的研究主体总是在有意或是无意之中接受其指导;二是马克思主义哲学方法论为每一个从事公共管理学研究的研究主体提供了一种认识公共管理学本质与规律的方法模式,且这种方法模式会逐渐潜移默化地内化为公共管理学研究主体的基本方法意识,并最终成为其研究的固有思维习惯,从而自觉地接受马克思主义哲学方法论的引导。

马克思主义哲学方法论的亚哲学方法论——广义系统理论方法,是以现代科学的最新发展为基础所提出的新概念、新原理和新方法,是对马克思主义哲学方法论的进一步深化和丰富,从而使得公共管理学的研究主体在认识公共管理学的本质与规律上,能够更好地把握马克思主义哲学方法论的基本精神。广义的系统理论包括老三论、新三论和狭义的系统理论方法。

老三论即系统论、信息论和控制论,它是以系统论为核心,将每一研究对象视为一个由若干个要素组成的相互作用、相互关联的有机整体和一个不断进行物质、能量和信息交换的开放系统与控制系统。它要求在公共管理学的研究中,从整体系统观点出发,将公共管理学视为一个开放、交换的良性循环的学科系统:一方面,与相关、相近的学科不断进行信息的沟通、交流和融合,在这个过程中逐渐丰富、发展和完善公共管理学的学科内涵,使其始终保持学科发展的旺盛生命力；另一方面，通过公共管理学学科体系自身的控制与循环，实现学科信息的有效反馈，从而不断地与时俱进，使公共管理学始终具有不断向前发展的内在动力。

新三论即耗散结构理论、协同论和突变论。耗散结构理论研究的是一个系统由无序向有序转化的机理、条件和规律。它进一步发展了马克思主义哲学的运动观和质量互变规律。协同论研究的是不同领域中多元系统元素间合作效用的理论。协同论促使人们从横向上研究不同事物的共同规律，并运用已知领域的成果来探求未知领域的奥秘，从而解决了处于“黑箱”状态的难题。突变论通过描述系统在外界点的状态来研究自然界各种形态、结构和社会经济活动的非连续性突变现象，从而向人们提供了事物在外部作用条件下发生突变时，如何促使事物向良好预期方向转化的思考方法。突变论是对马克思主义哲学突变观点的进一步解释。它要求在公共管理学的研究中，要不断注意学科研究的条件、背景和环境的变化与发展，在学科动态环境中，坚持权变的观点、协同的观点和横向普遍联系的观点，构建公共管理学科中内在的、关联的学科体系、学科理念和学科思想。

狭义的系统理论方法是指在老三论、新三论的指导下，以系统理论为基础，依据客观事物的系统性，将所要考察的研究对象放在系统环境下，综合精确地考察研究对象，以达到系统整体功能最优或问题得到最佳处理的科学方法。其主要包括功能模拟法、信息方法、反馈方法、模型方法和最优化方法等一系列方法。

2. 公共管理学研究的一般方法

公共管理学研究的一般方法，是指研究主体在研究公共管理时所运用的最一般的思维原理和分析方法。它处于公共管理学研究方法体系中的第二层次，包括逻辑方法和数理分析方法。

(1)逻辑方法

逻辑方法是以逻辑规律为指导，以公共管理学相关理论成果为参照，根据事实材料，形成概念，做出判断，进行推理，构成理论体系的方法。逻辑方法有广义和狭义之分。某一逻辑理论体系的应用就是广义的逻辑方法。而狭义的逻辑方法主要包括归纳和演绎相统一的方法、分析与综合相统一的方法、从抽象上升到具体的方法和逻辑与历史相统一的方法等。

①归纳和演绎相统一的方法

归纳和演绎相统一的方法是指对公共管理实践中的具体对象及其现象进行分析，从许多个别的事物中概括出一般性概念、原则或结论的思维方法。

归纳方法在公共管理学研究中的重要作用主要体现在：提供学科假说，证明学科假说和理论，确定学科假说的支持度，理论择优，对事件未来情况进行预测及各种管理决策等。归纳法只是对现存的有限的公共管理经验材料进行概括，因而不仅不能保证归纳结论的普适性，而且难以区分事物的本质属性与非本质属性，这就使得归纳、推理、结论的可靠性有待进一步考察。

演绎是以公共管理学的一般概念、原则为前提推导出个别结论的思维方法，即依据公共管理中某类事物都具有的一般属性、关系来推断该类事物中个别事物所具有的属性、关系的推理方法。演绎方法不受客观事物的影响，强调的是“应该是什么”。它从公共管理的一般原则出发思考问题，但它无法保证自己的前提即由此出发的一般原则本身是否正确无误。

在研究公共管理的思维运动中,归纳法和演绎法虽然都有重要作用,但各自也都存在一定的局限性,因此,公共管理学研究中应采用归纳和演绎相统一的方法,即在归纳之后,需要通过演绎将归纳所得的一般结论推广到未知的事实上,并用这些事实来检验一般结论正确与否;演绎之后,又要将演绎所得的个别结论与事实相比较,并通过新的归纳来检验、修正、充实原有的演绎前提。公共管理研究中的归纳和演绎只有在如此周而复始的相互转化过程中,才能弥补各自的缺陷,充分发挥其在公共管理研究过程中的作用。

②分析与综合相统一的方法

分析方法是指在公共管理研究中,把认识对象分解为不同的组成部分、方面和特点等,对它们分别加以研究的辩证思维方法。分析的任务是从事物或现象的总体中,分出构成该事物或现象的部分、要素和属性。公共管理是由多种要素构成的复杂的有机体,人们为了从总体上把握其本质,必须首先把它的各个部分和要素暂时分离开来,然后对它们分别进行考察和研究。分析方法得到的是关于事物的各个部分的知识,而不是从整体上认识事物,使人们仅着眼于局部的研究,有可能将人们的思维局限于狭小的领域内,容易导致“见木不见林”的形而上学的片面性结果。

综合方法是指在公共管理研究中,把分解出来的不同部分、方面按其客观的次序、结构组成一个整体加以研究的思维方法。综合方法可以把认识对象的各个部分、方面按其内在联系,有机地结合成一个统一的整体加以把握,并在思维中再现出来,从而全面、正确地把握研究对象。

分析与综合相统一的方法包括两层含义,首先是指分析和综合应互相依赖、相辅相成。一方面,综合方法的运用应以分析方法为基础,没有分析就没有综合;另一方面,分析方法的运用应以综合方法为前导,这是因为任何分析都是在一定整体观念指导下进行的。其次是指分析和综合应互相转化。一方面,分析向综合转化,有助于形成对特定研究对象的整体认识;另一方面,综合向分析转化,是后一阶段分析方法运用的起点。在公共管理研究中,主体的认识就是在分析、综合、再分析、再综合地循环往复过程中,不断地深化和提高,逐步从公共管理的多种属性和各个方面中抽象出那些必然的本质的东西,从而形成公共管理的科学概念和判断。

③从抽象上升到具体的方法

抽象是指公共管理某一方面的本质特征在研究主体思维中的反映,具体是指研究主体的思维对公共管理各方面本质特征的完整反映。从抽象上升到具体是研究主体在公共管理研究中,通过把握公共管理各个方面的本质特征及其相互间的内在联系,从理论上完整地再现公共管理多样性的方法。换言之,从抽象上升到具体就是从以理论的形式反映公共管理的最简单、最抽象的概念、范畴出发,一步一步地到达它的愈来愈复杂、愈来愈具体的概念、范畴,直到把公共管理的丰富多样性从总体上再现出来。这种再现的过程要依据对公共管理的本质及其内在联系的正确反映,在安排公共管理理论体系各个概念、范畴之间的关系时,使之符合客观事物从简单到复杂、从低级到高级的发展规律。

④历史与逻辑相统一的方法

历史是指公共管理客观现实的历史发展过程以及人类认识公共管理客观现实的历史;逻辑是指公共管理历史发展过程在研究主体思维中概括的反映。历史与逻辑相统一是指公共管理研究主体的思维逻辑应当概括地反映公共管理历史发展过程的内在必然性。历史与逻辑相统一的方法要求人们在公共管理研究中,要揭示公共管理发展过程与认识发展过程的历史规律性；在安排公共管理理论体系各个概念、范畴的逻辑顺序时，必须符合被考察对象的历史发展顺序。逻辑的分析要以历史发展为基础，历史的描述要以逻辑联系为依据。

（2）数理分析方法

公共管理学研究的数理分析方法包括五组，即个案分析法与总体分析法、定性分析法与定量分析法、静态分析法与动态分析法、均衡分析法与非均衡分析法、统计分析法与比较分析法。

①个案分析法与总体分析法

个案分析法是指对公共管理中的单个团体、组织、人员以及事件进行详尽的调查研究的方法。个案分析的目的有两个：一是对个案做广泛深入的考察；二是发展一般性理论，以概括说明公共管理的结构或过程。个案分析的一般步骤：一是立案，即确定研究个案；二是规划，即制订研究计划；三是实施，包括收集有关资料，交谈、观察和测量等；四是诊断，不仅包括资料或证据的核实、修订、整理分类和分析，而且包括通过分析研究后针对存在的问题，提出解决方案。

总体分析法是在假定制度不变和公共管理个量不变的情况下，研究公共管理发展的总体运行状况及其相互关系的一种分析方法。总体分析法能够把握公共管理运行的总体状况及总体结构，但往往忽视个体对总体的影响。

在公共管理学的研究中，要明确个案分析法和总体分析法各自的适用范围。对于公共管理的总体规划和战略管理目标有效运行的研究可采用总体分析法，而对于公共管理的某一机构、个体、事件运作的研究可采用个案分析法。

②定性分析法与定量分析法

定性分析法是依据分析者的感觉、经验，依据公共管理的过去和现在的延续状况及最新的信息资料，对公共管理的性质、特点、发展变化规律做出判断的一种方法。

定量分析法是对公共管理的发展程度、速度及其构成成分在空间上的排列组合进行数量分析的一种分析方法。

定性分析法是定量分析法的基础和前提，是认识的起点；定量分析法是定性分析法的深化与丰富，是认识的精确化。不仅如此，对于难以采用定量分析法进行分析的复杂系统，定性分析法往往能减轻定量分析法的复杂性，从而达到有效简化分析因子、获取有效结论的作用，故而在当代公共管理学的研究中，一定要贯彻定性分析方法与定量分析方法有机结合的原则。那种过分强调定性分析方法运用的研究，将会导致公共管理学研究缺失科学定量性；那种过分强调定量分析方法运用的研究，将会导致公共管理学的研究走向机械教条的形而上学的途径。

③静态分析法与动态分析法

静态分析法是指撇开公共管理在时间上和空间上的变动性，将其从运动过程中抽象出来，从相对静止的角度来分析处于相对静止状态之中的公共管理的一种分析方法。它强调公共管理在某一时点上的现存状态，其考察研究的对象是某一时点上的现象与规律。

动态分析法就是将公共管理置于其自身的历史进程中，考察公共管理在时空上的变动性，从运动的角度来分析公共管理的方法。

公共管理学研究中的动态分析法与静态分析法互为前提，互相补充。运用静态分析法可以考察某一时点上公共管理系统内部及其与其他系统之间的发展水平、发展状况和发展特点。运用动态分析法可以考察公共管理系统内部及其与其他系统之间的发展变化的速度、方向和趋势。

④均衡分析法与非均衡分析法

均衡分析法是研究各种公共管理如何趋于平衡的一种分析方法。均衡分析法依据其分析的范围,可分为局部均衡分析法和一般均衡分析法。均衡分析法仅仅分析某一时点上的均衡,而不分析公共管理变量运行过程中的均衡,它是一种典型的静态分析方法。

非均衡分析法是以预期概念为基础,以数量信息为基准,对公共管理变量的运行过程进行分析的一种方法。非均衡分析法偏向于动态分析,是一种典型的动态分析方法。

由于公共管理活动过程中非均衡现象的普遍性,均衡分析法的运用仅仅是短期的、暂时的,而非均衡分析法的运用是长期的、永久的,以长期的非均衡分析法替代短期的均衡分析法是一种必然趋势。

⑤统计分析法与比较分析法

统计分析法是通过收集公共管理中的统计资料,对其进行分析后,得出统计分析结论,并进行验证的一种分析方法。比较分析法是将公共管理中的两个或两个以上的相近对象按照同一标准进行对比研究,分析其共性与区别,研究其存在变化的共同条件以及不同特点,然后根据这一结论来推测公共管理中另一类比事物的性质、特点与发展趋势的一种分析方法。

3. 公共管理学研究的具体方法

公共管理学研究的具体方法是指与公共管理学的学科特点和研究对象紧密相连的研究方法。其主要包括管理哲学分析方法、博弈论分析方法、计量经济学分析方法、成本收益分析方法、结构主义分析方法和系统动力学分析方法、管理心理学分析方法、公共管理思想史与制度史分析方法等。

(1)管理哲学分析方法

管理哲学分析方法主要是移植哲学方法中的价值分析法,其运用价值判断来评价公共管理现象,以社会对公共管理的需求为出发点,研究公共管理怎样满足人的需要,探索公共管理的价值。通过管理哲学的研究方法,研究主体可以从多角度、多维度对公共管理的基本理念、基本价值和基本范畴等理论进行新的诠释,进一步说明公共管理应有的品格。但在运用管理哲学方法对公共管理学进行研究的同时,也必须注意到此种研究方法因具有形而上学的特征,研究者往往更注重抽象的哲学思维,而容易忽视对公共管理实践的实证考察,对公共管理的发展进步助益甚微。

(2)博弈论分析方法

博弈论分析方法是运用博弈论来研究公共管理学问题的一种方法。博弈论是指公共管理中的个人或组织,面对一定的环境条件,在一定的规则约束下,依靠所掌握的信息,以各自的行为或是策略进行选择并加以实施,从而取得相应结果或收益的过程。博弈论分析方法主要适用于公共管理学的理论分析,尤其是公共管理学中组织策略行为的研究,其中非合作博弈理论的分析方法是处理当代公共管理学中策略行为的最理想的分析方法。

(3)计量经济学分析方法

计量经济学分析方法是指通过从实际公共管理领域获取各种管理变量的数据,利用统计分析方法归纳各种管理变量间可能的数学关系的一种分析方法。它属于一种典型的数理统计的实证方法。在公共管理学的研究中,它的基本思路是以管理主体的内部结构和管理行为为一方，以管理绩效为另一方，然后再找出它们之间的关系。其具体方式有三种：一是利用横断面数据对同一时间的不同对象进行研究；二是利用时间序列数据，对不同时间的同一对象进行研究；三是利用横断面数据和时间序列数据对不同时间的不同对象进行研究。计量经济学分析方法是当代公共管理学研究方法中最具前沿性的研究方法。

(4)成本收益分析方法

成本收益分析方法是指通过建立公共管理中的成本收益模型，研究公共管理系统各要素之间投入与产出的相互依存关系的数理分析方法。它通常用于考察公共管理的成本收益关联程度，进而分析出公共管理成本与收益间复杂的因果关系和相互联系情况。但是，由于该分析方法的同质性假定、比例性假定和构建模型为静态模型的局限性，它只适用于短期分析而不适用于长期分析，并且只适用于分析而不适用于预测。

(5)结构主义分析方法和系统动力学分析方法

结构主义分析方法认为，系统的行为是由系统的结构所决定的，因而在公共管理学研究中强调部门间的关系结构及部门内各管理主体相互作用的关系结构，并以此为基础研究管理主体的整体行为。

系统动力学分析方法与结构主义分析方法一致，也认为系统的行为是由系统的结构所决定的。它通过分析公共管理系统内部各变量之间的反馈结构关系来研究系统行为。系统动力学分析方法对于公共管理学的部门结构、机构关联、管理组织的研究，均是十分重要的方法。

(6)管理心理学分析方法

管理心理学是把心理学的知识用于分析、说明、指导管理活动中的个体和群体行为的心理学分支。它有助于调动人的积极性，改善组织结构和领导绩效，提高工作生活质量，建立积极健康的人际关系，达到提高管理水平和管理绩效的目的。管理心理学分析方法侧重于探讨公共管理的主客体在何种心理状态下，受哪些心理因素的影响而实施特定的管理行为或接受特定的管理；探讨在整个管理过程中的心理活动机制和转化规律以及管理行为着手前的种种心理及其带来的行为后果等。

(7)公共管理思想史与制度史分析方法

公共管理思想史与制度史分析方法是通过对公共管理的思想与制度发展轨迹进行考察分析，从中发现和总结公共管理现象的基本规律，使公共管理的理论建筑在历史的考察基础之上的一种分析方法。

公共管理思想史与制度史的分析方法对汲取公共管理学科发展的经验、成就，总结失误与教训，进一步挖掘公共管理学的学术沉积，认识公共管理现象背后的根本规律具有非常重要的意义。

第三节　现代社会变迁推动公共管理发展

一、中国公共管理学的发展方向

中国公共管理学的发展应该充分考虑以下三个方面所蕴含的发展方向。

(一)确立公共管理学特有的问题意识

现代社会科学在任何一个国家的发展都不能离开其对这个国家发展所能够提供的实际贡献。也就是说,我们固然能够把公共管理学发展的最新成果引入国内,但是如果这些最新成果不能转化为认识、研究和创新中国公共管理的学术资源,那么这些最新成果不管引入多少都不能促进中国公共管理学的发展。要形成这种转化,关键是要确立公共管理学特有的问题意识。这种意识的确立基于两个方面:一是对公共管理学研究内容的科学把握,明确公共管理学的核心问题取向;二是对中国公共管理实践的全面观察和科学透视。其中,第一个方面更为基础,因为它决定认识和把握中国公共管理实践的视角与视野。

我们不停地讨论公共管理学的学科边界,其真实的意义和价值实际上不在于为这个学科正名、划界和定位,而在于回答这个学科的核心问题是什么。只有回答了这个问题,一切问题才能迎刃而解。在这个问题上,我们不能追求绝对,只能追求相对,抓住核心问题即可。公共管理学的核心问题应该围绕着公共资源的组织、管理与配置展开,具体涉及四个方面,即公共资源的增长、公共资源的配置、公共资源的危机以及公共机构的管理。

(二)确立中国公共管理的规范性价值体系

达尔在 1947 年的论文中,委婉地表达了这样的想法:公共行政学要走向科学化,必须与规范性价值的影响划一个界限。所以,他认为建立公共行政科学,首先必须清楚地确定规范性价值在其中的地位。这多少带有行为主义取向的论断。时过境迁,在今天的中国,我们应该承认达尔提出的问题的价值,但是对这个问题的态度应该有所不同。作为一门科学学科,在研究具体问题的时候,可以考虑如何处置规范性价值与研究的科学性关系的问题,但是,这不等于这门学科不必承担提供规范性价值体系的使命。道理很简单,中国的公共管理在许多方面还不是现代的公共管理,而要推进公共管理的现代化,其首要前提就是实现制度的理性化和管理者的理性化。

现实公共管理如果是建立在非理性的基础上,那么任何的努力都不可能使其实现科学化。现实的公共管理缺乏走向科学化的可能,研究现实公共管理的公共管理学要走向科学化也就必然无从谈起。1955 年,德怀特·沃尔多在回答什么是公共行政学这个问题时,高度强调了行政的理性基础。他说:“行政被认为是一种具有高度理性的人类合作努力。”“我们可以将管理定义为:在一个行政系统中试图获得理性合作的行动。”“公共行政的中心概念是理性行为,即正确地计划、实现特定的期望目标的行为。”行政的特性,决定了行政的活动或者说公共管理的活动,必须有强有力的规范性价值体系支撑。这种价值体系必须解决两个基本问题:一是公共管理中制度的理性基础和价值取向是什么;二是公共管理中管理者的价值追求与行为规范是什么。中国公共管理的发展现实表明,其发展面临的问题,不是规范性价值的过剩,恰恰相反是规范性价值相当短缺。所以,如果中国公共管理学不能为中国公共管理实践承担起提供规范性价值的使命，其在理论创立和实践指导上就难有作为。当然，这种规范性价值不是来自学者的主观设定，而是来自对现代政府原理、公共管理规律和现代社会发展的总体趋势的科学研究与准确把握。在这其中比较研究和经验考察都是确定规范性价值的学术基础。

（三）形成理论与实践相互转化的研究能力

公共管理学既是一门理论学科，同时也是一门应用学科，其内在的活力在于理论抽象与经验指导能够自由转化，即一般的原理能够转化为指导具体行动的原则；而经验的考察能够抽象为一般的原理与规则。实现这种转换的关键在于研究本身的科学化，而科学化的基础在于超越简单的意识形态之争。关注公共管理的规律本身，在增进公共利益这个大原则下，研究公共管理过程中的价值、组织、制度、程序和技术。因此，中国的公共管理学不能停留在简单的理论阐述上，应该关注中国公共管理现实中的理论问题、实践问题和技术问题，从而把学科发展中的理论研究与公共管理实践中的理论研究结合起来，把价值设定与经验验证结合起来，把经验试验与模式归纳结合起来，把理论供给与制度供给、政策供给和技术供给结合起来。理论的源头来自经验事实的抽象，理论只有能够为经验提供智慧和方法，才是有价值的。有了这样的研究能力，中国公共管理学就能获得蓬勃的发展。

二、公共管理学与中国的市场经济

众所周知，经济生活是全部社会生活的重心，社会经济制度是全部社会制度的基础。中国从 20 世纪 70 年代以后，在认真吸取国际和国内经验教训的基础上，逐渐选择了建立社会主义市场经济的道路，并初步建立起了市场经济的体制。中国的改革开放历程充分表明，这是一个正确的、具有重大而深远历史意义的选择。现代市场经济是一种将市场调节与政府调控相结合、以市场机制作为社会资源配置的基础配置手段的经济运行体制，因此，不管调控的力度如何，政府总是作为市场经济的主体，发挥着重要的作用，这就需要首先认识公共管理学对于中国市场经济的作用。

（一）公共管理学能有效指导公共部门履行经济职能，弥补市场功能的缺陷

公共管理学作为公共管理实务的知识体系具有指导政府和其他公共部门参与社会经济生活的功能。公共管理学能帮助公共部门从理论上了解自己在履行经济职能时应该做什么，不应该做什么，如何做好，以及如何降低成本、减少失误。

具体来说，公共管理学将公共部门的经济职能定位在如下方面：

(1)为市场经济提供基本的制度框架和法律基础，包括界定和保护产权，制定公司法、合同法、著作权法等，通过制度安排，使市场运行的环境具有秩序性、安全性和公共性；

(2)组织各种公共物品和服务的供给，防止公共物品供给不足现象的发生；

(3)保护自然资源和环境，阻止私人决策者滥用资源、破坏环境事件的发生，减少“公共的悲剧”；

(4)保护和维持市场竞争，防止因垄断而导致的资源配置的无效率；

(5)调节收入和财产分配，通过再分配等手段，将贫富差别控制在社会认可，至少是社会能够承受的程度；

(6)通过财政、货币等政策工具，减少经济波动，保持宏观经济平衡。

(二)公共管理学“亲市场”的学科立场,有助于市场经济的健康发展

“亲市场”是公共管理学的一个显著特点。公共管理学“亲市场”的学科立场表现在两方面:一是将公共部门视作为市场服务、为民众服务的服务体,而不是高居于市场之上的发号施令者和管制者;二是减少政府的直接经济管理职能,尽可能地发挥市场优势,让市场在一切可以发挥作用的地方和时候都扮演积极的角色。

由于公共部门自觉地将自己摆在社会经济发展的服务提供者地位,竭诚为所有的市场主体提供各种各样的优质高效服务,同时,公共管理将自己的活动严格限制在市场失灵的领域,这就为市场经济的健康发展创造了十分有利的制度环境和社会条件。

同时,与“亲市场”的立场相适应,公共管理学一系列重要的新理念和新策略也都有助于市场经济的健康发展。例如,企业型政府、公共服务的民营化、公共管理顾客导向,扩大了公共部门与市场的契合度和亲和力;公共管理提出的适度分权、放松管制、政府再造、学习型组织、网络化管理,使公共管理的重心下沉,大大增强了管理的弹性和灵活性,能更好地适应多元的、复杂的和动态的市场环境;目标管理、战略管理、绩效管理则降低了公共部门的运行成本,提高了公共部门为市场服务的质量和效率。

三、公共管理学与中国的社会发展

(一)公共管理学有助于促进包括政治、文化和行为方式在内的社会协调发展

尽管经济发展在国家发展战略中处于核心地位,但一个国家的发展不能仅仅归结为经济发展,而必须表现为政治、文化、社会管理和行为方式的发展,表现为整个社会的进步。即使仅就经济发展而言,也需要政治、文化等非经济层面的发展来作为自己持续发展的社会支撑。公共管理学作为研究以政府为核心的公共部门活动规律的学科,与政治学、行政管理学、公共政策学等学科一道,在促进政府管理和社会管理科学化方面发挥着重要作用。同时,公共管理学作为一套文化符号体系,是现代社会管理文明最新发展的体现,它对旧有的公共管理概念将产生巨大的冲击,并将逐渐取而代之。另外,职业的公共管理者以及其他社会成员对于公共管理学的学习和实践,有助于提高管理者的素质和管理水平,促进社会行为方式的理性化发展。

(二)公共管理学内在的民主平等精神和科学务实品格,将有力地促进当前正在进行的社会转型

我国目前正在进行着一场极为深刻的社会转型。这场社会转型包括:从农业经济走向工业经济和信息经济;从计划经济体制走向市场经济体制;从人治的官僚政府走向法治的民主管理;从一元文化独断的局面走向多元文化共存的格局。这是中华民族全面复兴、全面升华的历史巨变,也是使中华民族融入世界文明主流、走向世界文明前列的历史契机。在这场历史巨变中,科学、民主、法治精神以及能在制度层面将这三种精神辅助实施的理论工具便显得尤为重要。在这个意义上,公共管理学具有特殊的价值。

公共管理学所具有的民主和平等精神体现在许多方面。例如,在公共部门外部的关系上,公共管理学要求政府官员及其他公共部门人员,由官僚转变为管理者和服务提供者,公

共部门应以民众为“顾客”,全面提供回应性服务,通过满足民众(顾客)的要求,提高服务质量,重塑政府与社会的关系;在公共部门内部关系上,公共管理学批判以等级制为核心的官僚,主张向地方分权、向下级分权,在行政系统实行网络化、弹性化和人性化管理。

公共管理学所具有的科学务实品格也有许多方面的表现。例如,公共管理是在解决西方政府面临的各种困境中产生的,从政府与市场关系的重塑、政府的再造到企业管理理念和手段的引进。从目标管理和绩效管理到学习型组织和无缝隙政府的设计,都体现了一种求实的精神。公共管理学由公共行政的过程取向转向结果取向,由公共行政的重视程序转向重视内涵,体现了鲜明的科学态度。

公共管理学的这种民主和平等的价值取向、科学务实的态度,既有助于从根本上改变传统社会那种强政府、弱(市民)社会的状况以及相应的政府凌驾于社会之上的格局,促进全社会范围内形成平等竞争、自由创造的生机勃勃的氛围;也有助于公共管理学转化成公共管理的生产力,形成有中国特色的新的政治文明和社会管理文明。

四、社会变迁使公共管理面对的环境复杂多变

当今国际竞争的实质是以经济和科技实力为基础的综合国力的较量。国际竞争归根结底是人才的竞争。

机遇:大规模的世界战争打不起来,出现了一个相对稳定的国际和平环境;经济全球化和新科技革命的突飞猛进为我们提供了难得的发展条件;改革开放和现代化建设的巨大成就为我们实现新的更大发展奠定了坚实基础;我国加入世界贸易组织,赢得了参与全球经济合作与竞争的有利条件。

挑战:我国在经济、科技上与发达国家相比仍有很大的差距;我国自身建设也存在不少困难,如资源、人口、环境等问题相当严峻。

中国是社会主义国家,也是世界上最大的发展中国家,是联合国的创始国和安理会常任理事国之一。中国是世界格局中的重要力量,中国的和平与发展对世界做出了越来越大的贡献。中国是维护世界和平与地区稳定的中坚力量,同时也是推动世界经济发展的重要力量。中国人民愿意同世界上一切爱好和平与自由的人民一道,共同推进世界和平与发展的崇高事业。

中国在世界上的地位日益提高,在国际舞台上发挥着越来越重要的作用,一个和平、合作、负责任的中国形象已经为国际社会所公认。

(一)国家内部的一系列与国民有关的变化

(1)政府改革、政府职能转变是深化经济体制改革的关键,必须切实转变政府职能,深化行政体制改革,依法行使权利,全面正确履行组织社会主义经济建设职能;

(2)进行经济调节,保持宏观经济稳定运行,防止大起大落;

(3)要加强市场监管,维护市场公平竞争秩序,保障公平竞争;

(4)要做好公共服务,为社会公众生活和参与社会经济活动提供保障、创造条件;

(5)加强社会管理,搞好社会治理,促进社会和谐与全面进步。

(二)市场的调配与体制的关系

(1)市场在资源配置中起决定性作用的提法是对基础性作用的继承和发展,更加明确市场在资源配置中处于支配地位的作用;市场决定资源配置是市场经济的一般规律,通过

价格、供求、竞争有效调节资源在全社会的配置。

(2)当前,社会主义市场经济体制还不完善,政府直接配置资源过多,公平竞争市场环境有待形成和完善。这要求我们进一步深化市场化改革,处理好政府和市场的关系。

(3)公有制经济和非公有制经济都是社会主义市场经济的重要组成部分,使市场在资源配置中起决定性作用,有利于完善基本经济制度,保证各种所有制经济依法平等使用生产要素。

(4)使市场在资源配置中起决定性作用,需要形成全国统一开放、公平竞争的市场环境,完善现代市场体系。

(5)一方面,要解决政府对资源配置干预过多的问题;另一方面,加强宏观调控是社会主义市场经济的内在要求。市场在资源配置中起决定性作用,并非意味着不重视政府的作用,而是要更好地发挥政府作用,形成有利于科学发展的宏观调控体系。

【核心概念】

公共管理的含义　公共管理的构成要素　公共管理学的研究内容

【思考与练习】

1. 公共管理学有哪些特性?
2. 公共管理学的要素是什么?
3. 如何理解公共管理学的研究对象?

【案例分析】

私营化还是非私营化

——一个城市的市政服务问题

机构简介:

山特罗市是一座古老的中等工业城市。随着20世纪80至90年代工厂关闭与人口逐渐减少——居民们都迁往地处阳光地带的州去了——山特罗市现正面临着严重的经济困难。新任市长承诺通过私营化减小政府规模,但却遭到了一些强势团体和一些顽固的公共雇员的反对。

人物简介:

南希·马丁,山特罗市新任市长,承诺减小政府规模,并准备将政府的服务项目承包出去。尽管她遭到了公共雇员工会的反对,但她还是决心要尽快地推出她的计划,并准备从城市垃圾收集开始。

萨尔瓦托·帕文,长期担任本市公共雇员工会的主席。他竭力反对私营化。

克劳迪亚·阿瓦纳多,本市管理与预算办公室主任,新市长信任的知己,受委派设计私营化方案,以尽快实现市政服务的私营化。

案例正文:

1. 正在走下坡路的城市

20世纪80至90年代,山特罗市经历了几场痛苦的工厂事件。这座老工业城市的路也快要走到了尽头。更糟糕的是，很多居民都离开了这个“灰尘地带”直奔“阳光地带”，这进一步减少了本市的税源。为了应对这一情况，山特罗市的选民们选举了一位许诺要改变这座城市的新市长，她将首先对政府计划进行削减。

马丁的一个竞选承诺是将市政服务私营化。私营化是这样一种手段：将公共服务承包给那些替政府完成服务的公司。这种手段被广泛使用，以解决公共规划和服务的价格与质量问题。尽管私营化在众多社区中实施，但在山特罗市还从未尝试过。20世纪70年代，当工业制造业十分繁荣时，山特罗市的经济非常景气，那时从来就没有缩减政府规划的需要。现在情况发生了改变，无论是纳税人还是改革者都支持将臃肿而又低效的官僚机构的高额开支削减下来。

马丁市长希望从城市的垃圾收集工作开始，并以此为样板，将其他市政工程与服务的私营化大力推行下去。

2. 卫生部门

山特罗市的卫生部门负责本市的垃圾收集工作，每周两次上门清理市民的垃圾。他们用卡车收集本市每一户家庭的废品，还会每周一次地清理本市商店旁边的大型商业垃圾场。这是一项需要众多环卫工人和一支快速垃圾车队的昂贵的工程。卫生部门还会每两周一次收集可回收废品（报纸、空罐、塑料等），这些废品都装在向市民提供的用特定颜色标记的垃圾箱里。市民只需到卫生部门填写一份申请并出示有效身份证明即可领取这些垃圾箱。

卫生部门的开支已连续多年超出预算，而它的微不足道的服务记录却引发市民如潮的抱怨。这些抱怨包括倾倒垃圾不仔细，街道上满是垃圾，环卫工人太吵，迟迟未能清扫垃圾等。最近，卫生部门买进了一批新的垃圾车，对于本市来说，这不是一笔小数目。车队里新车的数量已过半数，另一半则是非常陈旧、马上需要更换的旧车。

马丁市长要求她信赖的顾问——本市管理与预算办公室主任克劳迪亚·阿瓦纳多成立一个“私营化工作组”并负责制订一份城市垃圾收集服务承包计划。

市长对实现她的竞选承诺态度非常认真。她交给阿瓦纳多一份简短的备忘录，备忘录内容如下：

备忘录

致：克劳迪亚·阿瓦纳多，管理与预算办公室主任

自：南希·马丁，市长

关于：私营化计划

日期：6月19日

我要求你成立一个私营化工作组并研究市政服务的私营化问题，私营化将从垃圾收集开始。当我在一个月后的记者招待会上宣布这个工作组成立的时候，我希望能够做好回答有关私营化和承包计划问题的准备。我希望你在记者招待会的一周之前，将这些问题的答案放在我的办公桌上。

问题A 我们将怎样将垃圾收集私营化？我需要知道这个过程的基本要点。大多数政府都会先通告合同，然后寻找未来的承包商，最后向市政府申请。官员们在这个时候会选择报价低且被认为是“负责并反应热烈的”承包商，我们应采用这样的模式吗？这会保证我

们得到一个符合道德的方案和一个能干而又负担得起的承包商吗?我们需要对“负责并反应热烈”的定义再加考虑。

问题 B 本地区有三个环卫服务公司表示有兴趣与我们合作:(1)通用废品有限公司,他们的工作十分出色,但他们有过收取高额费用的记录;(2)北方废品有限公司,他们出的价钱很好,但是他们的服务记录不可靠;(3)清洁服务公司,一家新的公司,他们出的价钱很公道,但是其是一家没有过往记录的实体。我们应该根据什么标准来决定雇用哪一个承包商呢,价格或质量?该鼓励多少承包商来竞标呢?该如何向公众通告?

问题 C 我们是否应该考虑由郡来承担垃圾收集工作?郡似乎在垃圾收集工作方面做得不错,而且它们的资源也比山特罗市丰富。

问题 D 我已经收到了我们的市政雇员联盟主席萨尔瓦托·帕文的强烈反对。他坚持认为没有任何一份公职应该被撤销,而我们的经济也将因私营化而遭殃。我们应该怎样应对萨尔瓦托和卫生部门的雇员?当我们“推销”私营化的时候,我们可以利用我在竞选中得到地对削减政府规模的压倒性支持吗?

祝你好运,克劳迪亚。我全靠你了!

角色扮演:

你是阿瓦纳多的助手,作为市长的顾问和本市管理与预算办公室的主任,阿瓦纳多要求你参加私营化工作组,并为他就本市垃圾收集的私营化提出初步建议。

1. 你认为该由哪些个人和团体组成私营化工作组,为什么?

2. 你认为公共服务是否可以或应该实行私营化,为什么?

3. 如果垃圾收集工作实行私营化,你认为在选择公共服务承包商时应依据什么标准?

4. 如果实施一项新的私营化计划,你预料会有什么问题出现?你能提出更好的建议来解决目前的垃圾与可回收废品问题吗?

5. 还有什么别的市政服务将会被考虑进行私营化?有没有一种方法或模式可以用在其他市政服务的私营化过程中?

案例分析:

1. 对于由哪些个人和团体组成私营化工作组有如下分析:

第一,推行私营化要取得公众的根本支持,而且他们是公共服务的最终受益人,所以,该工作组中要包括部分居民代表。

第二,应包括研究公共服务私营化问题的专家、学者。这样,既保证我们推行的私营化决策建立在科学理论之上,有利于与反对者的辩驳,也可以在推进过程中得到相关学者的适时指导。

第三,要有独立的财务人员和评估机构的介入。财务部门的介入,在于通过对垃圾处理前后不同的政策对比,计算出政府提供服务和由承包商提供服务二者的成本-收益分析,计算出二者的利弊,得出恰当的结论。而且为了防止承包运营过程中的腐败问题及政府的可能“寻租”行为,必须有独立的审计部门的监督。另外,因政府卫生部门的退出,其现有设备的出售评估也需评估部门的参与。

第四,应包括环境专家。即在推行私营化的过程中,将社会效益和经济效益很好地结合起来,保证政策实行之初就将环境问题提上日程。

第五,要有政府相关人员。既然是一场由政府推行的变革,就需要由政府制定相关政策，设计评选程序，考察投标人资格，代表公众与承包商签订合同，以及检查提供服务的质量，监督合同履行情况等。

第六，要包括相关承包商。因为承包商是垃圾处理私营化后的服务提供者，而且其之所以进行投标的根本目的在于追求利润。为了保证政府、公众、承包商三者的利益，承包商的参加是极其必要的。

2. 西方行政管理日益兴起的“新公共管理”浪潮，主张政府引入私营企业的管理方式、管理理念等。其中重要的一点就是认为政府应在公共管理中引进竞争机制，取消公共服务供给的垄断性，让更多的私营部门参与公共服务的供给，通过这种方式将竞争机制引入政府公共管理中，从而提高服务供给的质量和效率。竞争可以给政府带来诸多好处，可以提高效率，鼓励优胜劣汰，激励创新，从而满足顾客的需要，提供高质量的服务。因此，政府为了高效地实现公共服务的职能，应该让许多不同的行业和部门有机会加入提供服务的行列中来。

那么，是否所有公共服务都应该实行私营化？这应视具体服务活动而定，不可一概而论。比如，国防是公共性程度最高的公共物品，其不可以也不可能实行私营化，因为公共物品既无排他性又无竞争性，国防更是关系到一个国家的主权与社会的稳定。而某些公共服务活动虽属宪法规定的政府职责，但同时有其他竞争者的存在，即其他非政府部门也在从事此项活动，如医院，在这种情况下，政府并非一定要亲自提供此项服务，可通过招标、合同出租等形式，将其出租给其他公营或私营部门，政府只要对其绩效目标进行测定和评估，并提供相应的报酬，便不失为一种提高服务质量和效率的有效途径。

对于我国政府而言，“新公共管理”给我们的启示是，政府可以广泛采用私营部门成功的管理方法和手段（如成本-效益分析、全面质量管理、目标管理等）和竞争机制，提高政府工作效率；同时也要从国情出发，视具体公共服务行业而定，取消公共服务供给的垄断性，采用“政府业务合同出租”“竞争性招标”等方式，从而为社会提供高质量、低消耗的公共服务。我们应该学习“新公共管理”的内在优势，而非外部形式。

3. 垃圾收集私营化外包过程中承包商的选择标准问题对于私营化的成败是至关重要的。标准的制定应该首先从推行私营化的原因角度来考虑。在本案例中，市民们“对市政服务价高质劣的怨愤”是新任市长决定私营化的主要原因。因此，垃圾收集的私营化的初衷一方面是减少市政卫生部门的开支、降低垃圾收集成本，另一方面是提高垃圾收集工作的质量以使市民们满意。这也是具有普遍意义的私营化动因。

因此，选择承包商时，应主要以质量和成本两方面为标准来权衡。首先，要对投标者的竞标资格进行详细的审查，对投标公司的资质（包括相关经验、公司声誉、雇员素质等）、技术水平（即按质量和绩效细则履行职责的可能性）、过去的履约记录等，都应该给予适当的权重来进行评分筛选。在几个投标者都有能力达到既定绩效标准的情况下，应该把合同授予出价最低的合格投标者。

同时，由于合同细则将影响竞标的数量、质量和合同承包的最终效果，所以它必须清楚、全面、用词准确、没有歧义。比如垃圾收集的街道名称、收集频率、收集时间、清洁程度及失职违约的赔偿等都应该有细致、明确的规定，以便真正达到优质高效的标准。

政府在公共服务领域的垄断行为中出现的高成本、低效率、质量不尽如人意等问题不仅无端浪费公共资源，导致了财政拮据，而且严重损害了公众对政府的信任。因此，私营化是一剂摆脱困境的良方。垃圾收集是最早，也是最为广泛推行私营化的公共服务领域。相关调查资料表明,垃圾收集的合同承包式私营化是可以降低成本、提高效率的。竞争机制是这一改善的根本原因,在讨论选择承包商的标准时,需要强调的是良好的合同细则和有效的质量控制。

4. 当代政府改革的一个重要趋势即是政府充分利用市场和社会的力量,推行公共服务市场化和社会化。但在推行过程中,不可避免会出现各种问题。第一,可能有来自各方面的反对,包括工人、政府官员、特定商业利益群体和一般公众。工人担心会失去岗位,工资降低,福利减少;政府官员担心地位下降,特权丧失;公众主要是出于对私营化后公共服务的价格上涨或服务质量的担忧。第二,有关税收问题的处理。政府部门国有企业无须缴纳有关税费或享受优惠,而私营企业却须按照所得缴纳相应税费,由此引起国有与私营企业在市场竞争中面临的不公平问题。第三,在政府竞争招标的过程中,细节性问题的处理恰当与否也是决定这一计划能否顺利实行的关键,如选择何种服务实施私营化,是否了解有关竞标企业的情况等。

最为有效的解决办法是采取合同外包的形式。因为有大量的证据表明,合同承包是最有效率的。它比市政服务效率要高得多,服务质量比政府要好。同时私营企业在资金、机器设备等方面也要比市政部门有优势;在废品回收上可考虑吸纳相关企业整合企业资源,带动相关产业的发展。因此,合同承包对垃圾收集和处理而言应该是最佳选择。

5. 私营化这种手段应被广泛使用,以解决公共规划和服务的价格与质量问题。无论纳税人还是改革者都支持将臃肿而又低效的官僚机构的高额开支削减下来,缩减政府规划。

大部分城市基础设施建设和城市居民服务都可以考虑私营化,包括城市给排水、能源、交通运输(道路、桥梁)、公用事业(水、电、气、热)、环境保护和治理(绿化、市容市貌、污水处理、垃圾处理)等。

市政服务私营化过程中的方法或模式如下。

(1)影子收费

以道路建设为例,所谓“影子收费”,就是由投资商出钱、政府出地,合作建路后并不向过往车辆收取任何费用。其投资回报是政府通过计算该道路带来的社会效益,然后按社会效益的一定比例,每年向投资商支付费用。对于项目的最终受益者——市民来说,其最大的利好是:不用担心今后上快速路要收费,因为全部费用将由政府买单。

(2)市政公用行业实现市场化运作

市政公用行业的自然垄断性严重制约了行业的进一步发展。要打破计划经济时期建立起来的市政管理体制、投融资建设方式、经营模式和运作方式,打破一“公”独有的垄断局面,全面开放市政公用行业市场,充分激活市政公用行业的活力,实现市政公用行业政事分开、政企分开、事企分开。

①管理体制:政府主管部门与公用企业脱钩

通过事改企和企业改制,实现政府主管部门与市政公用企业在人事管理、财务、经营决策等方面彻底脱钩,使之成为独立的市场竞争主体。

②投融资方式:实现投资主体多元化

全面开放投融资市场,鼓励民营资金、社会资金和境外资本投资市政公用行业。通过有偿竞卖等方法,出让加气站经营权以及道路、桥梁、广场、路灯、停车场等市政公用设施的冠名权、广告权、收费权等。采取独资、合资、合作和建设、经营、转让等多种形式,实现市政公用设施建设投资主体多元化。

③经营模式:公开招标授权“特许经营”

城镇供水、供气、供热、公共交通、园林绿化、污水处理、垃圾处理等经营性市政公用行业,严格实行特许经营制度。由市政公用行业主管部门通过公开招标,选择有资格的投资者或经营者,签订特许经营协议,确保提供持续、安全、优质、高效、价格合理的服务。

小结:凡是企业能经营好,凡是比政府经营更有效率的城市设施建设和经营的项目都应交给市场和企业,也就是把原来属于国家所有、国家控制、国家经营的一部分资源市场化、资本化。而诸如公共设施之类的公共品则可以交给竞争性企业来经营,以提高效率。这样,城市经营的一个方面就是对属于国家所有的公共资源,通过所有权与经营权的分离,由企业通过建立现代企业制度或其他合适的方式进行独立经营。城市政府脱离对国有资源(资产)的直接经营或干预,从而形成有效的城市资源市场配置方式。

第二章　公共管理理论与实践的发展

【内容提要】

公共管理从产生意义上讲是公共组织的一种职能，包括以政府为主导的公共组织和以公共利益为指向的非政府组织（NGO）为实现公共利益，为社会提供公共物品和服务的活动。

新公共管理是20世纪80年代以来兴盛于英美等西方国家的一种新的公共行政理论和管理模式，也是近年来西方规模空前的行政改革的主体思想之一。在当代公共行政理论与实践中越来越显现出其主导范式的地位。本章将就新公共管理提出的理论及现实背景、理论观点、内涵以及该理论的反思进行系统的梳理及评述，以便对该理论有一个全面、客观的认识和把握。

【知识结构图】

本章知识结构图如图2-1所示。

图2-1　本章知识结构图

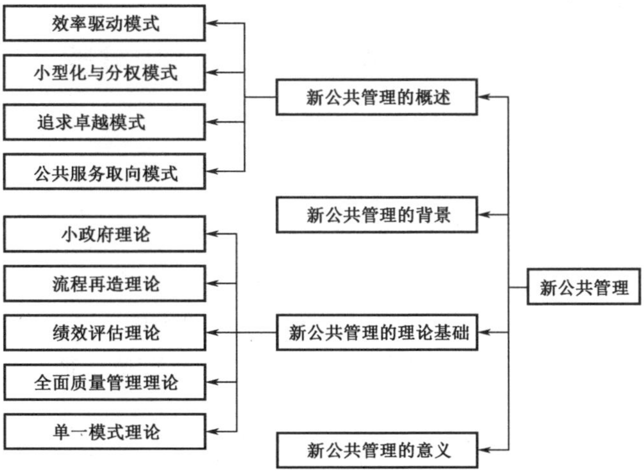

图 2-1(续)

【引导案例】

案例 1　关键词:竞争

“新公共管理”的顾客导向和改善服务的特征,特别明显地体现在 1991 年英国梅杰政府的“公民宪章”的白皮书上,而引入市场竞争机制这一特征则明显地体现在 1979 年以来英国公共公司以及公共机构的私有化浪潮之中,也反映在 1992 年梅杰政府的“为质量而竞争”的政策文件上。这些措施促使提供公共物品和服务的公共部门接受市场检验;各公共部门之间、公共部门与私人部门之间为公共物品和服务的提供展开竞争,通过公开投标,赢得竞争并提供优质服务的单位才能生存与发展。

案例 2　关键词:发展

云隘村,位于秀山土家族苗族自治县钟灵镇,是梅江河的源头。环绕着高峻的太阳山。但因交通和环境条件的制约,长期处于一种与世隔绝的经济欠发达状态,是一个典型的贫困村,2015 年 9 月以第一书记为代表的政府进百家门、知百家情、晓百家事,把党和政府的关怀送进千家万户,认真梳理群众最急、最需、最盼的事情:积极促进农村基层党建。帮助村庄支部班子人员转变思想观念,开拓工作眼界,克服等靠现象,积极促进村庄经济发展。在群众中宣传党的主张和政策,转变群众的陈旧思想认识,增强群众自主脱贫观念:为村庄谋划产业发展项目,致力于村庄经济发展:积极努力调整农村土地种植结构、发展特色产业。历时两年,云隘村全村有 2 383 人、500 余户,其中 200 余户为农业民专业合作社社员,包括原来的 60 户贫困户在内。依靠金银花产业等,云隘村 2017 年脱贫。目前,贫困人口由 2015 年的 60 户 323 人减少到 1 户 5 人,贫困发生率由 12.6%降到 0.21%,人均年收入由 5 000 元提高至 1.3 万元。

思考题:公共事业是如何发展的?

第一节　公共管理的产生和发展

一、早期公共行政

(一)主体

公共行政的主体是以国家行政机关为主的公共管理组织。立法机关与司法机关不属于公共行政的主体。公共管理组织除国家行政机关外,还有依法成立的、具有一定行政权的独立行政机构和法定组织。

国家行政机关是依法成立的公共行政机关,由不同的层级组成,包括中央政府和地方各级政府。政府的不同层级构成不同的公共行政的主体,发挥不同的政府作用。一般而言,中央政府负责全国性公共产品的提供,如国防、外交、货币、银行、铁路、国道等全国性的公共事务;而地方政府则负责地方性公共产品的提供,如地方铁道和公路、地方基础设施、地方医疗与教育等地方性公共事务。我国居民委员会和村民委员会是基层性群众自治组织,负责本居住地区的公共产品的提供,如人民调解、治安保卫和公共卫生等。

从名义上享有公共行政权力和具体行使公共行政权力的角度分析,国家行政管理的主体又可以分为四类:

(1)政府(包括中央政府和地方政府);

(2)政府各行政机关(政府各行政机关的公共行政权力通过法律规定以及在法律规定下的政府内部授权获得);

(3)独立行政机构;

(4)授权和委托型行政主体。

(二)客体

公共行政的客体即公共行政的对象,也就是公共事务。公共事务依其范围的大小可分为国家事务、共同事务、地方事务和公民事务。

在市场经济条件下,公共行政的主要责任是生产和提供公共产品。政府的公共产品体系构成政府所管理公共事务的范围,包括经济类公共产品、政治类公共产品、社会类公共产品,以及科技、教育与文化类公共产品。

国家公共行政管理客体,包括行政机关内部事务和社会公共事务。特别是政府通过行使公共行政权,对社会公共事务进行管理,由此与社会生活中的几乎一切行为主体发生行政、法律关系。在通常情况下,所谓社会行为主体是指具有法人或自然人的资格和地位,且具有移动行为能力的公民、公民团体、社会组织。政府的行政行为是影响乃至决定社会生存条件的重要因素之一。概括地说,国家公共行政管理的外部客体大致可以分为以下六类。

(1)经济性组织,包括制造业、服务业、金融业、科技业和其他一切以营利为目的的组织。

(2)社会性组织,包括教会、社区团体、群众团体等一切以非营利为目的的组织。

(3)政治性组织,包括政党和一切以政权或政治性权力为目的的组织。

(4)教科文组织,包括学校、科学研究单位和各种文化团体。

(5)新闻性组织,包括报社、新闻社、电台、电视台等一切新闻传播媒介组织。

(6)公民,是政府公共行政管理的最大量的行为对象。在对公民实施公共行政管理方面,政府可采用的行政手段是多种多样的。

政府提供公共产品的基本方式是服务,无论是公安、法律、政府行政管理,还是教育、卫生等都是服务。

(三)实现公平

社会公平有三个不同的标准:第一是贡献标准,第二是需求标准,第三是机会均等标准。

(四)实施管制

政府发挥着为社会和市场提供必要的法律及制度的作用。管制意味着政府以法律方式对社会发展和市场运行进行规范。管制可以是经济方面的也可以是社会方面的。

市场的局限性和市场失灵使得政府管制成为必要。政府针对市场失灵的现象,设计出相应的制度来约束和规范经济主体的行为,以保证整个社会经济规范、有序地运行。管制内容主要包括:①公益事业政策方面的管制;②保护消费者权益、信息公开、保护知识产权方面的管制;③针对外部经济问题的管制;④针对非价值物品的管制;⑤财税、金融政策方面的管制;⑥社会福利和社会保障制度方面的管制;⑦民商法及反不正当竞争法方面的管制;⑧产业政策和振兴科技政策方面的管制;⑨保护环境、土地及自然资源、劳动保护等方面的管制。

(五)宏观调控

政府宏观调控的主要目标是:①充分就业,是指非自愿失业者都能够就业;②稳定物价,是指一般价格水平的稳定;③经济持续均衡增长;④国际收支平衡;⑤收入公平分配,保障最低生活需要;⑥控制人口;⑦保护和改善生态环境;⑧合理配置资源;⑨控制外部性。

(六)规范

现代公共行政是在以下一些原则的指导下进行的。

1. 法制原则

依法行政是依法治国的一个核心内容。

2. 服务原则

服务原则除了涉及一种意识之外,还涉及政府行为的两个方面,即反应和质量。

3. 效率原则

这里的效率包含两层意思:一是政府活动的有效性;二是政府活动追求的目标是以尽可能少的投入取得尽可能大的产出。

4. 责任原则

责任原则有两层含义:一是政府的行为对社会大众负责,一个轻率、鲁莽、不计后果的政府注定会给社会带来灾难;二是政府对自己的行为负责,对自身的失职、失误承担相应的责任。

二、西方的公共行政理论

(一)古典学派

古典学派也称程序学派或制度学派。古典学派有三位重要的代表人物。法国古典管理理论学家亨利·法约尔被称为程序学派创始人,他的贡献在于提出了管理的五大功能,即计划、组织、指挥、协调和控制;他还提出了著名的14项管理原则及著名的“法约尔跳板”原理。德国社会学家马克斯·韦伯是古典管理理论学派的又一位重要代表人物。他第一次比较系统地论述了官僚制度的特征,并分析它在西欧工业社会中的作用。第三位代表人物是美国著名管理学家、被后世称为“科学管理之父”的弗雷德里克·温斯洛·泰勒,泰勒的科学管理思想及管理主义对管理理论与实践产生了重大影响。

(二)行为学派

行为学派经历了一个从“人际关系”到人类行为科学的发展过程。

(三)决策学派

赫伯特·A.西蒙在20世纪40年代出版的《行政行为——行政组织中决策程序的研究》一书开创了对决策的研究。西蒙认为“管理就是决策”。另一个有影响的决策理论是查尔斯·林德布洛姆的渐进决策理论。

(四)系统学派

切斯特·巴纳德是第一个把组织看作一个社会系统的理论家。

(五)经济学的贡献

20世纪80年代和90年代,经济学中的公共选择理论和新制度经济理论对西方的公共行政产生了极为重要的影响。西方一些主要国家自20世纪80年代以来进行了大刀阔斧的改革。这一以新公共管理名义出现的公共行政改革,有以下几方面特征:

(1)将注意力集中于取得结果和管理者的个人责任;

(2)以市场运作方式消解官僚组织的弊端;

(3)引入私人部门的管理方法;

(4)政府的某些功能通过市场的测试而承包出去;

(5)把公众视为公共管理机构的客户;

(6)在资源使用中强调削减直接成本;

(7)在公共部门中引入更多的竞争。

三、国内转型

(一)转型时期的中国公共行政

中国公共行政自1949年中华人民共和国成立至今,经历了一个从传统向现代转变的过程,转变的基础是经济体制从原来的计划经济转向市场经济。这一转变导致了许多方面的变化:首先是政府与人民关系的变化;其次是政府职能和角色的变化;最后是政府观念的变化。在整个转型时期,中国的公共行政必须处理好以下几个问题。

1. 政府定位问题

政府定位问题涉及它所扮演的角色及其运作方式。

2. 政府官员问题

政府官员问题在相当大的程度上决定着中国政府的命运。

3. 制度建设和创新问题

制度建设和创新问题在组织结构、领导体制、运作程序和非人格管理方面显得尤为重要。

4. 依法行政问题

转型时期中国公共管理如何在运作中摆脱人格化管理,仍然是法制建设所面临的一个重要问题。

5. 观念更新问题

市场体制的确立以及世界范围内一种新的经济社会形态的出现,要求中国的公共行政有一种全新的思维,这首先要求进行观念的更新,其次要有世界眼光。

(二)知识经济社会与公共行政

知识经济社会的到来使公共行政呈现如下变化。

(1)从等级行政向网络行政发展。网络行政首先使得命令、指示、信息等不必完全通过等级进行传递,网络的传递方式迅速且面广,网络行政的公开度也将得到极大提高。

(2)从精英行政向大众自治发展。精英的"黑箱式"操作将逐渐被公众参与的运作所取代,这是一个社会最终走向民主的必然要求。

(3)从官僚式行政向企业式行政运作发展。

四、传统公共行政模式

公共行政理论的转变过程主要包括以下内容。

(一)自然经济社会的公共行政职能体系

氏族社会——社会服务和社会管理两种职能。

奴隶社会——阶级统治的职能开始出现,并成为政府职能的重要部分。

封建社会至市场经济产生前——阶级统治职能和政治整合职能为主导的行政职能体系。

(二)市场经济社会的公共行政职能体系

传统市场经济——主要表现为自由放任的有限行政职能模式。

现代市场经济——主张国家干预的凯恩斯主义受到推崇。

(三)中华人民共和国成立以后我国公共行政职能体系的历史演变

第一次转变是由阶级斗争向民主建设转变。

第一次机构改革,国务院所属机构从 81 个减少到 60 个。

第二次机构改革将国家机关工作人员减少了 1/3 左右。

第三次精简将国务院机构减少到 33 个,其中,工作人员减少了 2/3 以上。

第二次转变是由以政治职能为中心向以经济职能为中心转变。

1982 年、1988 年、1993 年的行政改革仍然围绕着机构精简展开。

1998 年,我国进行了第 7 次行政体制改革,确立了政企分开、机构精简、依法行政等原则。

2003 年,我国再一次进行行政改革。

五、公共管理的内容

(一)公共管理内容概述

公共管理学科意义上的内容包括公共管理原理、行政管理、城市管理、公共政策、发展管理、教育经济管理以及劳动社会保障等方向。公共管理学的兴起得益于全球化新公共管理运动,但进入 21 世纪后,新公共管理学在实践中不断遇到新的挑战,公共管理学研究进入百家争鸣的时代。

公共管理作为现代管理学科四大分支之一,是未来世界和当代中国最具有发展潜力及广阔前途的学科。20 世纪 90 年代,公共管理作为独立的学科在中国出现,中国公共管理学科的发展展示了蓬勃的生命力。随着当代中国经济的发展,以及改革的深入与和谐社会的建设,公共管理的作用越来越被社会所重视,中国公共管理已经成为中国社会科学研究的最大生长点。在国内,夏书章教授是最早提出引进公共管理学教育的人士,中山大学是中国最早公共管理学发轫之地。中国人民大学、北京大学、清华大学、南京大学、复旦大学、武汉大学、中山大学、四川大学、浙江大学、吉林大学、南开大学等公共管理的学科建设都有很高的水平。

1. 分析

公共管理是以政府为核心的公共部门整合社会的各种力量,广泛运用政治的、经济的、管理的、法律的方法,强化政府的治理能力,提升政府绩效和公共服务品质,从而实现公共的福利与公共利益。公共管理作为公共行政和公共事务广大领域的一个组成部分,其重点在于将公共行政视为一门职业,将公共管理者视为这一职业的实践者。

2. 概念

公共管理是公共行政的一个分支学科,是研究以政府行政组织为核心的各种公共组织管理公共事务的活动及其技术、方法的学问。

3. 含义

公共管理是公共行政中重视公共组织或非营利组织实施管理的技术与方法、重视公共项目与绩效管理、重视公共政策执行的理论派别与分支学科。20 世纪 80 年代中后期,在当代社会科学与管理科学的整体化趋势以及公共部门管理实践,特别是“新公共管理”运动的推动下,公共管理是以公共部门管理问题的解决为核心,融合多种学科相关知识和方法所形成的一个知识框架。公共管理在实施管理的主体、管理活动的内容与范围、管理目标等一些基本的原则和管理理念方面,仍然与公共行政保持一致。

4. 特征

(1)公共管理的主体是多元的,包括社会公共组织和社会其他组织两大类。

(2)作为公共管理客体的社会公共事务表现出不断扩展的趋势。

(3)公共管理的目的是推进社会整体协调发展和增进社会公共利益实现。

(4)公共管理的职能是调节和控制。

(5)公共管理体制和手段面临创新的迫切任务。

5. 特点

(1)公共管理承认政府部门治理的正当性。

(2)公共管理强调政府对社会治理的主要责任。

(3)公共管理强调政府、企业、公民、社会的互动以及在处理社会及经济问题中的责任共负。

(4)公共管理强调多元价值。

(5)公共管理强调政府绩效的重要性。

(6)公共管理重视法律、制度,更关注管理战略、管理方法。

(7)公共管理以公共福利和公共利益为目标。

(8)公共管理将公共行政视为一种职业,而将公共管理者视为职业的实践者。

6. 主体

公共管理主体可以分为政府和其他公共管理主体两个部分。所谓其他公共管理主体是指以实现公共利益为目标而存在的一些组织,一般可称为非营利组织或者第三部门。

7. 对象

公共管理以社会公共事务作为管理对象。社会公共事务的具体内容分为公共资源、公共项目和社会问题等。

(二)公共资源

1. 公共设施、产品

公共设施、产品即特定社区所有的人们都有可能享用和受益的物质性存在,且它们本身必须是劳动产品,如能源、城市道路、路灯、桥梁、交通标志等。

2. 公共信息资源

公共信息资源即一定社区的人们共同拥有和可能享用的各种精神产品,包括文化产品、科技成果和经济信息等。

3. 社会人力资源

社会人力资源也就是一定社区的劳动力、人才方面所形成的社会资源,它是人的因素。在种种社会资源中,人力资源是最活跃和最宝贵的财富。

4. 自然资源

自然资源即一定社会赖以存在和发展的各种自然性物质条件,如矿产资源、水资源、土地资源和森林资源等。

(三)公共项目

公共管理的主要任务集中于将有关的政策变成现实,这些政策通常是由公共管理机构根据社会问题的需要而制定出来的一系列行为准则。因此,政策还不是行为,仅仅是行为的指导原则,有时候也称为行为的标准。把政策具体化的就是各种各样的公共项目,公共项目是依据政策而采取的一系列行为及其过程。于是,公共项目成为公共管理中最直接的对象。

(四)社会问题

在任何社会和任何时代,都要面临着这样或那样需要重视和解决的问题,如公共交通、公共安全、公共设施等,这些就是社会问题。社会问题是多种多样的,在不断得到解决的同时,又不断发生新的问题,而公共管理不可能去解决所有社会问题。社会问题只有在属于公共管理机构职责范围内、与其公共目的相符合的情况下,才成为公共管理的对象。尽管如此,公共管理面对的社会问题仍然是相当广泛的,诸如文化、教育、福利、市政、公共卫生、交通、能源、住宅及生活方式等。

1. 目的

公共管理的目的是实现公共利益。所谓的公共利益是为社会成员共享的资源与条件。公共利益的实现主要表现为公共物品的提供与服务。公共物品的含义非常广泛,既可指有形的物品,如公共场所、公共设施、公共道路交通,也可指无形的产品和服务,如社会治安、社会保障、教育、医疗等。

2. 发展

自 20 世纪 80 年代以来,西方各国为了应对财政危机和政府的信任赤字、绩效赤字,均开始了大规模的政府改革。政府管理的运作发生了变化,由传统的、官僚的、层级节制的、缺乏弹性的行政,转向市场导向的、因应变化的、深具弹性的公共管理。这股浪潮被赋予不同的称谓,如新右派、新治理、管理主义、企业型政府,以市场为基础的公共行政等可被统称为“新公共管理”。

关于新公共管理问题,英国著名的公共管理专家克里斯托弗 · 胡德归纳了新公共管理的七个要点。

(1)即时的专业管理。这意味着让公共管理者管理并承担责任。

(2)标准明确与绩效衡量。管理的目标必须明确,绩效目标能被确立并加以衡量。

(3)强调产出控制。用项目与绩效预算取代传统的预算,重视实际成果甚于重视程序。

(4)转向部门分权。打破各部门的本位主义,破除单位与单位之间的藩篱,建构网络型组织。

(5)转向竞争机制。引进市场竞争机制,降低成本,提高服务品质。

(6)强调运用私营部门的管理风格、方法和实践。

(7)强调资源的有效利用。

此外,法汉姆及霍顿综合其他各家的看法,提出了新公共管理的特征。

(1)采取理性途径的方式处理问题,即在设定政策目标及阐明政策议题时特别强调战略管理所扮演的角色及作用。

(2)重新设计组织结构,其目的在于使政策制定与执行相分离,并且对服务的传输都必须建立起一个赋予责任的行政单位。

(3)改变组织结构,促进官僚体制更为扁平化,授权给管理人员,以利绩效目标的实现。

(4)依据经济、效率、效能等标准来衡量组织成就;发展绩效指标,使组织的成就能够被加以比较和测量,并据此进一步提供信息来作为未来决策的参考。

(5)改变现行的政策,使公共组织能被传统公共服务价值所支配,转换成为“新公共服务模式”,强调与市场及企业价值相适合的文化。

(6)运用人力资源管理技术,其目的在于淡化集体主义的色彩而采取个人主义的途径,包括寻求员工的支持和承诺,来持续地进行结构与组织的变革。

(7)试图建立一种弹性、回应性及学习的公共组织,并发展一种将大众视为顾客、消费者及市民的“公共服务导向”,公共服务不再由专业的供给者来支配,而是以回应人民真正的需求来提供公共服务。

(8)以契约关系来取代传统的信托关系。

3. 要点

(1)公共政策领域中的专业化管理。这意味着让管理者管理,或如胡德所言“由高层人员对组织进行积极的、显著的、裁量性的控制”。对此最为典型的合理解释是“委以责任的前提是对行为责任进行明确的区分”。

(2)绩效的明确标准和测量。这需要确立目标并设定绩效标准,其支持者在论证时提出“委以责任需要明确描述目标;提高效率需要牢牢盯住目标”。

(3)格外重视产出控制。根据所测量的绩效将资源分配到各个领域,因为“需要重视的是目标而非过程”。

(4)公共部门内由聚合趋向分化。这包括将一些大的实体分解为“围绕着产品组成的合作性单位”,它们的资金是独立的,彼此之间在保持一定距离的基础上相互联系。“在公共部门的内部与外部”,既可对这些单位进行管理又可以“获得特定安排所带来的效率上的优势”,其必要性证明了这种做法的合理性。

(5)公共部门向更具竞争性的方向发展。这包括了“订阅合同条款以及公开招标程序”,其合理性则在于“竞争是降低成本和达到更高标准的关键所在”。

(6)对私营部门管理方式的重视。这包括“不再采用‘军事化’的公共服务伦理观”,在人员雇用及报酬等方面更具有弹性,这种转变的合理性在于,“需要将私营部门‘经证实有效的’管理手段转到公共部门中加以运用”。

(7)强调资源利用要具有更大的强制性和节约性。有研究人员将这看作“压缩直接成本,加强劳动纪律,对抗工会要求,降低使职工顺从企业的成本。”“对公共部门的资源需求进行检查,少花钱多办事”的必要性证明这种做法是合理的。

从总体上来看,新公共管理是以“自利人”为假设,基于公共选择代理人理论及其交易成本理论,以传统的管理主义和新现代泰罗主义为基点而发展起来的。其核心点在于强调经济价值的优先性、强调市场机能、强调大规模地使用企业管理的哲学与技术、强调顾客导向的行政风格。新公共管理代表着现实世界中人们不断改进政府、实现理想政府治理的一个努力方向。

第二节　公共管理学的理论渊源

一、管理理论

(一)古典学派理论

20 世纪初至 20 世纪 30 年代是古典学派的鼎盛时期,它所反映的是西方国家,尤其是美国工业的巨大进步对管理的要求。古典学派关注的焦点是“效率”和“经济”,注意的重心是管理程序、组织结构和管理原理,以及规划、组织、人事、指挥和控制等管理功能。在这一学派中,弗里德克·泰勒开创的科学管理思想及其管理主义的影响最大,其基本理论观点是:第一,管理就是要通过设计最佳的工作流程来最大限度地节约成本,提高工作效率;第二,用一种修改的计件工作方法支付工资,高出每日工作量标准就多付酬。泰勒通过强调时间和动作以获得人与机器的最高效能,开创了一个追求效率的时代。

管理主义对公共管理学的一个重要启示是,管理作为一种纯手段性的活动具有共通性,它所包含的一系列原则,既可用于私营企业,也适应于公共部门。鉴于私营部门在第二次世界大战后取得了长足的发展,而政府部门却问题丛生,将私人部门的先进经验引入公共部门中,不仅是必要的也是可行的。

(二)行为学派理论

行为学派经历了一个从“人际关系”到“人类行为科学”的发展过程。早期的管理研究对人的假设是“经济人”,忽略了“社会人”的一面。20世纪20年代末30年代初,通过梅奥的霍桑实验,证实了人不是单纯追求经济利益的,生产效率主要取决于士气的高低。因此,管理部门应善待工作者,并应采取某种社会作用的形式。这样霍桑实验用“社会人”的概念取代了“经济人”的概念,同时将非正式组织的概念引入管理学,认为在任何正式组织中都存在非正式组织,既要重视正式组织的作用,也不能忽视非正式组织的作用。在管理发展史上,霍桑实验开创了对人及其行为研究的新途径,沿着这一路径,产生了一系列有影响的理论,如马斯诺的“需要层次论”,麦克格雷戈的“X理论”和“Y理论”,赫茨伯格的“双因素理论”等。

(三)决策学派理论

决策学派以赫伯特·A.西蒙为开端。西蒙在《行政行为——行政组织中决策程序的研究》一书中指出,决策在行政中处于中心地位。管理就是决策,决策在管理的各个层面存在,但在领导高层尤为重要。西蒙不同意传统的决策模式,认为决策者在决策中的理性是有限的,因而主张以“满意”目标取代理性决策模式的“最佳”目标。

决策学派的另一位代表人物查尔斯·林德布洛姆的渐进决策理论认为,政策的大起大落不可取,因为这会危及社会的稳定,新政策应该只对以往政策进行小修正。

(四)系统学派理论

系统学派以切斯特·巴纳德将组织视为一个社会系统而得出。巴纳德认为,组织是一个协作的系统,它包含三个要素,即协作的意愿、共同目标、信息联系。组织通过向个人提供刺激,促使个人做出回报,从而使组织与其之间维持一种均衡,组织的管理在于维持这种均衡。20世纪60至70年代,系统学派又发展为两大理论:一是生态理论,提出行政生态的观点,探讨各国的具体国情是如何影响塑造该国的行政的,反过来公共行政又是如何影响社会的变迁和发展的;二是权变理论,认为不存在一种对所有管理者都适用的一般模式,管理是因时、因人、因条件而变化的。

(五)新管理主义理论

新管理主义理论包括企业再造理论、虚拟企业理论和学习型组织理论。

二、当代经济学理论

(一)公共选择理论

公共选择理论产生于20世纪40年代末,到20世纪60年代末形成了一种学术思潮。美国著名经济学家詹姆斯·布坎南是这一理论的代表人物。所谓公共选择,就是通过集体行动和政治过程来决定资源在公共领域的分配,是人们选择通过民主政治过程,将个人的私人选择转化为集体选择的一种过程或机制。“公共选择理论可以定义为非市场决策的经济研究,或者简单地定义为把经济学应用于政治科学。公共选择的方法仍然是经济学的方法。与经济学一样,公共选择理论的基本假设是,人是一个自利的、理性的、追求效用最大化的人。”以自利人为出发点,公共选择理论对政府管理出现的种种偏差进行了一系列有独到见解的分析。

公共选择理论认为,人类社会由两个市场组成,一个是经济市场,另一个是政治市场。经济市场活动的主体是消费者(需求者)和厂商(生产者),政治市场上活动的主体是选民、利益集团和政治家、官员。在经济市场上,人们通过货币选票来选择能给自己带来最大满足的私人物品;在政治市场上,人们通过民主选票来选择能给自己带来最大利益的政治家,以及政策法案和法律制度。前一类行为是经济决策,后一类行为是政治决策,这是个人在社会生活中最重要的两类决策。西方主流经济学主要研究市场上的供求行为及其相应的经济决策,而把政治决策视为经济决策的外在既定因素。传统西方经济学对于个人在经济市场中的决策和在政治市场中的决策,是基于两种完全不同的假定:认为在经济市场中,个人受利己心支配追求自身利益最大化;而在政治市场上,个人的动机则超越了个人利益,是利他主义的。

公共选择理论认为,在经济市场和政治市场上活动的是同样的人,没有理由认为同一个人只是由于场所不同就以两种完全不同的动机进行活动。因此,公共选择理论试图把人的行为的两个方面纳入一个统一的分析框架,用经济学的方法和基本假设来统一分析人的经济与政治行为,从而拆除经济学与政治学的传统壁垒。在布坎南等人看来,公共选择作为非市场的集体决策理论,具有三个规定性。第一,集体性。有人群的地方就有集体决策,因而就有公共选择,私人决策则不在公共选择的研究范围之内。第二,规则性。集体决策就是制定规则,在人与人之间存在偏好差异的情况下,必须通过规则使人们的行为协调起来,因此,必须进行决策以选择那些能够反映和满足公众偏好的规则。第三,非市场性。公共选择理论所指称的“集体”包括政府、社会团体、国际、教育、福利、环保等政治问题,在这些领域中,市场不能对资源进行有效配置,只能通过非市场的集体决策来达到目的。

布坎南等人认为,经济学是一种有关交易的科学,但政治市场和经济市场在交易上存在着重要差别:①经济市场上交易的是私人物品,交易媒介是货币;政治市场上交易的是规章、政策、议题等公共物品。决定公共物品“生产什么”“生产多少”和“如何生产”,必须通过集体选择,因而需要通过一些特殊的媒介,如投票、利益集团、代议制、政党和政府等。②经济市场上的交易主要在单个人或单个厂商之间进行,而政治市场上的交易主要是集团、政党之间的交易。个人通过政治过程可以实现所希望的目标。③经济市场中的交易基本是一种自愿的、和平的,而政治市场的交易具有一定的非自愿性等特点。

特别注意的是,公共的选择理论对公共管理学的理论启示是多方面的,其中特别值得注意的是:①用经济学的方法和假设来研究政治,并建立一种严谨的、有关政府的一般理论,为公共管理研究提供了经济学的视野和新的研究途径;②对资本主义民主政治过程的矛盾性、投票制度的虚伪性、少数利益集团对决策过程的操控性的分析,引发了公共管理研究对政府干预行为的局限性的思想以及由此带来的种种弊端的反思。

(二)政府失灵理论

政府失灵,是指个人对公共物品的需求在现代化议制民主政治中得不到很好地满足,公共部门在提供公共物品时趋向于浪费和滥用资源,致使公共支出规模过大或者效率降低,政府的活动或干预措施缺乏效率,或者说政府做出了降低经济效率的决策或不能实施改善经济效率的决策。

1. 表现形式

概括地讲,政府失灵包括以下几种情况:①由于行为能力和其他客观因素制约,政府干预经济活动达不到预期目标;②政府干预经济活动达到了预期目标,但效率低下,或者说成本较高,导致资源并未得到充分有效的利用;③政府干预经济活动达到了预期目标,也有较高的效率,但带来不利的、事先未预料的副作用;④某些外部性问题或国际性经济贸易问题,一国政府无法解决,如核利用中的污染问题、国际贸易纠纷问题等。

2. 原因分析

人类的行为受到经济、政治、社会、文化等诸多因素影响,如果仅局限在经济领域内对政府失灵进行思考,很难得出正确的结论和解决办法。公共政策牵涉面广、制约因素多,政府在制定、实施公共政策过程中可能偏离公众目标,造成政府失灵。

3. 政治过程

(1)公共决策过程中的缺陷导致公共政策的低效甚至偏离公共目标

第一,民众与政府的委托代理中存在道德风险。现代民族国家宪法一般都规定一切权力属于人民,并规定人民行使权力的方式和途径,并按照一定的程序将权力授予政府,所以政府只是全体社会成员——人民的代理者。国家是全体人民的组织,政府只是立宪意义上的代理人,立宪性制度赋予政府机构决策权——组织中最重要的权能。在现实政治体制中,民众直接选举或间接选举议员或政府首长,通过议会或政府首长向具体的行政机构授权,是民众授权模式。不论直接民主制,还是代议制政府,民众与政府之间是一种委托与代理的关系。凯恩斯经济学中隐含着政府是"道德人"的假设,即政府永远是大公无私的,市场失灵时,政府代表公众利益恢复市场功能,使社会福利最大化。"政治人和经济人能够是同一人吗?在公共选择领域中,假设他们就是同一人。"

但是实际上假定政治家和官员是毫无私利的社会利益的代表是靠不住的,存在道德风险。如同消费者和生产者追求自身利益最大化一样,政府部门及官员也是追求自身利益最大化的经济人。例如,获取更大的权力和更高的威望、争取本部门预算和规模的最大化、减轻工作负担、获得更多的报酬、争取更长的任期等。

第二,民众的"搭便车"行为和利益集团的操纵使公共政策偏离社会利益,导致政府失灵。委托代理理论假定选民以投票的形式参与政治决策过程,强调了选民对政府行为制约的必要性与制约的方法。政府的公共政策即使并非全体公民直接投票选择的,也是由民众选出的代表投票决定的,这些代表为了能再次当选,在很大程度上受选民意愿的约束。但在现实中,选民的"搭便车"行为导致公共政策偏离社会利益。

第三,多重委托代理制约失效。民众与政府的委托代理关系是多重的:一重是公民及其代理机构(立法机关)作为委托人与政府行政系统作为公民及其代理机构的代理人之间的委托代理;二重是政府行政系统作为委托人与具体的各级政府组织作为代理人之间的委托代理;三重是具体的各级政府组织作为委托人与政府组织工作人员作为代理人的委托代理关系。根据组织管理的权责对等原则,立宪性制度一般同时规定了对政府权力的限制,各级政府(代理人)都是以维护公共利益即民众的利益(委托人的利益)为目标,但是"多重委托代理"的缺点造成对代理人制约失效。其原因在于:一是政府作为公共产品唯一的提供者处于垄断地位,缺乏竞争压力,民众对公共政策制定、执行无决定权;二是委托代理模式的民意传递,经过代理人的过滤会发生民意损失,因为代理人的价值取向、偏好与民意可能存在偏差;三是在代理活动中代理人都在寻求最有利于自己的行为方式和规则,如故意把决策程序复杂化、模糊和减轻责任,降低职业风险;四是有理性、不知情的选民对特殊利益没有制约,对代理人监督乏力和成本过高,加上监督信息的不对称,使民众难以获取政府及官员真实的信息,选民对政府及官员的监督是无效的。这些因素使得委托人与代理人之间缺乏有效的良性互动,使监督流于形式,导致政府失灵。

第四,现有民主决策制度的缺陷。直接民主制中存在的问题有循环投票或投票悖论和偏好显示是否真实等问题;间接民主制中固有的问题主要是被选出的代表由于其"经济人"特性而往往追求自身利益的最大化,而不是选民或公共利益的最大化,选民却难以对其实施有效的监督。现有的投票规则或表决方式主要有一致同意和过半数等,然而一致同意原则的决策成本太高,且容易贻误决策时机,更严重的是,"一致同意的选票制度将盛行于讨价还价和敲诈以及达不成任何实质性决议的拖延"。多数原则不可能是完全民主的,它可能出现多数人对少数人的强制。当代经济学家德姆塞茨指出,企图用一个完善的政府取代一个不完善市场的想法是荒谬的。政府失效至少和市场失效一样严重。

(2)公共政策执行的低效率引起了政策失灵

政府机构制定的公共政策对经济的调控行为,没有使社会资源配置状况变得更好,或者相对资源配置状况的改善而付出的实际代价过高造成资源浪费,引起效率和社会福利的损失。

第一,从成本收益角度来看,只有政府干预收益超过其干预成本时才有干预必要,否则公共政策是低效的或无效的。任何一项公共政策的制定和实施都需要相当的行政成本,都需要此项政策相关的运行费用,社会或社会的某一阶层、某一部分人必然要为此付出成本或代价。

由于政府处于垄断地位,其收益源于企业、居民提供的税收,支出属公共开支,运行的成本和收益是分离的,没有企业那样的硬预算约束,使得政府没有提高效率、降低成本的激励对策。政府干预活动大多不计成本,倾向于使用过多的资源,即使计算成本,也很难做到精确。在干预收益方面,政府作为垄断组织提供的服务往往是垄断的、唯一的,而确定评价政府机构的绩效标准十分困难,对一些政府产品的质量和数量的度量很难,难以对政府进行有效监督。而且当政府活动不成功时,缺乏一种可靠的终止这种活动的机制。政府干预的垄断性和排他性,往往造成干预活动的低效,甚至无效。

第二,公共产品市场是完全垄断市场,缺乏竞争导致的低效率,常常使政府的干预、调控行为滞后,丧失时机,导致政府失灵。在无竞争的市场条件下,不可能有两个政府或政府中两个相同职能部门同时活动,政府部门存在任意扩大自己的职能范围、滥用政府权力、过度干预的倾向,导致政府的行为效率低下。同样,不同的政府部门所提供的公共服务是单一的、垄断的,因而部门之间也不存在竞争压力,一个部门效率的提高不会对其他部门形成激励。明哲保身的官员为避免犯错,故意把决策程序复杂化,只要符合程序,一旦错误发生,责任不是由个人承担,表面上看是由官员集体承担,实质是由社会承担,这样就没必要追求高效率。

第三,从公共政策的供求来看,干预供给超过干预的需求,造成公共政策效率低下或无效。一方面在市场机制下,经济主体要想获得一定的收益,必须付出一定的成本,利益与负担是结合在一起的。但在政府干预下,受益者和负担者产生分离,获益者可能是全社会或者特定的集体,他们无须考虑谁是支付者,这样受益者就有很大积极性,进行政治上有效的努力,去发起、支持和扩大一个特定的、低效的项目或政策。这种积极性要比支付者反对这一项目或政策的动力大得多,其结果可能造成政府过度、持久的干预。另一方面,政府官员及政府本身的利益使政府自身具有不断扩张和膨胀的本性。公共选择理论认为,官僚机构和立法部门都追求预算的最大化,它们与利益集团结成“铁三角”,导致政府预算有不断扩大的趋势。庞大且不断膨胀的政府机构,层次繁多、冗员太多、人浮于事,导致公共产品供给效率低。社会对公共产品需求的日益增长,极易导致政府干预职能的扩展和强化及其机构和人员的增长。由于缺乏竞争对手,就可能导致政府部门过分投资,由此造成越来越大的预算规模和财政赤字,导致政府干预的成本昂贵。当政策运行的直接成本和政策运行的机会成本大于政策实施所带给企业的收益时,就会导致政策失效。此外,政府干预越多,官员就越有机会追求自身利益。这在一定程度上鼓励了政府部门对公共物品的供给超出社会资源最优配置所需数量,结果造成政府的过度干预,导致资源浪费呈上升趋势。

第四,缺乏对政府、官员严格和科学的制约、监督与考核机制。从理论上讲,政府、官员必须服从民众的监督以保证政府部门运行的效率,切实为民众服务。但在现实中,这种监督因多重委托代理制度的缺陷和信息的不完备而效力有限甚至无效。因为选民所了解的信息是由被监督者提供的,监督者对被监督者的工作知之甚少,结果监督者可能受被监督者操纵,从而使被监督者实现自身利益最大化的政策得以实施。例如,政府官员的升降实行上级任命制,造成了极少数官员只对上级(往往是上级个人而非上级集体)负责而不对下级负责。政府官员的工作缺乏责任制的约束,对其工作状况和实际缺乏公平合理的考核和评价标准,造成一小部分官员欺上瞒下,做表面文章,搞形式主义。在政府的组织制度存在种种缺陷和问题的情况下,势必导致政府做出不合理的和错误的决策,或者即使做出了正确决策也不能得到有效贯彻和实施,这又必然导致社会经济资源配置低效,社会福利减少,经济发展失衡。

(3)公共政策自身的不确定性引起的干预失灵

第一,政策的时滞引起的市场失灵。从公共政策制定到政府采取行动有一个认识、决策和行动的时间,受政府预见能力、行动的决心和制定政策效率的影响,政策出台后需要一定的时间才能影响政策目标,受客观环境和条件的影响有一个传导时滞;而从经济个体行为的变化到整个社会宏观经济变量的变化又需要一个过程,即生效时滞;同时,根据执行状况调整政策需要一定的信息资料,而与此有关的统计资料需要一定时间才能被提供,这就产生了资料时滞;政策需要一定时间对资料进行整理、分析、判断,如此就产生了识别时滞。市场经济的运行有其内在的规律性和周期性,政府政策的滞后性增加了市场运作中的不确定性,导致经济无规则波动,加剧经济动荡,带来资源浪费。政策时滞的存在导致政策极易在不适当的时候发挥不适当的作用,甚至有人认为政策时滞的存在导致政策的不可信赖。

第二,不完全信息和有限理性造成的公共政策失灵。正确的决策必须以充分可靠的信息为依据,现代市场经济活动复杂多变,增加了政府对信息的掌握和处理的难度。而且,获取决策信息总是需要支付一定甚至很高的成本,不管是选民还是政治家所获得的信息都不可能是完全的,同时,信息不对称还来自信息优势方对信息的垄断。在交易中拥有的信息越多对自己越有利,信息的优势方为了得到最大的经济利益就会隐藏信息或提供虚假信息。而政府对社会经济活动的干预,是一个涉及面极广、错综复杂的决策过程。一方面有限理性导致政府的干预、调控能力有限,政府官员并非无所不知、无所不能,同样有人类共有的一些弱点,如知识经验不足、计算能力和决策能力的有限;另一方面大部分公共政策是在信息不完全甚至扭曲的情况下做出的,决策不可能是最优的甚至是错误的,因此导致政府对市场的干预存在一定的盲目性、滞后性,使经济资源的配置达不到最优,进而导致政府失灵。

第三,政府的公信力不强致使公共政策执行效率降低。公信力是公共政策的基础和灵魂,政府公信力在复杂多变和充满风险的市场环境中是一种确定性的力量,有助于降低风险,降低交易成本,提高效率。政府公信力受到质疑有客观方面的原因,许多政府行动的后果极为复杂、难以预测和控制,其弥补市场缺陷的措施本身可能产生无法预料的副作用,使公共政策受到怀疑,如理性预期导致的干预政策失效,甚至帮倒忙。政策的制定、实施和发生效果的过程,实际上是一个博弈的过程。市场主体会对政策进行理性预期,并对可能损害自身利益的政策采取防范措施,即上有政策,下有对策,使公共政策效率降低或落空。但政府公信力降低更主要的是主观因素造成的,如朝令夕改、寻租、与民争利、缺乏民主、不依法行政,以及为民众提供公共物品能力和效率低下,使得公共政策得不到民众信任,妨碍公众与政府的合作效率,增加整个社会的交易成本,导致政府公共政策效率低下。

(4)寻租造成的政府失灵

垄断导致寻租,寻租导致腐败。政府利用垄断性行政权力和法律手段干预市场,获利的人愿意用较低的贿赂成本获得较高的收益和超额利润。在寻租活动中,政府并非一个被动地被利用的角色,麦克切斯内就提出"政治创租"和"抽租"问题。前者指政府官员利用行政干预的办法来增加私人企业的利润,人为创造租,诱使私人企业向他们行贿作为得到这种租的条件。后者指政府官员故意提出某项会使私人企业利益受损的政策作为威胁,迫使私人企业割舍一部分既得利益与政府官员分享。在垄断的角逐中,一些活动家致力于实施某种限制——寻租,也有一些活动家致力于反对实施这种限制——避租。寻租、避租不仅耗尽人们的才智,而且把费用强加给社会的其他人群,从而阻碍了经济发展。垄断造成一重损失,角逐垄断权又造成另一重损失。非生产性的寻租使个人收益最大化,但却是社会资源的浪费,导致政府官员的行为扭曲。政府官员为了特殊利益争夺权力,破坏公平的竞争秩序,导致整个经济效率、政府效率和全社会福利损失,最终导致政府失灵。

总之,由于政府自身的局限性和外部因素对政府约束无效,政府在纠正市场失灵时引起了效率和福利损失。用美国学者沃尔夫的话说,在市场"看不见的手"无法使私人的不良行为变为符合公共利益行为的地方,可能也很难构造"看得见的手"去实现这一任务。

第一,政府的组织结构不利于信息的传导,造成"政府失灵"。政府的机构设置是"金字塔"式结构,以适应"政出一门"和领导负责制的组织原则。然而正是这种结构,严重阻碍了经济运行中各种信息的及时传输和政令的及时下达。市场运行中,各种资讯瞬息万变,政府在对市场进行宏观调控的过程中,必须掌握及时准确的信息才能做出正确的决策。然而,市场中的各种信息通过各级机关层层审批最后递交到决策者手里,需要一个漫长的过程。而这时信息的准确度,在复杂多变的市场环境中已经大打折扣;同时,政府决策者,通过各级机构把自己的决策落实到经济运行的问题环节,中间也需要一个复杂的程序。从上至下的决策信息传输途径使得一项政策并不能及时地发挥作用。

第二,政府的"超然"地位,使其丧失了经济调控的有效性,导致了"政府失灵"。政府进行宏观调控的过程,是站在市场之上的,并没有直接深入市场中对出现混乱的环节进行调控,而是通过财政政策、货币政策、福利政策和再分配政策等手段对整个国民经济进行间接调控,通过政策的持久效果和扫除各种外部障碍来引导国民经济走向正轨。然而,政府对调控力度和幅度,以及对调控的时间的把握却是非常困难的,往往因调控力度过大或过小的问题而影响经济的发展。同时,由于政府独立于市场之外,并没有直接参与经济运行,其对于经济运行状况的敏感程度相对较弱,不利于及时发现其中的问题。这就从一个方面决定了政府很难提出有效且具有前瞻性的指导意见,因此政府的调控多是事后调控,造成了资源的极大浪费,也给调控增加了难度,同时,也增加了政府公共政策失败的可能性。决策规则的自身缺陷,加上信息的不完全,导致政府活动在干预市场经济时存在无效性是必然的。

第三,政府行政属性成为"政府失灵"的固有原因。政府属于行政机构,而并非纯粹的经济组织,它的活动原则和机构构成必然要适应处理大量行政事务的需要,而并非仅仅为了适应经济调控的职能。这种行政化作风也必然会渗透到政府管理经济的活动中,例如,行政审批的低效率,日常工作缺少灵活性,以及处理问题时层层请示的制度等。这些工作方式是在日常行政事务的处理中逐步形成的,然而却与经济活动高效、及时的要求相背离。在经济管理工作中,政府机构的这种工作方式,易导致低效率和滞后性等一系列问题,使政府调控行为丧失时效性。此外,虽然各国都把管理经济作为政府的重要职能,且其重要性不断提升,然而政府不可能把全部精力与财力都集中于经济管理上。与经济运行的持续性相比,其每次的调控行为必然是短期的和间接的,因此,政府首要关心的是调控的眼前效果,而对于调控行为长期的以及隐性的影响,却没有精力去评估。直到某项政策的负面影响集中发挥作用,政府才会反思其最初的正确性。

市场失灵的存在是国家干预的前提,但有些市场失灵是政府干预难以修补的,勉强干预势必"政府失灵"。倒不如通过进一步完善市场机制来克服这些缺陷。政府干预从本质讲也是一种经济行为,只有当其收益高于成本时才是合理的。政府的规模、职能应严格限制在经济合理的范围内。

政府失灵问题由来已久,对其所进行的研究可能在更早的文献中已经出现过,甚至在与亚当·斯密同时代的学者也可能曾做过相关的阐述,只是没有人对其进行系统的研究。到20世纪70年代,随着西方社会滞胀现象的出现,政府失灵问题开始凸显,成为西方经济学和政治学研究的焦点问题,相关的理论研究也开始系统化并且日渐成熟。诸多公共选择和公共政策学者及部分发展经济学家在这一领域中做出了巨大的贡献。他们的研究各有其独到之处,但不可否认也存在一些问题,受到学界的诟病。批评主要集中于他们所采用的方法论方面，认为个体主义方法论本身就具有较大的局限性，过于简单化，有还原论的嫌疑。尤其是公共选择和公共政策学者，他们采用的“经济人”假设对政府失灵虽有较强的解释力，但却难以与事实完全相符。

第三节　新公共管理

一、新公共管理的概述

新公共管理的开先河者之一是英国撒切尔内阁。1979 年，撒切尔内阁掀起一场运动，直接目的是减少预算赤字，提高政府效率。该运动分四个阶段：①引入私人部门管理技术阶段。撒切尔内阁提出了著名的 3E 标准，即经济(Economy)、效率(Efficiency)和效益(Effectiveness)，作为衡量行政管理和公共服务的最终尺度。②公共服务私有化阶段，这使政府规模和活动范围大大缩小。③公共服务代理化阶段。决策部门只负责政策制定，不再掌管政策执行。④公共和私人部门伙伴关系阶段。美国里根政府崇尚市场至上、个人自由和政府最小化。其基本理念是：政府就应像一个大型公司那样予以组织和管理，公共部门和私人部门都须按照同样的经济参数和管理原则进行评价。

尽管各国新公共管理运动的规模、深度还存在着差异，但作为一场世界范围的改革潮流，其主要做法是一致的。①调整政府职能。其主要措施有：减少对企业和社会的直接干预；通过打破垄断，引入竞争机制，实行公共服务社会化；推行国有企业民营化，从而减轻政府负担，缩小政府规模。②创新管理方式。其主要做法包括：充分借鉴企业管理手段，如项目招投标、质量管理、使用者收费、合同外包、人力资源开发等，实现政府管理创新；运用现代信息技术，推进电子政务，再造政府管理流程；开展政府绩效评估，如英国推行政府公共服务承诺制，美国实行联邦政府绩效管理，都取得积极成效。③实行分权改革。即围绕决策权与执行权的分离，一些国家将政府部门分解成决策部门和具有特定服务功能的执行机构，通过签订责任书等方式，明确执行机构的责任范围、工作目标及考核标准。英国、澳大利亚、瑞典等都采取了相关做法。

英国学者 E. 费利耶等人在《行动中的新公共管理》一书中认为，在当代西方政府改革运动中，至少有四种与传统的公共行政模式不同的新公共管理模式，它们都包含着重要的差别和明确的特征，代表了建立新公共管理理想类型的几种初步的尝试。如下所示。

(一)效率驱动模式

效率驱动模式是当代西方政府改革运动中最早出现的模式，往往被称为撒切尔主义的政治经济学，在 20 世纪 80 年代居于支配地位，但目前已经受到了挑战。这种模式代表了将私人部门管理(工商管理)的方法和技术引入公共部门管理的尝试，强调公共部门与私人部门一样要以提高效率为核心。这种模式的基本内容包括：强烈关注财政控制、成本核算和效率问题，关心信息系统的完善；建立更强有力的一般管理中心，采用层级管理和“命令与控制”的工作方式，要求有明确的目标定向和绩效管理，权力向资深管理者转移；发展正式的绩效评估方法；强调对顾客负责，让非公共部门参与公共物品的提供，以市场为基础和顾客导向，以及在边际上进行类似于市场的实验(准市场)；解除劳动力市场的规制，加快工作步伐，采用绩效工作制以及短期聘用合同；雇员自我调节权力的减少，权力向管理者转移，吸收部分雇员参与管理过程,采用更透明的管理形式;增加更具有企业管理色彩而较少官僚色彩的授权,但更强调责任制;采用公司治理的新形式,权力向组织战略顶层转移等。

(二)小型化与分权模式

小型化与分权模式的影响力正在不断增强,地位日益重要,这与20世纪以来组织结构的变迁密切相关,1900—1975年,组织结构向大型化、合理化、垂直整合等级(科层制)的历史转变已走向它的反面,出现了组织发展的新趋势,包括组织的分散化和分权,对组织灵活性的追求,脱离高度标准化的组织体制,日益加强的战略和预算责任的非中心化,日益增加的合同承包,小的战略核心与大的操作边缘的分离等。这些趋势既出现在私人部门,也出现在公共部门。这种模式的重要特征如下:从早期强调以市场为中心向更精致和更成熟的准市场扩展,从计划到准市场的转变成为公共部门配置资源的机制;从层级管理向合同管理的转变;较松散的合同管理形式的出现;小战略核心与大操作边缘的分离,市场检验和非战略职能的合同承包;分权和小型化——公共部门领取薪金的人数大量减少,向扁平型组织结构转变,组织高层领导与低层职员逐渐减少;公共资助与独立部门供应相对分离,购买者和提供者分离组织以及作为一种新组织形式的购买型组织的出现;从"命令与控制"的管理方式向诸如影响式管理、组织网络形式相互作用一类的新风格的转变,对组织间的战略的日益重视;从标准化的服务向灵活多样的服务系统的转变等。

(三)追求卓越模式

追求卓越模式与20世纪80年代兴起的企业文化的管理新潮相关——特别是受《公司文化》和《追求卓越》这两本畅销书的影响,也部分反映了那种强调组织文化重要性的人际关系管理学派对公共部门管理的影响。该模式拒绝了理性化的小型化与分权模式,强调价值、文化、习俗和符号等在形成人们的实际行为中的重要性,它对组织及管理的变迁与革新具有强烈的兴趣。这种模式可以分为从下而上和从上而下两种途径。前者强调组织发展和组织学习(20世纪80年代末的"学习型组织"运动是其新近的表现);后者强调将已经出现的东西看作可塑造的、可变化的公司文化,引导一种公司文化的发展,强调魅力的影响或示范作用。追求卓越模式的要点是:在由下而上的形式中,强调组织发展和组织学习,将组织文化看作一种组织发展的黏合剂;强调由结果判断绩效,主张分权和非中心化。在由上而下的形式中,努力促进组织文化的变迁,管理组织变迁项目;重视领导魅力的影响和示范作用。

(四)公共服务取向模式

公共服务取向模式是目前最不成熟的模式,但仍展现出无穷的潜力。它代表了私人部门管理观念和公共部门管理观念的新融合,强调公共部门的公共服务使命,但又采用私人部门的质量管理思想。它赋予新型的公共部门——它们既与以往旧的公共组织决裂,又保留了明确的认同感和目标使命——合法性。这种模式的基本内容及特征是:主要关心提高服务质量,强调产出价值,但必须以实现公共服务使命为基础;在管理过程中反映使用者(而不是一般的顾客)的愿望、要求和利益,以使用者的声音而非顾客的退出作为反馈回路,强调公民权理念;怀疑市场机制在公共服务中的作用,主张将权力由指派者转移到民选的地方委员会;强调对日常服务提供全社会学习过程(如鼓励社区发展、进行社会需要评估);要求一系列连续不断的公共服务的使命与价值,强调公民参与和公共责任制等。

二、新公共管理的背景

新公共管理运动兴起的直接动因,在于公共行政模式在新的时代背景下已难以适应经济社会发展的需要。20 世纪 60 年代以来,西方民权运动风起云涌,经济滞胀初露端倪,失业以及公共安全、环境污染、社会保障等矛盾日益暴露,这与公共行政模式的预期形成很大反差。变革成为国际社会普遍而迫切的要求,一场来自政府和公共部门内部的改革运动——肇始于英国,随后在美国,进而扩大至西方主要发达国家,最后又波及许多发展中国家和转型国家。

这场行政改革运动即新公共管理运动,与此前来自理论界的"新公共行政"运动有着根本性区别。"一方面,它从一开始就是实践导向的,侧重于政府和公共组织的内部结构、公共服务的供给方式的根本性改变,而其最终目标则是要减小政府规模、压缩政府活动空间、创新服务供给方法,以更低的费用、更高的效率实现公共目标;另一方面,其价值观、理论基础和方法来源与公共行政范式完全不同,它不是要补充和修缮公共行政范式,而是要彻底扬弃公共行政范式,实现范式革命而不是改良。"

从"公共行政"到"公共管理",绝不仅仅是名称的简单变化。行政(Administration)源于"minor",意思是"服务"以及"统治",强调遵从规则和程序;管理(Management)则来自"manus",意思是"用手控制",有经操作和控制达到目标的含义。由此可见,"公共行政注重的是过程、程序和符合规定,公共管理涉及的内容则更为广泛。一个公共管理者不仅仅是服从指令,他注重的是取得结果和为此负有的责任。"

三、新公共管理的理论基础

新公共管理作为一种新的管理模式,其理论基础与以往的行政理论有很大的区别。如果说传统的公共行政以威尔逊、古德诺的政治行政二分法和韦伯的科层制论为其理论支撑的话,新公共管理则以现代经济学和私营企业管理理论及方法作为自己的理论基础。首先,新公共管理从现代经济学中获得诸多理论依据,如从"理性人"(人的理性都是为自己的利益,都希望以最小的付出获得最大的利益)的假定中获得绩效管理的依据;从公共选择和交易成本理论中获得政府应以市场或顾客为导向,提高服务效率、质量和有效性的依据;从成本-效益分析中获得对政府绩效目标进行界定、测量和评估的依据等。其次,新公共管理又从私营管理方法中汲取营养。新公共行政管理认为,私营部门许多管理方式和手段都可为公共部门所借用。如私营部门的组织形式能灵活地适应环境,而不是韦伯所说的僵化的科层制;对产出和结果的高度重视,而不是只管投入,不重产出;人事管理上实现灵活的合同雇佣制和绩效工资制,而不是一经录用,永久任职;等等。总之,新公共管理认为,那些已经和正在为私营部门所成功地运用着的管理方法,如绩效管理、目标管理、组织发展、人力资源开发等并非为私营部门所独有,它们完全可以运用到公有部门的管理中。

在公共选择和交易成本理论与新管理主义理论的基础上,可以发展出不同方向的新公共管理的理论。

(一)小政府理论

弗里德曼和哈耶克的"小政府理论"。在"政府失灵论"蔓延的背景下,这两位学者指出,政府应缩小管辖的空间范围,其活动内容只是提供那些市场做不了也做不好的服务,即提供具有非排他性的公共产品和服务。当然,政府的“小”只是空间范围上的小,并不意味着政府能力以及竞争力的弱小。

(二)流程再造理论

迈克尔·哈默和詹姆斯·钱皮提出的“流程再造”理论,主要针对官僚制,强调对官僚制进行重新改造和超越。其理论内容主要有:

(1)对工作流程进行重新设计,以提高效率、效能和质量;

(2)以业务流程为改造对象和中心、以顾客需求和满意度为目标,对现有业务流程进行根本的再思考和彻底的再设计,以打破传统的职能型组织结构,建立全新的过程型组织结构,从而实现组织在成本、质量、服务和速度等方面的巨大改善。

(三)绩效评估理论

马克·把政府绩效作为切入点,提出把绩效评估作为改进绩效的一种管理工具。他设计了一整套具体的绩效评估流程,同时还强调,在绩效评估的过程中要提高公民的参与度,因为这样的绩效评估结果和绩效信息将会对政府政策和项目管理有更大的意义。

(四)全面质量管理理论

霍哲还研究了另一个重要的理论——基于回应性的政府全面质量管理,即建立起一套以顾客为中心,持续改进,强调授权和协作基础上的全面质量管理。其目的在于通过引入政府全面质量管理,消除由于官僚制、利益集团以及专业化的结构所带来的回应性障碍,建立更具回应性以及以顾客为中心的公共机构。

(五)单一模式理论

截维·奥斯本和特德·盖布勒在《改革政府:企业家精神如何改革着公共部门》中将“新公共管理”看作单一的模式概念,并指出“新公共管理”模式包含以下十大基本原则或基本内容。

(1)起催化作用的政府:掌舵而不是划桨。

(2)社区拥有的政府:授权而不是服务。

(3)竞争性政府:把竞争机制引入到提供服务中去。

(4)有使命的政府:改变按章办事的组织。

(5)讲究效果的政府:按效果而不是按投入拨款。

(6)受顾客驱使的政府:满足顾客的需要,而不是官僚政治的需要。

(7)有事业心的政府:有收益而不浪费。

(8)有预见的政府:预防而不是治疗。

(9)分权的政府:从等级制到参与和协作。

(10)以市场为导向的政府:通过市场力量进行变革。

因此,应用企业家精神去改造政府,并且能够把企业经营管理的一些成功方法移植到政府中来,使政府这类公共组织能像私人企业一样,提高效率。其中最重要的一点就是以顾客为中心,即强调服务提供者应对他们的顾客负责,在提供服务过程中不断进行革新,寻求减少成本和增进质量的方法，聆听顾客的呼声，授权顾客做出选择，把资源放在顾客手里让他们挑选。

四、新公共管理的意义

新公共管理是20世纪80年代兴盛于英、美等西方国家的一种新的公共行政理论和管理模式，也是近年来西方各国进行规模空前的行政改革主体指导思想之一，在当代公共行政理论与实践中越来越显现出其主导范式的地位。下面将就新公共管理提出的理论、现实背景、理论观点、内涵以及该理论的反思进行系统的梳理及评述，以期对该理论有一个全面、客观的认识和把握。

新公共管理作为一种新的管理模式，它的产生是传统行政管理模式的理论危机以及现实实践过程中的挑战双重合力所导致的结果。

传统的公共行政是建立在由威尔逊提出并由古德诺系统化的"政治与行政二分法"理论以及由马克斯·韦伯提出的"官僚制"理论之上的。两大理论作为传统公共行政的理论基础具有跨时代的意义，以此理论为基础的传统公共行政模式较之以前的管理是一个重大的进步，自其产生以来，已逐步成为世界上绝大多数国家公共行政的基本模式。但由于其本身存在的内在理论缺陷，在其形成后不久就遭到了包括政治学行为主义和人际关系学派的激烈批判。

对政治与行政二分法理论的批评主要集中在其二分理论在实践中的不可行。行政学者罗伯特·达尔和沃尔多都曾指出，威尔逊提出的"政治与行政二分法"在实际中是做不到的，传统行政模式的不切实际之处就在于，政治与行政必然是相互关联的，一个不含任何价值判断的公共行政只是一个神话而已。此外，面对韦伯的"官僚制"理论，学者们也认为，由于官僚制的理性形式、不透明性、组织僵化以及等级制的特点，使得它不可避免地会与之发生冲突。同时，以这种程式化、固定化的方式应对丰富而不规则的世界，必然导致了各种现实的冲突与压力。而在这一理论基础本身存在缺陷而招致批评的同时，领域中也出现了一些新的变化及特点，这对传统公共新政构成了新的挑战。

首先，公共选择理论认为，解决公共管理的危机之道便是减少政府的职能，尽量交由更有效率的机构来调控货品和服务的供应，以达到最有效率的资源配置。由此，他们认为市场可以取代政治或行政成为管治社会的主导机制，只有将"经济效率"作为最高标准，通过市场这只"看不见的手"的作用，才能使众多自利的个体走到一起，增加社会福祉。

其次，全球经济一体化程度的日益提高，使政府绩效与政府合法性的单一纵向参考的时代已经结束，而使全球性的"政府效能"横向竞争的时代成为现实。不同社会下的公众像选择职业与工作单位那样选择政府的时代已悄然来临。为迎接这一挑战，对政府治理体系和治理方式进行结构性调整与重塑，无疑将成为各国政府明智的选择。

总之，随着理论的发展和现实社会的变迁，传统公共行政模式已经在理论和实践的质疑声中陷入了"四面楚歌"的境地。在这样的理论和现实背景下，以私营管理理论为基础的"新公共管理运动"引人注目地登上了公共管理的舞台，并引发了公共管理领域一场新的革命。

【核心概念】

新公共管理　寻租　政府失灵

【思考与练习】

1. 公共管理是如何产生和发展的?
2. 什么是公共管理的理论学科基础?
3. 公共管理的管理主体是什么?
4. 新公共管理存在的意义是什么?

【案例分析】

乙肝疫苗有罪无罪谁人说得算

2013年12月8日,赵某在郫县第二人民医院迎来自己的第二个孩子。同月11日,这名男婴因呼吸循环衰竭去世。赵某怀疑儿子的去世与接种乙肝疫苗有关。2013年12月17日,一名男婴在深圳南湾人民医院降生,74分钟后孩子父亲却接到了儿子的死亡通知,医院称可能与接种深圳康泰生物制品股份有限公司(以下简称深圳康泰)生产的乙肝疫苗有关。2013年12月19日中午,深圳市疾控中心报告,深圳市龙岗区南湾人民医院产科有一例新生儿死亡病例,该新生儿死亡前曾接种过深圳康泰生产的乙肝疫苗,家长怀疑其孩子突发死亡与本次接种疫苗有关。2013年12月21日,浙江温州永嘉县一名出生两个月的婴儿死亡,前一天上午他刚接种过大连汉信生产的乙肝疫苗。

这一事件的曝光是从湖南省婴儿接种疫苗死亡开始的,随后,广东省、四川省陆续出现类似病例。其中,湖南省常宁市、衡山县、汉寿县共有3名婴儿在接种乙肝疫苗后出现严重不良反应,常宁市和衡山县的两名婴儿死亡。广东省疾病预防控制中心主任邓惠鸿表示,经中山市预防接种异常反应调查诊断专家组调查,诊断结论为重症肺炎,与疫苗接种无关。国家食品药品监督总局、国家卫生和计划生育委员会于2013年12月20日下发通知,要求暂停使用深圳康泰的全部批次重组乙肝疫苗。国家食品药品监督总局与国家卫生和计划生育委员会通报,疑似造成婴儿死亡的深圳康泰乙肝疫苗在产品有效期内的共198批次44 030 686支,相关产品销售到27省(区、市)。深圳康泰所有批次乙肝疫苗已经控制。各方反应深圳康泰2013年12月16日发布声明,将“疫苗致死”事件称为“疑似偶合死亡事件”,并称“偶合症的发生与疫苗本身无关”。天坛生物公司疫苗致婴死亡发布了澄清公告,称公司对相应批号乙肝疫苗的生产和运输过程等方面做了回顾性调查,调查结果显示:该批疫苗产品在生产、检验、批签、储存、运输等环节均符合相关规定。

事件影响:媒体过度报道,公众猜疑、恐慌随之而起,10个省份的乙肝疫苗接种率下降30%,进口疫苗接种率下降15%。随着两部委的盖棺定论,乙肝疫苗风波暂告段落。但国内外学者们公认的事实是,“世界上没有完美的疫苗”。即便完全合格的疫苗,也存在造成接种对象死亡或者后遗症的可能性。公众对疫苗风险认知不足和情绪效应,超出了实际风险很多倍。从2005年安徽泗县疫苗事件到2010年山西疫苗事件,类似事件波及范围在扩大,平息纠纷的难度在加大。

【问题思考】

1. 从公共管理的角度解析为何政府会选择叫停疫苗的生产?
2. 从政府角度思考,怎样预防疫苗舆情的出现?

第三章　公共组织

【内容提要】

公共管理是以政府为主的公共组织及其工作人员对社会公共事务进行的管理活动。理解公共管理，首先必须对公共管理的管理主体进行分析。公共管理的管理主体，既包括以组织形式出现的政府和非政府公共组织，又包括以个体角色出现的领导者、管理者与被管理者。同时，随着社会发展，公共管理的管理主体多元化的趋势越来越明显。本章对各类公共管理的管理主体进行阐述，重点描述公共组织的结构与特征，剖析传统“科层制”公共组织的困境，探索公共组织变革的方向与途径。

【知识结构图】

本章知识结构图如图 3-1 所示。

图 3-1　本章知识结构图

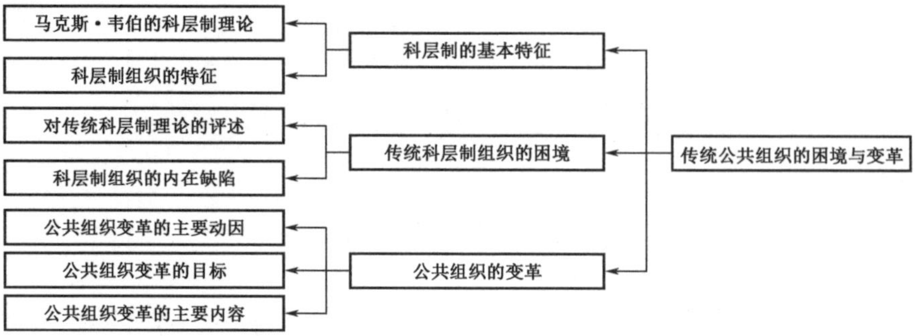

图 3-1(续)

【引导案例】

某局机关因工作需要,新成立了一个行政处,由局原办公室副主任李某任处长,原办公室的 8 位后勤服务人员全部转到行政处。李某上任后便到处物色人才,又从别的单位调进 5 位工作人员,这样,一个 14 人的行政处便开始了正常工作。李某 38 岁,年富力强,精力旺盛,在没有配备副手的情况下,他领导其他 13 人开展工作。开始倒没什么,时间长了,问题也就多了。因为处里不管是工作分配、组织协调还是指导监督、对外联络,都是李某拍板定案。尽管他工作认真负责,每日起早贪黑,但也适应不了如此繁杂的事务,哪个地方照顾不到都会出问题,行政处内部开始闹矛盾,与其他处室也发生了不少冲突。

在这种情况下,局领导决定调出李某,派局办公室另一位副主任王某接任行政处处长职位。王某上任后,首先,着手组建行政处内部组织机构,处下设置四个二级机构:办公室、行政一科、行政二科、行政三科。其次,选调得力干将,再从原来的局办公室选调两位主任科员任行政处副处长,在业务处选调 3 位副主任科员任行政一、二、三科的科长,其余科长、副科长在原 13 名工作人员中产生。王某采取这些做法,目的就是改变处里的沉闷空气,调动大家的工作积极性,提高行政处的工作效率。这样,一个 19 人的行政处在三位正副处长、8 位正副科长的领导下,再次以新的面貌投入到工作之中。但是过了不久,行政处的工作效率不仅没有提高,反而更加糟糕了。有些下属认为王某经常越权乱指挥,他们的工作没法开展;有的下属则认为王某到处包办代替,没事找事干,和科长争权;有的人认为行政处官多兵少,没有正经干活的。不到半年,行政处又陷入重重矛盾之中,不但人际关系紧张复杂,而且大家都没干劲儿。王某带来的几个人也要求调回原处室。在这种情况下王某只好辞职。但他很困惑:自己工作热情很高,为什么还领导不好行政处?

问题:李某和王某失败的主要原因是什么?应如何改进?

以上案例对公共组织的管理、领导和改革有什么启发?

第一节　公共组织的理论

一、公共组织的概念

(一)组织和公共组织

组织是社会的细胞,是人类社会活动最基本的形式,也是人们实现共同目标的工具。从人类社会群体角度看,所谓组织,就是人们按照一定的目的、任务和形式组织起来的社会集团,是处于一定社会环境中的各种组织要素的有机结合体,是为了实现特定目标而有意识建立起来的人类群体。具有特定共同目标的人总是以各种不同的方式,聚合到各类不同形式的组织之中,成为其中的一员。大家相互合作、共同行动,通过集体的努力来实现个人无法实现的目标或获得个人无法企及的成绩。无数大大小小、形形色色的物质相互交织、有机排列构成了人类社会的总体结构。

根据组织建立之初追求目标的不同,可以将组织分为公共组织与非公共组织。公共组织是指以实现公共利益为目标的组织,它一般拥有公共权力或者经过公共权力的授权,负有公共责任,以提供公共产品和公共服务、管理公共事务为基本职能。政府是最典型的公共组织。此外,以特定的公共利益为目标,为社会提供公共服务的非营利性的非政府组织,也构成了现代社会公共组织的重要组成部分。公共组织是各类社会组织中一种极为重要的组织形态,是社会组织中规模最大、管辖范围最广的一类组织。生活在现代社会中的每个人都直接或间接地受到各种公共组织的管理,接受公共组织所提供的各类服务。

非公共组织则一般不以公共利益为目标,它们所维护的是组织成员的私人利益。在市场经济条件下最典型的非公共组织是作为市场主体的企业,以营利为目的社会中介组织也属于非公共组织。另外,在政治生活中,基于特定的生活兴趣而形成的组织一般也属于非公共组织。

(二)公共组织的基本要素

与其他社会组织一样,构成公共组织的要素有物质要素和精神要素两大类。

1. 物质要素

(1)人员

公共组织的物质要素首先是人。认识公共组织的主体、核心,组织的各种资源要有人来驾驭,组织运行的各个环节要靠人去推动,组织的目标要靠人去实现。离开了人的参与,一切组织都不存在,一切组织的活动都无法进行。如果没有合格的高素质人员,没有完整的、合理的人员结构,公共组织就不可能有效运行。因此,要建立公共组织,首先要选择一定数量和质量的人员,并对选择的程序和要求有明确的规定。

(2)经费

公共组织要开展活动离不开经费。从机构设置、人员编制、物资设备的购置,一直到日常的组织工作,社会管理活动都不能没有经费,不能没有一定的资金做保证。离开了经费,公共组织就会陷于瘫痪,组织的各项活动就无法开展。经费是维持公共组织运营与发展不可缺少的因素。

(3)物资设备

公共组织开展活动必须具备技术设备、工具以及相关所必需耗费的各类材料和能源,包括办公建筑、办公机械、公文图书、文具、档案等。它是公共组织赖以生存和发展的物质基础。

2. 精神要素

(1)目标

公共组织是根据一定目标设立的,其一切活动都是围绕着组织目标进行的。目标是组织赖以生产、发展的基础和原因,是组织存在的灵魂,是组织前进的方向。它本质上反映了组织的基本功能。组织目标包括任务、目的、指标、数量、质量和时限等内容。

(2)权责结构

权责结构指的是组织系统内部各子系统、工作单元,以及各组织成员、各工作职位之间的工作任务、权力和责任方面的一系列从属并列关系。它是为实现组织目标而进行的权责关系的安排。权责结构是形成组织纵向层级和横向部门体系的基础,是分工、组织法规与组织纪律的实际体现。组织纵向各层级,横向各部门、各职位的分权与分工是否科学合理,对于组织功能的有效发挥至关重要。

(3)人际关系

和谐良好的人际关系状况,对于稳定组织的各种内在因素,调动组织成员工作的主动性、积极性,有效地实现组织目标具有不可忽视的作用。

二、公共组织的结构

"结构"一词是源自生物学的名词,是指一个生物体对所具有的各种要素的特定安排。公共组织结构则是指公共组织各种要素的一种特定安排,即公共组织各要素的排列组合方式。良好的公共组织结构是完成公共组织的目标、提高行政效率的物质基础,具有重要的功能。合理的组织结构能有效地满足公共组织目标的需要;有利于稳定工作人员的情绪,调动工作人员的积极性;能使组织保持良好的沟通关系;是提高微观和宏观管理效率的前提条件。

为了充分发挥公共组织结构的功能,必须建立合理的组织结构。一般而言,合理的组织结构应该做到使组织的设置与职能、任务相平衡,按照工作量来设置单位和人员,使各个组织、职位之间比例协调、分工明确、合作良好,要使组织结构具有适应性、伸缩性和应变性,能够适应环境,具有弹性。合理的公共组织结构应该以职能为中心,在数量上保持合理的比例关系,在质量上相互协调适应,呈现出一个有机的、充满活力的网络整体。

公共组织结构分为纵向结构和横向结构,纵向结构形成公共组织的层级制,横向结构形成公共组织的职能制。它们之间各有优缺点,互相制约,互相补充,缺一不可。所以,各个国家的公共组织都将层级制和职能制结合起来,既设有层级的公共组织,又将各个层级的公共组织分设为平行的若干部门,力图使它们互相取长补短,发挥它们的优点,避免它们的缺点。

(一)公共组织的纵向结构

公共组织纵向结构分工的职责分配关系如下。

1. 最高层次的公共组织

最高层次的公共组织为决策层,负责制定本部门的总目标、总方针、总政策和总实施方案,负责本机关人、财、物总的分配及相关政策的制定,以尽最大努力满足社会对本部门的需要,最优地完成本部门的工作目标。因此,最高层次的公共组织,是一个开放的、面向社会的公共组织。

2. 中层公共组织

中层公共组织为协调指挥层,负责执行本部门最高公共组织制定的总决策、目标、方针和政策,以此为依据结合本单位具体工作对象的实际,制定本单位的具体工作目标、工作方案,并负责组织、协调、指挥等实施工作。因此,中层公共组织为半封闭、半开放系统,既要使本级公共组织与上级公共组织保持一致,又要满足本单位工作对象的具体要求。

3. 基层公共组织

基层公共组织为技术操作层,其任务是执行中层公共组织的实施方案,在中层公共组织的协调、指挥下,负责具体的带技术操作性的工作。其组织基本为封闭型,采用什么技术方法执行任务,纯属公共组织的内部问题。

(二)公共组织的横向结构

公共组织横向分工的种类如下。

1. 按业务性质分工

按业务性质分工,是指按公共管理的业务性质异同来组成公共组织单位。例如,财政、外交等不同的业务,就以此为基础,设置不同的单位。根据业务性质的异同划分部门,是公共组织平行分化的基本方式。公共组织中绝大多数部门,皆是按业务性质不同而设置的。

2. 按管理程序分工

按管理程序分工,是指按公共管理工作过程的程序不同来分别设置公共组织部门。公共管理过程有咨询、决策、执行、信息反馈和监督等环节,根据这些程序划分为咨询部门、领导决策部门、执行部门、信息部门和监督部门等,每个部门在管理程序过程中各自发挥其功能作用,使公共管理的功能齐全、管理过程井然有序。如各级政府的首脑机构就是实作部门,各级政府的政策研究室就是政府的咨询部门,一般的业务部门就是实作部门,统计局就是信息部门,监察部门就是负责监督的部门。

3. 按管理对象分工

按管理对象分工,是指按公共组织服务的人、财、物为对象进行的部门设置。这一分工方式最常见的是政府经济行业主管部门的设置,如农业部、交通运输部,均是按不同对象类别实行分部管理的。

三、公共组织与非公共组织的区别

美国学者华莱士·赛尔说过,公共部门管理与私人企业管理,在所有不重要的方面都是基本相同的。其言下之意是,两者差别非常大,在所有重要方面都不相同。的确,公共组织与非公共组织在基本目的、提供产品、管理对象、活动依据等很多方面都有着根本性的区别。

(一)基本目的不同

非公共组织追求的是组织成员的私人利益,其目的是为社会中的相关利益者服务,而不是为全社会服务。例如,企业目的是为企业所有者提供经济效益,以营利为目的。其他的非公共组织,都是服务于特定的利益和利益集团,往往是有偿进行的。公共组织则以实现公共利益为目标,负责向社会公众提供公共服务、管理公共事务、供给公共物品,目的是促进整个社会经济、政治、文化、教育、卫生、体育等各项事业的全面发展。它追求的是全面的社会效益和经济效益,是全体社会成员的整体利益。

(二)提供产品不同

非公共组织从事商品、劳务生产,向社会提供的是各种不同的私人产品,消费者必须支付货币,才能购买和享用其产品。公共组织则为社会提供公共产品。消费者在消费公共物品时无须单独付费或者只需支付有限的费用。

(三)管理对象不同

非公共组织只能以本组织成员为管理对象,对于本组织之外的其他社会成员的活动也无权干涉。公共组织的管辖范围则可以是整个社会,以全社会的公共事务为自己的管理对象,对其职权范围内的管理措施,全体成员都必须遵从。

(四)活动依据不同

非公共组织主要服从商品买卖的价值规律,以组织成员自愿组合、共同订立的规章制度为活动依据,其权力建立在组织成员平等的契约关系之上。公共组织则以国家强制力为活动依据,具体而言,就是以国家法律作为活动的依据和准绳。法律是国家权力的象征,依法管理是公共组织的重要特点。

第二节　政府组织及非政府组织

一、政府组织

(一)政府的概念

在国际法意义上政府是主权国家的要件之一,它指的是某一国家或地区的合法代表是主权国家的代理者。根据《奥本海国际法》规定,国际法的主体是国家,当人们在他们自己的主权政府下定居在一块土地之上时,一个国家就存在了。国家必须具备四个条件:一是必须有人民;二是必须有定居的土地,流浪的民族不是国家;三是必须有一个政府,有一个或更多的人来代表人民,并且按照本国的法律进行统治,一个无政府状态的社会不是一个国家;四是必须有一个拥有主权的政府。主权作为最高权威,是独立于世界上任何其他权威之外的权威。

综上所述,政府是指国家进行阶级统治和社会管理的机关,是国家表达意志、发布命令和处理事务的机关。政府的概念有广义和狭义之分。广义的政府是指行使国家权力的所有机关,包括国家的立法、司法与行政机关。其中立法机关负责制定法律,行政机关负责执行法律,司法机关负责用法律审判案件。狭义的政府仅仅只是国家的行政机关,即根据宪法和法律组建的、行使行政权力、执行行政职能、推行政务、管理国家公共事务的机关体系,是国家权力的执行机关。本书所研究的对象主要就是狭义的政府。

从世界各地现行的政治体系来看,政府指的是总统制国家中的总统及其下属行政单位,议会制国家中对议会负责的内阁及其下属行政机关,社会主义国家中的中央人民政府(如国务院、部长会议、联邦委员会)及其下属机关。我国的政府是国家权力机关——人民代表大会的执行机关即国务院系统,其任务是负责彻底执行人民代表大会所通过的法律、政策和决定,并接受国家权力机关的监督。

(二)政府的主要类型

1. 总统制政府

总统制是以总统为政府首脑的一种政权组织形式,国家的行政权力集于总统一身,总统即国家元首,是国家行政机关首脑。实行总统制的国家,其政府机关较彻底地采用了三权分立原则。其中国家机构中的主要部分由选举产生,拥有实权。美国是这种体制的典型代表。

2. 内阁制政府

内阁制政府是一种在形式上由国家元首负责、实质上由政府总理负责的政府体制。在内阁制国家中,国家元首不负实际责任,没有行政实权。总理担负实际行政责任,并握有行政实权。如日本宪法规定,行政权属于内阁。其他内阁成员由总理选择、推荐,由总理组阁。各内阁成员由总理统帅,互相之间负有连带责任。在这种体制的国家中,内阁对议会负责,但内阁有通过国家元首解散议会的权力。内阁拥有最高行政权力,统一领导和掌握全国的内政、外交、财政、经济和国防大权。国家一切重大政策均由内阁制定,有关国家生活各方面的重大问题也都由内阁决定。内阁总理领导和监督政府各部的工作,有权决定内阁和政府成员的人选,任免高级行政官员,并拥有紧急命令权。

3. 委员会制政府

委员会制,或称合议制政府的职权不是由行政首长行使的,而是由委员会集体行使。在这种体制中,政府行使权力是由议会产生的行政委员会集体行使。委员会的组成成员地位平等,其法律权限无大小高低之分。每个委员主持某一个部的工作,遇到重大问题,则由委员会集体讨论决定。在委员会中,往往选举一人为主席,任期一年,由委员们轮流担任。主席只是负责主持会议和对外代表国家,没有其他任何特殊权力。委员制的行政机关是由议会选举产生的,并对议会负责,只有执行议会决议的权力,没有同议会抗衡的权力。

二、非政府公共组织

根据目前阶段我国非政府组织的发展状况,可以将我国非政府公共组织分为公共事业组织、公共企业组织、社会中介组织、社会团体组织和民间自治组织。

1. 公共事业组织

公共事业组织包括事业单位和民办非企业单位。依据现行的《事业单位等级管理条例》的规定,事业单位是指国家为了社会公益目的,由国家机关举办或者其他组织利用国有资产举办的,从事教育、科技、文化、卫生等活动的社会服务组织。根据我国现行的《民办非企业单位登记管理暂行条例》的规定,民办非企业单位是指企业事业单位、社会团体和其他社会力量以及公民个人利用非国有资产举办的,从事非营利性社会服务活动的社会组织,包括各类民办的学校、医院、敬老院、福利院、幼儿园、社区服务中心、事业培训机构等。民办非企业单位必须按照有关国家规定进行合法登记,然后再根据法律、法规授权或政府组织委托才能成为公共管理主体。

2. 公共企业组织

公共企业组织是指中央和地方政府授权管理公共事务、提供公共物品的国有企业,包括城市的自来水公司、公共交通运输公司、公共工程公司等。

3. 社会中介组织

社会中介组织是指介于政府、企业、社会公众之间从事咨询、服务、沟通、监督、仲裁、公证等活动的非营利性组织,包括仲裁、公证、资产评估、会计师事务所、律师事务所、各类信息咨询机构和代理机构等。社会中介组织在我国同样须经合法登记后才能成为公共管理主体,其主要职能为依据法律、法规授权或政府组织委托向社会公众提供各类中介服务。

4. 社会团体组织

社会团体是指中国公民自愿组成,为实现会员共同意愿,按照其章程开展活动的非营利性社会组织,包括各级工会、共青团、妇联、科协、工商联、基金会、学术团体、行业协会等,还包括依法成立的各种共同志愿和兴趣组成的公益性社会组织,如青年志愿者协会、野生动物保护协会、环境保护协会等。社会团体需要按照《社团登记管理条例》进行登记,并经过法律、法规授权或政府部门委托才能从事公共管理活动。

5. 民间自治组织

民间自治组织是指在政府指导下,由基层群众组成的“自我管理、自我教育、自我服务”的组织,如城市社区居民委员会、小区业主委员会、农村村民委员会等。社会自治组织也具有依法成立和公益取向的特点,不仅主动为本辖区公众提供公共服务、管理公共事务,还必须完成政府委托的公共事务。

三、公共组织的作用

(一)公共组织是公共管理的主体

公共组织是对社会公共事务进行管理活动的主体,是公共管理活动的物质基础和力量源泉,一切公共管理活动和职能的发挥都是由公共组织来进行的。各级各类公共组织通过承担者完成各自的组织目标来实现国家公共管理的职能,实现国家协调、管理各项社会事务的任务。没有公共组织这一活动的主体,公共管理活动就失去了具体的承担者、施行者。

(二)公共组织是公共管理活动的基本支点

从管理学的角度看,组织与人事是一切管理活动的两个基本支点,二者构成了管理活动的基本框架。在公共管理活动中,公共组织是公共管理人员的载体,没有公共组织就没有管理人员,更谈不上管理人员作用的发挥及公共管理活动的开展。同时,组织的纵横结构、机关设置、权责分配是否科学,组织制度是否健全,是管理人员能否发挥作用的关键。科学有效的公共组织能使每个工作人员都有平等的学习、晋升机会,能充分发挥每个工作人员的主动性、积极性,使之在通过公共组织满足自己全面发展要求的同时,能更有效地开展工作。反之,如果公共组织的建立和运行缺乏科学合理的选择和依据,组织管理混乱,也会影响管理人员积极性和主动性的发挥,扼杀其聪明才智,即使素质再好的人才也难以充分发挥作用。

（三）公共组织汇集和放大了管理人员的力量

公共组织把成千上万具体的人聚合到了一起，通过合作与团结，将孤立的个体结合成一个能动的团体，使全体人员朝着同一个目标，齐心协力，发挥出单个人的条件下所不具有的极大力量。

科学的公共组织体系能够有效地运用每个人的体力、精力，充分发挥其聪明才智，形成一种放大的物质力量。单个人员的能量与国家公共管理的庞大任务相比，实在是太渺小、太微薄了，只有借助组织分工的特性，使每个工作人员各负其责、各司其职，才能充分发挥各自的优点和长处，避开其缺点和不足之处，才能有效地发挥专长，提高人的活动效能。也只有通过组织的协调配合，才能使各个单位、各个职位的具体工作人员相互协作与配合，形成一种新的组织合力，使组织的集体力量大于各个个体力量的简单相加。

公共组织是对人力、物力、财力和时间效用的放大，它借助合理的分工和明确的职、权、责的关系，使各个环节、各个部门的人员合理组合，物、财恰当安排，时间紧密衔接，从而能够充分有效地利用人力、物力、财力和时间，避免不必要的浪费，使组织所拥有的各种手段和能力在实际活动中发挥最大的效益。

第三节　公共组织中的领导

一、公共组织中的领导者

共同参与到公共管理中的人员，既有公共组织中的成员，也有处于公共组织之外作为外部被管理者的社会公众；既有公共组织中的领导和一般管理者，也有作为内部被管理者的公共组织成员。

（一）领导与领导者

公共组织是由人所组成的，只有组织的领导者才能调动组织成员的积极性和创造性，激发组织成员的潜力，组织形成强大的凝聚力，高效率地完成组织的任务。从字面上看，“领导”一词有两种含义：一是指领导活动，即指挥、带领、引导、鼓励和影响下属为实现组织目标而努力的过程；二是指领导者，即担任某项领导职责、扮演某种领导角色并实施领导过程的个人或集团。

要理解领导的含义，必须把握以下三点：①领导必须有领导者与被领导者，否则就不能称其为领导；②领导者拥有影响被领导者的能力或力量，这些能力或力量包括由组织赋予领导者的职位与权力，也包括领导者个人所具有的品德、才能、知识和感情等非权力的影响力；③领导的目的是通过被领导者实现组织的目标。概括地讲，领导是指挥、引导和影响被领导者为实现某种特定目标而努力的各种活动过程。

在领导部下实现组织目标的过程中，领导者要发挥指挥、协调和激励三方面的作用。领导者能否成功地开展领导活动，影响力的大小是一个重要因素。在人际交往、群体与组织行为中，几乎所有的人都具有影响和改变他人的能力。但一般人的影响力和领导者的影响力有本质区别，后者的影响力更强，意义更大。领导者的影响力可以分为以下两种。

1. 权力性影响力

权力性影响力是由社会赋予个人的职务、地位、权力与资历等所构成的，其特点是对部属的影响带有强迫性与不可抗拒性，以外推力的形式发挥作用，被影响者的心理和行为表现为被动、服从。权力性影响力对人的作用是有限的。

2. 非权力性影响力

非权力性影响力与法定权力无关，是由领导者自身的因素所产生的，并非外界所赋予的。其特点是自然形成，比权力性影响力具有更大的影响，起着权力性影响力所起不到的作用。非权力性影响力，实际上是领导行为在被领导者心中所产生的内在引力，其基础是领导者与被领导者在价值观、理性判断、心理情绪上的共鸣。从这个角度来看，领导就是榜样，而"榜样的力量是无穷的"，领导者往往成为被领导者模仿的对象。

公共管理学还从另外的角度研究领导者的行为，这就是权力基础或者是基础性权力问题。一般来说，领导者的权力基础或基础性权力有五种，即合法权、惩罚权、奖励权、模范权以及专长权。

(二)领导者的素质

优秀的公共组织领导者必须具备高尚的思想品德、渊博的文化知识、杰出的领导能力、良好的心理素质和健康的身体素质。

1. 思想品德素质

公共组织的领导者只有具备高尚的思想品德，才能真正做到服务人民、无私奉献。思想品德素质主要包括廉洁奉公、秉公行政、忠于职守、联系群众、善于团结。

2. 文化知识素质

公共组织领导者必须具有广博、专深的文化专业知识，这是由领导者的地位和作用所决定的。其应具备的知识包括社会科学和自然科学的基础知识，公共管理、领导科学与国民经济管理方面的知识，与本职工作相关的业务知识，丰富的生活和工作经验知识。

3. 领导能力素质

领导能力是领导者活动中表现出来的智力、技能的总和，是领导者认识世界、改造世界的本领。这方面能力包括认知能力、组织管理能力、创新能力、表述能力、快速应变能力。

4. 心理素质

领导者面对纷繁复杂的局面，承受各种各样的压力和风险，要做到始终为人表率，使领导工作卓有成效，还必须具备良好的心理气质和高尚的品性格调。公共组织的领导者必须具备的心理气质和品格主要有热情、冷静、灵活、坚定、自信、自制、勇敢、谨慎、有胆有识、魄力过人、公平正直、光明磊落、豁达大度、严己宽人、务实质朴、诚实精明、谦虚自尊、举止文明、严肃活泼、乐观热忱等。

5. 身体素质

领导者担负着繁重的工作任务，而且要率先垂范、身体力行，没有良好的身体素质是难以胜任的。良好的身体素质体现为身体健康、生命力旺盛和精力充沛，这是其他各种要素的生理基础，是做好领导工作的最基本条件。没有健康的身体，其他方面的素质再好，也难以承担好领导工作。

二、公共组织中的一般管理者

(一)管理者与领导者的区别

管理者与领导者是有区别的:管理者是被任命的,他们拥有合法的权力进行奖励和处罚,其影响力来自其职位所赋予的正式权力;领导者则既可能是被任命的,也可能是从一个群体中自然产生出来的,领导者可以不运用正式权力来影响他人的活动。在理想的情况下,所有的管理者都应是领导者,所有的领导者都应处于管理者的位置。但事实并非如此。在公共组织中,一个人可能会利用职权的合法性和强制手段命令他人行动。如果他所依仗的只是自己所处的地位和职权的权威性,这样的人充其量只是一个管理者,称不上是个领导者。在某些情况下,某人可能没有合法的地位所赋予的权威性,但他却能以个人的模范行为来影响或鼓励他人行动。这样,他虽不是一个管理者,但实际上却起到了一个领导者的作用。但是,一个人能够影响他人这一事实并不表明他同样能够做好计划、组织和控制等工作,领导者必须具备完成组织管理职能的潜能。因此,一个人可能既是管理者,同时又是领导者;也可能只是管理者而不是领导者,或者只是领导者而不是管理者。

(二)管理者的主要类型与职责

根据在公共活动中的地位与结果的差异,可以将公共组织中的管理者划分为决策人员、执行人员、监督人员与咨询人员等不同角色。

1. 决策人员

决策人员是公共组织中参与制定组织目标、总体规划、发展计划与重大项目决定的个体或集体。决策集团是一个具有相对稳定性的、正式的核心组织,一般具有比较稳定的群体结构。决策人员是公共组织中枢系统的构成成分。

2. 执行人员

执行是指决策进入实施阶段的整个管理活动。凡参加执行活动的人员都是公共组织的执行人员。决策的执行是一个程序性的工作,需要多方人员的协调配合。

3. 监督人员

监督是公共权力得以正确运用、公共组织系统正常运转并实现特定目标的重要保证。监督人员是指公共组织中负有监督职责的专职机构中的工作人员。监督人员的一般职责是监督公共组织的权力运用及各类公共管理人员遵纪守法的情况,及时消除组织系统中的不负责任、滥用职权、违法乱纪、腐败堕落等现象,保障各部门的健康发展和正常运转。按照具体工作的不同,监督人员又可分为行政监督人员和审计人员。

4. 咨询人员

公共组织中的咨询人员是根据公共管理实践的需要对基础理论、方针决策、管理目标、重大项目决定和专门课题进行调查研究,并为公共管理的决策、执行、评估、监督等环节提供决策预备方案、咨询意见的人员,是与公共管理整个过程都密切相关的理论研究人员。

三、被管理者

(一)内部被管理者——公共组织成员

公共组织的管理活动是一个动态过程,其中的领导者与被领导者、管理者与被管理者只是一种相对静态的区分。在整个社会大系统中,某一管理者相对于更上一级的组织或系统来说,可能就成为被管理者。

1. 管理者与被管理者的静态划分

公共组织的管理者就是各级组织的行政首长和各职能部门及工作岗位上主持工作的主要负责人。被管理者则指他们的部下,包括各类具体的工作人员。这是用静态方法对管理者与被管理者所做的划分。在进行静态划分时,必须孤立地将范围限定在某一组织内,只有这样才能将管理者与被管理者的关系确定下来。静态划分的依据主要是职位。公共组织的管理者由其所担任的职务、所处的职位而与普通工作人员区别开来,如省长、市长、县长和他们的下属工作人员,等等。

2. 管理者与被管理者的动态划分

公共组织的管理者是指在特定工作关系中进行指挥、控制、协调等职权,发挥领导作用的人员;公共组织的被管理者则是指在其中处于被动控制和服从、执行地位的人员。这是对管理者与被管理者的动态划分。动态划分消除了管理者与被管理者之间固定不变的界限,代之以具有可变性的标准,使双方的身份、作用等在一定情况下发生转变。

动态划分管理者与被管理者的依据,不是公共组织结构中固定的等级关系,而是特定的工作任务所规定的具体工作关系。随着工作任务的改变,这种程序和关系也相应改变。例如,用动态标准来看,政府办公部门是政府首长的下级,但政府首长也必须服从办公部门对政府内务活动的各项参与,在这个特定环境中管理者又被称为被管理者。同时,作为一个普通公民,各级政府受限科目必须按其下属各政府职能部门的管理,服从治安、公共秩序、税收等方面的政府规章。所以,用动态的标准来看,在具体的公共管理活动过程中,管理者与被管理者的关系是可变的,其关系具有显著的相对性特点。

(二)外部被管理者——社会公众

社会公众是公共管理的基本主体,他们创建了公共组织,并指导公共管理活动的基本方向;公众个人又是公共管理中的被管理者,其个人利益又必须以集体利益为依归,服从公共组织的管理。在现代社会中,人民是国家的主人,人民选择和建立了包括政府在内的各种公共组织,目的是更好地维护公共秩序,保护社会公共利益。因此,从本质上讲,人民是公共组织和公共管理的主体,公共组织必须对人民负责,公共组织存在的价值在于人民的需要以及对公众需要的满足程度。但是,在具体的社会管理活动中,公共组织是以社会代表的身份出现,担负着解决私人争端、协调各种矛盾、促进公共利益的责任;而人民则具体化为一个个单独的小团体或个人,他们必须服从公共组织的管理,遵守公共生活的基本规则,否则就会受到公共组织的惩罚。因此,在社会生活中,社会公众又成为公共管理活动中的被管理者。

具体而言,社会公众从以下四个方面影响着公共管理。

(1)社会公众的利益是公共组织和公共管理产生与存在的基础。社会契约论认为,在国家产生之前,人们生活与自然状态彼此独立,不受他人约束。为了克服自然状态的不足,更好地保护个人的生命、财产与自由,人们订立契约,让渡一部分权利,成立了政府等公共组织。因此,公共组织本身不是目的,而是手段,其产生和存在的基础就是谋求人民的福祉。

(2)社会公众的意识决定着公共管理的合法性程度。管理的权威来自被管理者的接受与服从程度,作为公共管理中的被管理者,社会公众的认可是公共组织正常发挥作用的前提。公共政策的制定必须考虑绝大多数人的利益,才能获得人民群众的支持,才能得以顺利贯彻与实施。公共组织的行为如果长期违背人民的意志,公众就会拒不执行,甚至采取行动改组或撤销该组织。

(3)社会公众的思想、文化素质影响着公共组织的结构设计。组织理论认为,如果被管理者的素质较高,上级可以适当向其授权,给予其较大的自主性,这样组织的管理幅度可以扩大,管理层次相应减少,组织可以采用扁平式结构。而如果被管理者的素质较低,上级就必须加强控制与指示,收缩管理幅度,增加管理层次,整个组织呈现锥形结构。

(4)社会公众的素质影响着公共管理方式的选择。权变理论告诉我们,管理方式的好坏取决于管理者、被管理者与外在环境的综合作用。在被管理者素质较高、自主性较强时,可以采用民主式管理方式;而被管理者素质较低,缺乏主动、积极精神时,必须运用集权式管理。

第四节　传统公共组织的困境与变革

一、科层制的基本特征

(一)马克斯·韦伯的科层制理论

德国社会学家马克斯·韦伯,被称为“组织理论之父”。韦伯的科层制(又称官僚制)理论,是其庞大的政治社会思想的一个有机组成部分。韦伯认为,任何组织的存在都是靠权威来维持的,而合法的权威主要有三种类型:一是基于习俗惯例的传统型权威;二是基于领袖个人超凡魅力的魅力型权威;三是基于理性法规的法理型权威。他指出,每一种权威各有其理想的组织,而科层制则是与法理型权威最适宜的组织形式。韦伯的科层制不是效率低下与作风不正的官僚主义的同义语,而是指按法理原则建立的一种理想化、正规化的组织形式。

依据该理论,科层制组织的主要特征如下:

(1)实现劳动分工,明确规定每一个成员的权力和责任,并且把这些权力和责任作为正式职责而使之合法化;

(2)各种公职或职位按照权力等级组织起来,组织内层级节制,强调严格的隶属关系,形成一个指挥链或者等级体系;

(3)通过正式考试或者训练和教育而获得的技术资格来挑选组织中的成员;

(4)组织中所有担任公职的人都是被任命的,而不是选举产生的;

(5)管理者领取固定的“薪金”,是“专职的”公职人员,组织内成员的报酬、晋级和提薪相对固定,并取决于个人的能力和表现,与血缘、地位无关;

(6)管理者不是他所管辖的那个组织的所有者;

(7)管理者要遵守有关其官方职责的严格规则、纪律和制约,这些规则和制约将不受个人情感的影响,而且毫无例外地普遍适用于各种情况。

(二)科层制组织的特征

科层制是一种采用严格的规章制度来约束公共组织成员的行为,以高效完成工作任务的管理方法。这种管理方法是工业革命的产物,它的出现是人类管理思想史上的巨大进步。在此前的传统农业社会,公共组织的管理往往是领导者凭借个人经验进行的,缺乏合理的分工、明确的制度与严格的制约,管理方法的零散杂乱在组织中造成了混乱无序、人心涣散、滥用权力、徇私舞弊、贪污腐败、裙带作风、效率低下等恶果。针对这种种缺陷,科层制管理方法强调对公共组织及其成员实行理性化管理,要求在公共组织内部进行专业分工、层级节制和严格规范,并以此作为提高组织绩效,实现组织目标的基本方式。

具体而言,在公共组织的管理中,科层制的主要特征如下。

1. 组织标准化

为了完成繁重复杂的工作任务,科层制管理在组织中推行标准化方法,以此提高工作绩效。它包括以下三个方面。

(1)专业化

专业化是组织标准化的基础,它要求公共组织内每个职位的工作任务尽可能地简化、单一化,并把组织活动分解为各项比较细致的工序。

(2)工作指标化

工作指标化是指对各个职位的工作要求做出说明,规定其完成工作的数量、质量、时间和程序。

(3)人员统一化

组织中每个职位上的工作人员必须具有相应的能力,每个职位对任职者的素质和能力都有明确的统一标准,并要经过严格的培训,以使其能按质、按量完成职位任务。

2. 工作秩序化

秩序是一切组织存在和发展的基础。科层制管理方法强调在公共组织内部的各要素、各环节之间形成有机的联系,使相关组织之间互相协调,密切配合,形成无障碍的工作流。它要求理顺组织内外的各种关系,包括命令服从关系、信息沟通关系、意见反映与反馈关系等。与此同时,它要求彻底清除人的随意性和传统组织的杂乱无章,使公共组织成为一架精密的机器。

3. 管理规范化

科层制管理严格按规章制度行事,坚决抵制人情关系的干扰。它包括:①组织成员之间的关系完全以理性准则为指导,坚决排斥一切人为的、情感的、偶然的因素,尤其是排斥不良人际关系的影响;②对所有人都一视同仁,使组织成员具有平等感和公平感,所有的组织成员都必须遵守规则和纪律,不因个人情感的不同而不同;③明确规定每一成员的职权范围和协作形式,使各个成员正确行使职权,减少摩擦和冲突;④精确计算组织成员的工作成果,以业绩为依据进行奖惩,公正、客观、合理地处理问题。

二、传统科层制组织的困境

(一)对传统科层制理论的评述

传统科层制理论的基本贡献是:首先,把专业化分工原理广泛地引入组织管理之中,提出了职能化(专业化)管理的原理,为构造科学管理的组织结构及其发展演变奠定了一般的原则基础;其次,总结概括出管理的基本原理,提出建立理性组织结构的依据,力图构建高效的等级制组织;再次,倡导"理性化-法律化"的组织形态,强调组织的运作是以法律为规范。总之,传统科层制组织的研究者们所追求的理想组织是一个目标明确、专业分工、指挥统一、层级节制、幅度适中、权责相称、协调一致、法规完备、高效合理的组织体系,这些思想奠定了公共组织理论进一步发展的基石。

传统科层制理论虽然有突出的贡献,但也有明显的不足,主要表现为:第一,只研究了公共组织的静态结构,而忽视了对组织的动态方面的研究,所关注的重点是组织的结构,以及如何分工,如何建立层级节制的体系,如何订立法令规章及工作标准等;第二,在强调组织的非人格化、理性化时,忽视了对人的主观能动性及多方面的需求的研究,把人简单视为生产工具与经济动物,忽视了人的尊严与价值;第三,只将组织当作一个封闭型的系统来研究,而没有探讨组织与其外在环境之间的相互关系、相互影响。

(二)科层制组织的内在缺陷

科层制管理盛行于工业社会,它追求理性和效率,其目的是排除人的情感因素对组织运行的影响,尽可能地消除偶然性,使公共组织成为一种客观系统。这种管理方法力图在无序中建立秩序,适应工业社会的需要。但是,其缺陷也是十分明显的:

(1)科层制管理造就了一种刚性的官僚系统,就像一架机器,没有灵活性和主动精神,只有齿轮之间的被动运转;

(2)采用标准化的管理和服务,忽视了人的差异性和多样性;

(3)排除了竞争的必要与可能,组织成员照章办事、墨守成规,以致造成得过且过、不负责任的组织氛围;

(4)依靠条块分割的专业化来解决不断出现的新老问题,导致机构不断膨胀,职能交叉重叠。

科层制曾经意味着组织方式的理性和效率,它给公共组织带来的逻辑规范,与装配流水线给工厂带来的逻辑规范一样,稳定、公平和精确。但是,公共组织的科层制形成了一种典型的官僚体制,它专注于各种规章制度和等级制的指挥系统,导致中央集权、层次繁多、行动迟缓。如果环境稳定,任务简单明确,社会需求单一雷同,那么传统的官僚体制是可以胜任的。然而,在新兴的信息社会,每个人获得的信息量大大超过从前,人的自我价值大幅度提高,人的个性与要求更加多样化和复杂化,科层制管理模式已经不能有效运转,必须采用新的管理方法。

三、公共组织的变革

(一)公共组织变革的主要动因

公共组织是社会大系统中的一个子系统,其变化与发展受到社会的政治、经济、文化等环境因素的影响。公共组织只有适应发展和变化了的新环境,进行相应的变革,才能维持其生存与发展。所谓变革,是指那些能适应并推动社会发展的一种变化。对于那些逆历史潮流而动的变化,不能称其为变革。

引起公共组织变革的外部因素有许多,可概括为如下四个方面。

1. 经济体制的转轨推动公共组织的变革

经济体制的变化永远是公共组织变革的重要动因。随着人类社会从自给自足的自然经济形态发展到市场经济时代,作为公共管理主体的公共组织也处在不断的变革之中。

在自然经济状态下,社会的经济生活随着家庭的需要缓慢发展,生产多在一种分散、自发的状态下进行。每个家庭既是一个独立的生产单元,也是一个独立的消费单元。此时公共组织对经济生活采取几乎不干预的政策,很少设立管理经济事务的政府机构。公共组织至多只是在维护社会秩序和进行大型水利建设所必需的范围内履行着外交、治安、经济等职能,其数量与规模非常有限。

在市场经济时代,由于生产和交换范围的扩大,经济纠纷和经济冲突的增加,以及抑制无政府状态下的经济竞争所带来的经济危机和社会财富分配不公,政府纷纷抛弃不干预政策,全面干预社会经济活动,公共组织也随着政府职能的增加而急剧膨胀。随着政府中管理经济的部门迅速增加,社会福利性的公共组织也不断得到强化。在这一时期,公共组织不仅规模扩大了,而且在其作用空间里也迸发出前所未有的能量。在以知识为经济增长基础的市场经济新阶段,随着科学技术日益运用于公共管理之中,社会公众也对呆滞、笨拙的公共组织日益不满,提出了改革政府,建立一个精干、高效、运转协调的公共组织的要求。

2. 政治制度的更迭导致公共组织的变革

政治制度的质变,影响公共组织的质变。政治制度的质变是指新的政治制度代替旧的政治制度,是制度性质的根本性变化,它决定着公共组织为谁服务的问题,使公共组织发生了根本性的变化。此时,公共组织的变革表现为制度的全面重新设计与确立。

政治制度的量变影响公共组织的具体职能和机构的变革。政治制度的量变是指在根本政治制度不变的前提下,某些具体政治制度的变动。如我国理顺党政关系、政企关系的改革,人治型管理体制向法治型民主体制的转变,都是在根本政治制度不变的前提下,某些具体管理制度的变动,属于政治制度量变的范畴。它对公共组织的职能范围、独立程度等也产生了深刻而具体的影响。

3. 社会发展程度促进或制约公共组织的变革

社会发展程度可从四个方面来衡量:一是社会企事业组织的发育、独立和成熟程度。政府对企事业单位有监督、协调、管制的权力,同时这种权力也受到企事业单位本身的独立自主程度及其运行机制的制约,从而影响公共组织的结构、职责、权力和管理方式;二是社会群团组织的独立程度和参与意识,会在政府公共组织的外围形成强大压力,从而影响公共组织的价值取向、职能行使、机构设置、管理方式等方面;三是大众传播媒介对社会的介入程度和自身的现代化程度,会促进公共组织自律意识的形成,进而养成公正行政、公开行政的民主管理方式;四是公民素质的高低,将影响公民对公共组织目标的理解和认同,影响公共组织的动员能力和号召力,影响公共组织职责权限的构架和行使。

4. 国际环境的重大变化影响公共组织的变革

国家之间的交往日益密切,要求公共组织的政策、职能乃至机构进行变革。在当今科技高度发达的信息社会里,国与国之间的地理距离已不再是相互交往的障碍;经济、科技上的相互依赖与竞争,政治上的相互支持和争斗,文化上的相互渗透,密切了国与国之间的关系,使今天的世界成为真正意义上的"地球村",这种互相交往的密切性,要求各国政府不仅在政策上要相互衔接,而且要在职能上、组织机构上相互接轨。

各国面临的共同问题,要求对公共组织的政策、职能、机构进行变革。随着生产与生活的社会性扩大到全球,各国所面临的许多问题日益国际化,如环境污染问题、贩毒问题、疾病传染问题等。为了解决这些共同问题,要求各国政府互相配合、通力合作,从而也对各国政府公共组织的政策、职能、机构产生了影响。

国际关系中的重大问题,如战争与和平、南北经济关系问题、反对霸权主义问题,都要求各国政府做出相应的对策,调整自己的政策乃至职能和机构。若发生牵涉本国的战争,就会相应增加军事机构及人员,乃至调整整个公共组织的目标。

(二)公共组织变革的目标

就组织变革的行为来看,虽然组织变革在现象上总是表现为组织机构的调整,机构调整也的确是组织变革中最繁重的工作,但公共组织变革绝不是一个简单的机构调整、人员增减问题,而是一个复杂的系统工程。机构调整只是手段,优化组织整体结构和功能才是目的。与此相应,公共组织变革的目标可以概括为两点:一是提高公共组织对外在环境的适应力、改造力;二是加强公共组织自身的稳定性和协调性。在这两点中,后者是基础,前者是目的。

1. 提高公共组织对外在环境的适应力、改造力

提高公共组织对外在环境的适应力就是适应环境的需要,公共组织的静态结构、动态过程都要顺应客观环境的现状及其发展变化规律。公共组织机构的组成方式、职责权限、工作程序、工作方法的设定都要立足于环境系统的要求,组织的各项调整和变革都不能与客观环境的发展规律相违背。

提高公共组织对外在环境的改造力是指在适应外部环境的同时,能动的影响外部环境,推动社会发展。为此,首先,必须充分利用外在环境变化带来的机会,把握时机,采取各种相应的措施和方法引导外部环境向着好的方向发展;其次,应充分利用外部环境中的种种客观规律,顺应各方面事物的自然发展过程来实现公共组织的目标。

2. 加强公共组织自身的稳定性和协调性

加强公共组织自身的稳定性和协调性主要包括两个方面的内容:第一,理顺公共组织自身的工作秩序。按照公共组织的整体目标科学地划分各层级、各部门、各单位的职、责、权、利关系,使这些关系得到合理组合,既有严格明确的分工,又有和谐良好的合作,形成一个科学的、协调有序的系统。第二,理顺组织与个人的关系。把组织成员的个人目标纳入组织的目标体系之中,增强组织成员对组织目标的认同和支持程度,加强组织目标对成员的激励、约束作用,从而使成员个人目标与组织目标达到一种相互交融、相互促进的效果,使组织成员能通过组织目标的达成来得到个人的全面发展,使其在生理、社会、自尊和自我

实现这四个层次的需求上均能得到合理满足。

(三)公共组织变革的主要内容

1. 公共组织职能的变革

公共组织的最终目标是要适应和改造社会,而适应和改造社会的能力体现在公共组织的职能方面。公共组织的职能就是公共组织在一定时期内根据社会发展的需要所担负的社会职责和功能。公共组织总的职能是行使公共权力、管理社会公共事务,其各项具体的职能则随着社会环境的变化而变化。各国的历史与实践表明,公共组织的具体职能不是一成不变的,它是根据经济、政治和社会的发展而发展的。这些特点在政府职能的变化中表现尤为突出。

(1)从职能作用的领域来看,公共组织是由以政治职能为重心,逐渐向以经济职能、社会事务管理职能、科技文化职能为重心转移的。早期的政府等公共组织是政治统治十分外露的阶级统治工具,随着历史发展,政府职能逐步扩展到经济领域,并且经济职能在政府职能中逐渐占据上风。后来,政府职能又逐渐延伸到社会的教育、科技、文化领域。在现代政府中,政治职能所占比重越来越小,经济和社会事务管理职能所占比重则越来越大。

(2)从职能作用的性质来看,公共组织从保卫性、统治性职能为主,向管理性、服务性职能为主的方向转变。早期的政府等公共组织的主要任务是采用以暴力为主的各种手段,维护统治阶级的统治地位和利益,抵御外来侵略,镇压内部反抗和动乱,维持国家政权的生存与发展。现代政府则通过多种方式为企业服务,为发展社会经济服务;通过制定城市规划和进行住宅建设、从事环境保护、发展社会卫生保健和教育事业等方式为人民生活服务;通过管理邮政、管理公用电力和社会公共交通、建立图书馆和博物馆、资助科学研究、提供信息和咨询等方式为社会发展服务。

(3)从职能的分化程度来看,公共组织的职能由原来混淆不清向高度分化转变。传统的公共组织中行政、立法、司法职能混在一起,组织机构亦是合而为一。随着国家管理与政治生活日益科学化、民主化,国家行政组织与立法组织、司法组织,以及与执政党组织等不仅在机构上而且在职能上的分工也日益明显、清晰,与这些组织的制约关系也日臻完善。在公共组织内部,其职能分化也越来越深入。例如,将政府职能细分为管理职能与服务职能;管理职能又分为宏观管理和微观管理两个方面;服务职能进一步细分为间接服务职能和直接服务职能等。公共组织自身各部门、各层级的职能也呈分化的趋势。各部门之间按照专业和所管理的事务性质进行分工;各层级按照其管辖的空间范围、联系面的大小进行分工。这种职能分工日趋细密并走向法制化。

(4)从职能行使方式来看,公共组织由以人治为主转向以法治为主、由以行政手段为主转向以法律和经济手段为主。在传统的公共组织中,各级领导人往往可以凭个人好恶、血缘亲疏等情感性因素随意施政,法律的约束力很小。在现代社会,各国对公共组织建立、活动的各个方面都有明确、详尽的法律、制度规定。公共组织的管理已经纳入了法治的轨道。同时,传统的公共组织对社会事务的管理多依靠行政手段,用命令的方式来规范社会的行为。而伴随着国家管理的科学化、民主化进程,公共组织对社会事务的管理,主要依靠法律和经济手段。

2. 公共组织结构的变革

公共组织结构是指公共组织各个要素的排列组合方式。组织结构包括横向部门结构和纵向层级结构。

(1)横向部门结构

在横向部门结构上,公共组织的变革主要有以下两个方面。

①从公共管理的过程来看,正在由重决策与执行部门而轻监督、咨询、信息等部门的倾向,向重咨询、信息、监督部门转变,力求与决策、执行部门相平衡。这种变化是社会发展的要求,是公共管理日益科学化、民主化的要求。一个体系完整的公共组织系统是由决策、执行、监督、咨询、信息这五类部门所组成的,它们相互联系、相互配合、相互协调,使组织形成一个有效的闭环管理网络,充分发挥公共组织对社会事务的整体控制功能。随着公共组织向科学化、民主化方向发展,原有公共组织体系中咨询、信息、监督部门力量薄弱的状况已越来越不能适应社会的要求。加强这些部门的地位和力量,使其职能与社会环境发展的要求相适应,与决策、执行部门合理配套,就成为公共组织变革的一项重要工作内容。

②从公共管理的作用领域来看,由于“有限政府”的出现,使政府许多微观管理职能交给社会,从而精简、撤并了相应的部门,相应地,增强了政府对经济宏观管理部门的管理。因此,使政府的横向部门结构发生了“以微观管理部门为主转向以宏观管理部门为主的变革”。这点在由计划经济向市场经济转轨的国家中表现得尤为明显。

(2)纵向层级结构

在纵向层级上,整个公共组织结构有着从集权式、尖塔型的结构形式向着分权式、扁平型的结构形式发展的趋势,公共组织纵向层级的缩减既出于政治上的考虑,也存在管理上的原因。从政治上考虑,纵向层级过多,组织高层级所辖事务过多,就有可能削弱对下级的控制。从管理上考虑,纵向层级过多会降低管理效率。而且,随着公共组织成员素质的提高,交通、通信条件的日益发达、便利,加上组织内部民主化、分权化要求的发展,公共组织的控制幅度也可以扩大;与之相适应,纵向层级也可以缩减。

3. 公共组织权力关系的变革

随着职能的转变和纵横结构的调整,公共组织的权力分配关系也要相应地进行调整。公共组织权力关系的变革,在对一般事务的管理上是从集权型走向分权型,而在对宏观事务的管理上是从分权型走向集权型。

(1)公共组织向社会组织还权。公共组织是从社会中产生,又适应社会、服务于社会的。随着社会的发展变化,公共组织应不断调整自身的角色。在当今市场经济高度发达、信息社会已经来临的时代,在社会组织日益发达、获得独立并能自我管理的时候,以政府为主的公共组织还权于社会组织已经成为时代的趋势。我们应认识到,各类社会组织都应有自己特定的作用范围,享有必要的特定权力,公共组织不能越俎代庖。只有如此,公共组织才能专注处理有关社会宏观问题的大事,更好地推动社会全面发展。

(2)横向分权。公共组织中的权力体系逐步由单纯的直线型权力关系向直线权力关系和参谋权力关系并存的状态转变。传统的公共组织中,虽有参谋部门,但它仅是一种咨询和建议性质的非权力部门,对直线权力体系的作用不大,参谋人员和参谋部门完全依附于行政首长,组织在实际上只是依靠单纯的直线型权力关系发生作用。随着管理工作业务量的扩大和复杂性、专业性的提高,参谋部门的权力在组织中发挥着越来越大的作用。参谋部门在现代公共组织中已经拥有了一定程度的、相对独立的决策权、控制权和协调权。各级公共组织正逐步由过去单纯的直线型权力关系转向直线权力关系与参谋权力关系相交织的状态。过去那种首长集权的状况已大有改观,参谋的权力作用日益加强。

(3)纵向权力分配有着集权与分权互相融合的趋势。在具体事务的管理中,鉴于过去公共组织纵向集权过多的状况和现在交通、信息的发达,组织成员素质的提高,人民群众参与管理的民主意识增强等因素,现代公共组织体系中出现了一种纵向分权的趋势,即给予组织基层一定的自主权,充分发挥每一层级机构和人员的自主性、积极性、创造性。而在宏观调控权力上,各国都有一种由分权走向集权的趋势。国家的行政权力是统一的整体,对于那些关系到全体社会成员整体利益的重大事务,必须保持高度的协调性、一致性,要求公共组织在国家的宏观层次上进行统一的协调和控制,否则就会给整个社会秩序带来混乱。

【核心概念】

公共组织　政府　非政府公共组织　科层制　公共组织变革

【思考与练习】

1. 什么是公共组织,它与非公共组织有何区别?
2. 公共组织的纵向结构和横向结构的基本特点是什么?
3. 公共组织的主要类型有哪些?
4. 公共管理中的领导者应该具有哪些素质?

【案例分析】

从生产到市场:小农户迈向现代农业

善品公社是中国扶贫基金会发起成立的电商扶贫社会企业,目的是更好地推进“互联网+扶贫”实践,探索和推动移动互联网及电子商务时代农村产业发展新模式,推动解决食品安全问题。善品公社成立以来,在全国20多个县的项目区不断探索,积极推动小农户与市场的有机衔接。

1. 生产端

善品公社创新性地构建了一套涵盖标准、机制在内的品控管理体系和生产技术规程,以保障各农户所生产出的农产品的安全和质量,推动当地农业产业化转型升级的实现。为了破解农产品在生产端中的关键瓶颈,善品公社组建并培育了农村合作社,而这种方法可以在不改变农村集体经济组织的土地所有权基础上,根据当地农村“熟人社会”的特点,建立一套诚信关联的制度,该制度的实施会让违背诚信生产的农户增加不诚信生产的成本,将全村的利益捆绑在一起。

2. 消费端

创新打造消费扶贫生态圈。首先,善品公社在通过品控管理生产出安全、优质的农产品以后,在消费端采用“线上+线下”的模式进行销售。善品公社还致力于培育地域农产品公共品牌,并坚持以“善品公社”为统一品牌作为销售品牌。通过消费者和社群的互相联结,赋权消费者推动团体购买。其次,在这个互联网大数据时代,善品公社抓住了机遇,利用新媒体平台和明星资源,大大提高了善品公社的扶贫品牌曝光率。善品公社围绕猕猴桃产品开展了以“爱在心口难开”为主题的营销项目,并邀请著名演员舒畅为果农代表直播站台。根据不完全统计,4小时的直播,就带来了近10万人的流量,70多万的点赞量,达成了

2 吨的猕猴桃交易。最终，善品公社在提升扶贫农产品品牌知名度，大大地促进消费扶贫的同时，也推进了农业产业化的转型升级和农业供给侧结构性改革的进程。

3. 结果端

凡是参照善品公社规范要求、在其严格的品控体系下按照生产规程进行生产的产品，善品公社都会以高于同期市场平均价格的方式溢价采购，而这种溢价采购将会直接给涉及的合作社的农户带来经济收益。善品公社明确规定了扶贫助弱相关制度。第一，在社员入社或认证时优先考虑贫困户，目前石棉坪阳黄果柑合作社已覆盖区域内两个村所有贫困户。第二，贫困户的产品全部由合作社承包销售。第三，合作社净利润的 3%~5% 设立为扶贫救助金，用于村内扶贫的公益事项等，以此提高贫困户的发展参与度和成果分享度。正是在这样的制度下，根据中国扶贫基金会的年度报告数据显示，在善品公社成立的两年内，涉及合作社的农户就实现了人均每年增收逾 700 元的成果。综上，善品公社在“扶贫结果端”构建的扶贫结果共享体系，有效地破解扶贫路径中的挤出式效应难题，让贫困农村地区的农业产业化的发展得到了大量的资金支持，推动了农业现代化进程，完善了紧密型的利益联结制度。

资料来源：

[1] 宋怡梦，黎乃运. 乡村产业振兴背景下社会企业参与扶贫创新路径研究：以善品公社为例[J]. 特区经济，2021(11)：119-122.

[2] 王蔷，曾旭晖，骆希. 从生产到市场：小农户迈向现代农业的路径研究：基于中国扶贫基金会善品公社的实践案例[J]. 农村经济，2021(01)：39-45.

【问题思考】

1. 中国扶贫基金会善品公社是公共组织吗？
2. 为什么善品公社能够进行公共管理？

第四章　公共物品管理

【内容提要】

从供求关系的角度看，公共管理是通过提供用于满足公共需求的特殊产品，来实现公共管理目标的。公共管理的产品供给作为公共管理学中的重要内容，集中表现在公共物品和公共服务方面。从资源配置上看，对于公共物品和公共服务的供给，是市场机制失灵的重要领域，是公共部门的主要活动内容和价值体现。市场经济中公共部门经济活动所涉及的许多问题，都与公共物品的供给有关。政府进行的资源配置、政府所从事的收入再分配和政府在稳定经济方面所进行的努力及其效应，也是公共物品的重要组成部分。

【知识结构图】

本章知识结构图如图 4-1 所示。

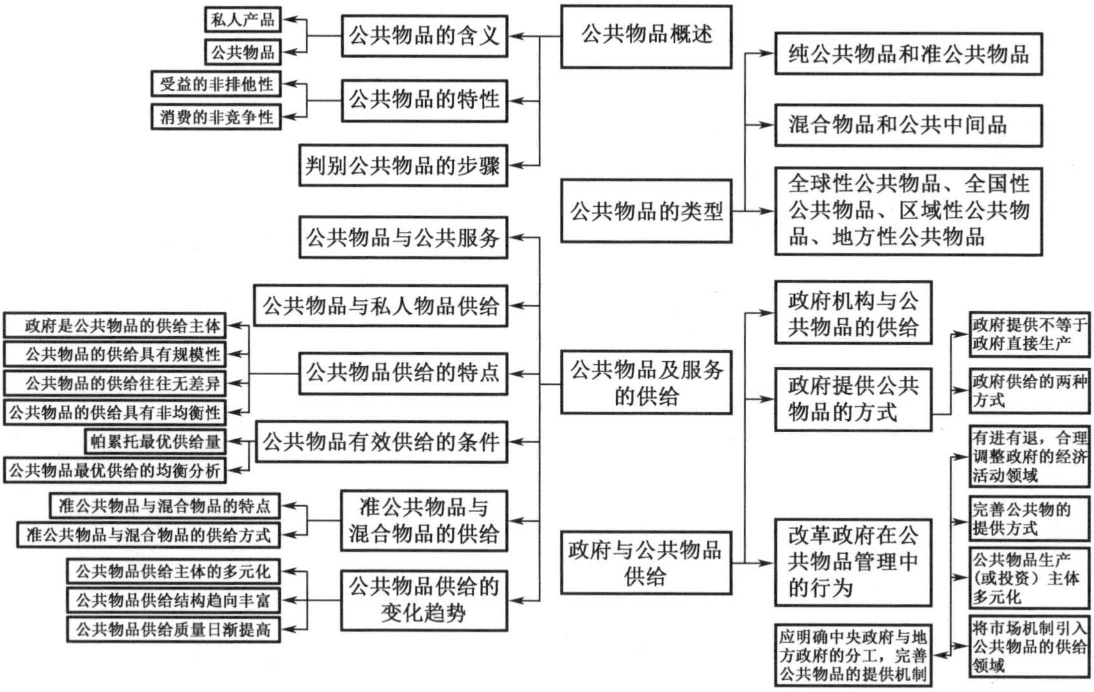

图 4-1　本章知识结构图

【引导案例】

海上的灯塔非得由政府来提供吗?

著名经济学家科斯(R. Coase)在1974年发表的《经济学上的灯塔》一文中,研究了英国早期的灯塔制度。17世纪以前,灯塔在英国是名不见经传的,17世纪初,由领港公会造了两个灯塔并由政府授权专门管理航海事务。科斯注意到,虽然领港公会有特权建造灯塔,向船只收取费用,但是该公会却不愿投资于灯塔。1610—1675年,领港公会没有建造一个新灯塔,但同期,私人却投资建造了至少10个灯塔。但在当时的灯塔制度下,私人的投资要避开领港公会的特权而营造灯塔,必须向政府申请许可证,希望政府同意授权向船只收费。该申请还必须由许多船主签名,说明灯塔的建造对他们有益,同时表示愿意支付过路费,过路费的多少是由船的大小及航程经过的灯塔多少而确定的。私营的灯塔是向政府租地而建造的,租期满后,再由政府收回让领港公会经营。到1820年,英国当时的公营灯塔有24个,而私营灯塔有22个。在总共46个灯塔中,有34个是私人投资建造的。后来,政府开始收回私营灯塔。到1834年,在总共56个灯塔中,公营(即由领港公会经营)的占42个。到1836年,政府通过法规将剩余的私营灯塔全部收回,在1842年以后,英国的灯塔全部由公会经营了。

灯塔是经济学家探讨公共产品理论时最喜欢用的一个例子。从穆勒到萨缪尔森,都认为灯塔收费困难因而只能由政府经营。科斯的论文提出了一个命题:公共产品非得由政府提供吗?科斯的挑战有没有成功呢?关于收购私营灯塔的理由,英国当局的解释并不在于私人收费的困难,而在于私人收费过高。科斯说,他调查英国灯塔制度的根本目的在于证明灯塔的私人收费是可能的,从而表明从穆勒到萨缪尔森关于把灯塔看作必须由政府经营的观点是枉费心思的。但是,正如张五常教授所言,问题并非这么简单。“我们要问,假若政府不许以特权,私营收费能否办到?”科斯似乎没有提及这个问题。例如,有人准备在适宜建造灯塔的地方购买或租借一块土地,并在公布其计划之后,就跑到船主那里要他们签约并支付过路费。签约的船主得到灯塔的服务,当然就要按约交费,否则就会惹来官司。这样一来,收费问题似乎就解决了。但是更根本的问题是,有多少个船主肯签约?科斯在文中提到了船主联合申请的步骤,但究竟有多少船主会在申请上签名?船主的签名只是帮助灯塔建造者向政府申请特许权,而特许权被批准之后,不签字的船主也要交费,在这种情况下,又会遇到收费的困难。因此,张五常教授指出,在灯塔的例子中,收费困难有两种,而包括科斯在内的许多经济学家都将两者混淆起来。第一种就是船主否认从灯塔中受益,从而不愿付费。这类收费的困难不太大,因为船只进入港口在航线上显然是要经过灯塔的,否认是不容易办到的。只是对于经过有灯塔的航线但未进入港口的船收费是很困难的。当然这种情况不多,因而第一种收费的困难并不重要。第二种困难是“搭便车”,就是承认从灯塔中受益,但不肯付费。对于这一困难,科斯没有提供解决的办法。张五常教授的主要证据就是政府给予私营灯塔一个专卖权,这意味着每一艘船只要使用灯塔都必须交付费用。这种专卖权就好像向发明者授予专利权一样,本质上是一回事。用“专卖权”来压制“搭便车”的行为,是解决公共产品收费困难的可行途径。

必须指出,无论何种收费办法都难以彻底解决收费问题。因为灯塔和其他公共产品一样,其自然属性决定了使用上的“非排他性”,要真正设计或发明一整套排他的装置和制度将公共产品“私有化”,必须考虑制度设计的成本以及执行和监督的费用。在一般情况下,这些成本是很昂贵的。这就是为什么公共产品的供给缺乏刺激和效率的根本原因。可见,科斯的分析是在政府许以特权的前提下进行的,而政府许以特权事实上就是由政府提供公共产品。

思考:公共物品的管理和供给政府是怎样实现的呢?

第一节　公共物品概述

任何社会共同体的存在和延续都离不开各种各样有形或无形的物品,有满足生命需要的阳光、空气、水,有满足基本生活需要的衣、食、住、行,有满足精神文化需要的教育、文学、艺术,还有维系社会共同体存在和运行的制度、法律、道德规范等。按是否有人的体力和智力的投入为依据,人类所需要的物品可分为两种类型,即没有体力和智力投入的天然物品(Natural Goods)及有体力和智力投入的人为物品(Man-made Goods)。在人类所需要的物品中,值得关注的是人为物品。对于人为物品而言,由于存在体力和智力的投入,在发生产权转移时如何进行经济补偿,是这类物品在生产和供给中必须面对的问题。

根据物品性质及其相应的供给和消费方式的不同,人为物品可以分为两大类:由个人或单个组织投入且用来满足私人个别性需要的私人物品,以及由公共资金投入以满足社会整体性需要的公共物品。这里需要讨论的是,物品为什么一定要分为私人物品和公共物品这两种类型?公共物品为什么只能通过公共管理(在经济上集中表现为公共资金)来供给?

一、公共物品的含义

公共物品是相对那些可以划分为企业或个人消费单元的基本生活或生产资料等私人物品而言的共享性物质产品和服务项目。

典型的公共物品,例如国防新增加消费者的边际成本为零,而要阻止部分人们得到这种消费是不可能的,因为国防在保护甲公民的同时,也不可避免地保护了乙公民。同时,还存在着另一类公共物品,那就是由公共组织供给,可以节约成本,从而使消费更加经济的物品,或者说以公共的方式提供较为经济、具有规模效应、更有效率的物品。比如消防队,从理论上说,任何一个家庭和组织都可以建立一支消防队,因为都有发生火灾的可能性。但是这样显然是不经济的,因为火灾并不是每天都发生,有时候可能一年甚至几年都用不上,因此有一定数量的消防队就足以应付这种偶然的灾难。邮政也是如此,人们最初可能是在私人间传递邮件,但是逐渐意识到三个人一次只传送一个邮件非常不经济,远远不如同时传递多件邮件,由发送邮件的人每人负担一部分费用,所以邮政逐渐变成了一种公用的事业。类似地还有垃圾处理、公共卫生、农田灌溉,都具有这样的性质。随着社会文明与现代化程度的提高,公共物品日益增多,项目也在不断丰富,如公路、桥梁、路灯、城市绿地、国家安全、基础教育、自然科学与公共技术成果以及其他社会福利项目。

西方经济学者一般将企业消耗的物质生产资料和个人消费的物质生活资料称为私人物品,而将那些非严格物质形态的、社会全体成员共享的生存和发展需要的服务型项目以及公共生活环境条件称为公共物品。公共物品和私人物品的区别如表 4-1 所示。

表 4-1 公共物品和私人物品的区别

类别	项目	
	公共物品	私人物品
衡量产品的难易度	相对难以衡量产品的质与量	相对容易衡量产品的质与量
消费人数	同时由多人共同消费	一般只能由单个人消费
排除不付费的	难以排除不付费的消费者	可以排除不付费的消费者
个人消费的选择权	不存在个人选择消费与不消费	存在个人选择消费与不消费
消费的个性化	一般没有个性化消费内容	大量存在个性化消费内容
付费与消费的关系	付费与消费关系不密切	付费与消费关系密切
行政程序的调节余地	可以用行政程序调节消费	一般不能用行政程序调节消费

许多学者,从大卫·休谟、亚当·斯密,到保罗·萨缪尔森、詹姆斯·布坎南、肯尼斯·阿罗等人,都对公共物品理论做出过重要贡献。其中,人们引用得最多和被普遍接受的,是经济学家萨缪尔森在《公共支出的纯理论》中给出的关于公共物品的定义:纯粹的公共物品指的是这样的物品或劳务,即每个人消费这种物品或劳务不会导致别人对该种物品或劳务消费的减少;相反,纯私人物品是只有获取了某种物品才能消费这种物品的物品。他还用数学公式对纯粹的私人产品和纯粹的公共物品加以严格区别。

(一)私人产品

$$x = \sum_{i=1}^{n} x_i$$

即某一商品的总量(x)等于每一个消费者所拥有或消费的该商品数量(x_i)的总和,也就是说私人产品是能够在消费者之间分割的。

(二)公共物品

$$x = x_i$$

即对于任何一个消费者来说,个人消费所支配的公共物品数量(x_i)实际上是该公共物品的总量(x);这也就是说公共物品在消费者之间是不能分割的,即公共物品是向整个社会共同提供的,具有共同受益或联合消费的特点。

二、公共物品的特性

公共物品的特性是在同私人物品的特性比较中得出的。在理论上,公共物品的特性可以归纳为以下两个。

(一)受益的非排他性

受益的非排他性(Non-excludability),是指物品在消费过程中,在技术上没有办法将拒绝为之付款的个人或厂商排除在受益范围之外,或者这种排除在技术上可行,但成本过高。从另一个角度说,公共物品不能由拒绝付款的个人或厂商加以阻止,任何人都不能用拒绝付款的办法,将其所不喜欢的公共物品排除在其享用范围之外。

以一国的国防为例,如果在一国的范围内提供了国防服务,则要想排除任何一个生活在本国的人享受国防保护是极端困难的,那些在政治上反对发展核武器而不愿为国防费用纳税的人们,即使被投进监狱,也仍然处在核武器所提供的国家安全保障的范围之内。在私人物品上,这种情况就不会发生,私人物品在受益上是必须具有排他性的,因为只有在受益上具有排他性的物品,人们才愿意为之付款,生产者也才会通过市场来提供。

(二)消费的非竞争性

消费的非竞争性,是指某一个人或厂商对公共物品的享用,不排斥、妨碍其他人或厂商对其的同时享用,也不会因此而减少其他人或厂商享用该种公共物品的数量或质量。这就是说,增加一个消费者不会减少任何一个人对公共物品或服务的消费量;或者说,增加一个新消费者,其边际成本等于零。

仍以国防为例。国防一旦建立后,增加一个受保护人不会减少其他任何人的受益程度,也不要求额外增加资源投入。再比如收看电视节目,增加一个收看用户不会影响到其他人收看同样的节目,也不会使有关方面增加成本。

需要说明的是,非排他性与非竞争性之间存在着某种相关性。一方面,许多非排他性的物品同时也是非竞争性的,如国防、大海上的灯塔就是典型的例子;另一方面,对某些物品而言,可能只具有两种属性中的一种。例如,作为公共设施的城市道路具有非排他性,但当行驶车辆达到拥挤的程度时,就具有了竞争性,这时,如果要城市管理当局维持城市道路所应具有的非竞争性,以保持城市交通系统的效能,就不得不使用诸如设立收费亭、提高车辆行驶牌照费、限制特定牌照车辆在特定日期行驶等排他性的办法。

三、判别公共物品的步骤

如图 4-2 所示,要判别一种物品是否为公共物品,可以依照以下步骤进行分析。

首先看该物品在消费中是否具有非竞争性,如有竞争性,那么该物品肯定不是纯粹的公共物品。再进一步分析,若它具有排他性,则该物品就属于私人物品;若它具有非排他性,则该物品是一种需要限制使用的公共资源,如某些水资源等。

若该物品有非竞争性,且具有非排他性,则该物品必然为公共物品。若从技术上看,它具有排他性,但排他成本很高,该物品亦为公共物品;若排他的成本较低,则该物品具有排他性,属于非竞争性物品,例如不拥挤的电影院、足球场、高速公路等。对于这类物品可以让市场来经营,但政府通常通过给予补贴的方式进行一定程度的干预。如果该物品具有竞争性,又具有排他性,则该物品是纯粹的私人物品。

若一种物品是纯粹的私人物品,则通常由市场机制来实现平衡。若一种物品是纯粹的公共物品,则市场机制在该类物品的供给上是失灵的,通常只能由公共部门来提供。

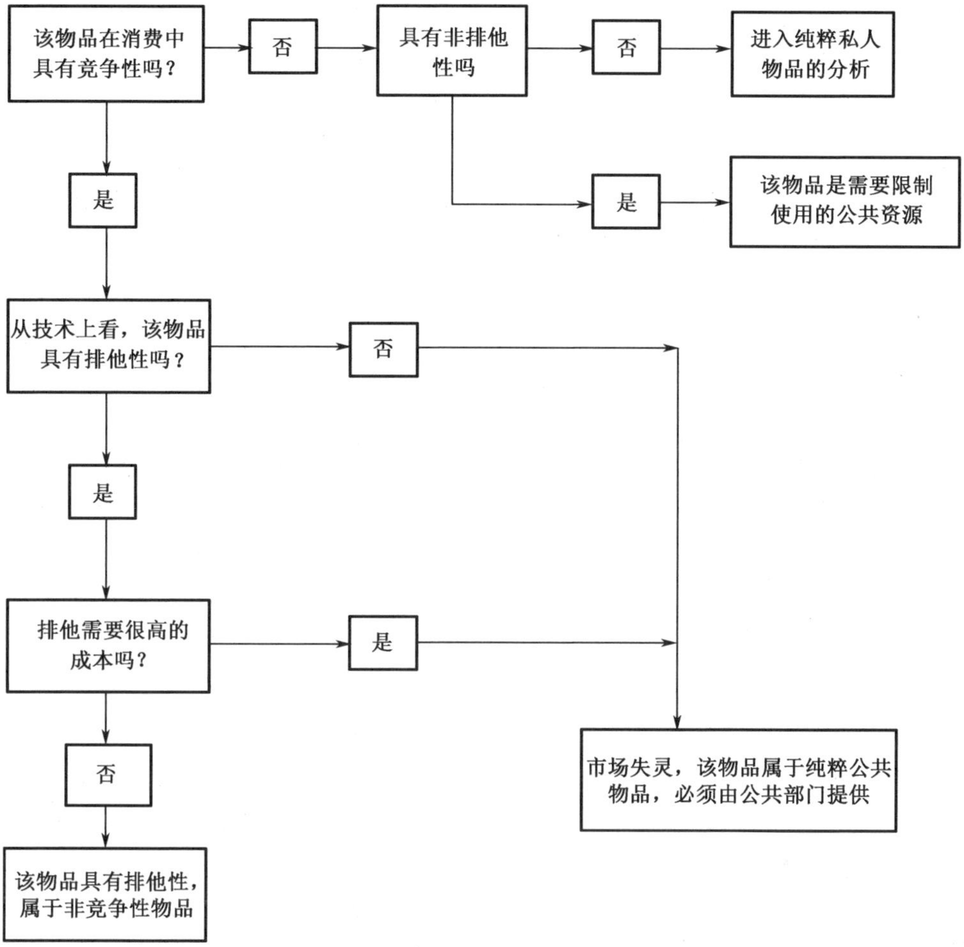

图 4-2 判别公共物品的步骤

第二节 公共物品的类型

对于公共物品,通常有三种分类方式:第一种,是按纯公共物品和准公共物品进行分类;第二种,是按混合物品和公共中间品进行分类;第三种,是全球性公共物品、全国性公共物品、区域性公共物品和地方性公共物品。

一、纯公共物品和准公共物品

这是依据某一物品是否具有非竞争性和非排他性这两种特性所做的区分。根据这两种特性,我们可以做如表 4-2 所示的分类。

表 4-2　竞争性和排他性分类表

特性	类型			
	私人物品	俱乐部产品	公共资源	纯公共物品
竞争性	有	无	有	无
排他性	有	有	无	无

在表 4-2 中,除了第一类产品是同时具有排他性和竞争性的私人物品外,其他三类都是“公共性”程度不一的物品。其中第四类是纯公共物品,这类物品严格满足非排他性和非竞争性这两个条件,如国防、广播电视节目等;第二、第三类则是准公共物品,它们或者是在消费上具有非竞争性,但在技术上排他不困难的收费物品,即俱乐部产品,或者是在消费具有竞争性却无法有效排他的公共资源。

纯公共物品和私人物品的内涵容易理解,这里重点说明两类准公共物品。

第一类准公共物品是俱乐部产品。它的特点是在特定限度内消费上具有非竞争性,同时在技术上很容易排他,例如公园、电影院、图书馆等。由于这些产品所能容纳的消费者人数总是有限度的,通常与部分收费型俱乐部的私人物品消费类似,所以被称为俱乐部产品。这类物品的特性在于:当消费成员超过一定数量时就会发生拥挤现象,从而破坏了其非竞争性特征,因此,有必要通过限制使用者人数的办法,来维持其非竞争性,保证使用者的消费质量;同时,这类产品所具有的排他性,使其可以采取措施限制使用者数量。

第二类准公共物品是公共资源。它的特点是在消费上具有竞争性,但却无法有效地排他。也就是说,这种产品不能将不付费者排除在消费之外,例如公共渔场、公共牧场就是如此。将这些产品归于准公共物品的原因在于:①这类物品与纯公共物品一样,具有向任何人开放的非排他性,这意味着由于对这类物品的消费不用支付成本,使得参与者在个人理性的驱使下,追求消费收益最大化而不计公共资源由此而支付出的成本,这就导致了由个人理性导致的集体的非理性。集体的非理性,使对公共资源的消费出现大量的公共劣等品,这种情况与纯公共物品在同样场景下所出现的供给不足类似。②公共资源的竞争性意味着个体消费的增加会给其他人带来负的外部效应。也就是说,在公共资源的消费超过一定限度后也会出现“拥挤”问题。拥挤问题和负的外部性的区别在于,带来拥挤问题的使用者本身也在承担其行为的成本;而在负的外部性中,带来这种结果的使用者本身并不一定承担其行为的成本。

二、混合物品和公共中间品

有学者将混合物品等同于准公共物品,但严格地说,混合物品是与准公共物品有密切联系但又不同于后者的一类物品。一般认为,与准公共物品相比,混合物品的主要特点是具有较大范围的正的外部性。同时,由于这种外部性,使得这类物品的非竞争性和非排他性变得不完全。这类物品的种类较多,教育、卫生、科技都属于这类物品。以教育为例,一个人接受教育,受益的首先是个人,即能提升个人的知识水平,找到更好的工作,获得更高的报酬等;同时,教育具有形式上的排他性和竞争性,因此,按传统的衡量标准,教育是私人物品。但另一方面,教育在给个人带来私人利益的同时,也产生了很大的正的外部效应,即将相当大的一部分利益通过受教育者外溢给社会,使社会的劳动生产率和民族文化素质得到提高,使其他人受益。这种外部性是非竞争和非排他的,因此,在这个层面上,教育又具有非竞争性和非排他性,即具有公共物品的特征。需要指出的是,由于个人对混合物品的消费通常只考虑私人受益的程度,而不愿支付它们所具有的正的外部性或社会价值的成本,如果完全按市场化收费,对这种物品的需求就会出现不足。混合物品与公共物品在供给和消费上的区别在于:由于前者所具有的私人物品的性质,就为私人有偿供给或有偿消费提供了激励,尽管这种激励的力度很可能不足;但对公共物品而言,则不存在这种激励。

所谓公共中间品,是指未被最终消费而被用作投入、进入生产过程的公共物品。与前面所讨论的公共物品的不同之处在于:公共中间品的消费主体是生产者,更具体地说一般是厂商,而不是一般意义上的消费者。

三、全球性公共物品、全国性公共物品、区域性公共物品和地方性公共物品

按地域划分,公共物品可分为全球性(或国际性)公共物品、全国性公共物品、区域性公共物品和地方性公共物品。全球性公共物品是指多国居民能同时享用的公共物品,其收益外溢到其他国家,比如大气层的保护;全国性公共物品是指一国居民能无额外成本享用的公共物品,如国防、法律制度等;区域性公共物品是指某一地区居民能够享用的物品,如三峡工程的建成将使长江流域特别是邻近三峡的几个省区受益;地方性公共物品是某一地方(如城市)的居民可以享用的公共物品,如街心花园附近的居民就是该花园的最大受益者。

第三节 公共物品及服务的供给

一、公共物品与公共服务

公共服务是指向社会公众提供基本的、范围广泛的、非营利性的服务,具体包括以下几方面。

第一,公共服务是面向大众的服务。公共服务一般以一个地区(如一个城市)为单位,提供公共服务的单位向这个地区的公民提供普遍的服务。

第二,公共服务是用于满足人们基本生活需求的服务;服务项目和内容一般是人们日常生活中必不可少的,例如水、电、气、安全、教育、文化、交通等。公共服务用于满足人们日常生活中的基本需求。

第三,公共服务内容十分广泛。它既可以是有形的物质产品,例如水、电、气、道路、交通、通信等,更多地表现为非物质产品,例如公共安全、医疗、教育、文化娱乐等。同时,公共服务的项目也会随社会的发展而不断增多。

第四,公共服务是非营利性的。公共服务是一种免费或低收费的服务。

一般认为,公共服务是公共物品的一种存在形式;公共服务与其他的公共物品供给的区别在于,不是偏重实物或结果,而是偏重过程,或者说提供过程性产品。与其他公共物品一样,公共服务的消费是不可分的,人们往往共同消费或者享受,并且每增加一个消费者的边际成本为零。在公共服务中,人们关注较多的是政府服务、社区服务、社会保障和社会福利等方面的内容。

另外,还可将现实生活中的公共物品分为以下三种类型:第一类是实物性的公共物品,比如国防、防洪工程、交通设施;第二类是精神(规范)性的公共物品,如制度、理想和文化;第三类是信息类的公共物品,由于信息本身可以复制,在不考虑知识产权和专利的情况下,具有共享性,比如天气预报、政府提供的经济运行报告等。

依据上述特征,并考虑到我国实际情况,表4-3列出常见的公共物品,并做初步分类。

表4-3　公共物品和准公共物品分类表

公共物品	准公共物品
国防、外交、公共安全、罪犯改造、法律法规、宏观经济政策与宏观经济信息、货币发行、环境保护与生态平衡、传染病防治、消防服务、基础科学研究、意识形态传播	基本农产品、能源、交通、通信、城市公共服务、教育、广播、电视、社会保障、产品质量认证、企业信誉评价、地质勘探

划分公共物品、准公共物品与私人物品,对消费者而言,其意义在于:消费者作为个人,在消费公共物品时不用单独付费;在消费准公共物品时通常只需部分付费;在消费私人物品时则需要按市场价格付费。对于以政府为代表的公共场品供给主体而言,这种划分,有助于明确其在公共物品供给中应承担的不同责任,尤其是经济责任。

二、公共物品与私人物品供给

与私人物品的供给一样,在理论上,公共物品的供给应该是有效率的,即以供求平衡为前提,以尽可能低的成本满足人们对于公共物品的需求。在私人物品供给中,经济主体按照自利最大化原则和实际需求做出生产或消费的决策和选择,只要预期可以获利,经济主体就会生产和提供该种产品,因而,市场机制能有效地解决私人物品的供给问题。但是,对于那些不具有排他性和竞争性的公共物品,市场机制不能导致该产品的供给和需求达到有效率的水平,原因如下。

(1)在消费是竞争性的而排他不可行的情况下,市场提供公共物品会引起一种效率损失,即由于厂商不能从公共物品供给中收回成本,更不能获利,便没有公共物品供给的动机,这就会导致公共物品的供给不足,甚至没有供给。比如,公共照明设施的使用过程因难以向受益者收费,就没有厂商愿意直接提供这种产品或服务。另一方面,非排他性意味着人们不付款就可以取得消费权,这样,“自由骑士”(也称“搭便车”)现象便不可避免,对公共物品的需求将大大超过有效需求,这种情况更是加剧了公共物品供求之间的矛盾,影响到公共物品的供给效率。

(2)公共物品的非竞争性意味着增加一个人的消费所引起的边际成本为零,按照价格等于边际成本的资源有效利用原则,对这一物品消费不应该收费。但是,新增加消费者的边际成本为零,并不说明提供这一物品不需要成本。于是,如果这种物品由市场提供,厂家为补偿自己的费用支出,必然会对这种物品的使用收费,而对使用这种物品的任何个别性收费,都会阻止人们对这种物品必要的消费。例如,如果对城市街道这类公用设施的使用收费,就会使某些低收入者连出行都成为不可能。

上述两方面的效率损失,意味着公共物品领域资源配置的市场失灵,即公共物品不能依赖私人生产和供给,私人交易市场不能实现公共物品的最优配置。然而,公共物品供给上的市场失灵,并不是说社会不需要公共物品;相反,公共物品与私人物品同样对人们来说是必不可少的。由于私人或市场在提供公共物品方面的无效率,决定了政府必须插手公共物品的供给。也就是说,在公共物品的供给出现市场失灵的情况下,通常只能由政府机关通过税收等强制性支付的办法获得公共物品的生产成本,并主持社会公共物品的供给。因此,公共物品的供给便成为市场经济条件下政府的基本职能。

三、公共物品供给的特点

(一)政府是公共物品的供给主体

为全社会提供公共物品和服务是政府的一项重要经济职能。一般而言,公共物品的生产能力主要是由政府财政投资形成的,政府是公共物品的最大投资者。从这个意义上讲,公共物品的供给主体是政府,其次才是社会团体、公益组织以及一些慈善家个人。政府提供公共物品的方式一般是通过税收、财政预算的途径筹集资金,然后投入公共部门形成公共物品的供给能力。

19 世纪 80 年代,德国经济学家阿道夫 · 瓦格纳从公共支出不断增长的角度,论述了国家职能不断扩大的必然性。他认为,在社会经济日益现代化的过程中,国家的职能在内涵和外延方面都在不断扩展,不仅原有的职能得到不断增强,而且新的职能陆续产生。随着国家职能的增加,政府从事的活动内容不断丰富,投入的经费也就相应上升。在市场经济条件下,越是发达国家的政府,提供的公共物品数量就越多,质量也越高。政府工作的效率、信誉的高低在很大程度上取决于政府提供公共物品的规模和水平。

(二)公共物品的供给具有规模性

与一般生产和生活中需求的私人物品不同,公共物品重点关注大众基本必需品的供给,是大众需求、大众消费。公共部门一般不可能为单个的消费者提供特殊的服务,公共物品都是一种规模供给。公共经济部门无论是生产有形的物质产品还是提供无形的服务项目,都是以一定规模为起点,一般情况下,没有规模便形成不了公共经济,当然更不会有公共经济效益,公共物品供给的规模性决定了资本投入的规模性。一般而言,单个资本即使进入公共经济领域社会往往也会力不从心,因而政府在公共经济领域的财政收入不仅有必要,更有其优势。

(三)公共物品的供给往往无差异

政府经济行为的目标一般都是以大多数人的利益为价值取向,公共物品不会也不可能成为单个消费者的特殊用品。公共部门一般都大规模、标准化地生产公共物品,难以考虑消费者的个性特点,如花色、品种、型号、规格等,以满足不同类型、层次的消费者的需要。所以公共物品基本上是单一结构的,一种公共物品和服务几乎都只有比较固定的消费模式。尽管不同的消费者对同一公共消费内容有不同的要求和价值判断,但公共部门只能对所有的消费者实行无差异供给,人们也就只能接受相同的功能和服务。比如不同的人对国防知识的认知、评价和需求程度是不尽相同的,但国防的安全性对国境内所有的人都是相同的;公共环境、公共交通等都是典型的无差异供给的公共物品。

(四)公共物品的供给具有非均衡性

按照法国经济学家瓦尔拉斯提出的完全竞争条件下的一般均衡理论,价格具有完全弹性,价格调节具有完全有效性,通过价格机制的作用,市场可以实现供求均衡。自 20 世纪 60 年代以来,尽管一般均衡理论先后受到了美国经济学家克洛沃、巴罗和格罗斯曼等人非均衡理论的挑战,但在私人经济领域,价格对私人物品市场供求的决定性的调节作用仍然是不可替代的。私人物品总体上能够通过价格机制来实现均衡供给。第一次世界大战后,西方经济的过剩危机程度不断降低的现实似乎也佐证了这一理论的科学性。然而,非均衡理论研究的是价格不灵活条件下市场的均衡,后来崛起的公共物品市场恰恰能为它提供新的注解。公共物品的供求均衡点几乎是永远无法找到的,对公共经济的计量分析再科学有力,充其量也只能找到一个合理的区间。比如政府在国防领域的投入及产出规模与满足公众对国防的需求量之间的关系,就是如此。公共物品供给的非均衡性也正是公共物品需求不确定性的佐证。而且公共物品的供给总是会滞后或超前于市场需求,如果说存在公共物品的供给等于需求的情形,也只能是一种例外。

可以说,公共物品的供给均衡是一种偶然,而不均衡则是一种必然。值得庆幸的是,与私人物品市场失衡不同,公共物品供求均衡一般不会导致市场的过剩或短缺危机,因为公共物品消费的弹性和可替代性总体上大于私人物品。

四、公共物品有效供给的条件

通过上面的论述我们得出结论,公共物品必须由公共部门来提供,那么政府如何有效地来提供公共物品呢?下面我们将集中地讨论这一问题。

如前所述,任何一种物品的市场均衡产量、价格由其供给曲线和需求曲线的交点决定,需求曲线应与该物品消费方的边际效用曲线相一致,供给曲线应与该物品生产方的边际成本曲线相一致,这样,社会边际收益等于社会边际成本,帕累托最优得以实现。

在我们推导公共物品有效供给的实现条件之前,有必要先回顾一下私人物品的帕累托最优供给量。

(一)帕累托最优供给量

1. 私人物品的有效供给

假定社会上只有 A、B 两个人。图 4-3 中 D_A 与 D_B 分别代表 A 与 B 对某私人物品的需求。A、B 二人需求曲线的差异主要是由两人收入水平的不同造成的。对这一物品在不同价格下的市场需求量,可通过加总在各个价格水平下 A、B 两人各自的需求量得到,这样市场需求曲线 DD 就是 A 和 B 两人需求曲线的水平相加,即 $DD=D_A+D_B$。DD 线之所以会出现拐点,是因为当价格上升时,A 的需求将为零,这时只有 B 有需求,即在 P_1 价格以上,$DD=D_B$。

如果生产者边际成本决定的该物品的供给曲线为 SS,则市场均衡点为 DD 线与 SS 线的交点 E,均衡价格为 P_0,均衡产量为 Q_0,它是所有消费者消费量的总和,其中 Q_A 为 A 的消费量,Q_B 为 B 的消费量,$Q_A+Q_B=Q_0$。在 P_0 这一价格下,两个消费者的最终消费量由于收入水平的不同而有所差别,但他们的边际效用相同,都等于市场价格。在私人物品的条件下,由于没有外溢性现象,消费者个人从某一物品消费中获得的边际效用也就是这一物品的社会边际效用,这样在 E 点社会边际成本等于社会边际收益,实现了帕累托最优。

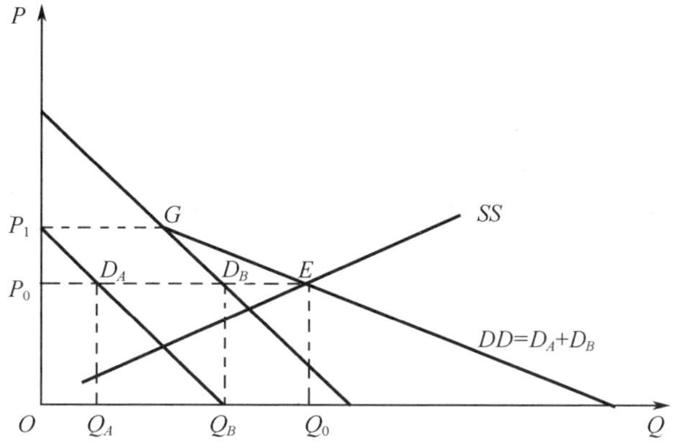

图 4-3　私人物品的有效供给曲线

也就是说，在任何既定的价格水平上，只要将每一个消费者的个人需求按水平方向相加，就可得出市场需求曲线。私人物品帕累托最优的实现条件可更具体地写成

$$MSR = MR_i = MSC \quad (i=1,2,\cdots,n)$$

2. 公共物品的有效供给

公共物品的有效供给与私人物品的情况有很大区别，如图 4-4 所示。D_A 与 D_B 分别是 A 与 B 对某公共物品的需求曲线，这是与他们消费公共物品所得到的满足（边际效用）相一致的。萨缪尔森称其为"虚假的需求曲线"，因为在实际生活中，人们一般不会明确表示出他们消费一定量的公共物品的边际效用是多少，愿意出多少的价格。但是，借助于这种需求曲线对问题进行分析是有帮助的。

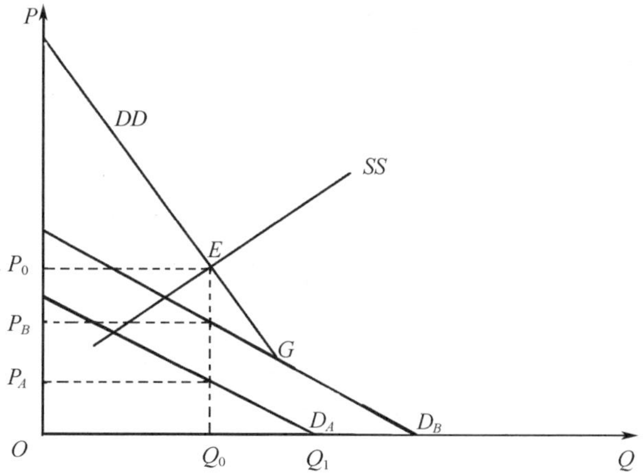

图 4-4　公共物品的有效供给曲线

在私人物品的情况下，消费者面对的是相同的价格，他们可以通过调整消费量来使自己的边际效用等于既定的市场价格。而公共物品则不同，它一旦提供出来，任何人都可以消费它，不管本人的愿望如何，每个消费者的消费量是大体相同的。但不同的个人从公共物品中获得的满意程度即边际效用却不相同，这意味着每个人愿意支付的价格是不同的，

一般来说,收入较高的人会对公共物品有较高的评价,从而愿意对特定的公共物品支付较高的价格。全社会对一定数量的公共物品愿意支付的价格(税收)应由不同个人愿意支付的价格加总得到。这样公共物品的市场需求曲线 DD 就应是每个人的需求曲线的垂直相加,即 $DD=D_A+D_B$,DD 线之所以会在 G 点出现拐点,是因为当供给量在 Q_1 以上时,A 不愿意付出任何价钱,只有 B 愿意出价,即在 Q_1 供给量以上,$DD=D_E$。

如果与公共物品的边际成本相一致的供给曲线为 SS,则 DD 与 SS 线的交点决定了公共物品的均衡产量为 Q_0,这是任何消费者都必须接受的消费量。公共物品的均衡价格 P_0 是所有社会成员愿意为 Q_0 单位的公共物品所支付的价格的总和,其中 P_A 为 A 的出价,P_B 为 B 的出价,$P_A+P_B=P_0$。

因为消费者的出价是与其消费公共物品所获得的边际效用相一致的,所以所有消费者出价的总和就是其边际效用的总和,即社会边际收益。这样,在 E 点社会边际成本等于社会边际收益,实现了帕累托最优。因此,公共物品帕累托最优的实现条件可具体地写成

$$MSR = \sum_{i=1}^{n} MR_i = MSC \quad (i = 1,2,\cdots,n)$$

公共物品的价格事实上就是税收,关于公共物品有效供给的分析基本上是假定以个人缴纳的税收来负担公共物品的生产成本,税收应由个人的收益程度决定,实行差别的税收,这被称为税收的收益原则。

(二)公共物品最优供给的均衡分析

公共物品的供给不仅可以从需求的角度来把握,还可以从均衡的角度来把握。从均衡角度来分析、论述公共物品最优供给的理论,最具代表性的有庇古均衡、局部均衡和一般均衡。

1. 庇古均衡

庇古均衡是由英国经济学家庇古提出的,他从税收规范的角度,提出了资源如何在私人物品和公共物品之间进行最优配置的问题。庇古认为,每个人在消费公共物品时都可以得到一定正效用;同时每个人又必须为生产这种公共物品纳税,因而也会产生税收的负效用,庇古将这种负效用称为个人放弃消费私人物品的机会成本。庇古认为,对于每个人而言,公共物品消费的最优供给将发生在这样的点上,即公共物品消费的边际效用等于税收的边际负效用,由此,庇古找到了个人在自己的预算内对公共物品和私人物品进行最佳配置的均衡点。同时,庇古提出了公共物品理论必须回答的几个基本问题:不同的个人对于公共物品与私人物品的偏好如何进行加总?如何确定一个集体的总偏好?在一个社会中,边际效用与边际负效用应该如何在不同社会成员之间进行分配?

2. 局部均衡和一般均衡

局部均衡和一般均衡理论是由美国诺贝尔经济学奖获得者萨缪尔森提出的。其中,局部均衡理论包括私人物品的局部均衡分析和公共物品的局部均衡分析两个部分。萨缪尔森对两种局部均衡的分析表明:由于个人对公共物品的支配量是一样的,偏好和评价却不一样,因此,不能由市场来统一定价,也不能由私人部门利用市场来提供。而一般均衡分析则以效率为基准的最优配置——两人模型为起点,得出两种物品在二维的情况下,公共物品供给的一般均衡条件。同时,通过对两人模型的推广得出,政府提供的公共物品数量在边际产量上的边际成本,要等于社会上每个人愿意为这种公共物品支付税金的总和,否则

就不是最优的。

以上分析,从规范的角度给出了衡量公共物品能否实现有效供给的标准,如私人物品一样,公共物品理论也应该既是规范又是实证的。

五、准公共物品与混合物品的供给

(一)准公共物品与混合物品的特点

在现实社会中,纯粹的公共物品是非常稀少的。如果认为税收是间接收费,考虑到计划生育、限制移民等现象,如国防这种公认的典型公共物品也就具有排他性了。所以,政府提供的物品中更多的还是仅具有部分公共物品特性的物品,包括准公共物品和广义的准公共物品(混合物品)这两类。严格意义上的准公共物品,是指不同时具备非排他性和非竞争性,而只具备其中一个特征的物品;而混合物品,是指在形式上不具有非排他性和非竞争性(或者说在形式上是排他和竞争的),但因其明显的正的外部性而显现出某种非竞争性和非排他性特征的物品。

1. 具有排他性和在一定范围内非竞争的准公共物品的特点

在准公共物品的供给中,具有排他性和在一定范围内非竞争性的物品是重点,包括公园、博物馆、图书馆、桥梁等。这类物品的一个特征是具有排他性,即以较低的成本不让某些消费者消费这些物品,在技术上是完全可行的;另一方面,这类物品有一个饱和界限,在未达到饱和状态时,该物品的消费具有非竞争性;增加一个消费者并不会减少其他消费者从该物品获得的收益,也不会因此而增加产品的成本。但是,当对该物品的消费趋于饱和,即出现拥挤时,再增加消费者就会影响其他消费者对该物品的消费,其边际成本也不为零。例如,公路上行驶的车辆达到一定数量之后,增加的车辆便会阻碍交通,甚至增加交通事故的风险。这表明,类似公路这样的拥挤性公共物品或服务,在消费者达到一定数量之后,其边际成本将为正数。

2. 具有正的外部性的混合物品的特点

这类物品的典型特征是具有明显的正的外部性,譬如教育、卫生、科技等。而正的外部性又是非排他、非竞争的,这便使这类物品从具有排他性和竞争性私人物品中超越出来,成为具有公共物品特征的混合物品。以教育为例,一方面教育产品在排他性和竞争性上,与私人物品没有区别,受教育者也可以通过接受教育获得各种收益;另一方面,教育产品除了给受教育者带来收益外,还有相当部分的利益通过受教育者外溢给社会,使社会劳动生产率得以提高,使国家和社会能在一个文明的环境中运行等。因而,政府和社会就有义务为这类产品支付部分成本,以刺激人们消费此类产品的积极性。

(二)准公共物品与混合物品的供给方式

私人物品或服务由私人部门通过市场提供,公共物品或服务由政府部门以非市场方式提供,这只是理论上的一种理想化的说法,现实生活中情况并非如此简单。实际上,很难将市场的供给和政府的供给截然分开。在许多物品或服务上,市场的供给和政府的供给都是交织在一起的,这突出表现在混合物品或服务的供给上。以上两类物品的性质决定了它们有一个共同特点:既可以由私人部门通过市场提供,也可以由政府部门给予补助的办法通过市场提供。

1. 具有排他性和在一定范围内非竞争性的准公共物品的供给

这类物品的消费只要不过量,如公路、桥梁的车流量在设计允许的范围内,增加消费者或者说增加车流量,不致影响其他车辆通行,即边际成本为零,就不需要增加道路、桥梁的建设或维护费用。在这个意义上这类产品具有公共物品所应具有的非竞争性。但在这类物品使用过量,即车流量超过设计允许值,出现拥挤现象时,就会引起其他车辆行车质量下降、维护费用上升的后果,这时就需要设卡以限制流量,即又具有了私人物品所具有的排他性。准公共物品的这种双重性,使其既可以由政府来提供,也可以由市场来提供。前者由政府财政预算提供,消费者免费使用;后者涉及收费,由使用该公共产品的消费者负担路、桥的建设维护费用。究竟采取哪一种方式更好,在实践中,需要根据具体情况,对税收成本、税收效率的损失与收费成本、收费效率的损失进行比较,择优确定。

2. 具有正的外部性的混合物品的供给

这类物品虽然在技术上可以实现排他性,但其生产或消费往往会产生正的外部效应。对消费者而言,如果实行完全的市场化付费,付费后又不能获得正的外部效应的收益,就会出现需求不足。由此,必须由政府根据不同情况给予不同程度的补贴,以解决这类物品的有效供给和供需平衡。例如,世界上几乎所有的国家都对教育进行直接投资,包括对基础教育普遍实行义务教育,保证所有公民都能达到基本的文化水准;同时,对各种非基础教育往往收取部分学费,作为公民受这类教育所获个人收益的成本补偿。另外,政府也会采取适当补助的办法,鼓励民间兴办市场化的私立学校,扩大办学资源,即以政府提供和市场提供的方式,来促进教育物品的有效供给。

六、公共物品供给的变化趋势

(一)公共物品供给主体的多元化

虽然政府仍是公共物品供给的主体,但是随着社会经济的发展、公众生活水平的提高,以及市场经济投资环境的改善,越来越多的社会团体、公益组织、私人投资者,甚至一些营利性公司也纷纷投资公共物品领域。例如,为改善城市交通、环境,一些私人部门捐款建设候车厅、街心花园等市政工程。加入世界贸易组织后,我国政府已承诺要逐步开放公共经济领域,引入市场的机制,让外资、民间资本参与公共投资市场的竞争。如电信领域现已允许外资参股,利用外资创办大学的思路也得到了政府主管部门的初步认同。

(二)公共物品供给结构趋向丰富

由于公众对公共物品的需求出现多样化的趋势,需求决定供给的公共经济规律,必然要使传统的无差异供给模式发生新的变化。通过对公共消费市场进行细分,可将公共消费划分为不同的消费群体和消费层次,公共部门则可以针对某类特定的消费者开发、提供新的公共产品。例如,交通部门增设旅游专列、豪华巴士,邮政部门提供特快专递服务,高等教育部门开设各种专业学位教育等。从公共经济自身的发展来说,随着政府财政经济状况的改善,以及公共经济实力的增强,公共物品的供给部门也愈来愈有可能提供更多的公共服务内容和项目。

（三）公共物品供给质量日渐提高

在高水平的物质条件下，人们对公共物品的需求不仅越来越多，而且对质量和水平也有更高的要求，如更清洁的空气、更好的教育、更先进的医疗保健等。随着现代科技进步和公共部门经济条件的改善，公共部门也有更好的条件提供高水平、高质量的公共物品。再者，随着市场机制的引入，公共部门也必然要以更好的公共物品和服务参与公共市场竞争，以满足大众消费者对公共物品不断增长的需要。

第四节　政府与公共物品供给

一、政府机构与公共物品的供给

一个显而易见的事实是，政府机构和政府官员的行为，对于公共物品的供给及其效率状况会产生重大影响。换句话说，政府机构和政府官员的行为将影响公共物品的供给条件，从而影响最终形成的政治均衡。

西方学者们用追求公共机构权力的最大化来解释政府机构和政府官员的行为。在他们看来，政府作为官僚机构，所提供公共物品同私人部门提供私人物品是有着很大差别的。

第一，政府机构的官僚们并不以利润最大化作为其工作目标。由于追求利润必然要降低成本，不以营利为目的的政府机构所提供的公共物品，往往与相对较高的成本相伴随。

第二，在政府官僚机构中，并不存在提供同种公共物品的竞争，缺乏竞争意味着缺乏激励，从而会降低公共部门的服务效率。

第三，公共物品通常不以价格形式出售。因此，社会成员在对公共部门的工作进行评价时，其敏感程度肯定低于市场价格。

既然官僚们不以营利为目的，而是将公共机构权力的最大化作为追求的目标，公共权力的大小又与其所控制的社会资源的数量正相关，从而与政府预算的规模正相关，其结果也就不言自明：追求公共机构权力的最大化必然带来政府预算规模的最大化。

实证分析表明，官僚们对政府预算最大化的追求，必然导致公共物品或服务的供给量过剩，而高于其最佳的产量水平。图 4-5 和图 4-6 有助于解释这个结论。

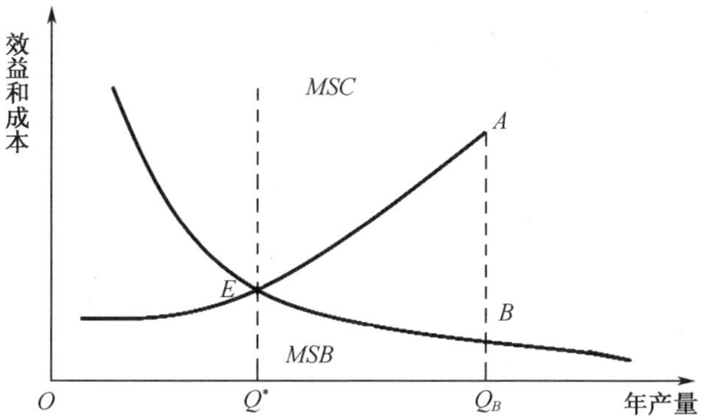

图 4-5　公共物品的社会边际成本 *MSC* 及社会边际效益 *MSB* 曲线

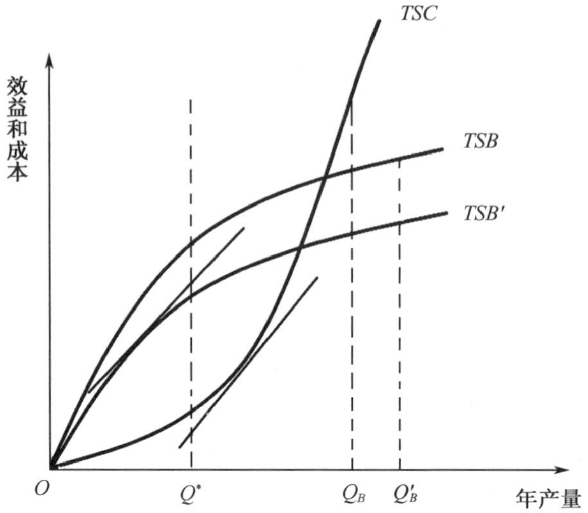

图 4-6　公共物品社会总成本 *TSC* 及社会总效益曲线 *TSB*

图 4-5 给出了一定年产量下的公共物品的社会边际成本 *MSC* 和社会边际效益 *MSB* 曲线。在 *E* 点,社会边际成本曲线与社会边际效益曲线相交,由此决定了最佳的年产量水平为 Q^*。然而,官僚们为追求其预算规模的最大化,想方设法说服投票者们同意给予其动用尽可能多资金的权力(如征收尽可能多的税收的权力或发行政府债券的权力),并按照社会总成本 *TSC* 和社会总效益 *TSB* 相一致的条件来安排公共支出规模,如图 4-6 所示。在与最佳的产量水平相对应的点上,社会总成本曲线的斜率与社会总效益曲线的斜率恰好相等,这个产量水平正好与图 4-5 中的 *MSC*=*MSB* 点相对应。但官僚们企图获得的产量水平却是 Q_B,Q_B 是由 *TSC* 与 *TSB* 的相交点(即 *TSC*=*TSB*)所决定的。很显然,官僚们所偏好的产量水平超过了最佳的产量水平。

从图 4-5 中还可以看出,若官僚们所追求的公共物品的年产量水平获得通过,则可能造成的净效益损失由 *EAB* 的面积所代表。

还应当注意的是,政府官僚机构通常拥有提供公共物品的垄断权,如环境保护、国防、社会保险等,是由专门的政府机构负责提供的。在很多情况下,只有政府机构本身才能够掌握有关这些物品的信息,这就使得官僚们在追求预算规模的最大化方面将公共物品的社会效益人为夸大,如图 4-6 中的 *TSC* 线向右下方移动至 *TSB*,从而使得通过投票过程所决定的公共物品的年产量水平进一步由 Q_B 增至 Q'_B。

二、政府提供公共物品的方式

(一)政府提供不等于政府直接生产

市场失灵的主要表现之一,就是难以提供公共物品。若市场在公共物品的供给上失灵,则政府主导公共物品供给就成为一种必然;但政府主导并不等于政府直接参与,更不等于政府包揽,许多通常认为只能政府投资提供的公共物品和准公共物品的项目,都可以通过公开招标的方式承包给私营部门投资经营;对于一些已经由政府投资建成的项目,也可以通过合同、协议等方式改为企业经营,政府可以适度撤出投资。把“政府提供”简单地理解为完全由政府投资、经营生产是不对的。公共物品主要由政府负责提供,准公共物品则不一定由政府提供,同时,公共物品和准公共物品的划分并不是一成不变的,它是一个动态的、历史的概念。随着科技和金融工具的创新,原来私人部门和企业不愿或没有能力提供的服务即人们习惯认为的公共物品,就有可能变成准公共物品,如道路特别是高速公路,由于其投资巨大、投资回收期长、社会效益大但经济效益不明显,私人部门一般不愿涉足,因而被认为是公共产品。随着股票这一金融工具的出现,投资所需的巨额资金可以在短期内筹集起来,政府也可以通过税收优惠、补贴等措施,提高该项目的投资利润率,增加对私人资本的吸引力。因此,一定经济社会条件下的公共物品在变化了的社会经济条件下就变成了准公共物品。

首先,即使是公共物品,从理论上讲应该由政府提供,但不是必须由政府投资与生产。公共物品本身具有不同程度的可分解性,即某类公共物品中的一部分可以通过私人部门生产提供,而不必由政府直接投资生产。如国防是经济学中典型的公共物品,国防所需要但不涉及国防机密的军火,如军用飞机则可以通过企业生产。美国国防部就曾与私人公司签订合同进行潜水艇的研制;20 世纪 60 年代初,美国航空航天局在实施“阿波罗登月计划”时也是将设备的布局、各种火箭的技术规格等,以签订合同的方式转包给私人公司,由私人公司投资生产。

其次,准公共物品的生产需要政府投资,但并不是说必须完全由政府投资,即便是开始阶段是由政府投资的,经过一段时间的运营后也可以转让给企业经营。中国这样的发展中国家,在经济发展的起飞阶段,对交通、通信等带有准公共物品性质的基础设施有巨大需求,若完全由政府投资生产,会因政府财力的限制而影响整个社会的经济发展;如果依靠市场发育来推动这部分产业的发展,则过程漫长。因此,在上述领域,政府应有意识地采取出让股份等途径引入企业或个人资金,在政府投资和企业投资的比例上可以根据产品的具体情况适当调整。应由政府控股的,由政府控股;对于并不涉及国家安全及重大利益的,政府则不必控股。为了控制企业的经营行为,政府除了控股以外,还可以采取行政立法的途径解决。对于政府参与投资的准公共物品的生产经营活动,政府并不必然自始至终参与经营,有的项目在投资的初期阶段,市场较小,产品的成本高,随着市场扩大,企业慢慢变得有利可图,政府则可以转让出所持股份,用所得资金投入到新的基础设施建设中。

(二)政府供给的两种方式

从世界各国的情况看,政府提供公共物品有两种基本方式:一是政府直接生产;二是政府间接生产。

1. 政府直接生产

公共物品和自然垄断性很高的准公共物品通常采用政府直接生产的方式提供。在西方国家,造币厂和中央银行都是由政府直接经营的,邮政服务、电力、铁路、保险业、军工、医院和煤气等在有些国家也是由中央政府直接经营的。地方政府提供的公共物品主要有保健事业、医院、警察、消防、煤气供应、图书馆、博物馆、公路系统等。

2. 政府间接生产

政府间接生产公共物品,指政府利用预算安排和政策安排形成经济刺激,引导私人企业参与公共物品生产。其实质是,在公共物品生产过程中引进市场和私人力量,形成非政府公共物品供给链。由于私人生产率一般高于政府直接经营的效率,这种方式的好处显而易见:在政府支出一定时,能提供更多的公共物品,或在既定的公共物品提供量下减少政府开支。政府间接生产公共物品主要有以下几种方式。

(1)政府与私人签订生产合同

适用于这种形式的主要是具有规模经济效益的自然垄断性行业,包括基础设施,它们的一个特点是在收费方面不存在多大困难。政府选择私人厂商的方式一般是公开招标,借助投标者的竞争把价格压低到经济合理水平(即边际成本与正常利润之和),政府在诸多企业提出的"一揽子"服务方案中选取收费最低者,或者在接受政府方案的厂商中选取要求补贴最少者。

(2)授权经营

适合这种方式的是外部性明显的公共物品,如自来水、电话、供电、电视台、广播电台、航海灯塔、报纸杂志、书籍出版发行等。从16世纪起,英国航海业的浮标、信标、灯塔就是由国王向私人组织"领港公会"颁发许可证授权其建造和管理的;到19世纪中期,议会颁布法令,把英国所有灯塔的经营权全部授予"领港公会"。

(3)出让经营权

有些公共物品年产的初始投资巨大,但随后经营需要的资本数量较少,具有竞争性。政府可以在完成初始投资后,把经营权通过适当的形式转让给法人企业,转让形式有承包、租赁、出售。出让经营权可以使政府收回部分初始投资,启动新的发展项目,更重要的是消除由政府垄断经营所造成的服务质量差和价外滥收费现象。

(4)政府经济资助

这主要适用于那些营利性不高、只有在未来才能营利、风险大的公共物品。资助方式有补贴、津贴、优惠贷款、无偿赠款、减免税等。高精尖技术的基础研究和实用技术的超前研究风险大、周期长、预付资本量大,是政府资助的主要领域。目前,西方国家政府资助的主要领域有宇航、生物工程、微电子技术等。由政府资助的另一个领域是教育。在西方国家中,教育由政府与私人共同承办,义务教育主要由政府承办,高等教育和职业教育中有一部分由私人承办,政府着眼国家利益对私立学校给予资助。

(5)政府参股

这主要适用于初始投资量大的基础设施项目,如桥梁、道路、发电站、高速公路、铁路、电信、港口、机场和高科技领域。政府参股又分为政府控股和政府入股。政府控股是针对那些具有举足轻重地位的项目,入股主要是向私人企业提供资本和分散私人投资风险。政府参股的比例也不是一成不变的。项目在建设初期,政府入股一般较多,一旦项目进入正常经营,能获得较稳定的正常利润,政府便可开始出售自己的股份,抽回资本转向其他项目。

20世纪70年代以后,随着经济自由主义思想复兴,西方国家公共物品生产领域中市场力量的作用越来越大,一些原来由政府提供的准公共物品,甚至纯公共物品也转由市场提供。这种现象在基础设施领域表现得尤为明显。在英国,全国联合运输公司1982年转为民营后,其后三年中利润提高了三倍;1981年,英国航空公司转为民营;1979—1992年,英国把包括航空、电信、运输、码头、石油汽车、瓦斯等重要产业的14家原国有企业出售给私人。邮电、通信业让给私人实行竞争性经营已成为越来越多国家的共同行动。据统计,截至1988年,世界167个国家和23个附属地区中,有五分之三以上的通信业采取了公司经营形式。

国际电信联盟的资料表明，截至 1991 年，全世界电话机超过 100 万部的电信大国有 44 个，已进行改革的有 21 个，准备改革的有 8 个，未改革的有 15 个，分别占 47.7%，18.2%，34.1%。发展中国家的情况也大体相似，除把进口阶段建立的竞争性工业逐步交给私人外，公共物品领域也引进了市场与私人的力量。

谈到公共物品的供给，不得不涉及中央与地方政府的分工。根据公共物品的外在性、规模经济涉及范围的大小来确定应由哪一级政府负责提供，这是划分中央与地方政府事权的一般原则。能够由地方政府提供的公共物品，就应该尽量放权给地方。这样做的好处是，让纳税人更清楚地知道自己纳税收入的具体用途，监督和影响财政支出结构以及官员行为，使政府财政支出决策中更多地体现纳税人的个人偏好。同时，相对于上级政府而言，地方政府更清楚地知道本地的公共利益。具体而言，我国中央和地方政府事权可做如下划分：中央政府负责国家与社会安全、宏观经济管理与信息、部分社会保障、跨地区交通、通信设施建设、大型能源和原材料基地建设、基础教育和部分高等教育、高新技术产业、基本农产品供给保障等；地方政府负责地方性交通、通信设施、城市公共服务系统及地方性卫生、保健、娱乐设施与服务、部分社会保障等。在划分了中央与地方的事权之后，还要对中央和地方的财权进行划分，财权的划分要与事权的划分相对称。

三、改革政府在公共物品管理中的行为

对政府提供“公共物品”的理解，不应只局限于“有形”品的思维定式上。实际意义上的公共物品不仅仅指国防、公共基础设施、路灯和航标灯等有形品，而且也包括那些具有广泛影响的许多政策性的公共物品。如果把公共物品的内涵同政府职责结合起来，那么可以认为政府进行的资源配置、政府所从事的收入再分配和政府在稳定经济方面所进行的努力及其相应效应等，均为公共物品的重要组成部分。

公共物品及公共支出随着经济发展和社会进步而增加是总的趋势。而中国的情形却是，在三十多年的改革过程中，公共支出的相对规模反而逐年下降。这或许是从计划经济向市场经济转变所必要的，但决不应过分夸大这一点。一种错误的观念认为，趋向市场经济体制的改革，就是要不断收缩政府的活动范围，甚至让政府退出经济生活，“最小的政府就是最好的政府”。须知，在发达的西方国家，一面是成熟的、发达的市场，一面是日益扩张的、有效的政府，政府与市场互动互补，共生共荣。“让市场发挥基础性的资源配置作用”，是我国社会主义市场经济体制改革的基本追求，但这并不意味着否定政府在市场经济中的必要作用。没有政府作用恰当而有效的发挥，市场的基础性作用也就无从谈起。公共物品的供给短缺，长期以来一直是制约我国经济社会发展和市场作用发挥的瓶颈。要使我国的经济体制改革和发展再上一个新的台阶，全面完成向市场经济体制的转轨，必须通过政府改革，充分而有效地发挥政府的作用，增加公共物品的供给。

（一）有进有退，合理调整政府的经济活动领域

政府应从绝大多数私人物品的直接生产领域中退出，通过拍卖和股份制改造等方式，将国有资产转移到教育、科学、安全秩序和社会保障等公共物品领域，增加这些领域的政府投入，以改变公共物品领域政府投入不足、公共物品供给短缺的现状。

（1）必须对意识形态倾注更多的政府关注。所谓意识形态是指包括政治、法律、道德、艺术、哲学、宗教在内的社会观念。离开成功的意识形态，任何制度的维持或创新都是不可

能的。提高意识形态的一致性程度对于降低交易成本,促进经济增长和社会和谐具有重要意义。为实现社会利益的最大化,政府有必要投入一定的公共资源,并通过自身的榜样作用,最大限度地促成社会成员在意识形态上的统一性,降低制度运行与创新的社会成本。

(2)政府必须对货币稳定,国际汇率、利率、金融和信贷体制的稳定与信心等问题投入更多的公共资源,加强金融规制以防范金融风险,特别是因加入世界贸易组织可能带来的额外风险。

(3)对于具有战略意义和高风险的高新技术产业,如生物技术、网络经济、数字化经济、空间技术等,政府不仅应增加投资并带动民间投资,更应增加有助于其发展的规则和管理的供给。

(4)政府应努力通过法制建设和社会保障体系的完善,保障社会成员的自由、公正权利,保障社会成员的基本食品、医疗及教育需求,实现特定的平均主义,保障基本人权,缓解收入分配不均的负面影响。

(二)完善公共物品的提供方式

完善公共物品的提供方式,需要将政府直接生产和间接生产结合起来,提高公共物品的供给效率。参照世界各国经验,除某些公共物品外,大多数公共物品可以采取政府间接生产的方式,即政府利用各种预算安排和制度安排引导私人企业参与公共物品生产,在公共物品的提供过程中引进市场和私人力量,以提高公共物品的供给效率。

(1)对于那些具有规模经济效益的自然垄断性的公共物品,如垃圾处理、水污染控制、街道照明及道路维护等,政府可以通过与私人企业签订生产合同的方式,让私人企业提供。

(2)对于那些外部性显著的公共物品,如自来水供应、电话、供电、航海灯塔等,政府可以通过经营许可制度授权私人企业生产经营。

(3)对于那些营利性不高或预期收益较高但风险较大的公共物品,如基础研究、高新技术研究、高等教育等,政府可以通过各种形式的经济资助支持私人企业生产经营。

(4)对于那些初始投入较大的基础设施类公共物品,如桥梁、高速公路、铁路、港口和机场等,政府可以通过参股方式向私人企业提供资本和分散私人投资风险,与私人企业共同承办。

(三)公共物品生产(或投资)主体多元化

公共物品生产(或投资)主体应多元化,尤其是允许和鼓励私营企业生产与经营公共物品。事实证明,没有哪个国家的政府能够独自提供全社会的所有公共物品。在市场经济条件下,尤其是政府财政紧张的情况下,公共物品生产(或投资)主体的多元化是我国公共物品生产经营的发展方向。在公路、铁路、港口、文教建设中,我们应借鉴境外的经验,不但吸收地方组织、企业集团的资金,更要鼓励私人企业在公共物品生产领域的投资,应该说,经过多年的发展,我国民营企业已具有相当实力,在当前经济结构调整时期,生产经营公共物品对民营企业具有相当吸引力。一方面,政府应进一步解放思想,以“三个有利于”为标准,鼓励、引导民营资本进入公共物品生产领域。当然,这并不说所有公共物品的生产供给都允许私营企业进入,一些公共物品的生产和供给应该由政府垄断,这样做是防止私人企业采取垄断手段抬高价格、牟取暴利。另一方面,有限公共物品领域,也应限制民营企业的进入程度,只允许其占有一定份额,其目的在于稳定公共物品价格。

(四)将市场机制引入公共物品的供给领域

通过市场机制的引进,使公共物品领域成为行政方式和竞争方式共同调节的领域。我国公共物品和服务的供给低效,主要是政府的垄断性与公共企业的产权不明晰共同作用的结果。加上行政机构和公共部门在生产中以纯行政方式运作,电力公司、自来水公司、煤气公司、邮电局、铁路局等上下对口设置,天然地享受垄断权。这种垄断特征既加剧了低效率、独家活、独家干,别人插不进手,也不敢插手,又促进了寻租等腐败现象的发生,路霸、水霸、电霸、气霸层出不穷。美国行政学者戴维·奥斯本曾详细分析过"把竞争机制注入提供(公共)服务中"的种种好处:竞争最明显的好处是提高效率即投入少、产出多,迫使公营的(或私营的)垄断组织对顾客的需要做出反应。对消费者来说,"维护自己作为消费者利益的关键实际上不是所有制,而是竞争"。因此,要打破政府和"公"家在公共物品生产供给方面的垄断地位,应引进市场机制和竞争机制,在公共物品提供的行政方式中植入竞争方式,强化公共物品生产和供给的竞争性。政府只保证公民能获得最终的公共物品,不必事必躬亲、亲自经营,可以大力采用招标、承包、租赁等方式将公共物品提供尽可能多地交给市场化、商业性的公司机构去做。对很难引入竞争机制的自然垄断部门,如公交服务,可借鉴中国香港的经验,采取专利协议的方式,委托法人或民间资本经营。同时,对配置到公共物品领域的政府财政资金的效益进行市场化的投入-产出考核,提高公共资源的使用效益,使政府直接提供的这部分公共物品"价廉物美"。

(五)应明确中央政府与地方政府的分工,完善公共物品的提供机制

应根据公共物品的公共性程度和规模经济的大小,明确各类公共物品应由哪一级政府负责提供,明确中央政府和地方政府的事权和财权划分。具体包括以下内容。

(1)应明确规定分别由中央政府和地方政府具体负责的社会经济事务,改变目前笼统规定的"中央负责全国经济社会的发展和稳定,地方负责当地的经济社会的发展和稳定"的模糊状态,为中央、地方事权和财权的合理划分提供法律依据。

(2)进行司法组织体制改革,建立中央和地方司法双层结构,并根据案件性质(法律归属)而非案件大小来划分中央一层和地方一层的司法职责。现有的地方一层司法只裁判本地内的纠纷,跨省纠纷由中央一层的司法机构处理。

(3)中央政府主要负责提供涉及整个社会的安全、规则、福利的公共物品,包括国防、社会保障、宏观经济稳定、铸造货币、信息传播、基础教育等。

(4)地方政府主要负责提供只涉及当地福利的公共物品,包括治安、消防、交通、卫生、保健、环境保护等。

(5)通过各地方政府的竞争,公营机构与民营机构的竞争,消除政府部门的垄断,提高政府工作效率。

【核心概念】

公共物品　公共服务　政府供给

【思考与练习】

1. 公共物品有哪些基本特性,判别公共物品应遵循什么步骤?

2. 为什么公共物品应由政府提供？实现有效供给的标志是什么？

3. 什么是混合物品？混合物品与准公共物品有什么区别与联系？混合物品是通过什么途径、怎样实现供给的？

4. 政府提供公共物品有哪两种基本方式？为什么说政府供给不等于政府直接生产？

【案例分析】

社会力量参与公共图书馆建设的困境与办法

在公共服务领域，机构间协调不足、服务碎片化以及供需失衡等问题，促使公共服务多元供给主体间互动新秩序的产生。公共图书馆建设供需问题中具有相关利益关系的主体组合主要有以下6种：政府与用户、用户与公共图书馆、公共图书馆与社会力量、社会力量与政府、用户与社会力量、政府与公共图书馆。不同相关利益关系的主体之间的供需问题主要是在保障政策、建设资源、服务类型等方面存在区别，具体是在问题的表现形式、侧重点等方面进行类比分析。

1. 政府与用户

政府与用户之间的供需问题主要是围绕着提升国民综合素质，推广全民阅读等宏观政策环境的营造。提高用户参与全民阅读的意识，明确公民的责任与义务，促进国家文化自信建设，是建设文化强国的重要部分。目前，基于地区发展不平衡的现实困境，政府在解决如何让民众爱上阅读、如何帮助民众学会阅读、如何弱化外界因素对公共服务产品的影响，以及如何更好地满足用户的需求等问题方面，需要提供相关的政策指导，以及一定的资金支持。政府制定的政策是满足用户需求的宏观保障，也是提高国民综合素质的核心。

2. 用户与公共图书馆

公共图书馆是为用户提供公共服务的重要途径之一，公共图书馆服务于用户，用户又是履行公民义务的主体。因此，用户与公共图书馆之间的供需问题主要表现为以下两个方面：一方面是用户对于公共图书馆服务需求呈现多元化、现代化、多样化、层次化等；另一方面是公共图书馆对于用户参与到公共服务与管理中的需求。随着现代移动终端技术的应用以及用户对于读屏的倾向化，公共图书馆服务供给的内容、方式与用户需求之间呈现出动态变化，公共图书馆对于新媒体新技术融合对接能力的提升是缓解公共图书馆服务供给与用户需求之间供需矛盾的关键部分，是对于部分地方政府将公共图书馆建设作为地方形象工程，公共图书馆的馆藏建设当作“面子工程”，对公众真实需求置之不理等问题解决的重要环节。

因此公共图书馆与用户的另一个主要供需问题是用户对公共图书馆服务的关注程度以及参与程度，用户是否具备较高意愿参与到公共图书馆的志愿服务中以及对公共图书馆的日常管理的关注程度等，是体现用户主动参与公共服务的标志。用户以极大的积极性主动参与公共图书馆服务，履行公民义务、行使监督权力等，也是公共图书馆持续性发展的需求。

3. 公共图书馆与社会力量

在公共图书馆建设中社会力量参与的方式有：举办私立图书馆、参加捐赠图书馆、参与合作举办图书馆、独立承接或参与运营管理图书馆和志愿服务等形式。社会力量参与的主要方式包括：捐赠资金、自助活动或项目、提供设施或产品、运营管理等。公共图书馆积极开展公益性社会活动等，能够为社会力量参与有关建设提供一定的机会。比如资助活动，是指社会力量在向公共图书馆提供人力、物力、财力，以冠名、宣传企业等形式，资助公共图书馆公益性社会活动，社会力量可借此提升自身形象等。公共图书馆定期开展有关推动阅读推广工作或者其他相关公益性的活动，正是为社会力量参与建设提供平台的有效途径，也是实现共赢发展，满足双方需求，继而达到均衡供需问题的目标。

4. 社会力量与政府

《中华人民共和国公共图书馆法》表明“鼓励和支持”是政府让社会力量参与建设的基本政策。保障社会力量参与公共图书馆建设健康运行需要中央及政府制定各种政策，让更多的社会力量参与到公共图书馆建设的方针及政府部门需要服务的具体内容中。因此，政府与社会力量之间的供需问题主要体现在对于可期待性的相关政策与制度措施的需求。比如期待进一步地制定扶持社会力量，兴办公共图书馆的具体政策，出台政策指导，扶持公共图书馆志愿服务的管理制度，完善有关的税收减免政策，以及鼓励社会力量向公共图书馆提供捐赠等。

5. 用户与社会力量

社会力量参与公共图书馆建设的方式有很多种，社会力量参与提供的资源主要包括物力、人力、财力。用户作为社会力量的根本部分，其参与力度影响着整体社会力量参与公共图书馆建设的程度。社会力量参与公共图书馆建设多为自愿、自筹经费，容易出现管理不到位、服务专业化水平低、后续动力不足等问题。因此如何提升公民积极参与公共文化建设中的意识，并具有较强的意愿投身于公共文化行业，是保障社会力量参与到公共图书馆建设的持续动力，也是为公共图书馆建设提供多元的文化背景、过硬专业能力的重要渠道。

6. 政府与公共图书馆

公共图书馆是政府拨款的事业单位，其建设和发展的动力源主要是依靠政府。公共图书馆对于政策保障的需求以及对多元主体格局形成下政府职能转变的需求，是政府与公共图书馆之间供需问题的重要体现。政府机构通过制定相关政策鼓励并引导社会力量投入到公共图书馆建设中，是政府助力公共图书馆事业发展的体现。政府加强政策保障，是满足社会力量参与到公共图书馆建设过程中对良好氛围的需求，也是满足公共图书馆长期持续发展的政策需求。目前我国公共图书馆资源闲置问题也相对比较严重，并且很大程度是因为公共图书馆供给不能够满足用户的需求而导致，所以如何扩大用户的有效供给，形成多元供给格局是公共图书馆事业健康发展的需要。但是我国当前在公共服务市场化、社会化进程推进的过程中，市场机制和政府职能尚未转型完善，多元化供给格局还未全面形成，尚且存在一些问题。

案例来源：

张雷. 社会力量参与公共图书馆建设的效用分析：基于公共物品外部性[J]. 理论观察，2020(08)：168-170.

【问题思考】

1. 本案例中,公共图书馆是否属于公共物品?
2. 请结合材料分析,社会力量参与公共图书馆建设如何体现公共物品的外部性?
3. 请结合材料分析,在认识公共物品的过程中应当注意哪些事项?
4. 结合案例,你认为社会力量应采取哪些措施参与到公共图书馆的建设中?

第五章　公共管理职能

【内容提要】

公共管理学所要关注的一个基本问题是公共部门应扮演什么角色。这实质上是要求对公共管理部门的职能构成进行描述、分析和解释。不过，一国公共管理部门的具体职能构成，往往由其特殊国情决定。处于不同历史时期、具有不同国情的国家，其公共管理部门的职能构成、形成原因必然会有很大差别。本章将对公共管理职能的内涵、构成、历史演变及市场经济条件下市场功能和政府职能的内容等方面进行分析。

【知识结构图】

本章知识结构图如图 5-1 所示。

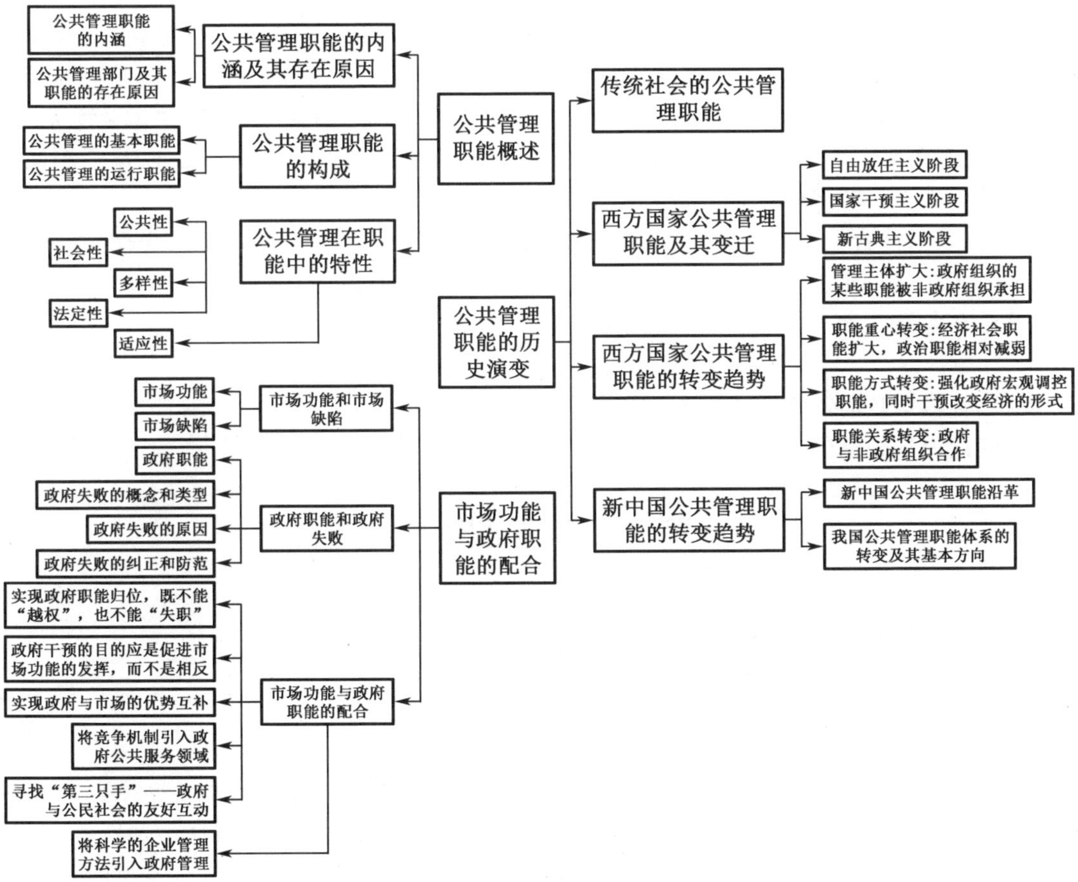

图 5-1　本章知识结构图

【引导案例】

温州市政府的"无为与有为"

保护民营经济发展的无为 温州民营经济的发展,有着自身的动力和内因,而政府的"无为"为之提供了重要的外部环境。温州市某任市长曾说:"在温州,凡理论和实践发生矛盾时,先服从于实践。"于是个体工商业、服务业、家庭工厂、挂户经营、雇工经营、买卖合同、长途运输等,只要上面不管,就都让它发展。

1984年,在平阳县钱库镇出现了私人钱庄。当时中国人民银行要求坚决取缔,而温州各级政府因为考虑到钱库镇当时经济发展的需要,并没有强制取缔,而是在争取钱库镇的银行和信用社率先实行利率浮动改革的试点后,于1989年在无证经营了五年后自行关闭。

在温州人民群众自发发展民营经济的推动下,温州政府顺应经济改革的需求,先后出台了许多突破当时政策或在全国率先改革的法规和措施,如中国首份个体工商执照、首个关于私营企业的地方法规、首家实行利率改革的信用社等。

强化市场和质量管理的有为 20世纪80年代末,温州的形象和声誉曾一度出现空前的危机,如温州低质皮鞋在杭州武林广场被焚,永嘉的虚假广告,仓南的假商标等。温州的信誉危机强烈震撼着温州政府。为此温州政府强化管理职能,严厉打击假冒伪劣,开始全面整顿。并加强质量管理,在外出水陆交通要道设立检查站,对皮鞋、低压电器等产品的外出实行"准运证制度",严堵假冒伪劣产品的外流。在此基础上温州政府提出"质量立市"的口号,在全国率先制定"质量立市"的地方法规。1992年,温州政府继而提出以质量和品牌为核心的二次创业的战略目标。

总之,温州政府按照市场经济发展的需要,大力加强和改善了基础设施建设,降低人、物、信息、资金流通的成本。同时减少政府对经济的主体干预,简化和减少行政审批手续,全面推进政务公开和限时办理制度,提高政府办事效率。

请结合本章政府基本职能的有关理论分析此案例,对温州市政府的"有为"与"无为",你是如何认识和理解的?

第一节 公共管理职能概述

一、公共管理职能的内涵及其存在原因

(一)公共管理职能的内涵

所谓职能,是指特定组织基于某种规定所承担的基本职责和基于自身特定结构形式所能发挥的功能作用的传统,它是职责与功能的统一。而公共管理职能则是指特定环境下,公共管理部门在社会公共物品与服务的管理过程中所承担的基本职责与所具有的功能作用的统一体。简而言之,所谓公共管理职能,主要是涉及一国公共管理部门在特定环境中应该管什么的问题。要完整、准确地理解公共管理职能的概念,必须注意以下几点。

1. 公共管理的实施者

其是指包括以政府行政机构为核心的各类公共管理组织。凡是与公共物品的生产与供应管理有关的组织、机构及其工作人员都是公共管理职能的实施与承担者。在我国,公共管理的承担者主要包括中央人民政府(即国务院)及其各部委、地方各级人民政府及其职能部门,各类以公共物品的生产与供应为主要目标的公共企业与事业单位。此外,一些非营利性的民间组织,如各类慈善机构、宗教组织可以列入这一范围之内。

2. 公共管理职能得以实施的依据

国家或社会通过某种途径赋予公共管理组织以某种特定权力或者权威,使其职能得以实施。其中,对于各种类型的政府机构而言,国家往往要通过宪法和法律的形式赋予它们一定的公共管理权力,就当代政府而言主要是行政权力。国家为实现其基本任务,必然要赋予公共部门一定的权力。事实上,政府的公共管理职能正是公共部门通过运用这些权力来有效地完成国家所赋予的各种职能的。不过,对于一些社会性公共管理组织而言,它们往往不具有实施公共管理的正式权力,而是依赖于某种特定因素而自发地形成的权威来运行的。例如,各类社会慈善机构与志愿者组织,它们行动的权威恰恰来自它们自身扶贫助弱的种种慈善行为以及社会对它们的认同与信任。值得注意的是各类公共企业,也就是由政府所有的一种特殊的法人机构:它们向公众大规模地出售商品和服务,并且往往以营利为直接目的。严格地讲,这种公共企业不应该列入公共部门的范畴,因为它们与公共管理组织目标上的非营利性及产品方面的排他性不符。事实上,依据大多数公共管理学者的看法,作为公共部门的"公共企业看起来总体上正处于安全消失的危险之中"。

3. 公共管理职能的内容

公共管理职能的内容涉及公共管理对一国公共物品与公共服务进行管理的全部事务,诸如国防、公安与内政、环境保护、文化、教育、医疗卫生和福利保障等。它们构成了公共管理的基本职责范围。同时,公共管理职能还应该包括这些组织为提供各种公共物品与服务而进行的管理活动,如决策、组织、领导与控制等职能活动。值得强调的是,既然职能包含有基本职责的意思,那么,它就是职能的承担者所必须履行的责任和义务。否则,如果不认真履行,对任何一个公共组织而言,都构成了失职,乃至于渎职。

4. 公共管理职能也是公共管理组织特定功能作用的一种反应

各种职责的履行与否及其履行质量与组织本身所具备的功能类型及大小密切相关。一般来说尽管我们可以认为某个组织的特定功能作用是该组织所承担职能的一种后果,但是,特定功能的存在与维持却是特定职责得以履行的基本前提。难以想象,有谁会把一项重要的公共管理职能交由一个并不能有效履行这一职责的机构去承担。因此,关于特定公共部门的功能作用,我们必须做两方面理解:一方面,我们必须把职能理解为一种权力或者说职权。如前所述,这是与职责相对应的。为了确保承担者能顺利履行相关职责,就必须赋予其相应的权力。职责的赋予构成职责授予的自然后果。另一方面,我们也应该把职能理解为一种能力或者说潜能,即赖以完成特定职责的某种功能作用。这是授予特定组织以某种职责的基本前提条件。

5. 公共管理职能是一个独立、完整的体系

公共管理职能的具体构成涉及社会生活的各个方面,都是为了实现各种各样的公共管理目标而确立起来的。各种职能相互依存,其运行也是环环相扣的,既相互作用又相互制约,构成了一个有机整体;此外,公共管理职能作为一个完整体系存在的另一个基本理由在

于其职能体系具有动态性特征。在任何一个国家,公共管理职能都不是一成不变的。随着管理环境与管理目标的不断变化,公共管理职能也必须随之做出相应的调整、转变。尤其是在当代,公共管理环境日趋复杂,职能体系的调整与变革越来越成为各种公共管理组织所面临的一项基本任务。事实上,对公共管理职能进行分类考察,从整体上予以把握,这有利于对整个公共管理职能体系进行深入了解,正确处理其内部各部分的关系,及其外在环境的相互关系,最终促进公共管理职能的科学化。

基于以上几点我们可以看出公共管理职能与通常所说的政府职能是既有联系又有区别的两个不同的概念。这主要是因为公共管理组织与政府是两个不同的概念。简言之,政府职能是公共管理职能体系的一个核心构成部分,在有些国家或有些时候,政府职能甚至基本上可以被认为是等同于公共管理职能的。但是,在现代世界各国,随着社会自治能力的不断加强以及政府职能社会化改革在各国的展开,公共管理职能越来越超出政府职能的范围。不过,有一点可以确定,无论在哪种政治体制国家中,政府职能始终是公共管理职能的核心构成部分。

(二)公共管理部门及其职能的存在原因

当在理论上对公共管理及其职能进行探讨时,我们就不得不思考这样的问题:为什么需要公共部门呢?我们又为什么要把有限的各种社会资源用于维持一个很容易对人们的生活构成威胁的公共管理职能体系呢?事实上,对于许多持自由主意观点的学者而言,这确实是一个无法避免的话题,而一些无政府主义者则更是对这些问题提出了否定性回答。当然,完全否定公共部门存在的必要性过于极端,毕竟,自有文字记载的文明以来,以政府为核心的公共管理体系一直存在,这一事实本身就证明了其存在的必要性。然而,人类社会究竟为什么需要生产这类组织并维持其职能体系呢?这可以从以下几个方面进行理解。

1. 公共管理部门及其职能体系的存在是人类社会始终的客观需求

具体来说,其表现形式会因生产力和社会分工发展阶段的不同而不同。在早期人类社会,由于生产力水平极其低下,社会管理的任务十分简单,社会没有能力也没有必要分化出庞大的公共管理部门及其复杂的公共管理职能体系。在私有制和国家产生以后,公共管理职能体系发生了重大变化,无论在奴隶社会还是封建社会,都以组织统治为中心。同时,这一时期自然经济状态及社会分工不发达,决定了公共事务相对有限,其管理职能发展缓慢。人类社会进入资本主义社会后,社会分工和社会交换成为社会生活的重心。社会经济基础的这种变化,要求公共管理部门及其职能体系要与之相适应,生产力的高速发展,更为其职能体系实现现代化演变提供了经济和技术条件。简而言之,公共管理职能是人类社会发展到一定阶段的必然产物,也是维持社会发展的必然要求。根据一些管理学者的看法,公共管理及其职能体系同样也是社会分工协作活动发展的必然要求。众所周知,巴纳德的协作系统管理理论就认为,管理者主要是基于对分工进行协调的需要而产生的。

2. 公共管理部门及其职能体系的存在也是当代社会各国与市场经济发展的基本要求

当今时代,各国已经逐渐意识到市场才是社会产品与服务的主要生产者和供应者,但是,正如西方学者马斯格雷夫所认为的那样,在某种情况下,“市场机制自身并不足以实现所有的经济职能”,离开了公共部门的市场将无法正常运行。马斯格雷夫及其他一些学者均较为系统、全面地对这一观点进行了论证。尽管这些学者往往重在论证政府及其职能存在的合法及合理性,而且,尽管他们有时也曾提及其他一些原因,但单就经济职能而言,公共部门及其职能赖以存在的主要理由还是市场失灵现象的存在。

3. 公共管理部门及其职能体系的存在,尤其是其存在状况还与特定社会的自治能力密切相关

根据马克思基本原理,在社会自治能力高度发达的公共主义社会里,作为统治机器的国家或者政府将自行消失。而在现实主义学者的理论中或者是在社会现实中,对于公共管理而言,社会自治能力更多是一种重要影响因素或是某种公共组织的生产与发展依据。简而言之,对于公共权力组织而言,社会自治能力的强弱直接对它们与社会组织之间的关系产生影响。一方面,在社会自治能力较弱的社会,公共权力组织相对就要强大一些,反之,则公共权力组织就要弱小一些。另一方面,在社会自治能力较强的国家或者社会,各种非国家性或者说非正式的公共组织则蓬勃发展。事实上,在现代国家,社会自治能力的强弱直接影响着公共权力组织的职能社会化进程以及非正式的公共组织的发达程度。自 20 世纪 70 年代末以来,逐渐席卷世界各国的所谓新公共管理运动,其实是以各国社会组织能力的日益发达作为改革前提的。以缩减政府组织规模为基本取向、以公共企业民营化等为主要措施的政府职能社会化运动已成为改革的一般趋势。

二、公共管理职能的构成

(一)公共管理的基本职能

公共组织的基本职责和作用是为社会提供公共物品和公共服务。按职能所涉及的不同领域,可以把公共管理的基本职能分为政治职能、经济职能、社会职能和文化职能等。

1. 政治职能

它是政府应该承担的维护和巩固国家统治的基本职能,包括军事保卫职能、镇压与治安职能和民主建设职能等。军事保卫职能、镇压与治安职能表现为行政机关运用军事、外交、公安等职能机关,防御外来敌人的侵略和颠覆,保卫国家的独立和主权;打击和惩罚各种违法犯罪分子,维护正常的政治秩序、经济秩序,保卫公民的合法权益和生命安全,保障国家的安全、稳定与发展。民主建设职能则表现为政府进一步完善各种民主制度,建立健全民主监督程序,提高政府活动的公开性、民主性,不断扩大政府同群众联系的渠道,提高公民的参政意识,完善公民参政议政的机制等,以保障公民的民主权利。

2. 经济职能

它是公共组织在社会经济活动中依法履行的职责及其所产生的功能。政府的经济职能主要是指政府从宏观经济的角度,履行对国民经济进行全局性的调控、监督、管理、服务的职责和功能。非政府公共组织(如行业协会)在为企业提供政策咨询和信息、促进企业科技创新和技术进步、维护企业合法权益、帮助企业参与国际竞争等方面可以做大量工作,成为促进市场经济发展的主力军。

3. 社会职能

它是指公共组织为社会生产、生活提供各种服务和社会保障,搞好诸如环境保护、医疗卫生、城市规划、旅游娱乐以及建立健全养老保险制度和待业保险制度,逐步完善社会保障体系等。社会职能的具体内容包括制定各种社会福利的法律、法规,建立完善的社会福利和保障体系;建立健全社会福利管理体制,加强对社会福利工作的指导、规划和协调;筹集社会保障基金,奠定社会福利事业的物质保障基础;创办各种社会服务事业,解决涉及百姓

日常生活的各种问题;保护和合理利用各种自然资源,努力开展对环境污染的综合治理,加强生态环境的保护等。

4. 文化职能

经济与文化是人类文明发展的两大支柱,前者主要关系到社会物质文明的进步和发展,后者则主要涉及人类智慧成果的传承和发展。两者相辅相成、互相促进。文化职能也成为在公共管理职能体系中比重日益增加的重要组成部分,具体内容包括重视基础性和高技术研究,发展科学技术;政府办学与社会办学相结合,优化教育结构;发展文学艺术、广播影视、新闻出版、科学研究事业;引导社会卫生体育的发展等。

上述四项职能中,政治职能为发展经济、改善民生、建设精神文明奠定稳定的政治基础;经济职能为政治稳定、社会发展、文化繁荣提高财力保证;改善民生作为政府的合法性基础、增强公民参与经济文化建设的主动性;文化发展则为政治文明的发展、经济的腾飞、公民社会形成提供智力支持。因此,公共管理的政治、经济、社会、文化职能并非相互独立,而是密不可分的有机整体。

(二)公共管理的运行职能

上述公共管理的政治、经济、社会和文化职能,必须通过各个管理环节才能实现。因此,从公共管理过程来分,公共管理职能又能分为一系列的运行职能。对此,国内外学者从不同角度做了不同的概括,其中以法国管理学家法约尔的“计划、组织、指挥、协调和控制”的五职能说和美国管理学家卢瑟·古利克与英国管理学家林德尔·厄威克提出的“计划、组织、人事、指挥、协调、报告、预算”的“七职能论”最具代表性。二者的主要内容基本是一致的,可以概括为如下四项职能。

1. 决策职能

决策是根据客观实际,确定公共组织目标和任务,并具体安排目标的方案、步骤、方法的工作。决策职能是公共管理过程的首要职能,它贯穿于管理过程的始终。公共组织对社会公共事务实施管理活动,不论是确定组织目标,还是制订各种战略计划和规划等,都需要在两个以上可供选择的方案中进行抉择,这便是计划工作中的决策问题;组织机构的设置、部门划分方式的选择、集权分权关系的处理以及各职位人员的选配等,则是组织工作中的决策问题;在控制过程中,控制标准的制定、活动执行情况的检查以及所采取的纠正措施的选择等方面也都需要决策。

2. 组织职能

组织职能是指为了有效地实现既定的政府管理目标和任务,通过建立公共组织机构,确定职位、职责和职权,协调相互关系,从而将组织内部的各个要素联结成一个有机的整体,使人、财、物得到最合理的使用。任何管理目标和任务都要通过一定的组织机构和具体的指挥活动才能完成,所以组织职能是一项重要的运行职能。组织职能具体表现为:对机构的设置、调整和有效运用,搞好编制管理;对组织内部的职权划分和人员的选拔、调配、培训和考核;对具体行政工作的指挥、监督等。

3. 协调职能

协调就是设计和保持一种良好的行政环境,使身处其间的人们能够在组织内协调地开展管理工作,从而有效地完成行政目标。可以说,每一项公共管理职能的开展,都是为了更好地促进协调。有了协调,组织可以收到个人单独活动所不能收到的良好效果,即通常说的“1+1>2”。协调职能的具体内容为:协调公共组织之间、组织与个人之间、人员之间的关系;协调公共组织各部门之间的关系;协调公共组织与其他组织以及公民之间的关系。通过公共组织协调,理顺、沟通各方面的关系,减少、消除不必要的冲突和能量损耗,从而建立和谐的分工合作、相互促进的联系,实现公共管理目标。因此,公共管理过程必须重视公共关系与协调功能的发挥。

4. 控制职能

控制职能是指根据公共组织计划标准来衡量计划完成情况,并纠正计划执行中的偏差,以确保公共组织目标和计划目标实现的管理活动。实现控制职能的基本前提是要有计划和标准,要有健全的组织机构和得力的控制手段。控制职能的发挥,包括下述几个相互关联的环节,即确立控制标准、获取偏差信息、采取措施进行调节和实行有效监督等。控制职能具体表现为前馈控制、现场控制和反馈控制。控制职能贯穿于公共管理活动的全过程,为了有效地发挥控制职能,必须进一步建立健全控制的组织系统,采取配套的、有效的控制手段,以保证公共管理目标和任务的顺利完成。

上述基本职能和运行过程的职能之间相互渗透、相互交叉、相互作用,在彼此的联系与制约中发挥作用。我们只有以系统的观点来看待职能体系,正确认识和把握它们之间的有机联系,充分发挥各个职能环节及有关职能部门的作用,才能更有效地实施公共管理活动。

三、公共管理在职能中的特性

(一)公共性

公共管理是社会公共组织进行社会公共事务管理、提高公共物品和公共服务的活动,目的是维护、增进公共利益。从管理主体、管理对象、管理目的等方面来看,与私人部门的管理有着本质的区别,凸显公共性。基于此,公共管理主体所承担的公共管理职能也具有显著的公共性。

(二)社会性

公共管理职能产生于社会公共事务的管理之中。在公共管理主体中居于核心地位的政府组织具有社会服务作用。而作为公共管理主体的非政府公共组织本身就是自我管理、自我服务的社会组织,在政府让渡权力的领域内向社会提供公共产品和服务,也具有社会性。此外,在实现公共管理职能的过程中,需要有社会公众的积极参与,主要表现在社会公众对政府决策的影响,通过立法、司法机构对政府行为的约束,以及通过各种渠道对政府活动的舆论监督等,从自身利益的关心和实现角度,影响政府公共决策的制定和实施过程。

(三)多样性

公共管理职能之所以具有多样性的特征,主要是由于公共管理活动渗透社会生活的各个角落,涵盖了国防、外交、治安、财政税收、科教文卫、环境保护等诸多领域,且运行过程中又有决策组织、协调、控制等一系列环节。这些复杂的内容和程序,使得公共管理的职能显现出多样化的特性。

(四)法定性

在现代宪政体制下,政府组织和非政府公共组织对社会公共事务的管理,必须纳入法治的轨道中。具体来讲,就是政府组织非政府公共组织管理什么、如何管理,都要由法律、法规明确规定。公共组织应该在法定的职权范围内,依据法定程序管理各类社会公共事务,不得越位、错位和缺位,否则将被追究法律责任或行政责任。

(五)适应性

我们也可以称其为动态性。公共管理职能不是一成不变的,而是发展变化的。随着经济社会的不断发展,在不同的历史时期和不同的社会环境下,公共管理职能以不同的内容、重点、方式等表现出来,以适应经济发展的时代要求。

第二节　公共管理职能的历史演变

一、传统社会的公共管理职能

作为为了实现生产与供应公共物品而存在的一种社会活动,公共管理是随着人类社会的产生而产生的基本社会活动之一。这是因为,作为不同于动物的人的产生,其根本属性在于其社会性。也就是说,人的历史即是人类社会的历史。人类社会是通过各种社会关系联结起来的一个有组织的群体。其中,最为重要或者说起着决定作用的是基于不同标准而建立起来的劳动分工关系。人类社会正是在一定的劳动分工关系的基础上建立起来的。实际上,特定社会能否维持存在并取得发展,在很大程度上要取决于其劳动分工关系的维持与发达程度。而分工离不开协调与控制。这样,为了维持社会性的分工,就必须产生与之相适应的、行使社会性协作与控制功能的社会管理系统,也就是所谓的公共管理系统。从这个角度来看,无论哪个社会阶段,都必须存在某种类型的公共管理系统,并由它们履行一定的公共管理职能。

所谓传统社会,一般包括原始社会、奴隶社会与封建社会三个发展阶段。其中,原始社会,即所谓史前人类社会是社会发展的最早阶段,其社会组织形态经历了氏族、胞族、部落及部落联盟等发展形势。在这一时期,社会分工与协调都是建立在血缘关系的基础上的,由于社会生产力极其落后,也就不可能产生和维持与社会相分离的专门管理机构。因此,原始社会的公共管理职能也就极其简单,这表现在以下几个方面。

首先,其公共管理职能大多数都与谋取生活资料的生产劳动直接相关,主要是进行劳动分工。虽然也存在一些政治性职能,如保卫氏族不受外族威胁或进行氏族复仇等,但这些职能往往是围绕着生活资料的争夺或维护而展开的。

其次,不存在专门的公共管理组织或职能。由于是生产力不能提供剩余产品,脱离社会生产的专门管理机构是不可能获得物质支持的。同时,由于公共管理主要是靠个人经验进行的,且范围很小,也就不存在职能的分化或者分工问题。

最后,其职能的运行方式是习惯化、非强制性的。原始社会的公共管理制度是所谓的原始民主制。在这种制度下,所有社会成员都享有参与公共事务管理的权力;首领的权力来自公共意志。正如恩格斯所说,“酋长在氏族内部的权力,是父亲般的、纯粹道德性质的,他手里没有强制手段。"社会公共事务的管理不是利用强制手段,而主要是由这些基于人格化权威的首领们运用传统习俗来实现的。当然,这种职能体系及其运行方式是与原始民主制及作为其社会基础的血缘关系和原始共产制相适应的。一旦社会出现根本利益性分化,新出现的社会矛盾主要是阶级矛盾发展到不可调和的状况时,这种原始的公共职能体系便无法继续维持社会的存在。社会要想继续存在下去,要想在不可调和的冲突中维持其存在,于是,国家便应运而生。从此,人类社会便进入了以国家为核心的公共管理时期。

在国家产生以后,公共管理职能体系发生了本质上的变化。但是,在资本主义社会以前的国家时代,无论是奴隶社会还是封建社会,绝大部分公共管理职能都是由国家或者是政府组织来承担的。在这两种国家制度形式下,社会经济基础不同,从而占统治地位的阶级确实存在着本质性差别。其中,奴隶制国家是在经济上占有统治地位的奴隶主、贵族对包括广大奴隶在内的其他社会阶级的统治工具;而封建国家则是封建地主阶级维护其整体利益的统治机器。不过,就一般情形来说,二者的公共管理职能体系却相差不大。总体上,前资本主义国家时期的公共职能体系存在以下三个基本特征。

(1)公共管理职能体系的重心相当清晰,即以政治统治职能为中心。奴隶主或封建贵族通过强化政治镇压职能和国家安全职能,对内镇压广大被统治阶级的反抗,对外抵御或实施侵略,以维持本阶级的政治与经济统治地位。

(2)包括经济、文化职能在内的社会事务管理职能十分薄弱。不过,相对来说,封建社会时期的社会事务管理职能相对于奴隶社会时期有所增加。比如在中国封建国家自汉朝时起就开始举办官学,为国家培养管理人才;一些封建帝国也大都设有负责承担防洪与水利灌溉等职能的专门经济与社会事务管理组织。但是,总体上,这两个时期的社会事务管理职能相对来讲是极其微弱的,这也是由其落后的社会经济基础,即自然经济基础所决定的。

(3)公共管理职能体系的运行以国家暴力手段的镇压为主要特征,这是与其公共职能体系的基本结构相一致的,也是由其社会矛盾的对抗程度所决定的。

二、西方国家公共管理职能及其变迁

人类社会进入资本主义阶段以后,社会经济基础发生了实质性意义的改变。社会生产力突飞猛进,落后的自然经济体系为更高效的资源配置机构——市场经济体制所取代;公共管理职能体系也发生了实质性的调整与转变。不过,在资本主义的不同发展阶段,公共管理职能体系也分别呈现出明显的阶段性特征,这在西方各国公共管理职能体系的历史演变过程中得到充分体现。具体地,根据其内在特点,西方国家公共管理职能的发展可划分为三个不同阶段。

(一)自由放任主义阶段

自由放任主义时期是资本主义发展史上的成长阶段。在这一时期,自由市场经济取代了自然经济,大大小小的资本主义企业在刚刚形成不久的统一市场上自由地开展竞争,社会生产力得到迅猛发展,在很短的一段时间内就造就了前所未有的社会财富。与此相适应,政府的公共管理奉行"政府要好,管理要少"的信条。除了必需的政治统治职能外,在经济与社会管理方面实行"私人自治"原则,主要是依靠"看不见的手"即市场来调节与引导经济及其他方面社会事业的发展。在这一阶段,根据自由主义经济学早期代表亚当·斯密的观点,公共管理部门所应承担的职能或说“统治者的责任”只包括国家安全、法律秩序及少量的社会基础设施供应这三个方面。

具体来讲,这一时期的公共管理职能体系呈现以下特点:①政治职能仍然占据中心地位。这主要是指运用国家机器保卫国家安全和必要的社会法律秩序。但与此同时,一些有关公民政治与社会权利的法律,尤其是宪法的制定与实施,使得民主政治职能也得到前所未有的发展。②在经济与社会职能方面,奉行自由放任主义政策,公共管理部门基本上扮演维护社会与市场秩序的“守夜人”角色。③相对于传统国家,自由主义政府已经意识到,出于对整体利益的考虑,公共部门应该向社会提供某些类型的“公共商品”。在亚当·斯密看来,尽管要准确区分哪些产品属于这种类型并非易事,但教育至少是最基本的一类。由此可见,早期资本主义公共管理职能体系中已经包含了一些积极的社会管理职能。

(二)国家干预主义阶段

从19世纪末一直到20世纪70年代末,资本主义进入垄断主义时期。自由的市场竞争导致生产资料与社会财富日益集中在少数垄断组织和个人手中,这既使得市场无法依靠自身来实现自由运行,同时使得社会日益出现贫富分化,劳资矛盾也不断激化。由此,早期资本主义政府的自由放任政策及“守夜人”职能模式已经不能适应社会各方面发展的要求。与此同时,“福利社会”与“凯恩斯主义”等国家干预主义取代自由放任主义成为主流社会管理理论。同时,西方各国公共管理职能体系也进行了大规模的调整。

在这一历史阶段,西方各国政府对其公共部门的职能体系进行了全面的改革与调整,具体有以下几个特点。

(1)政府权能体系迅猛扩张,“行政国家”取代“守夜警察”成为各国政府职能体系发展的主流趋势。一方面,由于自由市场自身发展所导致的垄断问题与社会财富的“马太效应”的产生,使得自由放任的资本主义再也无法仅仅凭借市场的自动调节来促成社会资源的有效配置,并推动生产力与国民财富的不断增长;另一方面也使得社会矛盾,主要是劳资矛盾迅速激化。其结果是以经济危机为核心的政权与社会秩序危机的持续加深,集中表现为全球性经济危机与两次世界大战的爆发。在这种情况下,先是“国家福利论”,而后是“凯恩斯主义”理论要求重新确定公共部门对社会及其国民所承担的责任,以减轻古典自由主义所不能避免的种种经济与社会危机。于是,所谓“行政国家”,即在法制基础上以职能范围、机构与人员规模的不断扩张为显著特征的政府权能体系取代放任政府模式成为西方各国政府的发展取向。

(2)各国公共部门政治职能总体上进一步得到加强。由于经济与社会矛盾的普遍激化,为了维持必要的政治与法律秩序,西方各国的政治统治职能普遍得到加强,其中,以德国与日本为首的国家甚至一度走上法西斯恐怖统治的极端道路。政治民主职能,除了美国等极少数国家可能例外之外,在西方各国总体上有所削弱。

(3)在经济与社会职能方面,各国普遍采取了积极干预的职能模式。面对自由市场竞争所无法避免的这种经济与社会危机,西方各国日益意识到放任主义的局限性,事实上,早在19世纪末,德国的首相俾斯麦就已经意识到建立养老金制度的必要性。而凯恩斯主义的兴起更是要求各国政府采取积极的干预主义政策以解决经济发展、就业与社会福利等前所未有的公共价值目标问题。尤其在第二次世界大战之后,大多数西方国家都实施了全面的福利政策,为公民提供“从摇篮到坟墓式的福利保障”。与此同时,西方各国的公共事业组织也迅速成长起来。

(三)新古典主义阶段

对于普通民众而言,干预主义公共管理职能模式无疑具有很大的吸引力。迫于政治选票及与社会主义制度进行竞争等方面的压力,西方各国政府也一直坚持为所有社会阶层提供广泛的受教育机会与医疗健康保障,增加就业并为退休者和失业者提供经济援助,尤其注意采取各种积极干预政策推动经济与社会各方面的不断发展。所有这些都使得政府及其他公共组织管理职能的规模与范围出现持续增长。事实上,这种职能模式也发挥了积极的正面效用,成为促进战后西方各国社会经济持续二三十年“繁荣”的一个重要因素。然而,它也存在一系列问题:首先,它试图将政治置于经济之上,将国家集体置于社会与个人之上,这与西方社会的个人价值取向是相违背的。因此,一旦条件允许就很难获得广泛的政治支持。其次,公共部门的干预能否持续有效一直是个有争议的议题。事实上,自由主义公共职能模式一直试图重新取代干预主义,再次取得主导地位;而自由主义既符合西方各国文化传统,也更符合市场经济的内在发展要求。最后,或许更为重要的是,经济与社会发展的事实日益表明,市场不能解决的问题,公共部门也未必解决得好,甚至可能给社会带来更大的损害。尤其是从20世纪70年代末开始,西方各国普遍出现了以低经济增长、高通货膨胀、高财政赤字与高失业率,即所谓以“三高一低”为特征的社会经济发展“滞胀”现象。由于这种现象是干预主义解决不了的,因此西方各国开始对干预主义失去信心。各国公共管理职能体系逐渐进入了一个全新的发展阶段,即所谓的新古典主义时期。

所谓新古典主义,又称为新自由主义,其基本原理要点是在重申个人理性假设的基础上主张在社会经济生活中市场力量的角色最大化和政府角色的最小化。在这一理论的指导下,西方各国政府对公共管理职能体系从范围到内容进行了较为全面的整理,实施了一场方兴未艾的公共改革运动,也就是所谓的新公共管理运动。

三、西方国家公共管理职能的转变趋势

西方国家从国家垄断资本主义向后垄断时期发展,其中十分重要的就是公共管理职能的转变。通过近三十年新公共管理运动的发展,西方国家公共管理职能转变趋势已经逐步清晰。

(一)管理主体扩大:政府组织的某些职能被非政府组织承担

近三十年来,西方国家的政府已经不再单独提供社会所需要的一切公共产品和服务,政府组织的某些职能被非政府组织所替代。非政府组织在组织就业培训、抚养贫困儿童、开展成人教育、提供医疗保健、保护生态环境、关注精神需求、整合社会资源等方面发挥了巨大作用。所以,非政府组织已经成为现代西方国家的又一公共管理主体。

(二)职能重心转变:经济社会职能扩大,政治职能相对减弱

政府经济社会的职能是对国民经济进行全局性的调控、监督、管理、服务,为社会生产、生活提供各种服务职能,政治职能是维护和巩固国家统治的职能。

第二次世界大战后出现的新科技革命,极大地促进了社会生产力的发展,也在很大程度上改变了人们的生活方式、交往方式。现代科学技术的发展,则为全球化的发展提供了

技术可能。但是在人们享受这些物质文明成果的同时,也出现了一系列前所未有的社会问题,诸如污染、人口控制、交通,甚至吸毒、跨国犯罪、突发事件等。而且随着人们收入水平的不断提高,人们对生活质量的提高也有了越来越多的要求,需要政府提供数量更多、质量更优的有关教育、文化、娱乐、信息、交通、能源等方面的服务,这些都是对政府的新挑战,政府必须认真研究这些问题,必须创造性地发挥职能,处理和解决这些问题。另一方面,由于西方国家吸取历史的教训,制定各种社会福利政策,极大地缓和了国内阶级矛盾,同时,也由于法律的健全和社会成员法制意识的增强,国内直接对抗性阶级矛盾的发生率已经降到了最低点。这样的社会现实,促使政府不断扩大经济社会职能,而使政治职能的地位下降。

(三)职能方式转变:强化政府宏观调控职能,同时干预改变经济的形式

第二次世界大战结束后至今,各国政府宏观调控的职能不仅没有减弱,还从经济领域扩大到社会各个领域。人们所谓的"政府失灵""后凯恩斯主义",实际上,在更大程度上是希望政府改变对经济的干预方式,而不是要政府退出经济社会领域。

国家垄断资本主义的实质就是政府干预经济,近年来,在新公共管理运动的影响下,西方国家不再单纯地坚持最好的政府就是规模最小的政府,而把政府看作一个重要的、强有力的机构,它可以扶助私营部门,而不是作为私营部门的竞争对手而存在。在政府与市场的关系上,人们也逐渐认识到,无论是政府还是市场都是不完善的,它们都有缺陷,都会失灵。因此,在市场经济的条件下,考虑到市场失灵,必须重视政府的作用,让政府在弥补市场缺陷和纠正市场失灵上,在自己的能力范围之内起到应有的作用,即让政府保持经济总量平衡、提供公共物品、消除外在效应、进行收入和财富的再分配等方面发挥应有的作用。考虑到政府干预行为的局限性及政府失灵,必须让市场在资源配置和私人物品的生产与供给上起到基础作用,政府只能是补充市场机制;政府应根据市场经济发展的不同阶段以及现实经济运行状况,确定好干预的内容、范围及手段。政府职能的社会化,就是政府改变干预经济形式的产物。

(四)职能关系转变:政府与非政府组织合作

非政府组织的发展弥补了政府与市场的缺陷,已经引起政府关注,政府也愿意加强与它们的合作。非政府组织最早出现在17世纪的英国,当时的组织特点以自愿、互利为主。19世纪末以后,非政府组织中出现了工人团体,且致力于社会公益事业。20世纪两次世界大战期间,非政府组织志愿性突出,显著地推动了社会的进步。现在世界上几乎所有国家都存在着非政府组织,而且还出现了与联合国体系密切结合的国际非政府组织。1968年,联合国经社理事会规定:在有关国际公共事务中发挥作用的非政府组织可获得联合国体系的咨商地位,获得这种地位的非政府组织即为国际非政府组织。

自20世纪80年代以来,在政府与市场都失效的困境中,发达国家非政府组织在承担公共事务管理中表现出特殊的作用:它有效地促进了社会沟通;增强了社会公共物品(服务)的供给;促进了政府职能的转移;还在促进就业方面发挥了主要作用。非政府组织以自己的业绩为自己"证明",使自己在社会政治经济中的地位明显提高。非政府组织与政府合作,或者说,政府充分发挥非政府组织的作用会是一个基本趋势。

四、新中国公共管理职能的转变趋势

由于国内外环境的改变，我国公共管理职能在不同的时期、不同的阶段呈现出不同的侧重点。大体上，迄今为止，公共管理职能的调整主要有以下三个阶段。

（一）新中国公共管理职能沿革

1. 1949—1978 年的公共管理职能

中华人民共和国成立之后至十一届三中全会前，在计划经济体制下，政府是公共管理的唯一主体，公共管理职能直接体现为政府职能，其特点是重政治职能、轻经济职能和社会职能。因为成立之初，处在一穷二白状态下的新中国，外有帝国主义国家的包围、封锁，内有刚被推翻的旧政权残余势力的反扑。为了稳固新生的政权，政府就要对人民实行民主，对敌对势力实行专政。一方面建立健全地方各级人民政府的政权机构、建立人民代表大会制度、实行少数民族区域自治，另一方面清剿国民党残余势力。朝鲜战争爆发后，为避免战火蔓延至中国领土、保护新生政权，政府决定抗美援朝。这些举措都为后来的经济建设、实现向社会主义社会的转变奠定了坚实的政治基础。为了在最短的时间里建成新生政权赖以立足的经济基础，政府的职能目标就是，集中国内仅有的人、财、物，争取最佳资源配置，从而实现这些资源的效用最大化，政府职能方式的特点也是以选用行政手段、进行直接的微观管理为主。

新中国的建设成就表明，当时的政府很好地实现了这个职能目标。所以，当时的职能是特殊历史条件下的特殊产物，也曾为新中国的经济恢复和建设发挥过积极作用。

2. 1978—2002 年的公共管理职能

1978 年召开的十一届三中全会做出了把党和国家的工作重心转移到经济建设上来的重要决定，标志着我国行政改革和政府职能转变的开始，具有划时代的意义。十一届三中全会后，我国彻底否定了以阶级斗争为纲的政治目标与政府职能，进行拨乱反正，开始改革开放，逐步形成了社会主义初级阶段的基本路线。在此期间，公共管理职能也体现出经济导向的特征：政府的一切工作都要服从和服务于经济建设这一中心；政府开始逐步探索经济、行政体制改革，尝试权力分解和下放，经济管理方式也开始由强制性、单一性、直接性逐步向多元化、科学化转变。1978—2002 年，我国在解放生产力上取得了显著成效。从解决人民的温饱问题，到经济几年上一个台阶的加速发展、城乡经济日益活跃、多种所有制经济共同发展，再到进一步扩大内需、克服亚洲金融危机的不利影响、进入小康社会，无不体现以经济建设为中心的公共管理职能的积极的一面。

此外，这一时期，非政府组织呈现出前所未有的发展，在一些社会公共服务领域发挥了重要作用。以经济建设为中心的职能导向确实令我国的经济得到了快速的发展，但在追求效率之时，失业人口增加、贫富差距拉大、环境污染加重等社会问题也更加突出。

3. 2002 年至今的公共管理职能

党的十六大明确提出了社会主义市场经济条件下政府的四项基本职能，即“经济调节、市场监督、社会管理和公共服务”。之后，党的十七大报告提出要着力转变职能、理顺关系、优化结构、提高效能，形成权责一致、分工合理、决策科学、执行顺畅、监督有利的行政管理体制。健全政府职责体系，完善公共服务体系，推行电子政务，强化社会管理和公共服务。2012 年党的十八大报告强调：“要按照建立中国特色社会主义行政体制目标，深入推进政企分开、政资分开、政事分开、政社分开,建立职能科学、结构优化、廉洁高效、人民满意的服务型政府。推动政府职能向创造良好发展环境、提供优质公共服务、维护社会公平正义转变。”由此可以看出,我国公共管理职能的重心开始逐渐由经济建设向社会管理转移,在继续推进改革开放、大力发展社会主义市场经济的同时,更加关注民生、社会公平主义;公共管理职能的方式也日趋多样化,并积极探索市场化、社会化;政府更加重视非政府组织在社会管理领域中的主体地位。

(二)我国公共管理职能体系的转变及其基本方向

1. 职能重心的转移

中华人民共和国成立以后,在极“左”思想的指导下,中国共产党和政府走上了一条“以阶级斗争为纲”的错误路线,重政治的阶级斗争,轻经济与社会发展建设。其结果是专政职能几乎成为管理部门的唯一职能,经济与社会发展停滞不前,国民经济几近崩溃。幸运的是,党的十一届三中全会使得党与国家的工作重心转移到经济建设方面,使国家生活步入正常的发展轨道。公共管理职能体系也由阶级斗争为纲、以专政职能为重心,转向以经济建设为中心、以经济和社会发展职能为重心。这就实现了我国公共管理职能重心的根本转移,从而使得我国政治、经济与社会生活进入了一个新的发展阶段。

2. 公共管理职能体系的转变

所谓公共管理职能体系,在这里主要是指特定环境下,一国公共管理职能的基本构成及各种职能相对重要程度或者说相对地位的状态。由于职能重心发生转移,同时也由于国内外政治经济环境的转变,尤其是受加入世界贸易组织及经济全球化的影响,我国公共管理职能体系的具体构成呈现出以下发展趋势:

(1)国内统治职能日益次要化,地位相对弱化;

(2)宏观经济调控与市场培育职能地位日益突出,且占有主导性地位;

(3)科、教、文等职能将不断得到重视与加强,以建立起健全、高效的教育体系与科学文化发展体制;

(4)对外交往职能急剧扩张,不仅外交部,其他政府职能部门甚至其他公共管理主体都将强化其外交功能;

(5)国家防卫职能也将适当加强。

3. 职能方式的转变

职能重心与职能结构的转变,必然要求公共管理职能的运行方式做出相应的调整。我国公共管理职能方式呈现出以下特征。

(1)在社会资源配置方式上,由传统体系下重计划、轻市场转向建立社会主义市场经济体制。社会主义市场经济体制,是以社会主义公有制为基础,使市场机制在社会资源中发挥基础性作用,辅之以国家宏观调控弥补市场局限的经济体制。显然,由政府的行政指令进行资源配置到遵循价值规律的要求进行资源配置,是一种根本性的转变。

(2)在社会经济职能的运行方式上,由传统的微观、直接管理方式向宏观、间接管理方式转移。在高度集权的计划管理体制下,我国经济与社会各项管理职能的行使,都是采取直接的、统一的管理。这就使得政府管了许多不该管、管不了也管不好的事情,并且也不利于包括企业和职工在内的其他社会主体主动性、积极性的有效发挥,严重阻碍了经济与社会事业的发展。而在社会主义市场经济体制下,我国一方面要大力实现管理职能社会化改革，把许多本来就不应该由政府行使的职能归还给各种社会主体，以充分调动各方面的主动积极性；另一方面也要充分发挥市场的调节功能，建立起“政府规范市场，市场调节企业”的宏观、间接的政府运行方式。

（3）在管理手段方面，要以运用行政手段为主转向运用经济、法律手段为主。在传统计划体制之下，单一化的公共管理部门，也就是各级政府直接运用行政权力，通过行政命令等强制性的行政手段来实施各项管理职能。这是与传统的资源配置机制及公共管理职能运行方式相一致的。但是，随着社会主义市场经济体制的建立、社会资源配置机制的建立及公共管理职能运行方式的转变，公共管理职能的实施手段也必然要进行相应的调整。而市场经济本身就是法治经济和利益驱动型经济，这使得经济与法律手段成为经济和社会管理活动的内在要求。社会管理实践证明，经济与法律手段一般来说更有助于调动各方面的主动积极性和创造潜能，从而取得更好的经济与社会效益。

4. 职能关系的转变

职能关系主要涉及不同职能由谁来行使及主体间职责权限的划分问题。分清职能、理顺关系、划清职责权限是职能转变的一个关键环节。当前，我国公共管理职能主体之间关系不顺、职责不清的现象还相当严重，甚至在公共部门与私营部门之间也存在一定程度的职能交叉。因此，进行职能关系调整与转变，也是实现我国公共管理职能优化的一个主要环节。

（1）中央与地方、上级与下级政府及各职能部门间职能关系

一方面，要确保中央与上级政府制定的各项政策、目标得到顺利的贯彻落实；另一方面也要使得各地方及下级政府能够及时、有效地处理辖区或职能范围内的相关事务。这就需要以法律的形式明确规定各自的职能范围与相互关系。与此同时，也要实现同级政府或同一政府内部各职能部门间职能关系，消除职能交叉或界限不清等问题。

（2）政企关系

政企分开是实现我国政府职能转移的关键所在。要实现这一分开，理顺政企关系，首先，要实现国有资产所有者职能与公共管理者职能分开，也就是要把承担公共事务管理职能的政府与作为国有资产所有者的政府实现分离。前者的主要职责是促成整个国家经济与社会的持续、有序发展，是以市场的调节与辅助者身份出现的；而后者则以实现国有资产的增值保值为首要职责，以微观市场经济主体的身份存在。其次，要实现以营利为主要目标的国有企业和以公共物品的提供为主要目标的国有企业的分离。这是建立现代企业制度、实现国有资产优化配置的基本要求。

（3）党政关系及各国家权力机关之间关系

要在坚持党的政治、组织与思想领导的前提下，改变传统体制中党政不分，主要以党代政的不正常关系，确保中国共产党与各级政府都能够在宪法和法律规定的范围内独立行使各自的职能。同时，也要理顺政府与其他国家机关之间的职能关系，主要有狭义政府与人大、司法机关的职能关系，其直接目的是要各种国家政权机关职责清楚、关系明晰，使得它们能有效承担与履行各自的权责义务，从而最终能够协作一致，实现公共权力部门的各项政策目标。

（4）政府与其他公共管理主体间关系

除了以上主体间职能关系之外，我国政府还应该随着经济与社会的具体发展状况，及时调整政府与其他公共管理主体之间的职能关系。其中，首先要理顺政府与各种自治性公

共组织之间的关系,主要是政府与居民委员会及村民委员会之间的关系。就当前状况而言,我们面临的首要任务是要抓紧贯彻落实"村民自治"等有关法律法规,使这些组织能够真正行使法律法规所规定的各项自治职能。此外,还要通过多种方式培育社会自治能力,并适时推行政府职能社会化改革,把各种社会组织能够自行实施的公共事务管理职能尽可能多地交由社会组织承担。

第三节　市场功能与政府职能的配合

一、市场功能和市场缺陷

(一)市场功能

市场功能是经济学的主要理论范畴,市场功能或者说市场调节机制是市场运行的内在调节机制,它调节着社会经济的运行。这里的市场功能,指的是市场机体内诸要素(即市场构成要素)相互作用、相互影响而发挥出来的调节机能。具体地说,市场功能表现为社会生产、流通、分配和消费等社会经济运行各个环节的支配与调节能力。概括地说,市场功能表现为对资源进行合理配置的能力。

市场经济是一种竞争型经济体制。进入市场的各种经济主体,在自身物质利益的驱动下,对各种市场信号反应灵敏,能够通过价格涨落适应供求关系的变化,做出科学的生产经营决策,把资源配置到效益较好的环境中去。简而言之,市场机制的作用在于通过竞争来实现资源配置高效、合理和优化的目标。市场竞争给企业以压力和动力,使其经受优胜劣汰的考验;市场竞争促进科技进步,进而推动生产力的发展;社会的各种经济力量在市场竞争中聚集形成巨大的"合力",如"看不见的手"在推动着整个社会向前发展。这是近几百年人类文明史和当代市场经济发展史已充分证明的客观事实。

(二)市场缺陷

市场机制这只"看不见的手"本身存在着固有的缺陷,即存在着所谓"市场失灵"问题。

1. 市场不能消除垄断和非公平竞争

竞争是市场经济的精髓,"看不见的手"的有效性依赖于完全竞争的理想模式。哈耶克认为完全竞争必须具备下列先决条件:①同种商品由大量较小的销售者供应或购买者需要,其中无人能以其行动对价格实施可察觉的影响;②能自由进入市场,并且没有限制价格和资源流动的阻碍;③所有的市场参与者都完全了解相关因素。

现实中,由于不同的竞争者处于不同的竞争地位:老厂商和新厂商之间存在着产品品质的差异;某些厂商由于占有一些关键生产因素(如优越的地理位置、某种稀缺的自然资源或是某种特殊的管理技能),这些占有会造成他们的成本优势;在许多行业在中,生产规模大的企业,其成本相对于中小企业要低廉,形成了规模经济优势;许多新技术的应用有专利权的限制,许多行业有专业的经营资格限制,影响了新竞争者的进入等。这些处于优势地位的竞争者为了自身利益,必然竭尽所能,力图独占市场,操纵市场价格,以获取额外利润。于是,放任市场自由竞争的结果必然产生垄断。

在市场所有形式的缺陷中,传统上认为更重要的是垄断。早期垄断市场上,由于排斥了竞争者，垄断厂商就可操纵价格，使产品定价远远高于平均成本。由于可以通过定价来牟取超额利润，垄断厂商缺乏降低成本的竞争压力，甚至能够在某种情况下向消费者转嫁增加的成本，因此就造成了垄断产品生产成本偏高的后果。从长远看，这种情形往往使垄断行业创新进程减慢，其最终后果是束缚市场配置功能的有效发挥，阻碍生产要素合理流动和社会资源优化配置，给整个社会造成潜在的效用损失。

2. 市场不能解决外部性问题

在市场经济中，市场主体都把追求自身利益最大化作为目标，开始市场竞争活动。这些经济当事人一般不直接考虑个人利益与社会利益、整体利益与长远利益的有效结合问题，他们的生产或消费行为有可能对其他人的福利或周围环境产生影响。这种影响在经济学中被称为外部性。所谓外部性，是指某人的经济决策通过非市场手段直接地、不可避免地影响到其他人的效用函数，并成为后者自身所不能加以控制的变量。外部性既可能产生积极的正效应，也可能带来消极的负效应。现实生活中，企业改进技术、培训员工，个人注射防疫疫苗，私营组织创办教育机构，或者为了组织自身目的而修建桥梁道路等，利己也有益于社会。而随地吐痰、抽烟会危害公共卫生，许多工厂排放废气、废渣会影响农业生产和居民健康，即为外部负效应，也称外部不经济。

各种外部性的存在，使得有关经济活动的个体成本与社会成本之间、个体效用与社会效用之间产生差异，其结果又不能在一个组织内部表现出来。譬如，新建一个企业，它对所在社会的经济发展会产生积极影响，即外部正效应，但这种影响并不表现在该企业内部的经济核算上。相反，有些生产活动使企业获得了经济效益，却污染了环境，而污染环境并不在该企业的成本上反映出来，它所造成的社会损失是一种外部负效应。

此外，外部性的影响不是通过市场价格机制产生的，它独立于市场之外，扭曲市场价格。由于外部性的作用，市场机制不能有效地配置资源，即使在没有垄断的完全竞争的市场条件下，也不能使资源配置达到最优。外部性的范围越广，市场价格机制有效配置资源的作用就越小。既然外部性并非是由市场机制所引起的，那么市场机制对外部性的矫正也就无能为力，因此，必须借助于市场以外的力量加以干预和纠正。

3. 市场无法满足社会对公共产品的需要

市场机制依靠价格的变动来调节资源的流动，以实现社会所需的生产与供给。但是，在经济实践中，市场机制对公共领域却无能为力，或作用甚微。公共物品就是共享产品，它是由两个以上的群体或全部社区和全体居民共同享用的产品，在消费上具有明显的非竞争性和非排他性。它对某一个人的供给并不减少对其他人的供给，某一个人的享用也不妨碍其他人的享用。例如一盏路灯，行人经过都获其利益，它提供给你的照明并不因有其他人用过而逊色。就一个国家而言，多一个人或少一个人享用国防和教育服务也不影响全国其他人享用。正因如此，在公共产品领域普遍产生了“搭便车”现象，即大家都想从中受益，但谁也不愿为此付费，致使公共物品的提供无利可图。同时公共物品不能像私人产品那样，通过市场的买卖行为使产品的供应者与购买者之间建立起有机联系，因此公共物品的价格很难通过市场供求关系来确定，所以也就很难通过市场来提供。

一般来说，在国防外交、公共设施、生态环境、文化教育、科学技术等领域，由于所需投资量大、回收期长，以及其产品和服务的非竞争性、非营利或无营利性等特点，私人资本无力也不愿意进入。因此，单靠市场很难保证生产出适量的公共产品，更难以通过市场对其加以分配。不过，随着社会生产力和经济总量规模的持续增长，完全不能由私营部门来提供公共产品的种类存在不断减少的趋势。事实上,除了国防等极少数公共产品外,现代社会已经很少有市场无法自行提供的产品了。这也正是一些自由主义学者强烈要求让市场重新发挥更多资源调节作用的社会发展因素之一。

4. 市场不能解决社会福利和收入分配的公平化问题

效率与公平是衡量市场成败的两个标准。

一方面,引入市场竞争机制,有利于提高效率、促进生产力发展。不过,在市场经济运行的过程中,如果没有外力来维持收入分配的公平性,那么效率与公平的矛盾,以及其外部表现形式——社会的贫富差异将会变得越来越严重,直至危及社会的稳定。其主要原因是:虽然市场交易在原则上是平等和等价的,但由于人们的自然禀赋不同、机会不均等,收入水平就会有差别;而且在市场上由于价格随着需求波动而上升和下降,市场的自发调节容易引起收入差距扩大,造成社会收入分配不均。同时,市场机制也不可能自动使社会生活质量的提高与地区的发展达到公平和相互间协调。所有这些都会导致事实上的不公平。

另一方面,公平和效率是辩证统一的。不能维护一定程度公平的社会是不稳定的社会。而且,财富在少数人手中的大量积聚并不会自然改善社会的福利,并有可能造成市场上的有效需求不足,导致大量的人失业、生活在饥饿和贫困之中。身受不公平待遇的贫困的人们不可能长期保持和提高工作效率,最终整个社会将失去效率。在一定程度上,收入分配公平自古以来就是一个目标。不过,与其说收入分配不公平是一种市场缺陷,倒不如说是市场缺乏实现社会公平的功能。正因为如此,在现代国家,政府经济行为的首要课题之一就是克服市场不能保证公平分配的问题。

5. 市场不能确定和控制宏观经济总量平衡

市场机制的作用主要是依靠反应灵敏的市场价格信号和优胜劣汰的自由竞争。价格信号是在商品投放市场以后形成的,因此,市场调节是一种事后调节。这种事后调节有自身的弱点:一是调节的滞后性;二是调节的盲目性。市场的经济主体是以分散、自主决策为特征,在市场自发性的基础上对供求关系的变化趋势缺乏科学预测。若一味随着市场信号调整,极易陷入盲目状态,影响经济的发展。这在那些生产周期较长的部门,如粮食生产、畜牧养殖等部门表现得尤为明显。此外,"合成谬误"也会导致宏观经济不稳定。所谓"合成谬误",是指个人理性选择的综合效果可能导致集体性的非理性行为甚至灾难。典型的事例是当前经济前景呈现不妙的征兆时,投资者预见到证券市场行情看跌,合理的反应自然是减少持股以应不测。然而正是因为人们都这样想、这样做,结果真的导致股市暴跌,加剧市场萧条,促成了一场经济衰退。可见,自由市场经济具有内在的不稳定性,单靠市场调节并不能保持经济总量的综合平衡和经济的稳定增长。

综上所述,虽然市场机制在经济发展中发挥着巨大的不可替代的作用,但绝不是完美无缺的。市场机制本身存在着自己无法克制的弊端和缺陷,必须借助市场机制以外的力量予以矫正和弥补。在现代社会中,各种公共管理部门,尤其是政府,作为社会公共利益的代表,都有义务在市场这只"看不见的手"的运作效果不合乎公共利益时,伸出"看得见的手",对市场运作实施必要的干预,解决市场本身解决不了的问题,从而保障市场经济的健康发展。

二、政府职能和政府失败

（一）政府职能

市场失灵的存在，为政府调节或干预以克服这些失灵问题提供了令人信服的必要理由。但政府也有可能失灵，因此，防止“政府失灵”现象的产生就要给政府职能以合理定位。在市场经济条件下，应从以下四个方面对政府职能定位。

1. 对宏观经济进行管理和调控，保持经济稳定

对整个国民经济进行宏观管理和调控，不仅是社会化大生产的客观要求，而且也是建立和完善市场经济体制的要求，是避免市场缺陷、防止市场失灵现象产生的客观要求。否则，社会总供给与总需求失衡，不是引致通货膨胀，冲击社会稳定，就是因需求不足引致“生产过剩”，从而引发停产、半停产局面的出现，扩大失业率，导致社会动荡。这种用量失衡的问题，只有政府出面才有可能解决。所以政府应是宏观经济的管理者和调控者。政府对经济进行宏观调控的主要方式是宏观财政政策和宏观货币政策。作为宏观经济的管理者，主要应行使如下三个方面的职能。

（1）国民经济综合平衡与先导调节职能。它是指在充分发挥市场机制作用的基础上，政府主要采用指导性计划方式对市场进行前导式调节。

（2）供给管理职能。它是指政府通过供给管理对经济进行长期调节，运用经济发展战略和产业政策平衡经济结构，实现产业结构的合理化。

（3）需求管理职能。它是指政府根据市场变动，运用财政金融杠杆调节短期供需，达到总量均衡。

此外，政府还可以通过投资参与、消费参与、贷款参与等来实现社会总供给与总需求的平衡，实现对宏观经济的有效调控。

2. 调节收入分配，提供社会保障

在市场经济条件下，收入分配是由市场决定的，而市场动作有时候会产生某些残酷或社会难以接受的结果，如贫困、失业以及营养不良等。这会导致市场效率与社会公平的冲突，而这一冲突的严重化会给社会带来不安定的结果。也就是说，这种按成果的分配从经济角度看可能是令人满意的，但是从社会政治目标来看并非全是如此，它可能导致个人收入差距扩大而走向两极分化。社会分配公平与否，关系到人民大众对政府的态度和社会的稳定程度。因此，调节收取分配、加大社会保障和转移支付的力度，减少贫困是政府的重要职能。

3. 纠正市场失灵，为公众提供公共产品和公共服务

市场经济中，社会资源的配置是通过市场价格机制的导向作用而实现的。针对市场失灵现象，必须依靠政府干预和管理来校正市场失灵现象。国家应制定各种法规反对和限制垄断，如控制垄断价格和利润，禁止制定价格协议，禁止非法兼并，避免独家交易等。政府通过征税方式取得收入，用于生产公共产品。生产什么和生产多少公共产品，可采取投票方式决定，也称公共选择。在市场规则受到破坏而造成市场失灵的情况下，政府可以通过推动合法机构以法律形式把市场主体行为、市场运行规则确定下来，以保证市场经济正常运转。

4. 营造和保护有效竞争的市场环境,协调与解决团体冲突,维护竞争秩序

政府在市场经济中,从微观领域来看,主要是对公共部门和私人部门的市场经济主体进行规制。国家运用这些权力,建立并保障市场上的权力,直接提供某些基本的服务,并间接地创造出信任、理解和安全保障的环境,这种环境对企业的日常生产是生死攸关的。要造就一个良好的、公正的市场秩序,优化市场调节作用,保护市场竞争的公平性,政府对市场的微观规制是完全有必要的。政府通过对合同的制定和实施予以保护,对契约进行必要的、合理的规制的职能。政府通过对行业准入进行规制,其市场主要目的是将企业纳入依法经营、接受政府监督的范围,控制进入行业的企业数量,以防止过度竞争,提高经济效益。

此外,政府还有价格规制、商品服务总体质量监督、市场的组织管理和制度建设等职能。

(二)政府失败的概念和类型

1. 政府失败的概念

"市场失败"是指在市场经济中,政府为了矫正和弥补市场机制的功能缺陷或市场失败所采取的立法、行政管理以及各种经济政策手段,在实施过程中往往会出现各种事与愿违的结果,未必能有效地克服市场失灵,甚至会阻碍和限制市场功能的正常发挥,引起经济关系扭曲,加剧市场缺陷和市场混乱,难以实现社会资源最优配置,最终导致政府干预经济的效率低下和社会福利损失。

从政府干预的结果来看,政府失败有以下三种情况:第一种是指政府干预经济活动达不到预期目标;第二种情况是指即使政府干预经济活动达到了预期目标,但是成本较高,造成了大量社会资源浪费;第三种情况是指虽然政府干预经济活动达到了预期目标,效率也较高,但却带来了一些其他的负面效应。

2. 政府失败的类型

从政府失败的表现来看,政府失败的类型主要有以下四个方面。

(1)公共政策失效。政府对经济生活干预的基本手段是制定和实施公共政策,以政策、法规及行政手段来弥补市场的缺陷,纠正市场失灵。公共决策也是国家或政府部门为公共物品的生产与供应和干预社会经济的运行而做出的决策。公共政策是一个更复杂的过程。由于存在着种种困难、障碍和制约因素,使得政府难以制定并执行好合理的公共政策,导致公共政策失效。

(2)公共物品供给的低效率,即官僚机构的低效和浪费。公共组织尤其是政府机构为了弥补市场缺陷、纠正市场失灵,将履行公共物品提供者的职能,即直接提供市场可能供给不足的公共物品,并扮演市场秩序的维护者、外在效应消除者等角色,管制自然垄断、外在效应、信息不对称等。然而,由于公共机构尤其是政府机构的本性以及公共物品供求关系的特点,使得它们提供公共物品也难以做到高级,尤其是产生提供过剩公共物品和成本增加现象。

(3)内在效应与政府过度扩张的"行政顽疾"。政府机构及其官员在以追求公共利益或社会福利为借口的同时,力求实现自身的组织目标或自身利益,这种现象被称为政府行为的内在效应。内在效应使政府机构在非市场活动中不断扩大机构规模,即提高机构运行成本,使其高于技术上的成本,导致较高的单位成本和比社会有效水平更低的非市场产出水平,这样就产生了非市场缺陷。

(4)寻租及腐败。一切利用行政权力大发横财的活动都可称为政府官员等公权行使者的寻租活动。租金泛指政府干预或行政管理市场而形成的极差收入(即超过机会成本的差价),一切市场经济中行政管理都会创造出这种差价收入即租金。寻租活动的特点是利用各种合法或非法的手段(如游说、拉关系等),以获得拥有租金的特权。寻租活动导致政府腐败,因为它使资源配置扭曲,或者它是资源无效配置的一个根源;寻租作为一种非生产性活动,并不增加任何新产品或新财富,只不过改变生产要素的产权关系,把更大一部分的社会财富装入私人腰包;寻租导致不同政府部门及官员争权夺利,影响政府声誉和增加廉政成本;妨碍公共政策的制定与执行,降低行政运转效率,甚至危及政权稳定。寻租及腐败是经济发展、政治稳定和文化进步的陷阱。一旦落入这个陷阱,就会使社会处于低效、停滞甚至紊乱的状态。

(三)政府失败的原因

1. 公共决策失误或失效的原因

公共政策失误或政策失效的主要原因来自公共决策过程本身的复杂性和困难,以及现有公共决策体制和方式的缺陷。

(1)公共政策所追求的目标并不能必然代表社会大众的公共利益

政府在制定各项干预经济的活动的政策时,都是建立在政府作为社会公共利益的代表,其行为目标与社会公共利益相一致的基本假定基础上的。然而真实情况并非如此。作为制定与实施政策的政府官员也是经济人,也要追求自身利益,政府机构本身也不是一个没有自身利益的超利益组织,而是将政府官员的利益内在化后作为政府利益来代表公共利益的。由于政府在社会生活和经济生活中所处的特殊地位,使其在制定与实施政策时,往往会借社会公共利益之名行政府机构私利之实,这样必然会导致政府失败。

(2)现有的各种公共决策体制及方式存在缺陷

以多数原则为基础的民主制是现代国家所采用的一种通用决策体制,它较之于独裁或专政体制,是一种巨大的进步和更合理的决策体制。但是,无论是直接民主制还是间接民主制,都有其内在的缺陷。直接民主制中存在的问题有循环投票或投票悖论和偏好显示是否真实等问题;间接民主制中固有的问题主要是被选出的代表由于其“经济人”特性而往往追求自身利益的最大化,而不是选民或公共利益的最大化。现有的投票规则或表决方式主要有一致同意和过半原则等。然而一致同意原则的决策成本太高,且容易贻误决策时机。多数原则不可能是完全民主的,它将出现多数人对少数人的强制。可见,由于公共决策的投票规则本身存在缺陷,据此做出的决策很难反应大多数人的偏好,必然会导致政府失败。

(3)消息的不完全性会导致政策的失效

政府在制定和实施准确的经济政策、有效干预调节经济运行过程的一个重要前提是必须能够获得和掌握有关整个国民经济运行状况的全面、准确的信息。然而,选民和政府官员所拥有的信息都是有限的,并且决策信息的获得总是困难的、需要成本的,因而许多公共政策实际上是在信息不完全的情形下做出的,这就很容易导致决策失效和政策失效。

(4)政策实施和执行上的障碍

政策的有效实施和执行依赖于各种因素和条件。任何好的政策在实施和执行过程中,都必须具有相应的条件,主要有:必要的政策资源,包括财力资源、信息资源和权威资源;顺从的目标群体;正确的执行策略;合格的执行者;有效的沟通;正确的协调;适宜的环境;有效的监督等。这些因素中的任何一方或它们之间的配合出现了问题,都可能导致政策失效。另外,在政策实施和执行过程中,由于中央和地方分权,中央与地方利益的差别,易发生“上有政策,下有对策”的现象,这必然导致政策失效。

2. 公共物品供给低效率的原因

导致公共机构提供公共物品低效率尤其是官僚机构低效率的主要原因如下。

(1)公共物品的评价或评价上的困难

官僚机构提供公共物品所追求的是社会效益,而非经济效益,社会效益的衡量缺乏准确的标准和可执行的估算方法与技巧;同时,要合理确定社会对某一类公共物品需求的数量、提供公共物品的政府机构的规模以及对这些机构的绩效的评估是很困难的,甚至是不可能的。可以说,没有一个公式能够说明政府活动产出的必要和最小的限度。

(2)公共机构尤其是政府部门垄断了公共物品的供给,缺乏竞争机制

在公共机构中没有优胜劣汰的竞争机制。公共机构提供公共物品并未面临直接的竞争,由于没有竞争的对手,官僚机构有可能过度投资,生产出多于社会需要的公共物品,并不适当地扩大机构、增加雇员、提高薪金和费用,从而造成大量的浪费。

(3)政府机构及官员缺乏追求利润的动机

由于官僚机构不能把利润占为已有,加上公共物品的成本与收益难以确定,所以,官僚机构的目标并不是利润的最大化,而是机构及人员规模的最大化,以此增加自己的升迁机会和扩大自己的势力范围。也许某些公共部门的效率与私人企业一样高,但却存在另一种浪费,即提供公共物品的公共部门具有超额生产公共物品的内在倾向,这种“过剩”的产品或服务最终是以社会所付出的巨额成本为代价的,它是一种社会浪费。

(4)监督机制的缺陷

政府官员的行为必须受到立法者、公民或选民的政治监督。但是,现有的监督机制是不健全的,许多监督形式是软弱无力的。特别是监督信息的不对称、不完全,使得监督者对政府官员的监督徒有虚名。政府官员一般都是在信息不对称的环境中工作的,立法者和选民都缺少足够的必要信息来有效地监督公共机构及其官员的活动,官员比监督者拥有更多的关于公共产品及服务方面的信息,尤其是成本、价格方面的信息。这样,监督者完全可能受被监督者操控,后者有可能制定并实施某些利于自身利益而损害公共利益的公共政策。

3. 内在效应和政府过度扩张的原因

我们可以从官僚机构、利益集团和立法机构的“铁三角”的存在及其相互勾结来分析政府内部效应产生及其危害。作为公共政策制定与执行者的官僚机构及其官僚也是按照“经济人”模式行事的,他们的目标是自身利益的最大化,追求的是升官、高薪和轻松的工作及自己的各种附加福利,可以通过扩大机构的规模及增加人员来实现。这就是目前政府机构存在的一种普遍现象:无论政府的工作是增加还是减少,政府机构及其人员的数量总是按照一定比例增加。在这种情形下,要使政府机构的自身利益目标不但不降低反而有所增加,官僚机构的预算收入必然增加,这就使得官僚的自利效用最大化行为最终表现为“预算收入最大化”。于是,在整个预算过程中,就必然发生以立法机构为一方的关于预算的讨价还价:官僚总是要从立法机构中获得更多的预算收入;而在官僚背后的是各种特殊的利益集团,它们都是不同官僚机构的服务对象,都希望官僚机构争取更多的预算收入,以获得各种利益和好处。另外,作为立法机构的官员也不是中立的,他们在各种利益集团的支持或赞助下当选,当选后也必须为充当赞助者的特殊利益集团服务。在这种“铁三角”关系中,

虽然各自追求利益的最大化，但有一点是共同的，即力图增加官僚机构的预算收入。正是由于这种作用，使得政府预算总是呈现不断增长的趋势，不管公众是否需要更多的公共服务和产品，都会造成政府行为目标与社会公共利益和福利目标的差异，从而导致政府失败。

4. 寻租及腐败的原因

公共选择学相关学者一般都将租金归因于政府对自由市场经济的干预。在市场经济体制下，只有政府才能借助于行政和法律手段，创造平等的竞争环境并维持归一部分人所有的租金。如果政府行为大大超出了最低限度，使公权范围太宽、公共强度过大，并且干预市场的细节过程，那么寻租就越有条件。因此，寻租的活动同政府在经济中的活动范围和行为方式有关，也同公共部门的相对规模有关。

（四）政府失败的纠正和防范

要避免政府失败，必须改善现有的民主政体，发明一种新的政治技术和完善表达民主的方式。布坎南提出了避免政府失败的措施，即改善现有的西方民主政体。其改善的具体措施有：①进行立宪改革。要克服政府干预行为的局限性的一个关键是在立宪上做文章。从立宪的角度分析政府政策制定的规则和约束经济、政治活动者的规则或限制条件，即并不是要直接提出具体的建议供政策制定者选择，而是要为立宪改革提供一种指导或规范建议，为政府制定、提出一系列所需要的规则和程序，从而使政策方案更合理，减少或避免公共决策的失误。②对政府的财政过程尤其是公共之处加以约束。要有效地抑制政府的扩张和浪费，必须在政府的财政过程上做文章，通过财政立宪、税制选择、平衡预算和税收支出的限制等措施来约束政府的财政过程尤其是公共开支，从根本上限制政府的行为框架，抑制政府的扩张。③完善表达民主的方式以及发明新的政治技术。

公共选择学相关学者主张用市场力量改善政府的功能，提高政府效率，以克服政府失败，认为以往人们注意用政府来改善市场的作用，却忽视了相反的做法——用市场的力量来改善政府的功能。提高政府工作效率的各种集体措施主要有：一是政府内部重新确定竞争机制。传统的行政体制改革的主要做法——机构改革是没有用处的，因为这种做法只会进一步加强“办事机构”对抗政治监督的权力，行政管理不会因机构改革而变得更加有效，而最终只会加强各行政部门的“独家收购权”，使其领导人有更大的自由。真正有效的措施是要在政府机构之间恢复竞争。假如允许若干办事机构完成某项工作任务而提出相互竞争的预算，那么预算主管部门就可以选择“报价最低”的机构，从而降低费用，缩小政府机构的平均规模。二是在高层行政管理者中恢复发挥个人积极性的制度，其作用将与利润在私营部门中的作用相同。必须采取一些进一步的措施，促使行政领导人以“最少费用”的策略去取代“最大化本部门预算规模”的策略。这些措施有：在能够做出明细账目的公共部门（如税务、社会救济、航运管理等）中，采用最高负责人可以占有部分节约下来的费用的做法，而中层管理者的晋升与节约挂钩；在那些难以做出准确分析账目的公共部门，可以根据高层官员的成绩发给特殊“奖金”，以资鼓励。

三、市场功能与政府职能的配合

古典经济学家认为，市场是一部运作精巧、成本低廉、效益最佳的机器，有效地调节着经济运行和各个经济主体的活动。但市场在国民经济的综合平衡、外部效应、公共物品、社会分配、限制垄断、控制经济波动、社会道德以及信息的不充分和不对称等方面也会失灵。

于是,它就不得不借助政府力量予以矫正和弥补,这就为政府干预提供了理由。然而,市场失灵并不是政府干预的充分条件,市场机制解决不了的问题,政府也不一定能解决,即使能解决,也不一定比市场解决得更好。因为,同样存在着情况更为严重的政府失灵,这是由于政府行为并非永远代表公共利益、信息不完全和政府能力有限、政府干预市场的成本扩张以及政府机构及其官员的寻租与腐败等。所以,必须实行市场功能和政府职能的合理配合的社会管理方式。

(一)实现政府职能归位,既不能"越权",也不能"失职"

政府干预应严格限制在"市场失灵"的经济活动领域。一般来说,在微观经济领域,应充分发挥市场机制的调节作用,政府只履行消极控制的职能;而在宏观经济领域,政府应积极地进行控制,保证市场机制在微观经济中发挥基础性作用。

对于原有政府经济职能体系中"越权"的部分,要加以限制、削弱,甚至返还给市场、企业或社会,即放弃社会资源指令性计划配置和直接生产经营的权利,把属于企业的自主权下放给企业,使企业真正成为自主经营、自负盈亏、自我发展、自我约束的法人实体和市场竞争主体;把属于市场调节的职能切实转移给市场,使市场在自愿配置中更好地发挥基础性作用;把经济活动中的社会服务性及相当一部分执行性、运作性职能转移给社会中介组织;防止因政府干预过度而造成的"政府失灵",克服行政权力的市场化和某些既得利益集团对市场机制的抵制和扭曲。

为了切实矫正市场失灵,需要政府强化、拓展甚至增加政府"失职"的某些职能,特别是制度创新职能、宏观调控职能,创造一个有利于市场机制良性运作和逐渐成熟的体制环境、政策环境和社会经济环境。政府立足制度创新,促进市场发育,尽快建立和完善公平竞争的规范体系和政策框架,防止可能发生的并制止已经出现的不合理的各种形式的垄断。

(二)政府干预的目的应是促进市场功能的发挥,而不是相反

一般来说,在市场经济还不够发达、市场调节力量还不够强、市场发生失衡时,应适当加大政府干预的力度;而当市场体系比较完善、市场调节力度增强、市场处于均衡状态时,就应该缓和政府干预的力度,以充分发挥市场机制的调节功能。本来,随着市场发育和经济发展,政府替代应当逐步弱化。但在有些情况下,因政府同主要经济组织在利益上交织在一起,使得政府很难从伙伴关系中退出,政府的政策和战略取向在很大程度上被既得利益集团所左右甚至控制,政经勾结、制度透明度低、法制不健全、家族式统治或经营,这些弊端正是东南亚经济危机发生的一个重要内因。这表明,随着经济发展水平的提高,经济关系日趋复杂,政府过多地替代必然导致政府失灵,因此,政府的主导性角色应该适时进行转变与演进,以促进市场功能的合理发挥。

(三)实现政府与市场的优势互补

有的学者认为,今天,我们政府失败的主要原因,不在于目的而在于手段。高效的政府虽然是发展所必需的,但是国家在经济与社会发展中的中心地位,不是作为增长的直接提供者,而是作为合作者、催化剂和促进者体现出来的。政府通过国家行为直接提供产品和服务以及改善人民福利的做法注定是要失败的,政府只能依靠市场,为市场提供条件,并通过有效的公共政策支持市场运作,这样才能实现真正的发展和繁荣,并改善人民福利。因

此，政府应回归到“掌舵”而不是“划桨”的位置上来，把属于市场调节的职能切实转移给市场，同时又要不断地向私人部门施加各种可行和有利的影响，让其“划好桨”，如为市场提供制度保障和适宜的环境，对宏观经济进行调控以及调节物质财富的分配等，从而最终实现政府与市场的最优功能组合。

（四）将竞争机制引入政府公共服务领域

政府要根据市场经济有效运行的需要来界定自己的角色，进行市场化改革，并把市场制度的基本观念引进公共领域，建设开放而有效的公共领域。尤其是在全球化时代，随着信息技术高度发展，市场的能量将日益增加。把以市场为导向的思想应用到政府的管理中去，重视和利用市场机制，已成为当今不可阻挡的潮流。在政府公共服务中引入市场机制，把竞争注入政府服务工作中，不仅有助于实现服务低成本、高效益的预期，而且也是满足公众需求、提高服务质量、打破政府垄断的有效途径。

将竞争机制引入政府公共服务领域的具体方式如下。

（1）引入私人企业之间的竞争。把一些政府可以撒手不管的服务，如清除垃圾、城市环卫、职业培训等，通过政府业务合同出租、竞争性投标鼓励私人投资和经营，实施有偿服务等方式由市场来完成。这样不但打破了政府的独家垄断，提高了公共服务的效率和质量，同时也缓解了政府的财政困难，以便政府更好地履行应有的职能。

（2）展开政府与私营部门的竞争。在一些以前由政府垄断的服务领域，如交通、电信、邮政、水电、铁路等行业引入竞争机制，打破政府垄断，让私营部门也参与进来，使政府产生竞争压力，迫使其服务质量得到提高。

（3）实现政府内部的竞争。对于产出难以界定和难以强制履行合同的服务业，应由政府独自提供。为了提高服务效率和质量，也应将竞争机制引入政府内部，即在政府同类部门中的政府雇员之间以及为政府服务的机构之间展开竞争，以顾客为导向，打破官僚主义的传统作风。

（五）寻找“第三只手”——政府与公民社会的友好互动

鉴于政府与市场都存在着固有的缺陷，我们可以在“看不见的手”和“看得见的手”这两只手之外寻找第三只手——公民社会，在政府与市场之间建立一种缓冲力量。公民社会，又称民间社会和市民社会，有多种定义，在这里把它们当作国家或政府之外的所有民间组织，包括非政府组织、公民的志愿性社团、协会、社会组织、利益团体和公民自发组织起来的运动等。

随着市场和公民社会的日益发展壮大，它对政府的全面控制能力提出了挑战，尤其是在公共服务领域。一方面，公民社会维护了竞争性的市场经济体制，在一定程度上克服了盲目性和无效竞争，并在一定程度上抑制了市场的外部负效应；另一方面，公民社会补充了政府的不足，满足了某些社会需求，从而避免了政府为满足这些需求可能产生的供给失效。发展公民社会是弥补市场缺陷和政府缺陷的重要途径。所以，越来越多的人热衷于以实现政府与公民的友好互动来对付市场和国家协调的失败。而且，公民社会既能创造向上也能创造向下的联系，能更有效地表达地方的心声，同时还能给公务员施加压力，使他们更好地工作并更有责任心。这也与治理对责任心、合法性、透明度以及参与的要求相联系，因为正是这些因素加强了公民社会并减少了政府的权力。

总之,政府还应极力培育和扩大社会权力,调动各种社会力量的积极性,参与公共事务的管理,最终形成政府与社会间的友好互动网络。

(六)将科学的企业管理方法引入政府管理

政府干预经济必须考虑成本和效益。从本质上讲,政府干预也是一种"交易"活动,有效益也有成本,只有当其收益超过其成本时,政府干预才能进行,这样也才合理。政府干预应使社会资源配置的结果更理想,且交易成本更低,而不是相反。但由于政府干预往往具有不以直接营利为目的的公共性,而政府为弥补市场失灵而直接干预的领域又都是那些投资大、收益慢且少的公共产品,其供给一般是以非价格为特征的,即政府不能通过明确价格的交换从供给对象那里直接收取费用,而主要是依靠来源于税收的财政支出维持其生产和经营,很难计算其成本,加上政府所处的某些迫切需要的公共产品的垄断供给者的地位决定了只有政府才能拥有从外部对市场的整体运行进行干预或调控的职能和权力。这种没有竞争的垄断极易使政府丧失对效率、效益追求的内部动力和外部压力,缺乏降低成本、提高效益的直接利益驱动,更缺乏起码的成本和效益意识。对此,可适当把一些科学的企业管理方法引入政府干预领域,以提高政府干预的效益和质量。在这些方面,西方"新公共管理"运动为我们提供了可借鉴的经验。

【核心概念】

公共管理职能　职能转变　市场缺陷　政府职能　政府失败

【思考与练习】

1. 怎样理解公共管理职能及其构成?
2. 我国传统公共管理职能的特征及新时期的转变趋势是什么?
3. 西方国家不同发展阶段公共管理职能的形成背景及各自特点有哪些?
4. 什么是市场失灵,其原因是什么?
5. 政府的职能有哪些?如何实现政府和市场功能的配合?

【案例分析】

当中国开始说"不",洋垃圾的环球旅行能否继续?

作者:贺瑞雪　指导教师:赵艳霞

根据世界银行的数据,每年世界各地回收的废物总重量超过 2.7 亿吨——相当于 740 座帝国大厦的质量。自 19 世纪 80 年代起,世界上超过 50%的塑料垃圾,都被卖到了中国。但是,从 2018 年开始,这一局面正在迅速发生变化:中国,这个曾经全球最大的垃圾进口国,正式宣布"禁止废弃塑料、废纸、废弃炉渣、纺织品等 24 种不同类型的垃圾入境"。这项最新的严苛禁令(《关于禁止洋垃圾入境推进固体废物进口管理制度改革实施方案》)意味着,经过过去 40 年,中国作为世界上最主要的垃圾接收国的时代结束了,也同时意味着,全球废品处理市场的格局被打破,这让无论是作为垃圾接收国的中国,还是作为垃圾主要出口的韩国、日本、美国及欧洲各国，都面临巨大的困难与考验。

1.“洋垃圾”禁令后的“蝴蝶效应”

2018 年 6 月，中共中央国务院发布《中共中央国务院关于全面加强生态环境保护坚决打好污染防治攻坚战的意见》，明确将全面禁止“洋垃圾”入境，并力争到 2020 年底前，实现固体废物零进口。中国的禁令颁布以来，西方各国震惊，引起的“蝴蝶效应”也席卷全球：欧盟决定对塑料征税；因为企业得不到出口订单，美国的废品回收站中垃圾堆积如山；连星巴克都准备不再为其出售的咖啡配备一次性塑料吸管……看似各自独立的事情，都在中国拒收“洋垃圾”后发生着连锁反应。而对中国的再生行业而言，也正面临着一场洗牌与重塑。

2. 国际舆论“手忙脚乱”多指责

有报道称，韩国首都圈被垃圾包围，只因中国拒收洋垃圾后，韩国大部分的垃圾清运、分类公司以无利可图为由，宣布不再回收 PET 塑料瓶和一次性餐盒。这一举动，让那些跟垃圾清运公司签订了垃圾回收协议的小区物业措手不及以致小区变成了垃圾场，堆满了各种运送不出去的塑料垃圾。眼看垃圾越堆越多，小区物业在承担不了的紧急情况下，便开始禁止本小区居民丢弃塑料垃圾，也正是因此，甚至出现了小区居民与小区物业人员为究竟该如何丢弃垃圾大打出手的新闻，而韩国媒体将其国内这种乱象出现的原因归咎于中国“洋垃圾”禁令的实施。

与此同时，美国也赶来凑热闹。在世贸组织货物贸易理事会中，美国代表对中国停止接收洋垃圾表示“关切”，并指出“中国对于可回收品的进口限制，已经极大地中断了全球废金属供应链的运转”，并以此要求中国立刻修改相关举措。在这种“关切”背后，我们能看到，美国每年大约三分之一的可回收垃圾出口国外，其中约一半卖给了中国，美国环保组织 Basel Action Network 曾做过一项调查：他们将二百个追踪器放到了美国出口的废弃电子产品上，发现大部分的电子产品跨海来到了亚洲，其中 10 件到达中国大陆，36 件被送到中国香港。当然，途经中国香港的这些电子洋垃圾，最终通过各种渠道，同样进入了中国大陆。报道还称，仅 2017 年，美国对中国的废料出口贸易额就高达 56 亿美元，创造出美国该行业 15.5 万个就业机会。中国的洋垃圾禁令将使美国的劳动力市场产生剧烈震荡并抬高其垃圾管理的成本，正是这种对国内行业内动荡的担心促使美国要求中国“停止‘灾难性的’进口洋垃圾禁令”。

日本政府面对国内越堆越高的垃圾同样忧心忡忡。根据日本最新发布的数据显示：在 102 个被调查的地方政府中，有超过 30 个地方政府表示没有办法为过剩的垃圾找到新的输出地，而其国内回收行业也越来越对日本国内过剩的垃圾力不从心、疲于应对。

欧盟的情况也不容乐观：垃圾在英国港口的货船上堆积如山，无人处理也无处可送，很多被直接丢入海里。有英国媒体报道“中国禁止进口‘洋垃圾’世界都慌了”。甚至有一些媒体以嘲讽的口吻做标题“禁止洋垃圾进口——中国好干净，全球脏兮兮”。

西方媒体充斥着由于中国不再进口洋垃圾而使得多个国家面临被垃圾包围的尴尬境地的新闻，面对来自国际的强大的指责攻势，中国政府究竟该何去何从?

3. 初识洋垃圾

为什么西方发达国家非要中国进口回收他们国内制造的垃圾，甚至美国会恼怒到上纲上线地宣称：因为中国的禁令，造成全球废金属供应链的运转中断？我们首先来了解一下什么是洋垃圾。

“洋垃圾”，是社会上人们的俗称，它的学名为进口固体废物，除了相关部门正常进口的国外废弃物外,它还包括通过以走私、夹带等方式,进口国家明令禁止进口的固体废物或是未经许可擅自进口的属于限制进口种类的固体废物。

那么,中国是怎样成为世界上最大的洋垃圾进口国的呢?

进口洋垃圾的风潮始于20世纪80年代中后期,当时中国处在短缺经济时代,洋垃圾的回收再利用能够起到弥补我国工业原料不足的作用。中国允许进口的洋垃圾的种类有废塑料、未经分拣的废纸、废纺织原料、钒渣四类。前三类洋垃圾的适度进口,填补了当时中国塑料原料、造纸原料、橡胶原料的严重不足,而第四类废弃矿渣在国内的再提炼,则在一定程度上打破了西方对中国战略性稀有金属资源的禁运封锁,给中国经济的起步注入了活力。以钢铁行业为例,世界钢产总量中的30%是用废钢生产的,符合环保标准的废钢回收利用在节约自然资源的同时能够起到节约大量能源的作用。

当时的中国,作为洋垃圾报价高、不挑剔的"最优买家",使垃圾回收产业形成了一根根位于全球价值链底端且自成体系的产业链条。

20世纪90年代,中国从短缺经济时代进入到"世界工厂"时代,满载着"中国制造"的巨大集装箱船离开中国港口,行驶至发达国家,在返程时载回这些国家的废弃物。而随着中国改革开放四十多年经济的腾飞,中国已成长为世界第二大经济体,过剩的国内垃圾尚消化不完、低端的再生产品的市场需求越来越小,再像过去大规模进口回收其他国家的废弃物已经显得力不从心。

4. 洋垃圾的环球之旅

塑料是我们常见的化工品,耐受寿命长达500年,这种物质特性让它成了目前最被广泛回收加工的材料之一,也是全球垃圾流转产业链上的重点类型。我们可以想象一下这样的一个场景:一名美国青年将一个喝完的塑料矿泉水瓶扔进了纽约街头的垃圾箱中,这只矿泉水瓶与其他的塑料垃圾一同在当地的垃圾回收站被压缩、打包,装进集装箱里登上了开往中国的货轮。当这只瓶子跨越太平洋来到了中国,在天津的港口登陆,接着被送往了河北的一家塑料加工厂里,经过高温清洗、碾压,瓶身被压制成指甲盖大小的塑料颗粒。随后,这些塑料颗粒又被运往江苏的某个工厂,通过机器的拉丝、定型制成聚酯纤维面料。这些聚酯纤维面料再被运到浙江的一家制衣厂中,缝制成当季最新款的T恤。远在美国的一家服装批发公司从制衣厂买下了这批订单。于是,这件T恤与其他T恤一起,在上海的集装箱码头登船,再次跨越重洋回到美国。那只被丢在纽约街头的矿泉水瓶,就这样完成了它的环球再生之旅。以一个全新的形式,出现在了纽约街头的服装店里。

从表面上来看,在这个塑料水瓶到T恤的转变过程中,每一个和它有接触的企业都有所受益:美国的垃圾回收企业卖掉了难以处理的塑料废品;三家中国工厂收获了废塑料与新产品之间的差价;纽约的消费者得到了物美价廉的衣服;就连帮助转运这些材料的物流企业也赚到了运输费用。然而,整个过程中最大的负面因素是什么?是塑料垃圾处理过程中产生的对于当地生态环境的污染,而这些污染被留在了洋垃圾的进口加工国——中国。

由于洋垃圾获取的成本极其低廉,通过粗糙简单的加工处理后就能够高价销售、获取丰厚利润,所以洋垃圾的回收成为这一行业各企业的"蜜糖"。但在垃圾处理过程中对大气、水和土壤造成的严重污染,却是危害当地人民生命健康的"砒霜"。令人心酸的是,像岛屿那样的城镇仅是中国无数个被垃圾占满的其中一个。每天,都有大量未经过处理的洋垃圾进入中国,它们被运到或南方或北方的乡镇,最终在一个又一个家庭式的小作坊里,由几乎没有任何防护措施的妇女、老人和来自更贫困地区的打工青年,用赤裸的双手完成粗糙的分拣,他们的手还经常会被垃圾中掺杂着的不明化学粉剂所灼伤。接下来,清洗塑料垃圾的污染用水直接被排入河流,导致地下水无法饮用;那些无法再生利用的废弃物在农田边被焚烧,黑色的浓烟充斥着刺鼻的气味,越来越多的年轻人开始患上癌症。在那些充斥着垃圾与肮脏、浓烟、污染水的现实画面中,这些依赖垃圾处理维系生存的人们的麻木与无奈,与笼罩在城市上空的浓厚雾霾遥相呼应,让人产生一种几近世界末日的联想。这是一个关于洋垃圾的残酷真相,更是一个关于国家与其人民曾经的贫困、逐利、价值观的真相。

5."国门利剑"——中国政府的决断

早在2017年7月18日,中国就已正式通知世界贸易组织,从2018年1月1日开始,中国将不再接受24类外来垃圾,包括废弃塑胶、纸类、废弃炉渣与纺织品等。通知中还特别指出了禁令的原因:"除了可提取原材料再利用的有用垃圾以外,我们在进口的垃圾中还发现了大量不干净甚至有毒害的垃圾混杂其中,这些垃圾严重地破坏了中国的自然环境。"

皇岗口岸是中国深圳最繁忙的陆路口岸之一,在禁令新规实施后,深圳海关加大了对违禁洋垃圾的查处力度。新规实施后的第三天,一辆准备通关的货柜车在接受海关查验时,就被发现了问题:6吨多被打包好的非法走私废旧塑料垃圾隐藏在车厢内,并以伪报品名的方式企图入关,被皇岗口岸海关人员当场查获。货车内的固体废物经过了分类、压制和打包,如果放在以前,只要它符合相关的规定并且拿到了进口资质,就可以顺利入关。但是在新政落地之后,这种塑料垃圾被明令禁止并被拒绝在中国国门之外。

一方面,中国政府以坚决的实际行动执行着新发布的洋垃圾禁令,另一方面,面对国际社会的责难甚至一些国家宣称将与中国禁令做斗争的巨大舆论压力,中国政府已经准备好在政策上进行交涉或者在国际法的框架内进行讨论——中国的禁令是否符合WTO和相关国际法的规则;中国已经签署的国际合同是否要继续进行,还是需要终止;如何与西方国家在垃圾回收再造的产业上进行相互的弥补与合作,以消除双方对于洋垃圾禁令所产生的摩擦。中国政府认为,洋垃圾禁令的实行是基于中国国情与民情的需要,不必看别人的脸色。外交部发言人华春莹回击美国称:"美方将中方正当合法举动上纲上线,非常虚伪。希望美方立足于自己减量、处理和消化自己产生的危险废物和其他废物,为世界承担更多美方应尽的责任和义务。"

同时,立足于西方国家想要争取更多时间和更优惠政策的角度,中国表示可以理解。但中国还是会有自己的坚持:环保问题不是能够随便拿来做交易的事情。面对西方国家的侥幸心理,中国政府再次表示:已经为世界环保做出了将近40年的突出贡献的中国,背负了许多国家本应自己承担的碳排放指标。时至今日,不应该再成为环境污染的牺牲地、世界垃圾的回收箱。

中国在十九大中对生态环境的建设做出了顶层设计,习近平特别重申"绿水青山就是金山银山。"强调要加强政府对企业固体废弃物和垃圾处置的监管、提高污染排放的标准、强化排污者的责任、健全环保信用评价信息的强制性披露、建立健全环境制度保障。将"美丽"两字特别写进十九大报告并列为中国的强国目标,意味着中国的生态文明建设迈入了新的时代。

6. 另找新出路,中国禁令带给世界的思考

自中国的洋垃圾禁令实行以来,西方国家已经开始讨论谁将是下一个他们的垃圾接盘对象:印度、马来西亚、越南等国都进入他们的视野,成为他们讨论的目标。

在中国洋垃圾禁令实行后的短短几个月内,马来西亚已成为世界上最大的废塑料进口

国,进口量是中国大陆和中国香港的两倍。周边其他国家的洋垃圾进口量也在发生着显著变化。根据英国《金融时报》的调查数据,自2017年上半年到2018年上半年,越南的废塑料进口量增加了一倍;运往印尼的数量增长了56%;最让人感到不可思议的是泰国,进口激增1 370%。而随着洋垃圾在东南亚各国的进口量增加,它们也招致了强烈的反弹——东南亚各国政府在努力控制本国进口的废品数量。在泰国,不得不开展一系列对废料处理场、垃圾场和港口的突击搜查。在泰国的港口附近也涌现出成百上千个废物处理场,它们产生的污染经常引发当地人的投诉。泰国非营利组织"泰国生态预警与恢复"的负责人Penchom Saetang说:"当我们谈论回收时,想法是好的,目标也是好的,但为什么美国、欧洲、韩国和日本的垃圾必须出口到其他国家?你可以回答我吗?"越来越多的人要求回答这一问题,也有环保人士认为这是西方发达国家的"生态帝国主义",即发达国家通过向发展中国家输出垃圾和污染工业转移,掠夺目标所在国生态资源的行为。今年春天,当终于意识到本国没有那么大的消化能力后,越南政府宣布它"不会成为世界的垃圾填埋场",并停止签发废纸、废塑料、废金属和其他废物的进口许可证。

【问题思考】

1. 中国政府为什么会在改革开放30多年的时间里对垃圾回收企业造成的环境污染"睁一只眼闭一只眼",又为什么会在2018年颁布洋垃圾禁令?

2. 西方发达国家是怎样对中国进行环境成本转移的,是否违背环境正义原则?

3. 面对国际舆论的谴责,中国政府坚持了公共管理中的哪些职能?

4. 各个国家间除了经济利益的博弈、不同意识形态的排斥、技术科技的竞争,能否在垃圾污染所造成的严峻环境问题面前携手面对,你有什么建议吗?

第六章　公共政策

【内容提要】

公共政策在当代公共管理中的重要作用日益凸显。在相当程度上,公共管理的实施及其价值的实现主要是通过适时制定和执行各种符合公共利益最大化价值取向、效率与效能兼具的公共政策完成的。制定和实施公共政策是公共管理的重要内容,公共政策过程是公共管理运行的重要过程。本章围绕公共政策的性质特征、政策工具及其分析方法进行阐述。

【知识结构图】

本章知识结构如图 6-1 所示。

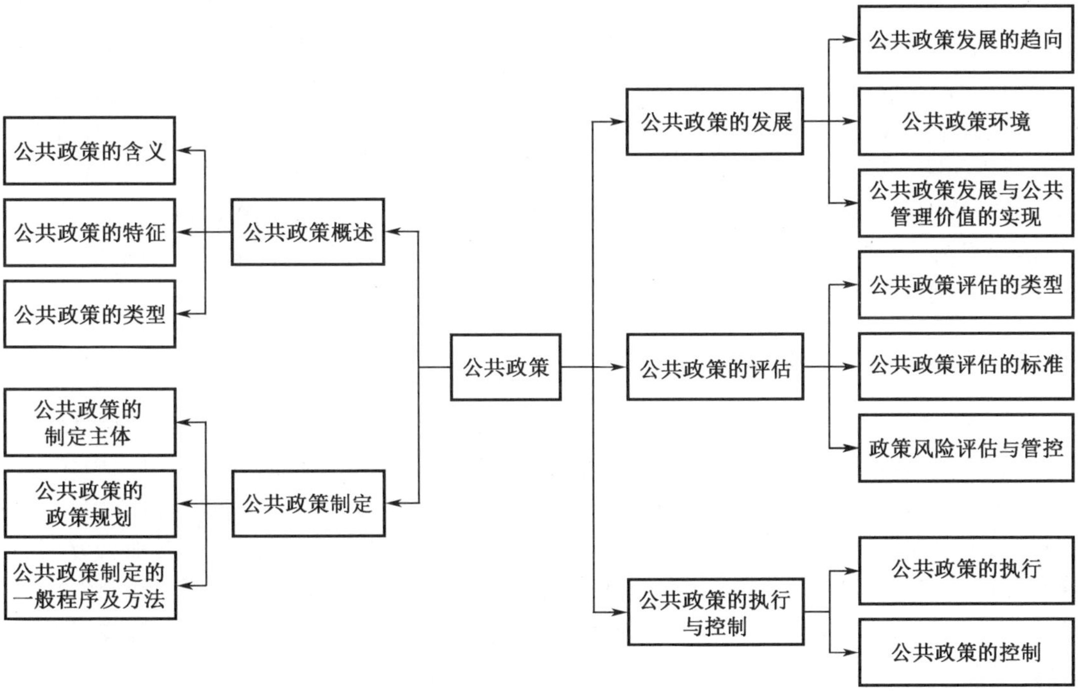

图 6-1　本章知识结构图

【引导案例】

老旧小区穿新衣——唐山打造宜居城市的阻碍

老旧小区改造是一项惠及民生的大工程,对建设文明城市具有重要意义。2018 年 3 月 29 日,河北省政府办公厅发布了《河北省推进老旧小区改造工作方案》。河北省唐山市自

2018 年 3 月底接到改造任务以来,市委、市政府开展了摸底调查,结合实际情况,制订了改造计划。改造所覆盖的小区之多,需要修缮和改进的工程之烦琐,却让他大家犯了难。在改造实施的过程中,有不少居民反映自己所在的小区改造进度缓慢,既存在安全隐患,又影响了居民的日常生活。还有"为了改造而改造"情况,虽然改变了外在的城市面貌,但是居民住宅装潢惨遭破坏、改造完出现问题无人负责,没有真正设身处地地为居民去考虑。改造工程层层外包,外包工程队私自加装管道、推销产品,收费难统一;工人的流动性强,居民难维权。唐山打造宜居城市、改造老旧小区尽管取得了一些成果,但后续要维护、管理的道路依然漫长。

思考:旧小区改造政策推行受阻的原因是什么?

第一节　公共政策概述

一、公共政策的含义

何为"公共政策"? 这个概念看似简单,但当对其进行严格考证时,却变得十分复杂。一般而言,公共政策是政府用来解决其职责范围内出现的各种社会问题的手段或者行动纲领,广泛应用于社会各个领域,如经济政策、社会福利政策、环保政策等。同时,公共政策也具有明显的跨学科特征,不同的研究者会从不同的分析角度,应用不同的理论和方法研究不同的政策现象。因此对公共政策无论是在实务界,还是在学术界均难以形成统一的定义,不同视角下的定义不胜枚举。按照概念界定侧重点的不同,这些定义可归纳成为以下四个主要类别。

(一)政策过程型定义

以拉斯韦尔(H. Lasswell)、卡普兰(A. Caplan)、安德森(J. Anderson)和詹金斯(W. Jenkins)为代表,很多学者提出了以政策过程为中心内容的公共政策界定。拉斯韦尔和卡普兰认为,公共政策是包含了目标、价值观和战略的、经过设计的规划。政策过程包括对各种共识、需求和期望的规划、宣传与执行。安德森则认为公共政策具有明确的活动方向,是政府有目的的活动,并且建立在法律的基础之上,具有相当的权威性。詹金斯则将公共政策定义为由政治行动主体在特定情境中制定的一组相关联的决策,包括目标选择、实现目标的手段,这些政策原则上应在行动主体力所能及的范围内。

此类定义强调了公共政策由不同要素、内容构成的系统性,既包含以目标和价值为中心的价值理性,又体现出以过程和策略为中心的工具理性。公共政策是一种具有连续性的活动过程,包括决定、实施等多个环节。但是,这类界定过于宽泛笼统,全过程的视角往往无法将公共政策与公共管理、政治学的研究区别开来,从而难以突出公共政策研究的独特性。

(二)管理职能型定义

以威尔逊(T. W. Wilson)、彼得斯(B. G. Peters)和伊斯顿(D. Easton)为代表,一些学者

提出了以管理职能为中心内容的公共政策界定。威尔逊认为公共政策是具有立法权的政治家制定的,由行政人员执行的法律和法规。彼得斯认为公共政策作为政府活动的总和,无论行为是直接的还是通过代理的,其行为会对公民的生活产生影响。伊斯顿则提出,公共政策就是对整体社会价值做权威性分配。这里所隐含的基本假设是:利益及利益关系是人类社会活动的基础,政府的基本职能就是对利益进行社会性的分配,而公共政策就是政府实现这一职能的主要形式。

此类定义强调了公共政策是政府为解决社会问题而实施的一系列规范、控制手段,是政府从自身利益和公众利益出发进行的具体管理。与威尔逊和彼得斯宽泛地将公共政策界定为一系列法律法规或政府行为总和不同的是,伊斯顿的定义更具针对性地指出了公共政策的价值分配功能。但是,这种理解却忽视了公共政策所具有的其他重要功能,比如对社会价值的创造,对社会问题的规范、引导和调控等,并且忽略了政府进行价值分配的标准和方法。

(三)行为选择型定义

以戴伊(T. R. Dye)为代表,还有一些学者提出了以政府行为选择为中心内容的公共政策界定。戴伊认为公共政策是政府的一种选择行为,既包括政府选择作为的事项,也包括政府的不作为。此类定义强调行为主体的行为选择,关注政府做什么、为什么这样做以及会产生什么样的效果。除了政府所采取的行动,政府决定停止的行动和根本不去做的事情也作为一种公共政策的表现形式。但也有研究者对此提出异议:它扩大了公共政策的外延,显得过于宽泛,因为在实际中,政府的某些行为只是一种习惯性或非正式的做法,而不一定构成具体的某种政策。

(四)行为准则型定义

国内多数学者认同以行为准则为中心内容的公共政策界定。如张金马提出,公共政策是党和政府用以规范、引导本国或本地有关机构团体和个人行动的准则或指南;陈振民认为公共政策是在特定时期中,以实现或服务于一定社会政治、经济、文化目标的行为或准则,表现形式包括谋略、法令、措施、办法、方法、条例等;陈庆云则强调了公共政策是政府、非政府公共组织和民众,为实现特定时期的目标,对社会公共事务实施共同管理过程中所指定的行为准则。此类定义中,公共政策作为引导个人和团体行为的准则,为管理部门保证社会朝正确方向发展,提供了行动的计划或方案。

以上四类公共政策的定义,分别从不同视角强调了公共政策及其形成过程的某个环节。尽管它们之间存在较为明显的差异,但仍可从中归纳出公共政策的共同点。公共政策由一个政治体制中的当权者,如政党、立法者、法官、行政官员和管理人员来制定、实施、和评估;其目的是解决公共问题,或以实现公共目标、公共利益为取向;公共政策是一种动态的行动或决策过程。综上所述,我们认为,公共政策是公共权力机关经由政治过程所选择和制定的,为解决公共问题、达成公共目标、实现公共利益的行为准则或价值规范。

二、公共政策的特征

公共政策的制定主体是拥有管理国家、社会公共事务权力的组织,包括立法部门、司法部门、行政部门,以及法律赋予公共权力的组织。同时公共政策所关注和解决的问题,是那些对社会发展和人民生活产生影响,甚至构成威胁的带有普遍性的公共社会问题。因此,公共政策具有公共性、普遍性、权威性与强制性等特征。

(一)公共性

公共政策的公共性体现在,公共政策重在解决广大民众最关心的公共问题,代表和实现民众的公共利益。从政策的内容来看,政策所要解决的问题是根据公众的意愿通过政府工作程序所认定的公共问题,政策目标和具体实施步骤需要符合公众的要求。从政策制定的程序来看,问题的认定、方案的规划以及政策的合法化,所有方向性的重大问题都需要经由法定的民主政治程序审议。

(二)普遍性

公共政策的普遍性体现在,公共政策的影响范围涵盖社会所有的组织与个人,其影响的普遍性是由政府权力行使范围,以及所处理的公共事务范围的广泛性所决定。公共政策是针对多数人和普遍性问题制定的,而非针对特定范围内的个别人和个别事,是要求社会成员普遍遵循的行为规范。

(三)权威性

公共政策的权威性体现在,政府组织的权力是由法律赋予的,这是其制定公共政策必然具有权威性的主要依据。政府公共政策的影响力和影响的权威性,是区别于个人、社会组织或团体为主体的一般性政策的重要特征。公共政策一旦制定和实施,便成为一种对全社会具有约束力的行动准则和行为规范,政策相关领域要维护政策的权威,按照政策规定来约束、引导和规范自己的行为。

(四)强制性

公共政策强制性体现在,政府通过公共政策的制定和实行,对社会组织与社会成员的行为进行限制。这种强制力由政府所实施的强制性行为或制裁措施而实现,其目的是要求社会成员遵守或接受政府的管理意愿。这是由公共政策的权威性所决定的。

三、公共政策的类型

现代社会中,社会生活的各个领域都存在着多种多样的公共政策,其数量巨大、性质复杂、内容丰富、形式多样,因此,需要将公共政策分类,从而对其进行系统和科学的研究。但是当前对于公共政策的分类并无定式,不同的政策根据不同的研究目的和标准,可以做不同分类。

(一)按所涉及的社会生活领域进行分类

横向上,从公共政策所涉及的社会生活领域进行分类,主要划分为政治政策、经济政策、社会政策,以及教育、科技和文化政策等。

1. 政治政策

政治政策是指在政治生活领域中,由国家或政党所规定的涉及政权的相关准则、规范、法律等,是国家和政党调节、处理人们的政治生活、政治关系的规范和准则,是政治体系得以维持和发展的根本措施。政治政策一般包括政党政策、法制政策、军事政策、行政管理政策、人事政策、民族政策和外交政策等。

2. 经济政策

经济政策是指一个国家在经济领域所规定的政策，是调整人们的经济关系、经济活动的规范和准则，是国家管理经济活动的重要手段。经济政策一般可分为宏观调控和微观管理两个基本层次，用以调整国家与社会、政府与市场间的关系，包括国家和政府要不要干预社会经济生活，以及干预的方向是什么、应达到怎样的程度、采取什么方式和手段等。经济政策一般包括农业政策、工业政策、金融政策、财政政策、贸易政策、房地产政策和区域发展政策等。

3. 社会政策

社会政策是指专门解决社会问题、提高人民生活、增进社会利益、谋求社会秩序平衡发展的基本原则和规范。社会政策所要实现的核心价值，实质上是社会的公平、正义、和谐与稳定。同时，各政党和政府也借助于社会政策宣传其政治主张，处理各种社会关系。社会政策一般包括人口政策、劳动工资政策、社会救济政策、社会保障政策、医疗卫生政策和宗教政策等。

4. 教育、科技和文化政策

教育、科技和文化政策是指国家在一定时期的总目标指导下，在教育、科技、文化领域中为达到一定的目标而制定的发展规划、指导原则和行为规范等。教育政策包括义务教育政策、高等教育政策、职业教育政策、继续教育政策和社会教育政策等；科技政策一般包括科技管理政策、高新技术开发政策和科技成果转化政策等；文化政策一般包括大众传媒政策、文学艺术政策和体育政策等。

（二）按中央与地方之间的关系分类

纵向上，将公共政策依据中央与地方之间的关系进行划分，则政策之间通常有从属关系，主要分为元政策、基本政策和具体政策三类。

1. 元政策

元政策亦称总政策，即政策的政策。元政策是指在政策体系中处于统领地位、具有统摄性的政策，是指导和规范政策行为的一套理念、方法和准则。它是其他各项政策的出发点和基本依据，对其他和各项政策起指导和规范作用。元政策决定由哪些组织和个人，按照哪些程序、原则、方法来制定政策，其基本功能是保障其他各项政策遵循一套政策理念、谋求实现统一的政策目标。

2. 基本政策

基本政策是执政党和政府，针对某一社会领域或社会生活的某个基本方面制定的、在该领域起到全局性和战略性作用的政策，就是基本国策、方针政策、纲领性政策和根本政策。基本政策是总政策和具体政策的中间环节：基本政策源于总政策，是总政策在某一具体领域的延伸；它又是该领域的元政策，规定了在具体领域中政策应采取的态度、依据的假设和指导原则，是该领域的主导性政策，用以指导具体政策。基本政策的主要问题包括政策的总体目标、作用范围、产生影响的时间、所使用政策工具的范围、政府应采取的态度以及其他一些政策战略。

3. 具体政策

具体政策也称为部门政策、方面政策，是指针对具体的公共政策问题而做出的政策规定,是执政党或政府为解决具体问题而为相关部门和个人规定的行为准则。狭义的具体政策,指实质性政策,如财政预算、行动计划和法律方案等;广义的具体政策包括所有基本政策之外的公共政策,不仅包括实质性政策,还包括支持政策实施所需的策略、规划与程序等。

(三)其他分类标准

分类是分析公共政策的基本途径,是一种将各种现象组织成独立的范畴,以进行系统分析的方法。基于不同的研究目的及研究方法,不同研究者对公共政策的分类也不尽相同,形成了复杂的公共政策分类的标准,主要包括包容性、相互排斥性、有效性、可靠性、测定层面、操作性和区别对待七项标准。

(1)包容性。体系的分类是否涵盖所有可能的现象?分类是否涵盖了现象的所有层面?分类是否全面?

(2)相互排斥性。分类后的政策是否明确清晰,能否避免重叠?各类是否可相互区别,以便有助于判断所属类型?

(3)有效性。分类使用的概念能否说明其应指代的事项?分类与其要说明的世界是否非常吻合?

(4)可靠性。其他人是否可以用统一的方法来使用这种分类?是否所有人都可以用相同或基本相同的方法使用分类?

(5)测定层面。分类是否使用了恰当的测定层面?

(6)操作性。一个现象是否能用一套属性来测定?其分类是否适合测定?分类中使用的概念能否测定?

(7)区别对待。分类中使用的范畴是否具有现实意义及理论意义?

第二节　公共政策制定

一、公共政策的制定主体

政策制定,指的是为解决某个政策问题而提出的一系列可接受的方案或计划,并进而制定出政策的过程。所谓政策制定主体,就是指在特定政策环境中直接或间接地参与公共政策的制定、实施、评估的个人、团体或组织,他们能够自觉地认识公共政策并能动地参与政策过程。

(一)立法机关

立法机关是最重要的政策主体之一。在实践中,立法机关大多是就一些比较确定的公共政策问题制定法律(问题已经有了比较规范化的解决方案,立法机关将这些方案用法律的形式固定下来),即政策的法律化过程。它的职能主要包括立法权和监督权,从而在根本上控制公共政策过程。立法权包括两类:一类是制定和修改宪法的权力;另一类是制定和修改普通法律的权力。

(二)行政机关

行政机关是贯彻执行国家的法律政策,管理国家的内政、外交等行政事务的机关。它掌握着国家的行政权力,能够运用公共政策对国家公共事务进行管理,是国家意志的执行机关。当今社会公共政策的广泛性和复杂性日益突出,法律几乎不可能对所有政策领域做出预先规定,这就需要行政机关通过法律之外的政策来弥补法律条文的不足。

(三)司法机关

司法机关作为政府的重要组成部分,也是公共政策的重要主体之一。在许多国家特别是发展中国家,司法机关很难直接介入政策制定过程,不具备直接的决策功能,但是并不意味着它不能在政策制定过程中起到应有的作用。例如在美国,司法机关(法院)能通过司法审查权和法令解释权而对公共政策的性质和内容产生很大影响,通过判例对经济政策(财产所有权、合同、企业、劳动关系等)和社会政策(如福利政策、基础设施建设等)产生影响。法院不仅参与政策制定,而且在其中扮演重要角色,它不仅规定政府不能做什么,而且规定政府应该采取何种行动以符合宪法和法律的要求。同时,司法机关还拥有法律的解释权,即对那些只有抽象的表述、容易引起歧义的法律法规的明确含义进行解释。这种情况解释一旦发挥效力无形中使司法机关进入了政策制定领域,而且司法判决中逐渐确立的某些原则也会对公共政策制定产生重要的影响。

(四)政党

现代国家的政治统治大都通过政党政治的途径来实现。它可以将特定的要求转变为可供选择的政策方案,履行特定的利益聚合的功能。所以,政党特别是执政党,是一个不容忽视的政策主体,公共政策在很大程度上可以视为执政党的政策。它作为阶级利益的代表者和阶级力量的领导者,在当代政治生活中发挥着日益巨大的作用,在公共政策主体体系中居于主导地位,诸如法律、大政方针等公共政策都直接与政党相关。不同国家、不同历史条件下,政党在政策过程中的地位、作用以及参与方式将不完全相同。西方国家一般都采用两党制或多党制,而我国则采用中国共产党领导下的多党合作制。中西方国家的政党在政策过程中的地位和作用是不同的,而且,执政党和非执政党在公共政策中的功能也是不同的:执政党参与公共政策的整个过程并拥有将其确定为公共政策的法定权力;而非执政党在公共政策中只有参与的权利,不具有确定公共政策,形成公共政策的权力。

(五)利益集团

利益集团是公共政策的重要主体之一。它们为了共同利益而力图参与并影响政治,从而获得对它们有利的政策支持。它们代表成员的利益,履行利益表达的功能。在当前,利益分化成了一个不可避免的客观事实。各方面利益主体为了满足和实现各自的利益,要求平等地参与国家政策生活,这同时也决定了它们是公共政策重要的间接参加者。利益团体影响政策制定的方式(即如何表达自身利益的方式)是多种多样的:通过本团体在各种代表机构中的代表人物,就某个政策问题向政府陈述意见,提出建议或提案;或者通过社会舆论表达本团体对某个问题的观点和见解,力图说服政府采纳;或者对社会规范价值重新加以界定;也可以用现有法规、制度上的规定表明自己的立场。在某种特殊、紧急情况下,也可能由一个团体单独或几个团体联合向政府施加某种压力;游说相关官员支持利益集团所赞同的议案;开展舆论宣传,扩大本集团的影响力;积极给官方相关决策者提供政治捐款和抗议示威等。

(六)智囊团

智囊团是现代政策研究组织的别称,又称思想库或智库。智囊团是一个十分独特而又非常重要的政策主体,是社会不断发展的产物。在现代社会,各种社会问题日益复杂,信息不断增多,决策难度不断增大,单纯的传统的政策制定的程序和方法难以适应新的社会需要,研究政策制定和执行的机构不断兴起,科学决策离不开政策咨询已经成为未来决策的发展趋势。智囊团是由专业人员组成的跨学科、跨领域的综合性政策研究组织,没有独立的决策权,仅仅是对政策的制定和执行提出意见和建议,属于非权力的政策主体,其出现会对改善政策系统和环境、促进决策质量的提高产生积极而深远的影响。

(七)大众传媒

大众传媒是指报纸、书籍、杂志、网络、电视、广播等人们借以表达思想和意愿、传播各种信息的舆论工具。在现代社会,大众传媒是社会公众获取信息的主要来源,是最直接、最方便的沟通工具,是公众参与公共决策的一种重要工具和途径。它为公共政策提供了必要的信息和观点,并借助于“舆论制约”与“舆论导向”,对政府政策形成制约,被认为是并列于立法、行政、司法的“第四种权力”。

(八)公民

公民是指具有某国国籍并依照该国宪法享有权利和承担义务的个人,是公共政策主体的一个重要组成部分。其虽然没有明确的组织,力量也比较分散,但却是一种最广泛的非官方政策主体。在现代民主国家中,公民决定或影响政府公共决策的主要途径有以下几种:

(1)以国家评价或主权者的身份,对某些重大政策问题直接行使主权,如对宪法的修订、领导人的选举、基本国策或重要的地方性政策采取直接投票的方式来加以决定;

(2)用间接或代议的方式,选出自己的代表者制定或修改并执行公共政策;

(3)使用各种威胁性方式(如请愿、示威游行、罢工、罢课等)来反对某些政策,迫使政府将问题提上议事日程;

(4)通过参加利益集团,借助团体的力量影响政策,或通过制造舆论或游说的方式影响政策;

(5)对政府通过并实施的政策采取合作或不合作的态度,以此影响政策结果等。

二、公共政策的政策规划

政策规划是政策方案得以形成的重要环节之一,在公共政策制定的动态过程中,政策议程建立之后就进入了政策的规划阶段,这是一个对政策问题分析研究,并提出解决方案的过程。社会问题进入政策议程成为政策问题之后,并不意味着一定会为之制定政策,政策制定者由于种种原因,会推迟决策和采取行动,而只有进入政策规划阶段,才有可能制定政策,解决政策问题。

(一)政策规划的含义

政策规划也称为政策构建。对于政策规划,不同学者有着不同的认识。琼斯以政策规划的目的为中心来界定政策规划的含义，认为政策规划是发展一个计划、方法和对策，以满足各种需求，解决某项问题。安德森以政策规划的内容为中心，提出政策规划涉及与解决公共问题相关的、能够被接受的各种行动方案的提出。政策的形成可分为三个方面：公共问题是怎样引起决策者关注的、解决特定问题的政策意见是怎样形成的、某项政策建议是怎样从可供选择的政策方案中被选出来的。陈振明以政策规划的过程为中心，提出政策规划是政策问题的分析研究并提出相应的解决办法或方案的活动过程，包括问题界定、目标确定、方案设计、后果预测、方案抉择五个环节。

综上所述，政策规划是指公共政策制定的主体针对特定的政策问题，运用科学的分析方法，提出一系列候选计划和方案，通过一定的择优标准，论证并最终制定公共政策的过程。

(二)政策规划的步骤

政策规划的步骤是一个从政策目标确定到政策方案选择的过程，具体包括确定政策目标、设计政策行动方案、论证政策方案、抉择最优方案四个环节。

1. 确定政策目标

政策目标是政策制定者希望通过政策实施所达到的结果，是为了消除政策问题产生的各种原因，满足人们在政策问题中所体现的利益需求。确定政策目标的具体程序包括：

(1)对政策问题的各个问题点进行分析，找出现实和理想的差距；

(2)对问题情景的未来趋势进行分析和预测，寻找政策目标的时间维度；

(3)对政策目标的可行性进行分析，确定各个政策目标要素在特定的约束条件下能否实现，或是能否为社会所接受；

(4)对多项政策目标间的关系进行分析，形成系统协调的目标体系。

2. 设计政策行动方案

政策方案的设计就是以实现政策目标为基础，探索、拟定和构建目标实现的各种途径、技术、方法、路线、步骤、措施等内容的过程。政策方案的内容是多方面的，需要解决的主要问题包括政策做什么、为什么要做、谁来做、什么时候做、怎样去做等。具体科学的政策方案设计步骤，包括政策方案的轮廓设计和政策方案的细节设计两个环节。

政策方案的轮廓设计，是指通过规定具体政策目标、任务、时间、要求，构建多个政策方法和路径程序以及政策的发展方向等。在这个过程中应注意要尽可能制定多种政策方案，提出不同的解决问题的角度和思路，为方案的比较和择优奠定基础。同时，各种政策方案之间应尽量彼此独立，避免相互包含或交叉。

政策方案的细节设计旨在将轮廓性的政策方案具体化，寻找实现政策的具体途径、路线、措施和手段，包括相关的执行机构、人员配备和财力保障等各种资源的准备和应用等。设计细节时应做到：方案的细节具体、全面，综合考虑每个步骤和层面的问题；方案细节要能够对现实政策问题的解决有实际价值，并能够保证政策目标的实现；具体方案所规定的政策步骤等内容要具有可操作性。

3. 论证政策方案

通过政策论证，可以对确定公共政策方案的理由、依据及方法进行仔细的分析和评价。政策论证是一个过程，政策利益相关者通过分析政策主张的内涵，讨论政策方案的优点，使人们能够对政策相关信息及其在政策分析中的作用进行批判性思考。

政策论证的过程和结构可以表述为六个相互关联的部分,这个论证的过程是动态的,一个论证的结论可以作为后续论证的基础,从而创建出论证链或论证树。

(1)政策信息,用I表示,指政策分析与论证的相关信息,包括政策问题、政策目标、政策方案、政策行动、政策绩效等信息。

(2)政策主张,用C表示,表明政策论证的基本主张与立场。政策主张主要分为三类,指定性主张,以事实描述为基础,提出实施某项政策的必要性;评价性主张,以价值判断为基础,判断某项政策制定的价值;宣传性主张,以规范宣传为基础,强调实施某项政策的适用性。

(3)立论根据,用W表示,政策方案制订所依据的假设或理由,以确保政策的制定有正当的理由。

(4)立论依据,用B表示,表示进一步用量化的方法证明立论的理由,形式包括科学规律、权威专家的呼吁或者伦理道德规范。

(5)反驳,用R表示,对理论理由从反面进行分析与论证,反证理由可能不止一个,每个反证的理由都要有理论依据,以增强其说服力。

(6)可信度,用Q表示,即对于政策主张的确信程度,从民意调查或其他途径可获得对该政策的认可程度。

在不同的利益相关者提出的立论依据和反驳中,可以发现研究问题以及问题解决方案的不同视角,因此同样的政策相关信息可能会以截然不同的方式做解释。例如,关于城市犯罪率小幅度降低的信息容易被城市的贫困阶层忽略,被中心城市的工商企业主怀疑,被犯罪学家否定,但是,政府官员却以此作为光荣政绩加以肯定。

4. 抉择最优方案

在论证各种政策方案的基础上,需要对政策方案进行比较,并选择做出最佳的政策方案。其中对备选方案的比较,可以从以下方面开展:

(1)政策预期收益的对比,包括经济、社会收益,以及物质、精神收益等;

(2)政策方案成本的对比,除了经济费用,还有社会代价等,要对所消耗的各种费用和付出的代价换成统一的具有可比性的计量方法来进行比较;

(3)风险程度的对比,政策方案确定性程度的大小;

(4)时间因素的对比,公共政策问题的解决要具有时效性,才能在特定的情境下,达到政策实施的效果。

总的来说,要选择相对收益较大、成本较低、风险较小、较为及时的政策方案,并根据具体情况做出最后的选择。

三、公共政策制定的一般程序及方法

(一)公共政策制定的一般程序

当社会问题经过政策议程的筛选,就产生了政策问题,也意味着政策制定过程的正式开始。公共政策制定的一般程序是:确定政策目标—设计备选方案—论证评估方案—抉择方案。这四个环节相互联系。

1. 确定政策目标

正确的政策目标,或者说政策目标的有效性取决于两个主要环节:一是政策目标的设计正确,这是决策者的主要职责;二是不同的参与者对政策目标的认同,这涉及民主参与问题。在精英决策体制中,参与者的意见是可以忽略不计的,民主参与也仅仅是一个过场,没有实际作用;在民主决策体制或者团体决策体制中,正确的政策目标取决于大多数人对政策目标的认同。

2. 设计备选方案

所谓备选方案的设计,就是指围绕政策目标采取的、以实现政策目标为目的而进行的设计、谋划、拟订解决方案的活动过程,是寻求解决政策问题的方法与途径。从实质上讲,公共政策制定在于选择。"为了达到预定的目标,下级给上级提出的策略(行动方案)必须至少有两个以上,而且必须说明各自的优劣和得失,可供上级考虑和选择。"

3. 论证评估方案

评估方案是对备选方案进行全面评估的基础上择优的过程。一般来讲,做好了论证评估工作,政策规划者就容易对政策方案进行比较和鉴别,并能够根据政策目标对最佳方案做出判断。这里需要说明的是,择优有时候还表现为一种综合的活动,即以一个较好的政策方案为蓝本,吸取其他方案的长处,创新出一个更为满意的政策方案。

4. 抉择方案

在经过备选方案的筛选之后,将进行到政策方案的最终抉择阶段。这一阶段就是在评估、评论各种备选方案的基础上进行比较,最后选择出最佳政策方案的过程。备选方案的筛选是确定最终政策方案的前提,最终政策方案的抉择是筛选备选方案的结果。最终政策方案一旦确定必然在社会上引起巨大反响,会产生各种社会效果,正确的政策会产生积极的社会效应;反之,错误的就会产生消极的负面影响,所以决策机关和决策者对政策方案的最终确定一般都持有非常严肃慎重的态度。

(二)公共政策制定的方法

从方法的角度说,政策的制定方法主要有以下几种。

1. 传统更改决策方法

传统更改模式起源于传统经济学的理论,即所谓更改的选择就是要做出最大价值的选择,即选择达到目标的最优方案。

2. 有限理性决策方法

有限理性是相对于完全理性而言的,即认为完全更改是不可能实现的,即在制定政策时,不求最佳政策方案,只要是产出收益大于成本的解决方法,就可以采用。这种决策方法就是一种有限理性决策方法。

3. 渐进决策方法

美国学者林德布洛姆在批判传统理性模型的基础上提出了渐进模型。他认为,政策制定的实际过程并不完全是一个更改过程,而是对以往政策行为不断补充和修正的过程。政策制定只能根据以往的经验,在现有政策的基础上实现渐进变迁,此渐进决策模式是政策渐进与变化的动态过程。

4. 混合扫描决策方法

混合扫描决策模式是首先运用渐进决策模式分析一般性决策的要素,然后在此基础上再运用传统的理性决策模式深入分析的方法。这种方法建立在对传统理性决策模式和渐进决策模式的分析批判基础上,其目的是既要解决传统理性决策模式在实际应用中存在的困难,又要尽力补救渐进决策模式的弱点,从而使这两种模式相互结合、相互补充,从而做出一个最佳决策。

5. 集体行动决策方法

这是在民主政治条件下,在形成了关于公共政策的利益集团的基础上,由利益集团采取集体行动的决策模式。

6. 精英决策方法

这是将公共政策完全交由少数掌握统治权力的政治精英决策的方法。在这个政策过程中,公众完全是被动的,他们的要求及其行动对公共政策不会产生决定作用。占统治地位的政治精英把握政策制定的主动权,公共政策完全由他们来决定,然后由行政官员及其机构加以执行。

上述方法主要是西方学者对各国的决策实践进行的归纳和描述,有现实依据。但实际上,公共政策的制定是根本的方法,是实事求是、因地制宜。

第三节　公共政策的执行与控制

一、公共政策的执行

(一)公共管理执行的含义

公共管理执行是指履行公共决策,实现公共目标,完成计划任务,使之达到公共事务间协调发展,实现最大效率的过程。

公共管理执行与行政执行既有共性又有差异。行政执行是指按照行政管理的客观规律,为实现行政决策目标而依法进行的行政活动,更多的是关注行政机构及行政政策的落实情况。通常情况下,行政执行即为行政执法活动。公共管理由于重视与外部的关系,虽然公共管理仍是以政府为核心,但它不完全等同于"政府管理",它强调公共事务的治理,强调价值调和与责任。因此,公共管理要整合社会的各种力量,广泛运用政治的、经济的、管理的、法律的方法,强化政府的治理能力,提升政府纯净和公共服务品质,关注的视角更为广泛。在公共管理执行的过程中,更强调有效调动社会各方的力量,使之达到公共管理的目的。

(二)公共管理执行的原则

1. 自觉性原则

公共管理执行的自觉性原则是指公共管理的执行要求执行者有对公共事务的正确认识和敬业、乐业精神。公共管理执行的自觉性原则指较高的自觉性,能自觉地以社会价值观和公众道德观来调整自己的行为模式,而不是盲目地、机械地、消极地、被动地照章办事和奉命行事,对公共事务的处理积极主动,遇到困难尽量自己解决。公共管理者的自觉性来自对工作任务的正确认识和敬业、乐业精神以及对人民高度负责的态度。

2. 持续性原则

公共管理执行的持续性原则是指公共管理就其总体和全过程而言,往往是综合性和非短期的行为,因此要经过长期不懈的努力才能逐步实现远期计划,所以必须持之以恒。也就是说,保持积极进取,尽心尽力地踏实工作,要有长远性目标,执行非一朝一夕之功,不能急功近利。

3. 准确性原则

公共管理执行的准确性原则是指对于势在必行的公共事务,与其迟疑观望、徘徊不前,不如当机立断、雷厉风行。这样既可以早见成效,也有利于统筹兼顾其他工作,在时间上争取主动,在力量调配上更为经济、合理、有效。因为必行之事无可回避和推脱,除非另有急事,应以不拖延、不"欠债"为好。同时,在错综复杂的公共事务中,要善于抓住主要环节,提高解决问题的准确性和效率。

4. 协调性原则

公共管理执行的协调性原则是在指在公共管理执行中,必须环环相扣,互相促进,相互协调。作为公共管理的执行者,必须以身作则,以大局为重,局部服从整体、地方服从中央,近期目标与远期目标相结合,调动各方力量,推动各项工作的开展。另外,还要利用社会各种监督机制,以使执行能按政策、按计划进行。

5. 相对强制性原则

公共管理执行的相对强制性原则是指执行必须做到令行禁止,不许变相抵制,阳奉阴违,拖泥带水。其中,关键在于依法办事,以社会和人民的利益为重。同时,在执行过程中,要动真格,不打折扣。

6. 实效性原则

公共管理执行是为社会、为民众服务的,来不得半点虚假。因此,公共管理执行的实效性原则就是指执行一定要讲究实效。实效从广义上去理解,包括效率、效益、效用、效验、效应、效果、交通、成效、功效和绩效,等等。讲实效就不能只注重形式,要把为社会公众谋利益的观点摆在首位。

(三)公共管理执行的特点

1. 执行的政策性

公共管理大多强调政策性,在政府和社会之间、各团体之间都要遵循政策和公共规则。因此,公共管理执行的特点首先就是强调执行的政策性,执行者必须有很强的政策观念。

2. 执行的自觉性

执行的自觉性是指如果确属切实可行的公共事务,就应当要求行之有效,并且在执行时提高自觉努力的程度。常常有一种情况,就是分明切实可行的事情,却由于没有执行,或盲目、鲁莽、草率行事,而导致效果很差。

在执行过程中,还要求执行者自觉检查自己的行为是否符合公共政策和公共规范,是否总是朝着目标、计划和决策的方向前进,而非盲目行动。

3. 执行活动的规则性

执行活动的规则性是指公共管理执行要遵循一定的行为规则,如按国家政策、法令、决定,按对社会、对民众有利的原则等。在单位团体中,按民主集中制、行政首长负责制的原则。同时,还表现在公共管理执行活动的制度化、法治化上。

4. 执行活动受执行人员素质的影响

公共管理工作人员是否忠于职守,奉公守法,是否具有高度的责任心将直接影响公共管理执行的效果。一个对公共事务热心、有责任感、能以积极、精益求精的精神,全身心投入工作,并且能加强学习,不断追求自身素质提高的公共管理者,一定能有效地执行有关公共管理政策、指令,把工作做好,实现执行的最佳效益。因此,公共管理执行活动受执行人员素质的影响。

5. 执行的综合性

公共管理执行的综合性是指现代公共管理涉及方方面面,其执行就要求全面和全过程保持高度协调,个别、局部的不平衡,往往会影响全局和全过程。因此,必须综合考虑,全面配合,加强各学科的协调,力求做到不让一个工作环节影响整体质量和进度。

(四)公共管理执行的模式

1. 自下而上的执行模式

这种模式来源于古典行政理论,主要认为公共管理组织大多为行政组织,而行政组织为集权、层级和金字塔形的,上下级之间形成指挥与命令的关系,上级负责政策制定,下级负责执行。政治与行政分离,政治负责政策制定,行政则负责政策执行;行政管理必须遵循科学管理的原则,以提高行政效率。自上而下的执行方式讲究的是科学管理的精神,强调功能分工、管理监督、命令统一、专业分工、层层节制和依法办事。

2. 自上而下的执行模式

这种模式强调应该给予基层官员或地方执行机构自主裁量权,使之能够适应的政策情景。中央政策决定者的核心任务并不是设定政策执行的架构,而是提供一个充分的自主空间,使基层官员或地方执行机关能够采取适当的权宜措施,重新建构一个更能适应执行环境的执行过程。政策学者艾莫尔(R. F. Elmore)将这种执行方式称为向后推进的策略(Backward Mapping),以别于自上而下向前推进策略(Forward Mapping)。该模式的优点是它促使我们正视执行过程机关组织之间的互惠性与裁量权。由于公共管理执行往往涉及许多单位与人员,而每个单位与人员对于政策实施皆有其立场、利益与看法,所以,沟通协调在所难免。自下而上的执行模式促使我们重视彼此意见的沟通与利益的协调,与自上而下模式过分重视中心而忽略边陲相反,自下而上模式的缺点则是过分重视边陲而忽略中心。

3. 渐进模式

这是由林德布罗姆(Charles E. Lindblom)提出的,其基本思想是强调公共管理决策中的保守倾向。他认为,新的政策被视为旧有政策的变种。公共政策的制定者既没有能力,也没有时间和资金去制定焕然一新的政策,现有政策规定还存在某些即使采取全新路线也不可能弥补的严重缺陷,这使创新行动受到很大打击。由于难以使社会目标化为具体的运作程序,所以,渐进性的方法就更容易驾驭。最后,与必须对社会价值进行彻底再分配的更理性政策相比,渐进政策在政治上几乎问题更加简单易行,正如一些行政学学者所言,“最为可靠的方法就是渐进的方法”。简言之,渐进模式的流行是有其原因的。渐进模式最显著的优点是稳定,失误较少,其主要缺点是缺乏创新。

4. 理性模式

理性模式一般表现为渐进模式的反面。作为一种理论,理性模式力图了解社会中现存的所有价值取向,给每种价值取向定出一个权数,找出所有可能的政策选择,判断每种政策选择会如何影响其他选择的机会成本,最终选择社会价值、成本效益最高的政策。问题不在于这些目标是否能够实现,而在于理性模式是在为这些目标努力,为减少渐进模式的缺点而努力。理性模式关注的重点是寻求能够改善公共政策的政策。理性模式的典型代表人物是以色列政策科学家叶海卡·德罗尔(Yehezkel Dror)。

(五)公共管理执行的手段

公共管理执行的手段大多借鉴行政执行的手段,再结合公共管理的特点,依据管理执行对象分别侧重进行。

1. 行政干预

行政干预是指如果公共管理属于行政组织范畴,则可以以国家权力为基础,强调垂直领导关系,从上而下,利用行政组织制定、颁布、运用政策、指令和计划的方法,来实现对公共行政部分工作的领导、组织和管理的目标,具有控制、制约、调整、协调社会各地区、各部门行政管理目标的功能。有时在涉及社会公众各方利益时,各方互不相让,此时,必要的行政干预是保证公共管理执行能顺利进行的有效措施。行政干预一般分事前即预防性干预、事中即工作进行中的干预和事后干预三种。较为普遍的是后两种干预。

2. 经济手段

经济手段是指按经济运行规律为管理公共事务的一种方式。它主要是利用各部门及其活动的经济利益关系来约束相互间的活动,利用利益诱导进行间接管理。在社会主义市场经济条件下,也就是要通过市场机制引导企业和其他经济组织,使它们的活动符合整个宏观经济发展的目标。

3. 法律手段

法律手段是指以法律为武器,根据法律活动的规律、程序和特点实施公共管理。这是当前公共管理执行必须强调的,也是从人治社会走向法治社会的必由之路。按行政执行所做的分类,主要有行政决定、行政检查、行政强制执行和行政处置等不同类型。

4. 奖励与惩戒

奖励与惩戒是指按相关规定和执行标准,对公共管理部门和管理者实行精神鼓励和物质奖励相结合,以及教育与惩戒相结合的原则。通过奖励与惩戒,将两方面的积极性都调动起来,才能使公共管理执行决策落到实处,自控执行的功效,实现决策目标。奖励,是一种激励手段,是激发民众的荣誉感和进取心的措施,是一种调动公共管理人员和管理对象的积极性,最大限度地挖掘潜在能力的管理方法。惩戒,就是惩治过错,警戒将来,旨在制止和预防公共管理人员和管理对象违法乱纪行为的发生。

5. 行政诱导

行政诱导是指使用非强制手段使公共管理人员和管理对象自觉自愿地去从事政府所鼓励、公共社会所需要的工作或活动。其方式有启发教育、说服劝告、建议协商、标榜典范和舆论抑扬等。

在实际应用中,远不止上述五类手段,各种手段也不是孤立的,而是相互联系、相互制约和促进的。但无论采取什么执行方法,都必须依法办事,以法律手段为核心。

二、公共政策的控制

任何一个公共组织的公共管理活动,都必须有相应的控制。控制的作用就是监督各项管理活动,并通过纠正各种念头以保证它们按预定计划进行。实际上,监督、检查都属于控制的范畴,只是不同的控制手段而已,它们与控制模式一起构成了控制系统。一个有效的控制系统可以保证各项行动完成的方向是朝着公共组织的目标发展的,控制系统越完善,则公共管理者实现组织目标的可能性就越大。

(一)公共管理的控制目标

所谓公共管理的控制目标就是在公共管理活动中,通过控制过程要达到的目的。控制就是为了保证公共实现目标,因此,控制目标与公共组织的目标是一致的,即控制过程的作用就是控制公共管理活动的方向。从公共管理的具体活动内容看,要实现公共管理的控制目标,应从以下几方面着手:

1. 对公共管理者的控制

为了实现公共组织目标,必须对公共管理者进行控制。对公共管理者的控制最常用的办法就是监督他们是否按照计划的要求去做,对出现的念头应立即纠正,并制定出一套科学评估体系,以制度化的方式来规范公共管理者的行为。对违反者予以惩处,对做得好的给予奖励。

2. 对公共管理资源的控制

公共管理过程中,要投入一定的资源,如劳动力、原材料等资源,并转化为公共产品或服务。为了使公共管理成本最小、产出最大,必须对公共管理的资源转化过程进行控制。这种控制过程不仅可以降低公共管理的成本,而且使公共产品或服务的品质得到保障。通过对公共管理资源的控制使资源的利用更有效,同时减少不必要的浪费。公共管理资源控制的主要手段是财务监督、预算和支出的控制等。

3. 对公共管理信息的控制

随着社会发展,信息对公共管理的作用也越来越重要。由于公共管理的信息直接影响到公共管理的效率,因此有必要对公共管理信息实行控制。在公共管理活动中,信息可能会出现失真、不完整、不及时等情况,甚至会出现一些人为的干扰,使公共管理者的决策失误,并导致行为失误。对信息的控制要是上保障信息传递的安全、准确、畅通,且过滤一些错误、虚假的信息。

4. 对组织绩效的控制

对公共组织绩效的控制,是公共组织的领导者关注的问题。要实行对公共组织绩效的控制,关键是科学评价、衡量组织的交通、效率和效益。

(二)公共管理的控制过程

公共管理中的控制过程主要有确定标准、衡量绩效(衡量工作和分析衡量结果)和采取管理行动三个环节。

1. 确定标准

在公共管理活动中,首先要确定评价管理活动成效的标准。所谓标准,即评定成效的尺度。标准是控制的基础,没有标准,控制则无法实现。标准的制定与公共组织的目标是密切相关的。

在公共管理中常用的标准有以下几种类型:

(1)时间标准,完成一项公共组织计划,应有一个时间期限和工作进度要求;

(2)公共产品或服务的品质标准,这是对公共产品或服务的质量和内容的要求;

(3)行为标准,制定公共管理者的行为准则,规范公共管理者的行为;

(4)绩效标准,对公共组织的投入和产出的评价标准,衡量公共组织的效能、效率和效益。

2. 衡量绩效

衡量公共组织的绩效有两类工作要做,首先是收集有关公共组织绩效的信息,并对公共组织的效果与评价标准做比较,较准确地描述公共组织的工作状况。衡量公共组织工作效果的信息来源主要是通过个人观察、统计报告、书面或口头汇报等方式获取。基准是对公共组织的工作状况进行分析、比较并做出评价结论。尽管绩效是对结果的评价,但这里所指的是对公共组织的阶段性结果的衡量,而不仅是对最终结果的衡量,衡量绩效的行为应当是对公共管理过程的控制。

3. 采取管理行动

在对公共组织进行"衡量绩效"后,接下来有针对性地采取管理行动,改进公共组织的管理绩效。一般而言,可能采取的行动方案有如下三种:

(1)修订评价标准。对那些不可能实现的、不切实际的标准进行修正,使评估更准确、更符合实际。修订标准可以调高、调低或废弃一些指标,也可以重新增加新的指标。

(2)纠正行动。通过衡量绩效的过程后,针对出现的问题,纠正那些出现念头的公共组织或其成员的行为,改进公共组织的绩效。纠正偏差的管理行为的方式有:实施新公共管理策略,调整公共组织结构,或对公共管理者进行从事调整、培训等。

(3)维持原状。在衡量公共组织绩效时,发现该组织的效果较好,则没有必要采取行动来影响公共组织活动。维持原来的行为模式是最好的选择。

通过对控制过程的了解,可以知道,标准的来源或依据取决于公共组织的目标三分之一以及根据目标制订的工作计划。因此,也有学者将标准的确定过程,排除在控制过程之外。而我们认为,控制过程的第一步是确定标准,标准是控制过程的前提、基础,也是控制过程准备阶段。控制过程是一个制定标准、衡量、比较和采取管理行动的循环过程。控制过程是公共管理过程的子过程,也可看成是公共管理过程的伴生过程。

第四节　公共政策的评估

公共政策评估是依据一定的标准和程序,对政策过程的运行方式、效果、效益、效率和公众回应等进行绩效评估和价值判断的活动。政策评估旨在为改善公共政策质量、改善公共政策制定和执行的方式提供必要的信息,在公共政策过程中具有重要地位。

一、公共政策评估的类型

一般而言,评估强调用某种价值观念来分析政策运行。"更为确切地说,评价提供政策运行结果所带来的价值方面的信息。"从功能的角度来说,政策评估发生在整个政策过程中,而不仅是在其最后阶段。政策评估主要是指政策绩效的评估,它不仅是对先前支持的政策过程的总体价值评价,更为修正完善或中止现行政策提供依据,以开始新一轮政策过程。

政策评估的类型可以分为如下五种:第一,聚焦于政策或项目的结果(结果评估或影响评估);第二,评估政策项目形成与实施的过程(过程评估);第三,对政策预期效果的评估(事前评估); 第四,对政策执行结果的评估(事后评估);第五,在决策的各个阶段对公共政策进行的评估,如对政策问题的提出、用于抉择的备选方案、既定政策方式的实施及政策后果的影响等的评估。

二、公共政策评估的标准——价值理性与工具理性的选择

拉斯韦尔认为:“政策科学的研究方法不仅强调基本问题和复杂模型,而且在相当大的程度上需要澄清政策中的价值目标。”R 在政策评估中,也同样需要协调工具理性与价值理性取向的关系。工具理性与价值理性取向反映到政策评估领域就成为实证评估与规范评估的统一问题。在大多数情况下,这一问题与公共管理领域中效率和公平的争论相对应,成为公共政策与公共管理共同面临的重大问题。

在实践中,会出现两者既相互补充又相互冲突的状况。在较多情况下,这两类政策评估标准常常难以统一,形成工具理性和价值理性的两难。

1. 关注政策效率与效果:以工具理性为主的政策评估

这样的工具理性取向主要关注政策实施后产生的各种实际结果与影响,以及政策过程中各种投入与效果间的对比关系。这类评估主要考察技术和事实层面,主张用实证的技术方法来考察公共政策过程,特别强调行为与结果、成本与收益之间的对比,主要关注的是效率、效能、效益等。这些量化统计分析方法能应用于政策评估,主要是因为,在某种程度上为可解答问题的形成提供了可能性(形成假设),能提出收集答题信息的策略(研究设计),为确定答题信息以及如何收集它提供指导方针(测量和收集数据),提供适当的数据分析技术(统计分析)。

2. 关注政策价值效应:以价值理性为主的政策评估

价值理性取向的政策评估主要关注政策实施后对社会产生的影响。价值理性将事实与价值整合在一起,将实证评估与规范评估相统一,使政策评估成为更加系统的分析模式,以“4E”(经济、效率、效果和公平)为重要评估标准,使政策评估能更好地为公共管理与政策实践服务。这种评估更多地强调公共政策过程中的公民参与、公共政策的复杂性,以及公共利益目标实现的程度,认为单纯的经济考量和量化分析难以成为符合这类标准的政策评估方法。

三、政策风险评估与管控

政策对利害关系人的利益产生重大影响。政策利害关系人之间由于存在利益博弈,因而难免就政策产生冲突。应该密切联系政策过程,在每个具体的阶段上,深入分析利害关系人的利益所在,找出风险点,并对风险点进行评估,在评估的基础上形成化解风险的具体管控措施。

尤其在我国社会转型时期,大多数社会群体性事件的发生,都是与政策风险没有得到有效分析、没有得到有效防范和管控有关。因此,在政策形成、政策制定和政策实施过程中,对政策风险点进行评估并采取有效的防范措施,是非常必要的。

第五节 公共政策的发展

一、公共政策发展的趋向

(一)公共性

“公共性”是现代公共政策的规范性价值取向。从根本上说,制定和执行公共政策旨在整合和优化社会资源配置以实现、增进和维护公共利益。尼古拉斯·亨利借助本恩和高斯的关于“公共性”与“私人性”的结构理念,从行为者(agency)、利益(interest)、可进入性(access)三个维度对公共性进行了分析,提出了理解公共性的三种递进的界定,即制度性的、规范性的、组织性的。公共政策的公共性体现为政策制定的公共利益取向、政策运行的公共服务导向以及政策过程的公共参与性。

(二)合法性

通过公共政策的合法性可体现为两个方面:一是形式上的合法性,即合法律性;二是实质上的合法性,即政治学意义上的合法性——公共政策得到公众出自内心的认可和接受。在现实生活中,在很多情况下后一种合法性更需要予以特别的重视。合法性与公共性密切相关。现代意义的法律是调节和维系公共生活秩序的准则,合法律性本质上即要符合公共性——当然这样的法律应当是“良性”而不是“恶性”。公共政策发展的合法性应符合:价值的正当性,目标的可理解性和可接受性、高绩效性。

(三)有效性

公共政策的发展应当体现有效性。这就意味着,公共政策的规划、制定和发展在满足公共性和合法性要求的基础上,还必须实现有效性——正确合理的公共政策能够得到及时、完全和有效地执行,能真正实现政策目标。公共政策的本质特征决定了公共政策发展必须以公共性为首要的价值导向,在公共性价值目标的导引下追求合法性和政策资源分配的高效率。

二、公共政策环境

公共政策的价值实现及其变迁和发展会受到整个政治系统与社会环境的影响,政策问题归根到底是从政策的生态环境中产生出来的,政策运行的条件和资源都离不开相应的政策生态环境。如果政策生态环境发生的变化已经对现有的政策价值实现产生了制约或新的要求,那么政策就应当随政策生态的变化适时做出调整和发展。

公共政策发展需要适应和顺应其生态环境,并不只是一种被动的回应,还需要从多方面体现其引领时代的创新性和开拓性,要充分发挥公共政策对社会公共生活的调节功能、分配功能、规制功能、建构功能和导向功能。

三、公共政策发展与公共管理价值的实现

公共政策作为管理的重要组成部分,是公共组织管理公共事务实现价值目标的主要方式。公共管理包括一系列的价值取向——公共性、公平、正义、法治、责任和效率等。而公共政策是实现这些价值的重要方式和途径。

(一)公共政策发展与公共管理的价值相关性

1. 学科渊源

传统公共政策研究比公共行政更多地偏向政治。随着政策科学的兴起,人们对公共政策的重要性的认识日渐清晰,政策分析更关注分析的方法和数字,更关注公共政策的建构及其对社会实际影响。而自20世纪40年代起,公共行政学发展最为重要的变化是价值反思的出现。从赫伯特·西蒙和罗伯特·达尔对传统行政的批判到20世纪60年代末新公共行政标树旗帜宣示其对政治行政两分法和效率至上的批判,以及强调对民主行政和公共行政价值伦理的关怀,公共行政与公共政策所关注的价值日益相近。进入20世纪80年代以来,新公共管理的发展使政策科学与行政学有了更为一致的发展趋势。公共政策的伦理、价值再次成为公共政策科学的主题之一。公共政策的公共管理中的作用以确认公共管理存在政治过程为基础,成为现代公共管理的重要组成部分。

2. 公共政策在公共管理中的功能与地位

公共政策与公共管理具有密切的相关性。从根本上说,公共政策的发展在现代公共管理中主要发挥以下几方面功能。

(1)公共政策的行为引导功能

公共政策是在公共领域中以社会、群体和个人为对象制定并实施的具有约束导引性的规范和准则。公共政策是现实社会条件与环境的产物,是公众利益的体现,同时公共政策目标也指出整个社会生活的发展方向。公共政策针对特定的公共问题,通过政治的、道德的、文化的和法律的等诸多公共管理途径或以这些方式为载体,逐步推进和实现对社会价值的引导和社会行为的规范。

(2)公共政策的利益协调与分配功能

随着现代社会中利益多元化和分层化加剧,利益冲突与矛盾日益尖锐复杂,公共政策的发展需要建构在良好制度和透明公正的公共平台上对社会利益进行合理的区分与协调,并通过一定的分配与再分配手段实现效率与公共管理机构运行的过程,通过既定公共政策的实施,公正有序地实现对社会利益的分配、协调和整合。

(3)公共政策的调控和规制功能

公共政策过程以公共问题为起点,而公共问题则是社会公共生活领域中的非平衡状态。在不同的时期,这种非平衡状态有可能出现在上述某个领域中,或某一领域中的某些方面。公共政策过程就是要通过对局部或整个社会发展局势的调控使特定领域或范围的非平衡状态得到调整,或能控制在一定程度之内,或逐步缓和达到平衡,实现社会机体的协调和社会运行的稳定与和谐发展。

(二)通过公共政策发展实现公共管理价值的途径

公共政策发展实现公共管理价值的途径主要体现在以下两个层面。

1. 实现公共管理的价值导向

公共政策的价值是公共政策主体对公共政策价值关系、价值创造活动及结果的反映，并由此形成较稳定的心理取向，评判标准和行为定式。公共政策的价值应与公共管理的整体价值相一致。公共政策通过外化的形式使公共管理的整体价值得以具体的体现和实现，即通过价值导向实现公共管理的价值。

2. 构建公共管理稳定的运行平台

公共政策过程，即公共政策制定、执行、反馈和评估，是公共管理有效运行和发挥作用的平台。公共政策对公共管理的作用表现为：

第一，公共政策是公共管理的起点，整个公共政策过程构成公共管理的重要路径。政策问题的产生、政策制定、政策沟通、政策执行、政策评估的过程是公共政策的系统工程。通过这个工程，公共组织与外部环境（政策对象与政策环境）之间进行信息交换与互动，不断地进行政策输入与输出、再输入与再输出的循环。依据这一路径，公共管理不同领域中的目标在公共政策过程中的不同阶段被分解为具体的管理目标，通过管理活动，实现公共利益。

第二，公共决策贯穿公共管理过程的始终。公共政策不仅为公共管理的展开提供了起点，而公共管理的其他环节也包含着政策活动。在现代社会，两者的边界已很难明确区分，公共政策已经涌入公共管理全过程之中。从这个意义上说，公共管理与公共政策存在互相渗透的密切关系，公共管理运行是一系列公共政策的结果。

第三，公共政策是公共管理履行各项功能的基础。公共管理要为实现管理目标做出计划安排，要为实现目标动员和整合各种资源并组织相应的人员、机构，要建立统一有效的合作并协调它们相互的关系，这些功能的履行都要以公共政策为基础。

第四，从根本上说，在现代社会公共生活的生产和再生产的过程中，即人类的社会性和生物性的生产和再生产的过程中，民众对于所需资源的获取、生产、分配或交换过程中会在不同范围和层面产生冲突和矛盾，需要必要和适当的公共政策对之进行规制和调节，从而实现对社会资源配置的整合和优化。而正是这样的所有公共政策形成和实施的过程，这样的通过公共政策发展实现对社会资源配置的整合和优化的过程，构建了公共管理的运行平台。

【核心概念】

公共政策　政策规划　政策特征　公共管理的控制过程

【思考与练习】

1. 什么是公共政策？公共政策与公共管理的关系如何？

2. 公共政策的基本性质是什么？

3. 公共管理控制过程包含哪些内容？如何理解“衡量绩效就是对公共管理过程的控制”？衡量绩效是对中间结果还是对最终结果的衡量？

【案例分析】

“小”村庄“大”蜕变—十八洞村扶贫纪实与思考

作者:张雅晴　指导教师:赵艳霞

1. 优势虚耗脱贫难

十八洞村,位于湖南省湘西土家族苗族自治州,毗邻集峪高速公路,该村有4个自然寨,6个村民小组,225户939人,属于纯苗族聚居区,有很强的民族特色,是中国农耕文化的缩影。全村农业面积仅占其5.8%,森林覆盖率高达78%,对原始生态文化的保护得很好。此外,十八洞村位于高山山区,冬季短暂,夏季漫长。这是一个多山的熔岩地区,海拔700米,拥有优质的自然景观。由于处在深山地区,村里多为留守老人和儿童,人口较少,生活条件较差,贫困人口多,人均收入低,村里道路泥泞,房屋失修,人民生活水平低下。当时,十八洞村的人均纯收入仅为1 668元,占当年全国农民人均纯收入的18.75%。在225户939人中,有136户542人为贫困户。

2. 脱贫遇到新转机

中国的扶贫工作经过近30多年的不懈努力,取得了举世瞩目的辉煌成就。由于全省乃至全国没有统一的扶贫信息系统,扶贫脱贫工作存在很多盲点,贫困的低质量和低效率问题十分普遍,扶贫制度设计存在缺陷,其针对性不强。总之,必须修复和改进最初的扶贫制度,精准扶贫重在“精准”二字,只有精准对症下药,扶贫才能取得成效,贫困人口才能减少,我们国家才能实现到2020年全面建成小康社会的目标。

2013年11月3日,十八洞村迎来了新机遇,习近平总书记到十八洞村进行考察,提出“精准扶贫”,扶贫从“大水漫灌”转为“精准确灌”,明确要求“不栽盆景,不搭风景”“不能搞特殊化,但不能没有变化”,不仅要实现自身的脱贫,还要探索“可复制、可推广”的脱贫经验。不能唯独让十八洞村一个村脱贫,还要让许多像十八洞村这样的村脱贫,贫困是许多地方普遍的问题,要在这么多贫困地区找出他们贫困的共性,还要结合当地的特殊性制定合理的政策。

根据中办发〔2013〕25号文件,明确定义了精准扶贫的内涵和目标,精准扶贫是根据不同贫困户的状况、不同贫困的区域,运用有差别和有效的方式对扶贫对象实施精确识别、精确帮扶、精确管理、精准考核的减贫方式。目标是引导各类扶贫资源实现优化配置,做到扶贫到村到户,逐步构建扶贫工作长效机制,为科学扶贫奠定坚实的基础。在精准扶贫政策的指导下,十八洞村开始探索了脱贫的历程。

3. 发展路有绊脚石

(1)新旧思想起冲突

十八洞村是少数民族的村庄,村民一直以传统农业为基础。村民施长寿和他的两个儿子用斧头和钢棍抵抗了扶贫队的行为,不允许修机耕道占用自己的农田。经询问,施长寿担心他的农田被占领,他就会吃哑巴亏。村里扶贫队队长龙秀林当场起草了一份协议,让被占领农田的村民当场签字,消除了村民心中的顾虑,以便及时解决“阻工风波”。这场阻工风波的本质是当地群众欲保留世俗传统的思想与现代化之间还不能很好地融合,若想改变当地群众的想法还需要扶贫工作人员对其进行长期的思想工作。

(2)扶贫不能靠“输血”

输血性的扶贫直接送钱送物资,所以才会有倒卖扶贫驴的事情发生。同样在十八洞村,扶贫工作组进入村庄后,一些村民就直接问这次又带多少钱。村民思想问题也是关系到扶贫工作的重要问题。村民想依靠不劳而获脱贫的方法是不可取的,政府为了解决贫困问题直接给钱也是不可取的,“输血”不能输一辈子,还需靠村民自身的双手脱贫。现在的扶贫和以前的扶贫相比有着本质区别,扶贫不仅要解决经济的问题,还要解决教育、医疗和其他问题。这就需要扶贫工作组充分考虑多方面因素来制定合适的政策,这才能从根本上解决问题,才是脱贫的根本之道。

(3)被质疑的“猕猴桃”

十八洞村一没土地、二没资金、三没技术。为了解决这些问题,村里引进外部企业共同成立了十八洞村苗汉子果业公司,资金不足,贷款1 000万元;土地不够,公司就从附近村子流转了1 000亩土地;没有技术,村里又邀请来猕猴桃种植专家。然而,村民认为猕猴桃产业的前景并不乐观,并对该产业发展持反对态度。扶贫小组凭借着自己的专业知识和能力,努力说服每个村民并终于达成协议。当地有关部门也找到了外援,武汉植物园不仅授予十八洞村新黄猕猴桃品种“金梅”的育种和开发权,中科院研究员及其团队还承担了为当地种植者提供技术指导和培训的重要任务,每个月他们都到现场培训或指导农民,为种植者提供全方位的技术支持。

4. 用准政策促发展

(1)精准识别贫困户

从十八洞村过去的扶贫经验中了解到,贫困家庭的指标转变为村干部的私人指标,一些农民隐瞒了自己的收入。准确识别贫困户是一个向村民宣传扶贫工作的好机会,扶贫工作队抓住这个机会,制定了精准的识别程序,准确把贫困户确定为文明创造的突破口,还可以帮助村民增强公正、公开、公平的意识,引导村民遵循“户主申请、投票识别、三级初审、公告公示、乡镇审核、县级审批、入户登记”7道程序,用“9个不评”识别标准,准确地识别了126户542人。在选出贫困家庭后,还对确定的贫困家庭进行公示,并建立退出机制以确保识别“准确”,从而避免浪费资源。

(2)改变思想是关键

在识别贫困户的过程中,有些村民担心贫困户的标签可能会让别人瞧不起,“贫困污名化”带来的影响可能会导致贫困村民从心底里降低自己的价值,对脱贫失去信心。为此,扶贫工作者用积极的词汇来抵消贫困本身带来的负面含义,他们树立积极的榜样,进行专业的积极心理干预,增强了他们的自信心,激发其内生动力,摆脱贫困户“等靠要”的思想,开设讲堂、树德增力,提高村民道德素质营造浓厚的脱贫攻坚氛围,从扶贫干部到村干部,再到村里的致富带头人,再到普通村民都要齐心协力,激发起脱贫致富的信心和斗志。

(3)股份合作真扶贫

由于村里的耕地面积少,难以发展,扶贫小组积极探索股份合作扶贫,帮助贫困户,并利用“跳出十八洞村,建设十八洞产业”的新思路发展猕猴桃产业。在花垣县国家农业科技示范园区,花垣县十八洞村苗汉子果业有限公司成立,公司注册资本600万,苗汉子出资306万,十八洞合作社和村集体经济出资294万。技术上中国科学院武汉植物园猕猴桃专家钟彩虹坐镇,开展公司化运作猕猴桃产业。十八洞村积极探索创新型扶贫机制模式,建立了农民专业合作社,在脱贫的过程中,产业发展与保护环境相结合,真正做到了既要绿水青山,也要金山银山。

5. 十八洞村换新颜

十八洞村在"精准扶贫"思想的指导下,发生了巨大的改变。当地的老百姓积极探索和实践着精准扶贫的思想内涵,建立了苗族特色农民专业合作社,产业发展成效显著,乡村旅游迸发强劲活力,走出了一条"可复制、可推广"的脱贫之路。鸟儿飞回来了、鱼儿游回来了、打工的人回来了、外面的客人也来了,现如今的十八洞村先后荣获全国先进基层政府组织、全国第三批宜居村寨、湖南省美丽少数民族特色村寨、湖南省文明村等荣誉,总书记提出的精准扶贫的思想在十八洞村得到了初步的实践。

(注:该案例荣获上海市公共政策研究会、上海理工大学管理学院第一届"哲寻杯"一等奖)

【问题思考】

1. 扶贫小组制定扶贫政策时面临了哪些矛盾?
2. 十八洞村扶贫小组在制定一系列决策中遵循了科学决策的哪些原则和程序?
3. 十八洞村扶贫小组决策过程中体现的政府决策理论模型?并做出评价。
4. 结合公共管理学,分析政府治理创新的原因和趋势?
5. 结合案例,十八洞村制定政策过程中哪些经验是可复制可推广的?

第七章　公共管理的管理工具

【内容提要】

公共管理的管理工具是指公共管理主体在公共管理过程中，为实现管理目标、提高管理绩效所使用的手段或方法的总称。公共管理的工具是公共管理理念付诸实践的桥梁，是公共管理履行职能的手段，是公共管理实现目标的途径。在公共部门的具体管理实践中，可供使用的公共管理工具有许多种类型，这些工具的集合体称为公共管理的"工具箱"。

【知识结构图】

本章知识结构图如图7-1所示。

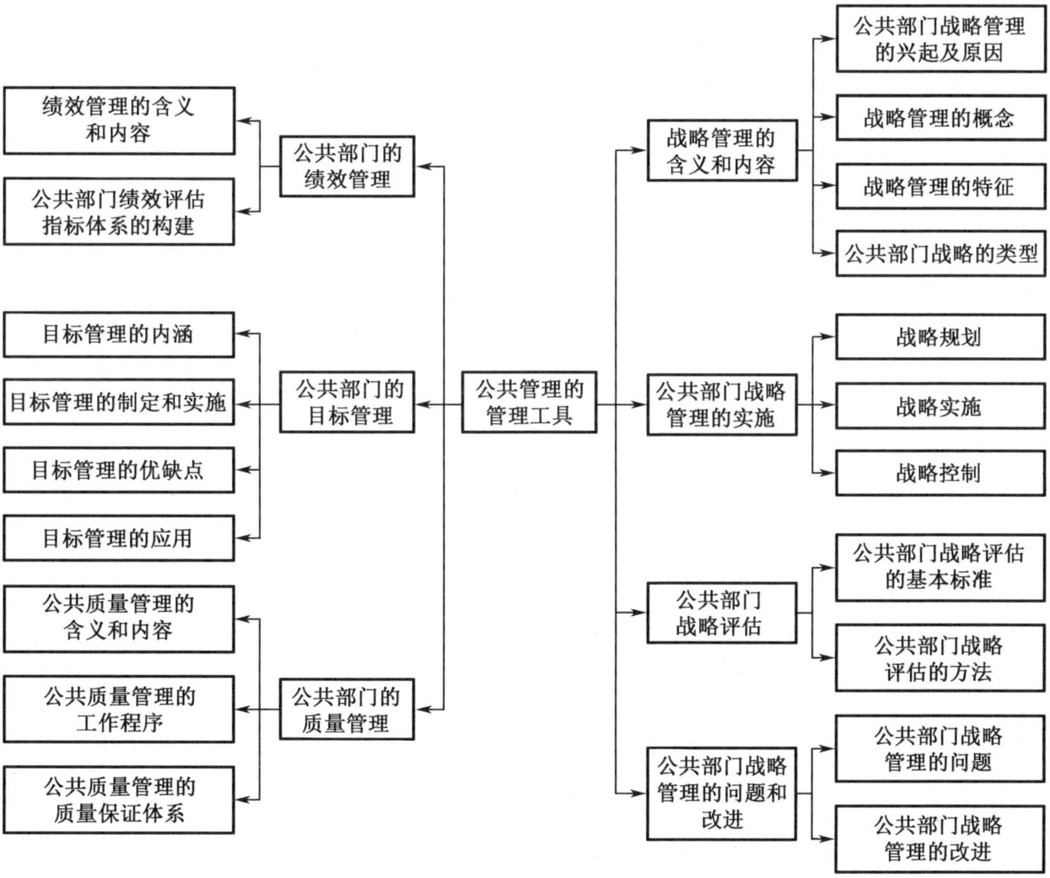

图7-1　本章知识结构图

【引导案例】

(1)天津滨海新区日前确定了"三步走"的战略发展目标,通过不断优化区域投资贸易环境,提升整体经济实力,力争到2020年基本实现国家对新区的功能定位。(新华网天津1月8日电)

战略规划为天津的发展起到了那些作用?

(2)18世纪末期,英国政府决定把犯了罪的英国人统统发配到澳洲去。但是三年以后,英国政府发现:运往澳洲的犯人在船上死亡率为12%。英国政府费了大笔资金,却没能达到大批移民的目的。英国政府想了很多办法,在每艘船上都派一名政府官员监督,再派一名医生负责犯人的医疗卫生,同时对犯人在船上的生活标准做了硬性规定。但死亡率不但没降下来,官员和医生还不明不白地死了。一位英国议员认为是制度出了问题,政府给予船主的报酬是以船上人数来计算的。改变制度后,政府以到澳洲上岸的人数为准计算报酬,取得明显效果。

如何有效利用绩效考核实现目的?

(3)爱丽丝的故事

"请你告诉我,我该走哪条路?"爱丽丝说。

"那要看你想去哪里?"猫说。

"去哪儿无所谓。"爱丽丝说。

"那么走哪条路也就无所谓了。"猫说。

——摘自刘易斯·卡罗尔《爱丽丝漫游奇境记》

思考:目标确定有何重要性?

第一节　公共部门战略管理

一、战略管理的含义和内容

(一)公共部门战略管理的兴起及原因

休斯认为公共部门战略规划途径兴起于20世纪80年代初,比私人部门晚了十余年,而公共部门战略管理途径的采用则仅比私人部门晚了几年。20世纪60年代以来,战略管理在西方企业运用中取得了巨大成功:福特公司利益优先战略使企业起死回生;通用汽车公司利益差别化战略使其夺得美国汽车霸主地位;战后的日本汽车企业利用战略管理方法将小型汽车打入"汽车王国"美国等。私人部门成功运用战略管理的经验对公共部门产生了深刻影响。在过去几十年里,新公共管理运动席卷全球各国,市场化、私有化进行得如火如荼。政府经常面临重组、合并、民营化以及直接干预范围缩小等威胁。信息技术迅猛发展、经济全球化和一体化进程导致公共部门面临的环境更加具有不确定性。为适应政治、经济、文化和社会等环境的变迁,20世纪80年代末90年代初,战略管理被引入公共部门。战略管理着重强调组织与环境之间的相互作用,允许对组织内外部环境进行考察,通过一定的付出获得最大利益。

西方公共部门战略管理的兴起是全球化、信息化和知识经济时代发展特别是当代政府改革运动的产物，是由传统的公共行政范式向（新）公共管理（或“管理主义”）范式转变的一个重要组成部分。当下，复杂变迁的环境促使任何公共部门都必须改变其传统的运作方式，不能再像过去那样对自身的生存、发展和未来高枕无忧。公共部门的管理者需要战略思维和战略思想，这正是公共部门战略管理兴起的现实原因。

我国公共部门引进战略管理有其现实必要性。新公共管理运动使得“绩效管理”“小型化政府”“现代化政府”“质量管理”等成为全球化术语，这些术语所代表的理论在许多国家已经被验证并取得了巨大的经济效益和社会效益。而在国内，随着改革开放的不断深入、公民意识的不断提高，公共部门逐渐出现了信任危机。历史进程和环境正在对我们的公共部门产生压力，使我们有理由且有必要引进公共部门战略管理的相关理论。但与此同时，我们也迫切地感受到若只是单纯引进是远远不够的，必须在理论引进的基础上重新构建具有本土化的公共部门战略管理理论体系。中国的历史文化发展和现实具体境况决定了我国的市场经济建设在阶段、水平和进程上都不同于西方发达国家，这也决定了我国公共部门在战略管理的内容和实施上将带有其自身的特点。

战略管理在公共部门中具有不可避免性。自泰勒创建现代科学管理理论以来，管理科学在实践中发生了巨大变化。其中最重要的一些变化包括：生活水平提高带来人类需求层次的不断提升；经济迅速发展带来企业规模的不断扩大；社会文化发展带来管理者与被管理者观念、意识的不断转变；信息技术发展带来计算机的广泛使用；现代通信与交通技术的进步带来沟通方式的不断创新等。这些变化不同程度地否定了我们引为经典的科学管理理论，要求我们要与时俱进、不断创新，使管理科学真正成为支持管理工作的理论依据，而公共部门引入战略管理，这正是管理科学在新时代背景下创新管理工作的具体应用。

（二）战略管理的概念

战略管理理论发展至今，可谓学派林立，许多学者的研究视角不同，对于战略管理概念的理解与阐释也各不相同。目前关于战略管理的概念主要有以下五种不同的阐释。

（1）战略管理是指一个组织打算如何去实现其目标和使命，包括各种方案的制订和评价，以及最终将要实施的方案。

（2）战略管理是指对一个组织未来发展方向做出决策，以及实施这些策略。

（3）战略管理是管理者有意识地进行政策选择、发展能力、诠释环境，以集中组织的努力，实现既定的目标。

（4）战略管理来源于组织决策，这些决策包括确定或反映组织目标、意图等的决策；规定组织从事的业务或服务范围的决策；确定组织将要成为何种经济或人力组织的决策；关于组织将要为其顾客和社会所要做的经济或非经济贡献的决策。

（5）战略管理包括以下四个指导原则：关注长期趋势；目标与组织内的等级制整合在一起；认识到决策管理与规划不会自行贯彻；强调外部观点，不仅要适应环境，而且要预期与影响环境。

我们认为，战略管理应该是组织适应外部环境变化、确立和调整组织长期目标、整合组织资源来实现组织的战略目标的一系列决策与行动。

(三)战略管理的特征

1. 全面性

与某一领域内的专业职能管理不同,战略管理的重点是促使组织整体目标的实现。专业领域的管理是通过动员组织内的部分相关资源来实现短期内该领域的具体职能。战略管理则超越了各部门的日常管理活动,更为重视组织整体的发展方向,通过对各具体职能部门进行协调和整合,集中全部的资源来实施整体战略。

2. 长期性

战略管理是长期目标与短期目标的结合,但二者相比较,战略管理更为注重的是组织长期目标的实现。战略管理的远景规划是在对外部环境变化及组织内部资源状况进行了分析和预测的基础上形成的,着眼于在今后相当长的一段时间内组织与外部环境的协调问题,目标一旦形成便不会轻易改动,要作为长时期的组织战略来实施。

3. 方向性

正如美国管理学家保罗·C. 纳特和罗伯特·W. 巴可夫所说,战略为组织提供方向,从而降低它所面临的不确定性。战略还指明组织想要得到的东西,将组织各方的努力统一起来,满足人们对秩序和可预见性的需要。

4. 目的性

战略管理不仅使组织内部的成员了解组织的发展目标和自身所处的位置,也通过对外宣传明确组织意图,使外界对组织的了解从模糊变成清晰,有助于为外界提供一条更容易理解组织的途径,从而有助于组织与外部环境的协调和沟通。

5. 统一性

制定统一的战略目标可以通过对众多目标进行协调和妥协,达成总体一致的组织整体战略目标,避免了因为目标模糊和矛盾冲突而造成的资源浪费,从而可以统一组织的努力。

6. 重大性

战略管理的制定与调整不是经常进行的,只有在遇到外部环境或者组织内部系统发生重大变化,组织面临重大问题和挑战时才会进行。

7. 主动性

组织主动搜集外部环境信息,并根据外部环境的变化,主动调整组织的战略发展规划;在战略规划进入实施阶段后,不仅要适应环境,还要通过组织的宣传、沟通来主动影响外部环境因素的变化。

(四)公共部门战略的类型

目前对于公共部门战略的分类主要建立在企业战略类型理论的基础上。下面简要介绍目前较为通行的一种公共部门战略分类,这是由美国管理学家保罗·C. 纳特和罗伯特·W. 巴可夫从公共部门自身的特性和公私部门的差异比较出发,在对企业战略管理理论中的"迈尔斯分类方法"进行了修正与调整的基础上形成的。他们认为根据社会要求公共部门采取行动的压力(环境的平静与动荡)和公共部门组织的外部回应度(积极或者消极行动)的不同,可以将公共部门战略分为八种类型。如图 7-2 所示描述了在不同的环境类型和组织行动性之下,组织所采取的八种战略管理类型,其中(+)表示此种战略是有效的,(-)则表示其可能是无效的。

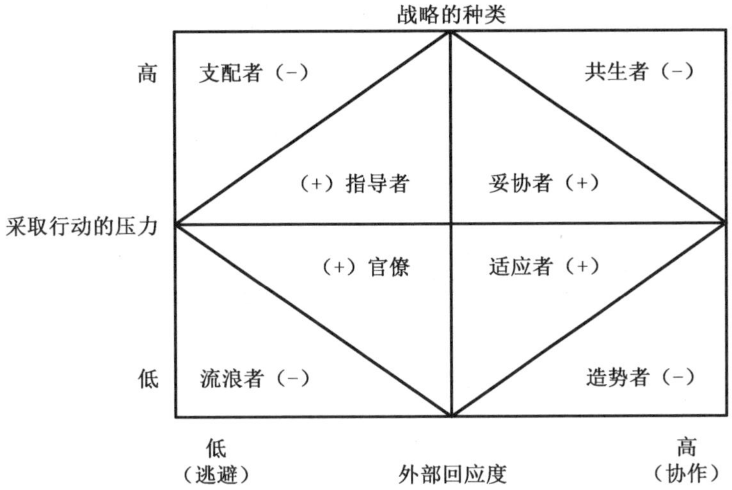

图 7-2　战略管理类型

图 7-1 中的八种战略管理类型如下。

1. 支配者型战略

此种战略强调用行动应对快速出现的新需求,极少考虑对合法权威的回应。运用强制力来自由选择其行动需要,并且无须对其行动负责。

2. 指导者型战略

此种战略增加了对重要需求的回应度,属于中等至高等的行动取向的战略,对其行动承担中等程度的责任。

3. 造势者型战略

这种战略研究每一个信号,以确定行动是否有保障,并不断公告要采取的行动,但不能对问题进行定性,也没有对问题进行优先顺序排列,结果日常工作被大量不重要的问题充斥,想要做的事情与其能做的事情之间有相当的差距,因此事实上很少将这种行动付诸实施。

4. 适应者型战略

虽然与造势者型战略同属于低行动型战略,但是适应者战略在问题议程上注入了更多的行动成分,通过一系列行动管理其所熟悉的局部环境,因此也相对积极一些,这使其在相对平静的环境中仍然是有效战略。

5. 流浪者型战略

如果组织处于平静的环境中,所面临的环境要求也很少,就有可能采取流浪者型战略。这是偷懒型的战略,组织目标模糊,人员无所事事,基本没有行动。

6. 官僚型战略

这种战略只为非常明确的需求采取适度的行动,并且只依赖常规和标准程序采取行动。在平静环境中,这是可以被接受的最低限度的战略。

7. 妥协者型战略

实行这种战略的组织面临明显的行动需求,在组织资源有限的情况下,按照对客户需求的优先排序来分配资源,其战略变革具有一定的长期性。

8. 共生者型战略

这是最主动的一种战略。由于所处环境和社会需求的急剧变化,共生者型战略要求加强部门组织之间的合作,通过建立统一的机构或者部分职能的让渡来整合职能部门重叠的不同组织,满足顾客突然发生急剧变化的需求。

二、公共部门战略管理的实施

战略管理是指对一个组织的未来方向制定决策和实施这些决策。对于战略管理的实施过程,不同的理论有不同的划分。本书从战略规划、战略实施和战略控制三个阶段分析战略管理的实施过程。

(一)战略规划

1. 战略规划的概念

战略规划是在环境分析的基础上拟定战略的过程,也是将战略意图转化为战略决策的过程。其目的在于明确环境对组织的重要影响,并指导组织对环境的变迁做出反应,以获得长期的竞争优势。

战略规划的结果是形成组织的战略计划。一个好的战略计划一般应包括四个方面的内容:战略范围,规定本组织与社会环境因素之间发生作用的范围,即说明要实现哪一方面的目标;资源分配,要阐明如何布置资源;战略说明,即阐明本身战略范围的机会和威胁;最佳协调作用,在战略范围内,要使资源部署与竞争优势相互协调。

2. 战略规划的步骤

(1)达成初步共识,组成战略管理小组

战略管理本身就是一个向关键利益相关者传递信息并取得共识的过程。由于公共部门受法律的约束,权力有限,战略的制定又涉及许多部门和人员的利益,因此在利益相关者之间达成对于战略规划行为的共识尤其重要。

为了使各利益相关者明确各自的需求,并制订相关的计划来解决这些需求,以做到行动的步调一致,有必要建立一个战略管理小组。战略管理小组既要营造创新,又要促使利益相关者达成共识,因此其组成应是代表组织内、外部利益和权力中心的人,并可随问题议程的变化而相应变化,以利于新问题的解决处理。

战略管理小组在整个战略管理的全过程的任何阶段,都通过以下三个步骤发挥作用:搜集信息和理念;综合信息和理念;抉择。尤其应注意在阶段转换过程中,根据标准确定行动的优先程度。

(2)构建组织理想

组织管理就是要引导或指挥人员去完成组织的目标。整个管理过程以组织目标为核心,如果没有特定的目标追求,管理就不能正常实施,而且组织也不会取得应有的成就。

对于公共部门而言,了解组织的历史背景有着特殊的作用,可以帮助组织应付如模糊不清的市场、制约因素、政治影响、权威限制和宽泛的所有权等问题。因为这些因素作为确定战略管理的前提,都是组织历史背景的一部分。之所以用理想来代替目标,原因就在于公共组织的目标往往非常模糊,而且存在争议,不像私人组织那样将利润数作为目标。公共组织的目标难以设定,这一困难将会导致“目标狂”的出现。此时,制定目标的过程本身成了组织的目标,而这将严重阻碍组织的行为。但是,如果目标不明确,那么修改或评价当前的活动就会有困难。为了提出可表明意图的目标,我们采用了“理想”这个概念。理想表明的目标能用具体的词语来表达,它可以反映出类似于长远目标的具体目标,从而为折中各方关于组织做什么(或不做什么)的争论提供一条途径。

(3)进行环境分析

战略管理与非战略管理之间的区别之一,就是战略管理注重对组织环境的分析评估。环境分析的主要任务在于通过对组织内部形势和外部环境的系统分析,掌握公共部门内部的优势和劣势,了解公共部门外观的机会与威胁。这就是美国哈佛大学商学院的安德鲁斯在其《公司战略概念》一书中提出的 SWOT 分析框架。

SWOT 分析是目前战略管理与规划领域广泛使用的分析工具,其主旨在于通过了解本组织的优势和劣势,抓住组织外部的机会,规避组织外部的威胁,从而制定行动战略的方法。SWOT 分析必须由战略管理小组以一种互动的方式进行,要考虑到实现组织目标所必须具备的各种基本条件,如财务、人事、结构、制度等,这是分析的难点所在,要求有良好的判断能力。通过 SWOT 分析可以明了组织所具备的能力,正视组织的劣势和威胁,直面组织所面临的压力,以促使组织人员更积极地寻找有助于实现组织目标或理想的各种机遇。

经过 SWOT 分析,一个组织可以有不同的战略匹配和选择。

①SO 战略(Strengths-Opportunities,优势-机会),这是一种发挥组织内部优势、利用外部机会的战略,所有组织及管理者都期望可以利用自己的优势,并抓住外部环境所提供的机会。

②WO 战略(Weakness-Opportunities,劣势-机会),其目标是利用外部机会来弥补内部的劣势。运用这一战略的基础是,组织存在着外部机会,但内部存在着劣势,妨碍着外部机会的实现。

③ST 战略(Strengths-Threats,优势-威胁),即利用优势,回避或减轻外部威胁的影响。

④WT 战略(Weakness-Threats,劣势-威胁),这是一种减少内部劣势的同时规避外部环境威胁的防御与战略。

(4)确立战略议程

战略议程即战略管理所要优先考虑并解决的议题。确立战略议程是战略管理的核心问题,对于实现组织的目标或理想有重大的影响。它可以帮助组织确立一个当前必须处理的议题,通过对议题的不断解决逐步向组织所向往的目标靠近,而不必为某个遥远的未来才能实现的目标耗费力量。

(5)制定备选战略

战略管理小组以 SWOT 分析为基础,在考虑组织理想的前提下,提出具有处理战略议程中每个议题的行动方案,这些行动方案必须有助于组织发挥优势、克服劣势、利用组织外部机会并规避或遏制威胁。

由于管辖权或领域上的限制,公共部门在制定备选战略时倾向于采取渐进形式的战略,以便在机会和威胁之间取得平衡。

(6)做出战略抉择

在引入新战略之前,必须对战略方案实施可行性评估,这是确定战略方案的前提。为了在利益相关者之间达成对战略规划行为的共识,战略方案的评估必须考虑到相应的利益相关者,明确各自的能力大小及对战略行为的影响程度,以建立一种合作的气氛,保证战略实施的成功。此外,还要考虑到战略实施所需资源的状况。由于公共部门普遍面临资源短缺的问题,那么选择一种消耗资源较少或者是所需资源较容易得到而达到的效果却较大的方案就成为战略管理者们的首要任务。此外,还应对各个备选战略方案的效果加以预测,既要考虑到有利的因素和成功的可能性,又要估计到不利因素和失败的风险,对其进行综合比较,选择最能实现组织理想的战略方案。

(二)战略实施

成功的战略规划并不能保证战略的成功实施。战略实施是将战略构想转化为现实的过程,相对于战略规划而言,它是行动的过程,更注重行动的效率。战略实施直接影响到相关部门和人员的利益,在行动上需要更广泛的协调。

战略实施涉及的问题很多,以下着重介绍以下三方面的活动。

1. 建立与组织战略相适应的有效的组织机构

公共部门战略实施的主体是整个部门,部门的全体成员为实现组织目标而同心协力地工作。这就要求战略管理者将实现组织目标所需的活动进行分类,并对每一类活动分配适当的职责、权利,进而规定各类活动之间的关系。因此,要有效地实施战略,必须建立适应所选战略的组织结构,否则,将会妨碍战略的实施,使战略不能实现预期目标。

组织战略的变化往往要求组织结构发生相应的变化。其主要原因在于以下两个方面:一方面,组织结构在很大程度上决定了目标和政策是如何制定的,组织的结构方式也会对其战略实施活动产生相当大的影响;另一方面,组织结构决定了资源的配置。改变组织结构的侧重点通常是战略实施活动的一部分,除非新的或修改后的战略同原战略所侧重的职能领域相同。钱德勒认为,组织发展和战略改变过程中往往重复出现一种特定的组织结构演变顺序,如图 7-3 所示。

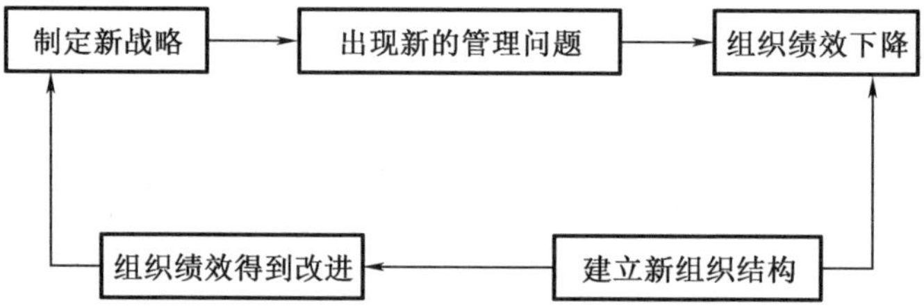

图 7-3　组织结构演变顺序图

为了适应新的战略和内部环境,必须对组织结构进行重新设计。在设计组织结构时,应遵循以下五个原则。

(1)组织结构的选择应与组织实施的战略相一致。任何结构模式都必须服务于组织的总体战略。

(2)组织结构应有弹性。组织的内外部环境是制约结构模式变动的重要因素,由于未来的环境是动态的、变化的,而且未来环境本身就是预测的产物,这就要求组织的未来结构模式必须具有一定的弹性,并尽可能设计一些应变方案。

(3)合理安排职位。职位应根据工作任务的数量和性质来确定,并依据职位的责任、权利和工作量确定人员。

(4)权责相符。工作责任和工作权利应同比例变化,这是提高工作效率的必要条件。

(5)控制幅度适当。领导下属要有一个适度的量,只有在限定范围内,才有利于实施有效控制。具体控制幅度的大小,还应考虑领导者的个人素质。

组织结构的设计,首先应分析组织的战略选择以及未来环境(包括内部条件和外部环境)对组织结构的要求,结合对现有结构的优劣分析,明确组织结构的变动方向;然后依据设计原则形成几个可供选择的结构模式方案;最后由战略管理小组召集专家选择合适的结构模式。

新的组织结构一旦确定,就需要对现有结构模式进行转化。模式的转化一般有渐进式和激进式两种:前者的优点是较平稳,但新旧结构模式的并存可能会产生摩擦;后者的优点是彻底、完整,但震动大,风险大。因此,结构的转化应制订周密的计划,充分估计到可能产生的问题并制定相应的对策。

以上有关组织结构的重建在理论上对任何组织都是完全可行的,事实上在公共部门中却困难重重。这是因为,在改变或重构组织系统方面,公共组织行政官员的权力基础比企业的管理者要薄弱得多,得到的权力也小得多。公共组织的战略管理必须在一个"权限丛林"中执行。从企业战略管理借鉴而来的方法无法应付这种多元性,因而必须发明新的方法以满足公共组织的需要。

2. 合理配置资源

战略实施必须以充足的资源为保证,因此有效的资源配置成为组织战略成功实施的必要条件。由于公共部门普遍存在资源稀缺的问题,因此在资源配置方面应做到以下几方面。

(1)优先考虑战略议题的资源议题的配置。重建的组织结构势必侧重于解决组织战略优先考虑的议题。

(2)对组织内部的资源进行再分配。对于那些对组织战略无直接或无重大影响的活动可在原有基础上减少资源的供应,对某些活动甚至可以停止供应资源,并重新制定预算。

(3)可以请求那些拥护组织战略的重要利益相关者为组织筹集资源,或者从一些次要项目中再争取一部分资金,从而保证组织战略实施的可能性。

3. 良好的沟通协调机制,克服变革阻力

在公共部门中,战略规划和实施,必须尽量谋求各方取得一致的意见。最好的办法就是正视这些意见不同的势力,不让其有机会导致组织方向的变更,因此在各利益相关者之间建立良好的沟通和协调机制就显得极为重要。

一个良好的沟通协调机制,不仅要在各利益相关者之间传递信息,在各方之间形成良好的合作氛围,还应致力于扩大对战略信息的宣传,增强战略支持者的信念,争取持中立态度者的支持和合作,同时尽量消除战略反对者的消极影响。组织的沟通与协调机制应做好以下三方面的工作。

(1)对于战略拥护者,应向他们提供增强其支持信念的信息,请持拥护态度和利益相关者将战略介绍给那些对战略不太热心的人,邀请关键的拥护者加入战略管理小组等。

(2)对于战略反对者,通过采取相应措施防止他们削弱战略拥护者的力量,防止他们与未确定的利益相关者结成反对联盟,通过与其沟通、妥协,尽量达成一个至少使他们保持中立态度的协议等。

(3)对于未确定的利益相关者,加大对战略的解释和宣传,使他们更充分地了解战略,发动战略支持者对战略进行宣传,以表明战略的受支持率,促使未确定者参与到战略支持者的队伍中来等。

此外,由于战略管理是组织与环境之间的双向互动过程,主动性的战略管理不仅要适应环境的变化,还需要有意识地影响和反作用于环境的变化,以引导和创造有利于战略实施的外部环境。因此,在公共部门的战略实施过程中,还应注重公共部门的自我营销,在公众面前树立一个良好的形象,使公众加深对其组织战略的了解,以促进形成一个有利于其战略实施的外部环境。

(三)战略控制

为保证公共部门战略目标的实现,使公共部门能够在既定战略轨道上顺利进行,战略控制就成为至关重要的一环。

1. 战略控制的内容

战略控制是监督战略实施过程,评估战略实施的绩效,并依据评估结果进行调整、修正,甚至终止战略的一种活动。战略控制涉及以下三方面的活动。

(1)前提控制

前提控制是指对诸如组织的外部环境、内部形势等形成组织战略的基础因素进行系统、连续的监控,以确保组织战略形成的前提是否依然成立,是否发生变化,发生了何种变化以及发生变化的原因等。如果前提发生变化,相应的战略也应随之变化。

(2)实施控制

其包括战略的实施是否按预定轨道前进,资源配置是否恰当,战略实施的实际结果是否实现预期目标,战略实施是否按原计划完成等。这一过程的关键是建立明确的绩效评估指标,对战略实施进行监督,是确认组织战略能否继续成功实施的前提。

(3)战略的调整

通过对战略前提和实施的控制,依据组织所呈现的具体情况及发展趋势,做出持续战略、修正战略、重组战略或是终止战略的决定。

2. 战略控制的方法

其控制方法有很多种,由于战略实施的环境具有极大的不确定性和周期长的特点,有些控制方法不太适用于对战略推进进行控制。下面着重介绍在企业战略管理的控制中发挥了较大作用的三种方法

(1)预先控制方法

预先控制的特点是先确定战略控制的标准,然后编制控制对象的行为程序即战略实施计划,根据预定的程序来实施实现战略目标。使用这种方法的前提是假设未来环境的变化是可以预料的,而组织战略控制系统的行为也是确定的。

这种控制方式可以防患于未然,即在偏差发生前就消除偏差,以避免时间滞后,并减少资源浪费造成的损失。这种方法的实施需具备较严格的条件,在某些特定的企业可以应用。但通过前面的分析我们知道,公共部门的战略管理相对于企业战略管理而言,其环境等因素的不确定性更大,战略管理者很难预先掌握影响外部环境变化的一切因素,因此预先控制的方法对于公共部门的战略管理可以说是不适用的。

(2)反馈控制方法

该控制方法的特点是与预先控制模式相类似,它虽然没有防干扰装置,但是有信息反馈系统,预定的程序在反馈信息的作用下会自动调整。

该种反馈控制系统假定战略环境中存在相当多的不可预测因素,因此预先制定的程序

必须根据外部环境的变化而调整。这种控制方法的优点是既能保证目标的实现,又具有一定的灵活性和适应性。缺点是调节行为发生于事后,可能会造成一些资源浪费。

公共部门的战略控制中较多地采用这种反馈控制的方法,这也是传统战略控制的主要方式。但是,由于这种相对静止的控制方法把战略管理看作一系列相互独立的过程,认为战略管理的各个阶段之间没有相互联系,这事实上已经不能适应现代战略管理的需要。不过,由于公共部门在信息的获得上有一定的滞后性和不完全性,使得反馈控制方式仍然具有一定的现实有效性,而且这种方法在公共部门定期的阶段性的战略控制中也还使用,因此仍是公共部门战略控制的主要方法。

(3)动态控制方法

动态控制方法是企业战略管理的战略控制中较普遍采用的控制方式,其特点是控制标准确定后,并不预先设计好控制程序,只是紧随目标,随机应变地决定自己的控制行为。

战略动态控制是一种面向未来的控制方法。与反馈控制相比,动态控制的目标结果和预测结果都是未来的,纠正偏差开始于事件发生之前,难度比反馈控制要大,因为预测本身就具有一定的不确定性,将不确定的预测结果用于控制,其效果自然不会太理想。同时外部环境的变化也可能会扰乱预测。

对于企业战略管理而言,动态控制方法是一种最为有效的控制方法,因为它是一种对战略管理全过程的、动态的、系统的控制。但对于公共部门而言,动态控制方法的难度更大。公共部门环境的不确定性更大,其目标往往非常模糊,难以澄清,而且公共部门由于传统的封闭性和技术等方面的原因,在信息搜集上较之企业有一定的差距,其对未来预测的难度也随之加大。

当然,随着新公共管理观念的引入,公共部门的开放性增强,对信息的搜集也愈加重视;同时,随着公共部门战略管理技术水平的提高,信息技术的发展,公共部门的信息搜集能力也会逐步提高。虽然目前公共部门战略管理仍以反馈控制方法为主,动态控制方法的实施仍有一定的难度,但它将是公共部门战略控制方法未来发展的方向。

三、公共部门战略评估

(一)公共部门战略评估的基本标准

战略评估标准是开展战略评估的基础。一个完善的评估指标体系可以迅速、准确地发现组织的优缺点。总体上看,公共部门战略评估的基本标准可以分为以下四个方面。

1. 目标的一致性

目标的一致性指的是在评估系统中,在战略目标、评估标准与评估目的三者之间取得一致,这是建立有效的评估指标体系的工作前提条件。

2. 环境的协调性

协调包括组织内部协调和组织与环境的外部协调两个方面。内部协调主要是与目标的一致性相配合,强调公共部门在制定和实施战略时,要将组织内部不同的位置和相应的路径连接起来,将各个部门的决策和行动编织成一个统一的、协调的整体。在组织与环境的工作外部协调上,则强调外部环境与组织战略的匹配。

3. 经济的可行性

一个好的战略必须做到既不过度消耗可利用资源,也不造成无法解决的派生问题。运用经济的可行性这一评估标准时,需要考虑两方面:经济可行性要衡量战略实施的结果是否达到了组织的预期目的;经济可行性衡量的是战略实施成本的大小和收益的多少。

4. 战略的可接受性

可接受是指一项战略实施是否能够被人们所接受,是否满足了特定社会团体的需求。

(二)公共部门战略评估的方法

战略评估方法是战略管理者在进行战略评估过程中所采用的方法的总称。近几十年来,随着公共部门战略管理的发展,各种新的评估方法不断涌现,极大地丰富了评估的实践活动。目前常见的方法有以下几种。

1. 前后比较法

前后比较法是战略评估活动中最常用的一种方法,它通过对战略实施前后的有关情况进行比较,测度出战略实施的效果及价值。

2. 专家评分法

所谓专家评分法就是组织专家审定各项关于战略实施的记录,通过量化战略实施的成果,鉴定战略实施的成效。这种方法的优点是简单、直观性强、计算方法简单、选择余地比较大,并且对能够进行定量计算的评估项目和无法进行计算的评估项目都加以考虑。

3. 模糊评估法

模糊评估法可以用来对人、事、物进行全面、正确而又定量的评估,因此是提高战略管理者管理水平的一种有效方法。对于方案、人才、成果的评估,往往从多种因素出发进行考虑,而且这些考虑一般只能用模糊语言来描述,如"大、中、小""高、中、低""优、良、可、劣"等。

4. 效益成本法

在战略评估中,所有的评估指标都可以划分为两类:效益和成本。将每个方案的效益与成本分别计算比较后,就可以评估方案的优劣。

5. 自评法

自评法即战略执行者自行对战略的影响和实现预期目标的进展情况进行评估。由于战略执行者亲身参与战略实施的过程,对战略产生、制定和实施的全过程比较了解,对战略环境、实施对象、实施过程也比较清楚,掌握比较充分的信息,因此有可能及时而充分地评估、判断一项战略的效果。

四、公共部门战略管理的问题和改进

(一)公共部门战略管理的问题

1. 休斯总结提出的问题

休斯总结了目前比较普遍的对公共部门战略管理问题的批评(包括对战略管理问题本身的问题和对战略管理在公共部门应用中出现的问题的批评),概括起来有以下内容。

(1)正式的战略计划过程被描述得比它的实际情况或所能做到的更具逻辑性和分析性。它的设计过于抽象,因此对在任何人类组织中起作用的社会-政治的动态现象未予以考虑。

(2)正式的战略计划过程过于呆板,因此面对迅速变化和动荡不定的外部环境时,过于迟钝。

(3)正式的战略管理过程与创造性和改革观念相违背。

(4)公私部门间巨大的差异使得在将企业战略管理引入公共部门时出现了一系列问题。

(5)如果战略是组织制定的,其内容若损害了政治官员的利益,就会造成追究责任的问题。

(6)公共部门由于自身的公共性,因而往往存在着多重目标,而这些目标之间又经常是相互冲突或矛盾的。

(7)公共部门行政人员频繁的调动与战略管理的长期性产生矛盾,既影响了战略管理的持续性与连贯性,也影响了决策者对实行战略管理的积极性。

2. 保罗总结提出的问题

管理学家塞缪尔·保罗从公共部门战略发展计划的目标与手段的角度出发进行了分析,认为公共部门的战略发展计划存在以下三方面的制约因素。

(1)对目标选择的制约因素。对战略管理目标的选择灵活性有限是对公共部门战略管理的一种制约。

(2)可供公共部门战略管理执行人员选择使用的手段有限。这是因为政府往往对各机构的使用资金规定了决策制度和程序。

(3)目标与软指标手段的配合经常受到制约。目标与规划应紧跟瞬息万变的情况,不断加以调整,实现目标的手段也必须与之相适应。但这种情况绝大多数很难实现。

(二)公共部门战略管理的改进

公共部门战略管理中虽然存在着诸多问题,但这并不表明在公共部门实行战略管理是不现实的。对公共部门战略管理进行改进,有助于公共部门战略管理的成功实施。

1. 战略管理思维比计划更重要

在动荡的环境中要保证战略管理计划的成功实施,就必须对外部环境进行持续的监测并随时准备调整战略计划,而机制僵化的公共部门则可能会注重对战略计划的严格执行而忽略了对计划的调整。

2. 重视战略规划与战略实施间的有效配合

由于目标与手段的脱节,造成了战略规划不能适应环境变化,不能得到及时有效地调整和修正,因此应该打破部门之间的障碍,建立便于两者相结合的组织机构和工作程序。尤其要重视各级管理人员对战略规划设计的广泛参与,在规划制定前就鼓励组织成员积极交换意见,使战略规划执行者也能对其有一定的了解。

3. 重视战略管理的实施

有计划无执行是当前许多公共部门战略管理中存在的主要问题之一。许多公共部门在制定了一项战略管理规划后却因为实施中存在困难和障碍,或者由于决策者的更换而导致了战略实施的中断或停滞不前。

4. 重视战略管理过程中良好的沟通协调机制的建立

公共部门具有影响范围广的特点,公共部门的战略管理改革往往涉及众多利益相关者,各种政治力量和利益集团都会对公共部门战略规划的制定和实施施加影响。建立良好的沟通协调机制,争取广泛的支持,有助于战略管理的顺利实施。

5. 重视组织长期目标的设计

公共部门组织目标的模糊性一直遭到人们批评,事实上,由于公共组织的公共性,多重目标的特点似乎是不可避免的。要解决这个问题就应该摆脱具体目标的矛盾与冲突,从更长远的角度出发,根据组织的历史背景,在组织发展的未来进行预测的基础上设计出能反映组织长期发展方向和发展意图的长期目标。

第二节　公共部门的绩效管理

一、绩效管理的含义和内容

(一)公共部门绩效管理的背景

在现代社会的运转过程中,如何提高政府决策制定和执行公共政策的能力,如何提高政府管理效率以推动社会服务的高效率、高质量,这些问题已成为当今世界各国政府改革的重心,也是现代公共行政学走向以政府管理效率和政府能力为核心的新时期的现实依据。

1. 政府管理发生变化

现代信息技术的发展、民主化和国际竞争环境条件的变化,使政府管理问题成为西方国家发展与稳定的中心问题,使社会公平和民主成为政府管理的核心价值,要求政府更有服务性、更有责任心和更富有效率,使公共项目及其产生的结果成为政府管理活动关注的焦点。

2. 新公共管理运动的兴起

自20世纪70年代起,各国政府面对财政困境和社会对政府提供服务需求的扩大,竞相实行了以"新公共管理运动"为取向的政府改革运动。绩效管理是"新公共管理运动"经验的重要组成部分。到了20世纪末,许多公共行政学者都转变了公共行政的理念,不仅将行政和管理相区别,而且提倡公共部门的管理应通过市场化走向公平、可靠以及关心顾客和效率。在新公共管理运动的推动下,更广泛的公共价值观念在对效率的追求中被边缘化,因此,公共价值视角的接纳将代表进一步的规范式变化。然而,这样的变化将重新定义公共管理者的角色,并对现有与新公共管理运动同时发展起来的能力提出了一系列挑战。这个理念标志着以官僚制为基础的传统公共行政时代的终结。

(二)公共部门绩效管理的含义

公共部门引入绩效管理是时代变迁和社会变革的产物,学术界对公共部门绩效管理进行的研究大都出于对"新公共管理部门"的实证研究。目前对公共部门绩效管理的定义并没有统一的界定。

一般来说,公共部门绩效管理由绩效计划、绩效实施与管理、绩效考核与评价、绩效反馈和绩效结果运用五部分构成。有学者指出,从美国国家绩效评估中的绩效衡量小组对绩效管理下的经典定义中可以得到,所谓的绩效管理是"利用绩效信息协同设定统一的绩效目标,进行资源配置与优化顺序的安排,以告知管理者维持或改变既定目标计划,并且报告成功符合目标的管理过程"。因此,公共部门绩效管理过程一般包括三个最基本的功能和构成,即绩效评估、绩效衡量和绩效追踪。

简言之,公共部门绩效管理就是在全球化发展和政府财政压力增加的情况下,公共部门主动吸纳企业绩效管理的经验和做法,引入市场竞争机制、强调顾客导向、提高公共服务质量。具体来说,公共部门绩效管理包括以下三层含义。

1. 强调绩效管理是公共管理者的主要职责

作为公共组织,原则上必须对公众负责,这是对公共负责的要求,也是公共组织赢得更多支持的基础。对公共组织的个人和组织进行绩效管理是公共管理者的主要职责。一般认为,公共部门也应该追求效率和效益,而公共部门事务管理的特殊性使其效益衡量成为困境。公共部门在全球化巨大的竞争压力中率先走出了这个困境,充分强调绩效管理是公共管理者的职责。这样,公共管理者与企业组织的管理人员一样,能够以普通管理者的身份参与到绩效管理中。

2. 强调公共部门的高效率

公共部门绩效管理充分强调了公共部门产出的高效率。公共部门的产出主要是公共服务,传统的成本-收益分析不适用于公共部门考核,导致公共部门的考核一直处于无效状态。绩效管理是一种注重结果的管理,将个人绩效和组织绩效整合在一起,使整个公共组织处于高激励、高效率的状态。通过绩效管理全方位的监测、控制和管理,公共部门能够不断持续改进个人和整体效绩。

3. 强调公共部门服务的高质量

绩效管理本身源于市场经济竞争环境的变化,这与公共部门降低成本、提供产出的目的有着相似之处。不同的是公共部门提高产出效率的压力没有企业组织大。当然,随着公共部门服务内容的扩张和资源压力的增大,提高服务质量和产出水平也成为刻不容缓的大事。

(三)公共部门绩效管理的价值

公共部门绩效管理在理论及实践上都具有必要性和可行性。面对公共部门这样一个特殊的组织而言,其价值主要体现在观念和制度两个方面。

1. 观念价值

(1)绩效观念

绩效管理源于市场化运作,它的一系列观念都与效率、效果相挂钩。全新的绩效管理,一方面在公共部门中引入了市场机制,使政府通过市场化运作能够摆脱烦琐的行政事务,提高政府机构实际工作效率;另一方面,公共部门的绩效管理强化了公平、竞争等市场意识,有助于推动公务员考核的公平性,从而推动人事制度改革。

(2)服务理念

“顾客导向”机制的引入使公共部门开始注重社会公共的满意度与政府绩效之间的紧密联系。有效的绩效管理将社会大众作为顾客,使政府工作的重心围绕顾客的需要,并以顾客需要的满足度作为衡量绩效的标准,有力地提升了公共部门的服务品质,使其走向真正的服务型政府。

(3)责任观念

对公众负责是公共部门存在的重要理念。绩效管理需要将公共部门使用资源的情况、如何使用、使用的结果等对公众进行说明,以公众满意度作为公共部门绩效衡量的一个标准。绩效管理的引入为实践公共部门的责任观提供了可操作的具体方法,从而充分体现了绩效管理的社会服务价值。

2. 制度价值

制度价值体现在为公共部门与制度相关的制度、机构、人员等方面的改革价值。

(1)公共部门制度改革

以绩效为导向的制度改革,在绩效、服务、责任层面上推进了公共部门制度向法制、高效的方向发展。

(2)公共部门机构改革

为推进政府绩效评估和绩效管理,西方许多国家设立了独立机构:一方面对各部门的绩效评估结果进行整体汇总,以便公众比较评价;另一方面有选择地独立对一些部门的绩效进行评估,避免部门自我评估可能产生的“报喜不报忧”和评价失准现象。专门绩效评估机构的建立有助于公共部门机构改革走向非官僚化,也有助于绩效考核的公正、公平,从而为公共部门绩效管理的合理有效实施提供制度保障。

(3)公共部门人员调查

公务人员也是公共部门特定制度体系的产物。绩效管理对公务人员素质、形象、心理、行为等方面的改变也直接归结为绩效管理的价值。公共部门绩效管理的最终目的在于综合提高公共部门制定和执行公共政策的能力,并以激励的模式推动政府管理效率的提高。在绩效管理实践中,公共部门开始重视公务人员个人绩效和服务质量的提高,并以对公共服务需求满足的程度来作为衡量公务人员效绩的标准之一。绩效管理模式下,公务人员承担的社会责任加重,对自身职业的认同感提高,大大改变了传统的官僚者形象。

二、公共部门绩效评估指标体系的构建

根据公共部门的职能履行和公共管理业务的实际情况构建科学的绩效评估指标体系是公共部门绩效评估的一个核心工作。评估错误或者不科学,评估的结果就不客观、不准确。因此,科学、合理地构建公共部门绩效评估指标对科学开展公共部门绩效评估、使绩效评估具有可操作性、树立科学政绩观,都具有十分重要的意义。

(一)绩效评估指标的含义和分类

1. 绩效评估指标的含义

绩效评估指标就是评估因子或评估项目。绩效评估指标指的是从哪些方面来对评估对象的工作绩效进行衡量或评估,解决的是评估什么的问题。在绩效评估过程中,指向被评估者绩效的各个方面就是评估指标。绩效评估指标适用于衡量被评估者的实际行为结果是否达到绩效目标或达到了什么程度。针对一个具体的绩效目标,需要建立众多的相关评估指标,包括数量、质量、时效、成本、产出等方面的指标。因此,绩效评估的指标不是单一的一个指标,而是由多个相关评估指标构成的评估指标体系。绩效评估指标是影响评估结果客观、准确的关键因素,要准确、科学地评估公共部门绩效,就要建立一套科学、综合的绩效评估指标体系。

2. 绩效评估指标的分类

绩效评估指标有多种分类方式。为了更好地构建公共部门绩效评估指标体系,我们应该熟悉各种评估指标,并将各类评估指标纳入公共部门绩效评估指标体系之中。

(1)根据绩效评估的内容分类

公共部门绩效评估的内容是公共部门职能、职责及其目标的具体体现。从通用标准的角度,一般可以划分为业绩指标、能力指标和工作状态指标。

业绩指标,是指测量公共部门及其公务人员履行职能、职责及其实现目标所产生的结果和所产生的社会影响的指标;能力指标,是测量公共部门及其公务人员公共管理能力的指标,包括公共管理一般通用的能力各个部门因业务、职能不同而表现的特殊能力;工作状态指标,就是测量公共部门及其公务人员履行职能、职责的工作指导思想、积极主动性等方面的指标,是影响公共部门绩效等级、影响公共部门在公众的形象的重要因素,是反映公共管理和服务质量的重要方面。

业绩、能力和工作是相互影响的有机整体。公共管理能力与工作态度在一定程度上共同决定了一个部门的实际业绩。但是,即使工作状态很好,公共管理能力也未必能够全部得到发挥,转化为相应的业绩。这是因为在公共管理能力、工作状态向业绩转化的过程中,还会受到许多其他因素的影响,包括职能配置是否合理、管理体制是否健全、业务流程是否优化高效、管理手段是否先进有力,以及文化、观念、社会环境、设备条件和资源配置情况等。这进一步说明了公共部门绩效评估的复杂性。

(2)根据指标是否可以量化分类

根据指标是否可以量化,将评估指标区分为软指标和硬指标。

①硬指标指的是可以量化的指标,是那些能够以统计数据为基础,把统计数据作为主要评估信息,建立评估数学模型,以数学手段求得评估结果,并能够以数量表示评估结果的评估指标。

②软指标指的是通过运用人的知识、经验进行判断和主观评估方能得出评估结果的评估指标。软指标属于定性判断、难以量化的指标,软指标的适用主要依赖于评估者的知识和经验来做出主观判断和评估,容易受到各种主观因素的影响。

③硬指标与软指标相结合。在实际公共部门绩效评估中,单纯使用硬指标或单纯使用软指标进行评估,都是不可取的。因此,要将硬指标与软指标各自的长处加以综合应用,实行硬指标与软指标的有机结合,以弥补各自的不足。

3. 绩效标准

绩效标准又称绩效评估标准,指的是在各个评估指标上所应达到的具体绩效要求,或者是各个评估指标上分别应该达到什么样的绩效水平,解决的是要求行为者(被评估者)做得怎样、完成多少的问题,是区别不同绩效等级的依据。绩效标准包括基本标准和卓越标准两个方面,这样才能发挥绩效管理的激励作用。因此,一般在同一层次评估指标上,都会区分出几种不同的绩效要求,不同的绩效要求就有不同的绩效得分。

4. 绩效等级

绩效等级是依据绩效评估指标对行为者(被评估者)的绩效进行评估后,将绩效评估结果划分为不同的等级层次。绩效等级表明了实际绩效结果与绩效目标之间的差距,反映了实现绩效目标的程度。

绩效等级的划分与绩效评估指标和绩效标准有关,也与参加绩效评估主体和评估方式有关。不同的绩效等级,就有不同的绩效标准(绩效要求),也就有不同的利益。奖惩、待遇、晋级、薪酬与效绩挂钩,实际上就是与绩效等级挂钩。因此,在做到公正、客观对公共部门及其公务人员绩效进行评估的基础上,绩效等级划分的多少、等级和等级之间的差距,将会对行为者(被评估者)的奖惩、待遇、晋升、薪酬产生很大影响。

(二)构建公共部门绩效评估指标的原则与要求

1. 构建公共部门绩效评估指标的原则

构建公共部门绩效评估指标,应遵循以下几个原则。

(1)综合、全面性原则

所谓综合性,就是不能以某一个方面的指标代替绩效评估指标的全部,不是从一个方面而是从多个方面综合地对政府绩效进行评估;所谓全面性,就是指绩效评估指标要全面、合理、客观,要能涵盖、评估并全面反映公共部门职能的行使情况。

(2)系统性原则

根据这一原则,公共部门绩效评估体系实际上就是围绕着公共管理系统的绩效目标进行分解,而形成的一个由一定数量的绩效评估指标所构成的集合。组成这个集合的各个评估指标既相互独立,又相互作用,构成一个有机联系的整体;组成这个集合的各个评估指标并不是胡乱地堆积在一起,而是有权重之分并划分为不同的层次。

(3)硬指标与软指标相结合、定量与定性相结合的原则

由于公共管理的特性,公共部门绩效具有多维性,因此绩效评估的指标既有硬指标,又有软指标;既要定量评估,又要定性评估。同时,使用定性指标、软指标也必须建立在定量分析的基础上。

(4)可操作性原则

绩效评估指标是用来测量政府绩效的一个特点数值或特性。这就是要求所建立的评估指标体系具有可行性、可操作性,包括评估指标所涉及的数据容易采集,计算公式科学合理,评价过程简单、利于掌握和操作,也就是数据资料的可获得性、数据资料的可量化性,以及评估指标的复杂性。

(5)与职能行使保持一致的原则

这个原则是指所构建的绩效评估体系必须与评估对象的职能、工作职责相符合,能够真正反映评估对象职能行使的实际,体现政府绩效的本质或主要特征。

(6)导向性原则

公共部门绩效评估的目的就是通过绩效评估,获得有效的绩效信息,了解和把握政府绩效的现状,发现问题,找出差距,降低公共管理成本,规范公共管理行为,改进和提高公共管理效率和服务能力,促进经济社会全面协调和可持续发展。因此,评估指标的选择必须有利于实现公共部门绩效评估的目的。

(7)独立性与差异性原则

独立性原则指的是评估指标之间的界限应清楚明晰,不会发生含义上的重复,指标体系的各项指标都具有独立的信息,相互不能替代。差异性原则指的是评估指标之间的内容可以进行比较,能明确分辨各个指标的不同之处以及内涵上的明显差异。

2 构建公共部门绩效评估指标的要求

构建科学的、综合的、多层次的绩效评估指标体系,是实施绩效评估的一个难点,其具体要求包括以下内容。

(1)要注重符合综合的、多层次评估指标体系的构建

其具体包括:①既要有共性指标,也要有差异性指标;②既要有定性指标,也要有定量

指标;③既要体现行为者实际行为结果与绩效目标之间的比较,测量出效果,也要体现本部门、本岗位自己跟自己历史的比较,部门之间、岗位之间的横向比较,测量出进步的幅度;④既要考虑行为者绩效的经济效益和社会效益,也要考虑短期效应和长期效应、直接效应与间接效应,避免出现绩效评估指标对被评估者产生逆向激励的效应;⑤既要科学设定基本的评估事项与基本分,又要科学设定加分或减分的评估事项,还要科学设定“一票否决”的特殊评估事项;⑥要充分吸取各方面专家和公众的意见,要避免出现绩效评估指标对被评估者产生逆向激励效应。

(2)要注重评估指标体系的科学性

其具体包括:①评估指标的设计应具有明确、合法的依据,绩效评估指标是绩效目标、承担职能与职责以及中心工作的具体化,要准确反映绩效目标、承担职能与职责以及中心工作的具体绩效要求;②评估指标体系中评估指标划分应科学合理,权重设定和分值安排要根据多个影响因子不同程度的影响来确定,能够科学反映不同评估指标之间、不同被评估的单位之间或岗位之间的差异和绩效难度;③评估指标所依据的评估资料具有可获取性,评估资料的客观性、准确性及其对评估的价值具有可辨别性。

(3)要注重评估指标体系的设计步骤

整体绩效评估、岗位绩效评估和项目绩效评估的指标体系的设计步骤不同;注重每一个指标内涵的明确清晰性、针对性、相互之间的内在逻辑性;注重评估指标与被评估者公共管理行为目标的一致性、评估指标与绩效评估目的的一致性、绩效评估目的与被评估者公共管理行为目标的一致性。

(4)科学设计评估指标的权重

在绩效评估实践中,权重的设计如果靠主观确定,或采取多人对不同因素依靠主观打分确定权重,这既在理论上缺乏科学性,难以服众,又在实践中极大地损害了积极性与公平性,甚至误导公共管理实践和产生负激励效果。

(三)公共部门绩效评估的程序

1. 公共部门绩效评估程序的含义

公共部门绩效评估是一个范围相当广泛的术语,评估所指向的是公共部门在管理公共事务和供给公共服务过程中的投入、产出、中期成果、最终成果及其社会影响;评估活动主要集中在对公共管理活动的花费、运作过程及其社会效果等方面的测定来测量公共管理实现绩效目标的程度并由此划分绩效等级,发现绩效问题,从而改进绩效。公共部门绩效评估过程并不是一个单一的行为过程,而是包含了确定的绩效目标、阐明评估的任务与目的要求、构建可量化的评估指标和评估标准、收集信息资料、划分绩效等级、公布评估结果、运用评估结果等环节在内的综合行为系统。

因此,公共部门绩效评估程序是指为了实现公共部门绩效评估的目标与任务,针对公共部门绩效评估活动的过程、步骤、环节、方式等要素所做出的具有指导性和规范性的计划与流程安排,它需要对评估全过程中的各个步骤、各个环节的具体活动内容进行详细规定和明确,需要对实施评估工作的基本路径、方式、方法进行具体描述。评估程序的规范化、科学化和程序化,是公共部门绩效评估规范化、科学化和程序化的前提。

2. 公共部门绩效评估的过程

公共部门绩效评估的实施是由多个主体、多个环节、多种方法和技术组成的行为过程。

绩效评估过程主要表现为前期准备阶段、组织实验阶段和结果运用阶段。

(1)前期准备阶段

①明确评估目的和时机

明确公共部门绩效评估的目的,是实施公共部门绩效评估的基础,具有非常重要的意义:绩效评估的目的决定评估活动的内容;明确评估目的,才能突出评估工作的针对性,使评估工作真正起到应有的激励和规范作用;明确了评估目的,才能确定通过该评估所要表达的效果;评估的目的也不是单纬度的,不同利益的相关者可能有不同的评估目的,对评估的标准要求也不同。

绩效评估的时机是否妥当是保证绩效评估有效、顺利进行的重要因素。绩效评估的时机随评估目的的不同而不同。应该把绩效评估的时机与评估目的和效果统一起来,通过评估实际的选择做到不同目的的兼顾和均衡。这样的评估一方面可以很好地确定评估的时机和评估目的,另一方面可以很好地利用评估资源以及节约评估资源。

②选择与确定评估主体

评估主体及其对被评估者的期望值,对被评估者来说具有导向作用,谁是评估主体,谁就拥有了话语权。谁是评估主体,以及评估主体的专业素质、价值观念和主观态度都会对评估结果的客观性、准确性、公正性和科学性产生重要影响。因此,必须科学选择评估主体,确定不同评估主体在评估中的权重和确定公共的评估尺度与标准。

③划分和选定绩效评估项目

绩效评估项目是指绩效评估指向的具体内容,表明是从哪些方面来对评估者绩效进行评估的问题,因此,评估项目划分与绩效评估之间存在着密切的联系。如何使公共部门绩效的优势与缺陷都涵盖到不同的评估项目中,这是使评估客观、公正,发挥评估导向作用的关键。如何确定和划分评估项目与如何建立评估指标体系是密切相关的。评估项目的划分与选定,是评估指标体系建立的基础;评估指标体系是评估项目的进一步细化或具体化。只有确定了评估项目,才会根据评估项目构建一级评估指标、二级评估指标,甚至三级评估指标。一般而言,绩效评估项目可划分为业绩项目、效果项目、能力项目等。

④制订绩效计划,确立绩效目标、绩效标准和评估指标体系

绩效计划是公共部门绩效评估的起点和基础,也是公共部门绩效评估开展的方向和依据。绩效计划是一个由部门领导、部门分支机构及部门工作人员共同设计制定的、在一个绩效周期内要做什么、需做到什么程度、为什么做、何时应做完、分支机构及工作人员的决策权限等问题进行讨论,促进相互理解并达成共识的过程。因此,绩效计划就是要明确公共部门及其公务人员在一定时间内所要达到的工作目标,目的是使每个部门和每个员工都知道自己追求的目标,并且知道"做什么、怎么做、做到什么程度"。

绩效目标是指被评估者履行职能或岗位职责所应达到的程度。绩效评估就是将被评估者履行职能或职责的实际结果与其应达到的程度所进行的对照或比较。因此,明确绩效目标是科学实施绩效评估的第一步。没有绩效目标,行为就失去了方向;没有绩效目标,绩效评估就没有参照系,评估就只能测出"绩"而不能测出"效"。

⑤制订评估计划和实施方案

为了保证绩效评估的顺利进行,在绩效评估开始之前要对评估对象的政策、目标、主要活动、主要资源以及开展这项评估的主要风险、有关的政策进行大量的调查研究和论证,并制订政府绩效评估计划,包括评估内容、评估方法、评估中可能发现哪些问题、怎样解决发

现的问题、评估的结果将会是如何、评估中要向评估对象提问哪些问题、预计将得到怎么样的回答、各种答案的说明等。有了这样详尽的规划，到了调查阶段只是用搜集到的信息和资料证明评估的计划。在这个阶段还要对评估的人力、物力、财力、评估的时间和涉及的部门、人员进行安排。在绩效评估计划中，要重点回答四个问题：为什么要进行绩效评估、由谁去评估、评估什么、如何进行绩效评估。

确定绩效评估的计划后，要制订出详细而具体的实施方案。它需要建立一种形式和结构，但不是杂乱无序的，必须按照以下内容来限定：评估的频率，评估的标准，评估本身的布局及内容，解决评估者与被评估者争端的程序，记录评估结果的安排，指导该方案的引入、执行及继续的安排。具体的评估实施方案根据具体评估情况而定，应注意评估阶段的划分，也要注意评估中标准和方法的使用等方面的问题。

（2）组织实施阶段

①成立评估实施机构

为确保客观、公正和科学地开展绩效评估工作，树立评估的权威性和严肃性，需要在整个评估开始之前建立一个评估机构。评估机构就是要组织实施和执行绩效评估的方案与计划，既要防止走过场，也要防止评估过程中出现不良现象，及时纠正方向性偏差，具体指导每个步骤和环节的评估工作。

②设计评估调查内容，下达评估通知书

为科学评估公共部门绩效，使定性评估建立在充分而有效的信息资料分析的基础上，从而提高绩效评估结果的客观性和公正性，评估机构需要根据定性评估指标的要求具体设计出相关调查内容。调查内容的设计：一要考虑评估者与被评估者是否存在管理与被管理、服务与被服务的关系；二要紧密围绕评估目的、任务和宗旨；三要根据评估指标体系的具体内容和要求，调查的资料要能够作为评估指标区分不同绩效等级的依据。通知书是评估组织机构出具的具体文书，是公共部门接受评估的依据。

③收集评估资料

准备和收集评估资料是开展公共部门绩效评估极为重要的一环，必须取得详细丰富、具有说服力的相关资料才能确保评估结果的准确、客观。绩效评估所依据的资料主要包括有关法律法规、服务承诺、工作计划与方案、工作报表、回复与解释公众提出问题或抱怨的信件与电话数量的统计与记录、解决实际问题的数量、实际取得的服务结果与社会效果、会议记录、物质投放与消耗、成果鉴定结果、管理方法的改进与调整等。

绩效评估资料要从量和质上反映公共部门及其公务人员的绩效和存在的问题，绩效评估所收集的资料必须全面、客观与真实。要根据评估的目的收集资料，否则造成收集工作的盲目性和收集资料的离散性，重点主次不分，也不一定有用。收集资料可以采取公共部门或评估工作机构自行收集的方式进行，收集的方法通常包括访谈法、问卷调查法、统计资料法、个案法、研讨会和专家听证会等。为了保证资料的真实性和可靠性，通常需要多种方法互相印证和互相补充，评估主体应根据评估目的和所选择的评估视角对收集的资料加以筛选、核实和整合。

④开展评估的评议工作，形成评估结果

在收集完数据以后，评估工作小组根据评估指标，运用评估资料，独立进行分数评定，并根据所取得的分数划分绩效等级。因此，开展评估工作、形成评估结果的过程，实际上就是根据评估指标、运用评估资料的过程。

(3)结果运用阶段

①复核评估结果,撰写评估报告

对评估结果的复核主要包括对定量指标基础数据、评分标准、评估计分过程及评估指标的复核等。在结果形成前,有必要把评估结果与被评估部门进行商榷。如果评估结果与公共部门的自评以及公共部门期望的差距较大,则需要进行基础资料的重新核实,寻找产生差异的原因,把评估结果反馈给专家咨询组征求意见,增强评估的公正性和可接受性。

评估报告是评估工作组完成绩效评估后,向评估组织机构(委托方)提交的说明评估目的、评估程序、评估标准、评估依据、评估结论以及评估结果分析等基本情况的文本文件,也是公共部门绩效评估工作最终成果的体现。评估报告主要由概述、正文和附录组成。评估报告内容应力求言简意赅、重事实分析、重视激励功能,并划分可控制因素和不可控制因素,管理者应对其负责范围内的绩效可控制因素负责。

②公布评估结果

绩效评估结果的公布是指评估者通过制定评估报告,客观地再现整个评估过程,再现被评估者的绩效等级,根据评估的任务与要求得出结论。公布绩效评估结果对公共部门及其公务人员来说具有重要的激励和监督作用,同时也为公众对不同的部门及其所提供的服务进行选择,来促进公共部门责任的实现和绩效的提高。

在公共部门绩效评估的实现中,公布绩效评估结果应当成为政务公开和行政程序公正的重要内容。绩效评估结果的封闭性会使公共部门难以通过绩效评估而真正发现公共管理的绩效问题。公众和利益相关者由于对公共部门绩效评估信息不很清楚,因此难以对公共部门起到监督作用。评估书或者评估报告不仅要对被评估者所处的绩效等级进行分析和说明,而且还要有对公共行政过程中存在的问题的说明及其原因分析,并提出改进建议。在此基础上,政府部门通过公告、网络、电视和报纸等媒体向社会进行公布,并设计相应的沟通渠道,收集社会公众和有关部门的反馈意见,以利于改进下次的绩效评估活动。

③评估结果的分析与运用

评估结果的分析是正确运用评估结果的重要一环。在对公共部门绩效评估结果进行分析时,除了对评估总分进行比较,还应该对评估对象的基本建设、运作机制、业务实绩等指标分别进行分析评论,从而厘清公共部门绩效与管理因素影响的关系,力求得出一个客观公正的评估结论。

公共部门绩效评估结果的应用是公共部门绩效评估权威性和评估目的的体现,通过绩效评估来促进被评估者全面履行职能或职责的重要途径,也反映了公共部门绩效评估对公共管理实践活动的导向性作用。评估结果的运用具体包括:对于监管部门,可以作为改善监督的手段,将事后监督变为日常监督;对于上级部门和组织人事部门,可以作为被评估者责任人进行晋升、任免、奖惩和待遇的参考依据,作为部门预算的参考依据;对于被评估者,可以作为其发现问题、改进工作业绩的参考依据;对于社会公众,通过定期有选择地发布评论结果可以作为加强社会舆论监督的手段。

因此,绩效评估结果必须与被评估者的利益挂钩。通过对评估者绩效的评估,可以为职务任免、奖惩、各项待遇制定提供可靠的依据,还可以帮助被评估者发现工作中存在的问题,为上级部门的有关决策和部门工作的改进、个人绩效的提高提供必要的依据和指导,从根本上改变能上不能下、能进不能出的状况。

（四）公共部门绩效管理的问题和对策

1. 影响公共部门绩效的因素

（1）外部因素

①政治因素

一个国家的政治体制决定着公共管理体制，政治权威决定着公共管理权威。所以，国家的政治稳定，政治生活民主化、法制化是公共管理活动正常进行的基本条件，也是公共管理高效化的前提。

②经济因素

国家经济发展状况是提高行政效率的物质基础，公共管理体系的结构和功能要与经济发展的类型和水平相适应。

③社会因素

首先，社会集团对公共管理绩效会产生影响；其次，社会风气对公共管理绩效也会产生影响。

④科学技术因素

当今社会，科学技术的发展日新月异。在现代化的行政管理中，能否大幅度提高行政效率，在很大程度上取决于现代科学技术在行政管理活动中的运用情况。

（2）内部因素

①组织因素

影响公共部门绩效的组织因素主要有以下三个。

第一，机构设置。首先，公共管理机构的功能是否齐全，是否适应社会和经济发展的客观要求，是否事事都有人管；其次，行政机构是否精简；再次，权责是否明确，权责划分和组合是否合理。

第二，职位的设置。公共部门中有各种职位，这些职位的设置是由该机构的功能、地位和职责范围等因素决定的。

第三，管理各环节的衔接。

②人员因素

人作为最重要的管理因素，对公共管理的绩效具有直接的影响。人员因素包括人与事的关系、行政人员素质（这包括领导者素质和一般管理者素质两个方面）。

2. 公共部门绩效管理中的困难

与私人部门相比，公共部门的绩效管理，尤其是绩效评估要困难得多。这具体表现在以下几方面。

（1）绩效管理的一个重要前提是将所有绩效都以量化的方式呈现出来，据此进行绩效衡量。但对公共部门来说，要精确算出投入产出比并不容易，大多数公共部门的品质好坏很难用客观、具体的数据来衡量。

（2）功能相同的公共组织由地区性的差异、规模大小的不同，以同样的绩效指标来衡量其绩效并进行比较，这并不公平；各个分支机构的绩效，能否加总构成中央机构的绩效，不仅在技术上有困难，在实践上也令人怀疑。

（3）绩效管理的成效取决于绩效指标的制定是否周全、合理、客观，能否涵盖组织的重要绩效。实践表明，许多公共组织推行绩效管理之所以失败，首先在于绩效管理指标体系的不合理。

(4)绩效管理的结果有赖于可靠的信息。如果所收集的信息错误不够全面,就无法真正反映机关的实际绩效。

(5)公共管理价值取向的多元性、利益机制的复杂性,使公共部门绩效评估的利益取向定位和价值取向定位具有更多的争议性和主观性,从而阻碍了公共部门绩效管理的实施。

3. 改进公共部门绩效的策略

绩效改革表现在管理实践创新和管理理论创新这两个方面。

(1)改进绩效的实践创新

各国在公共管理实践中普遍认识到,改进公共部门绩效、创建高绩效组织不是单向的,而应在多方面展开,其中的关键条件是领导者始终重视高绩效,愿意制定高绩效措施,并愿意为改革整个组织承担责任和风险。

在操作层面上,绩效管理改革的基本思路是,在组织严格实行战略管理,在员工人力资源管理诱因上采取绩效薪俸制度,两者相互配合,使组织目标与个人目标高度统一起来。

改进公共管理绩效是各国政府努力追求的目标,这一目标的意义在于:通过明确责任与权利,摒弃官僚制,逐步改变行政文化,使公务人员更加负责地利用手中的公共资源,从而提高服务的质量,为公民提供更优良的生存与发展环境。

(2)改进绩效的理论创新

近几十年来,产生了一些新的理论,其中比较典型的是组织修炼和知识联盟这两种理论。

①组织修炼论

组织修炼论为学习型组织发展提供了方向。组织修炼论认为,未来的竞争是组织的竞争,组织竞争力的本质是组织素质,为了提高组织素质,就必须进行组织修炼。所谓"组织修炼"就是采用系统思考的方法使组织向"学习型组织"转变。

②知识联盟论

知识联盟论认为,在知识经济时代,一旦市场组织无法拥有或控制它的知识资源和管理技术,这个组织的处境将会非常危险。为此,创建知识联盟,能够使自己获得其他组织的技能和能力,并且可以与其他组织合作创造新的能力。

知识联盟有以下四个特点:学习和创造知识是联盟的中心任务;知识联盟比产品联盟更紧密;知识联盟的参与者范围极其广泛;知识联盟比产品联盟具有更大的战略潜力。

第三节　公共部门的目标管理

一、目标管理的内涵

(一)目标管理的含义

对于目标管理,学术界见解颇多。奥蒂奥纳认为,目标管理是一种程序,借助组织中上下层级的管理人员一起来确定组织的共同目标,并以对组织成员的期望结果来界定每一位成员的主要责任范围,同时依次指导每个部门的活动,并评估每一位成员的贡献。韦里奇认为,目标管理是一套以系统的方式整合诸多管理的关键活动,有意识地引导组织与个人能有效率地完成目标。

因此,可以认为目标管理是由参与管理者制定目标,并经过自我管理和自我控制等管理方式,建立各级人员的责任心和荣誉感,最终实现组织绩效的一套管理系统。这套管理系统是由上级与下级共同决定具体的绩效目标,并且定期检查完成目标的进展情况,而奖励则是根据目标的完成情况来确定。目标管理实质上是一种面向成果的管理。它对人们提出的要求并不在于工作本身,而是在于工作成果。“一切为了成果”是目标管理的口号。

(二)目标管理的基本内容

目标管理作为一种以目标为控制手段的管理系统,不是一个孤立的方法。其基本内容如下。

1. 目标制定

每一位行政人员应与其管理者对工作的结果达成协议,然后以书面形式将组织目标、单位目标与个人目标分别呈现出来,分清相互之间的关系及排定优先顺序。例如,制度组织的整体目标和战略;在各部门之间分配主要的目标;各部门的管理者和他们的上级一起设定本部门的具体目标;部门的所有成员参与设定各自的具体目标;管理者与下级共同商定如何实现目标和行动规划等。

2. 预算

目标的达成与资源配置相联系,通过预算以货币的形式将目标予以落实。

3. 自主性

自主性就是目标执行过程中赋予组织成员适当的权力与责任,使其在执行和实施目标时,可以控制自己的行为及活动,依其自定的工作方式,主动解决问题,并对结果负责。

4. 反馈

反馈在目标管理中居于重要地位,通过信息的反馈以保证目标能如期达成或适当修改,所以应定期检查实现目标的进展情况,并向有关单位和个人反馈。

5. 奖赏

根据激励原理,为了目标的达成,奖赏系统的设计是不可或缺的。绩效的奖励将促进目标的成功实现,如果缺乏适当的奖赏,目标管理也不会成功。

二、公共目标管理的制定和实施

(一)公共目标管理的制定

一项完整的目标管理活动,大致可分为目标的制定、目标的实施和依据工作成绩进行奖罚等阶段。公共目标管理是从制定目标开始的。制定目标是把主客观条件统一起来的决策或计划过程,是把主观需要、主观条件与客观环境结合起来形成组织努力方向的过程。制定适宜的目标是首要环节,同时因为公共部门的目标通常是多元化的、模糊的,且受到法律法规的严格限制,所以其也是公共部门实施目标管理时最困难的环节。

1. 制定目标的依据

公共部门目标的确定,依赖于环境对它的要求,以及为应付环境的挑战而对组织自身提出的要求。一般说来,这些要求大致如下。

(1)法制政策要求

公共部门活动的最大特征在于它服务的公共性,公共部门活动的产出属于公共产品,经常以法律和政策的形式出现。法律通常规定了公共部门活动的最一般的规则,政策则限定了公共部门在特定阶段的活动内容和方向。法律政策中关于公共部门的职能职责、工作任务、权力范围的有关规定,是公共部门制定活动目标的最基本的依据。同时,法律和政策也具有较强的权威性,公共部门的目标必须遵从它,至少不得与其相抵触。

(2)上级要求

上级要求是公共部门活动目标的又一权威性依据。它既反映了某一公共部门所属系统的总体目标,又是该部门具体目标的合法性基础。一般地说,上级的要求具有动态性,比较具体,能为公共部门制定目标提供基本方向和目标、任务的大概范围。

(3)服务对象的要求

在传统的政制体制下,公共部门通常被要求只向上级负责。现在,这种观念已经开始转变,“质量”“服务”“顾客”等口号越来越响亮,人们的注意力也越来越集中于如何才能提供更便捷、更有效的服务,如政府的社会保障与社会救济部门要建立社会保障与社会救济的目标,必须建立在对被救济对象的困难程度和其需求的了解之上。毕竟,服务是公共部门的天职,也是其赖以生存和发展的基础。要提供好服务,公共部门就必须了解服务对象的意愿,并通过各种科学的方法和技术预测顾客需求的发展趋势,以此作为采取行动的依据。

(4)前期目标完成情况

这包括本部门上年度的目标任务完成情况,原有基础以及没有完成的目标和仍然存在的问题。这是因为公共部门的管理工作具有一定的联系性和延续性,新的目标是原有目标的继承或延续。因此,弄清这些因素就是为了体现这种联系性和继承性;同时,也是为了总结经验教训,为新的目标制定提供借鉴和启示。

(5)组织现状

组织现状主要包括组织中的人、财、物的状况,组织的制度建设、组织发展等因素。这些因素中有的对实行目标管理有利、有的则不利,公共部门要对此有清醒的认识,并在此基础上制定出切实可行的目标。

2. 目标的制定程序

目标的制定由准备工作、初步拟定目标、初拟目标的讨论与修改、制定目标实施计划、填写目标卡片几个步骤组成。

(1)准备工作

准备阶段的任务是建立一个情报或信息基础,管理人员在此基础上制定目标。在准备阶段,上级宣布自己的方针和目标,明确对下级的要求,这是下级制定目标的前提。因而,上级应该明确意识到这一点,并主动做好此项工作。

(2)初步拟定目标

在进行了充分准备后,公共部门应该开始目标的拟定工作。通常,有些人员是根据本部门的工作说明来进行的,但是,这种做法是不恰当的,工作说明并不能用来代替目标。实践表明,工作说明对于非管理人员(生产人员和办公室人员)可能还有些价值,对管理人员则不太适用,甚至会产生消极作用。那么,应该如何拟定目标呢?实践中最有效的方式就是寻找并确定关键目标因素,在此基础上再确定初步目标。

所谓关键目标因素，是指在目标管理中制约和决定工作成绩大小和管理成败的工作环节和内容。它主要表现为以下几个方面：

①工作的主要领域，即为了尽可能取得良好的结果，必须在这些领域做出良好的成绩；

②工作成功的主要关键环节；

③目标阶段的主要课题；

④管理人员必须取得最终结果的那些领域；

⑤制约和影响整体工作成功或失败的关键领域；

⑥要取得目标阶段成功，应该优先考虑的课题。

关键目标因素的意义在于帮助管理人员将有限的资源用于最重要的事务，并努力从这些事务中取得最大收益。有了关键目标因素，管理人员就可以避免陷入碌碌无为的境地，工作就更有成效。

（3）初拟目标的讨论与修订

目标草案拟订以后，管理人员要征求上级的意见并与下级、同级进行民主讨论，在此基础上进行科学修订。讨论的重点除了目标本身外，也要考虑与上级、同级其他部门目标的契合问题。

（4）制定目标实施计划

经过讨论、修订后的目标，如果没有一套具体的实施计划，就只是一纸空文。目标实施计划就是如何达到目标的详细办法，它提供了实现目标的行动时间表，同时也为目标的实施提供了监督和控制的基础。

制定目标计划的步骤通常有四个：清楚地说明目标；确定完成目标的手段，以供选择；权衡并选出较好的手段；为选出的手段制订计划。

（5）填写目标卡片

目标卡片是关于目标及其实施计划的书面说明，它以表格的形式将目标记录下来，作为管理、监督和评价工作成果的依据。

3. 有效目标的标准

按照上述步骤进行操作，我们最终得到的是一套有效的目标体系。这里提供有效目标的基本准则。

（1）具体

目标是要对达到的最终结果的具体描述，它规定必须完成什么、何时完成。在最大可能的限度内，目标应规定数量，即对金钱数量、出勤率、产量单位、培训时间等都应明确说明。

（2）切合实际

这是针对目标的可行性而言的。最好的目标，应该是那些经过努力便可达到的目标。

（3）与权限相一致

管理人员的目标必须与其权限相一致。

（4）表述明确

目标应该采用上级和下级都能理解清楚的语言来表达。如果上级和下级对目标的理解不一致，目标管理的效果就会受到损害。

（5）具有弹性

管理人员总是希望通过目标管理取得不断进步，因此，制定的目标总是难以从严，这种做法非常危险。这是因为,目标是针对未来的行动方向,其制定依赖于对未来情况的预测,而预测通常会与客观实际存在一定的距离,因此,制定目标时应充分认识到这一点,让目标保持一定的弹性。

(6)数量相当

对所有的管理人员来说,目标的数量没有固定的要求。由于目标所包含的只是最重要的内容,根据经验,大多数管理人员的目标一般应为五至七条。

(7)一致性

确定出的目标:首先要纵向一致,即本级目标应是上级目标的实现;其次要横向一致,即本级部门的目标应与其他部门和单位的目标协调一致。

(8)科学性与预见性

目标的科学性是指:目标必须在对象、要求和时限上都是明确的和单一的;目标必须尽可能地量化;目标要具有先进性、合理性和切实可行性;目标要具有可衡量性。目标的预见性是指目标是可预先确定的。

(二)公共目标管理的实施

好的目标只是成功的开始。对管理人员来说,真正的挑战主要存在于目标的实施过程中。目标实施过程中的管理是否成功,决定了所制定的目标是否能全面实现。目标的实施应做好以下工作。

1. 授予权限

权限是为了实现预定目标而必须具备的支配他人和事务的能力。它是责任的基础,也是执行目标的条件。要使下级担负起责任,实现既定目标,必须授予他们有效的权限。当然在授予的权限中,处理例外事件的权限应为上级保留,上级还应保留一定的监控权。

在公共部门的实际工作中,权力大都集中在上级手中。上级对于将自己的权限转移到下级手中颇多担忧,经常会自觉不自觉地干预下级的事情,而下级也不知道自己应有的权限范围。这会使下层管理人员的工作积极性降低。

2. 分配资源

既定目标的实现,除了必须拥有相当的权限外,还需要有一定的物质资源。在传统的管理过程中,分配资源的工作被称为“编制预算”。在目标管理中,我们将其称为“分配资源”。这不仅是一个名称的改变,而且是工作目的和意义的全部转化。

传统的预算通常被称为对未来收入或支出的计划或结算,它是控制的一种重要手段。目标管理的资源分配则不同。它是按照管理人员的目标对资源进行有计划的分配。这个过程与传统预算的不同主要表现在:①资源分配是由目标产生的,而预算中规定的目标则是在计划收入减去计划成本的基础上产生的。②资源分配意味着管理的作用在于最佳地利用公共部门现有的资源,其重点在于强调使用现有资源带来的效益;而预算则意味着目标在于对现有资源的明确利用,它虽然包含着一定的效益观念,但重心在于强调对资源使用的可控性。③为了使资源得到有效的利用,资源分配必须充分鼓励、促进管理人员为获得资源而展开竞争。在目标与资源分配的关系上,目标根据组织工作的重点而制定,而资源分配又根据目标来确定。

这种不同,能突出关键目标因素,突出公共部门的工作重点,同时,允许多部门展开资源的竞争,更有利于资源的合理配置,也会对各部门产生较大的激励作用。

3. 控制

控制是矫正偏差的一系列活动的总称。为了使制定的目标和计划能顺利实现,管理人员必须使用一系列控制手段,使目标实施活动沿着既定的轨道进行。

在目标管理中,通常情况下,管理人员的控制点主要有五个,即环境、目标、计划、资源和日常工作。

(1)环境控制

环境是制定目标和计划的基础。目标和计划应随环境的变化而变化,因而在制定目标和计划时,应该对环境情况予以清楚地说明和记录,所以有必要建立一种预警系统,对环境进行不断地监测,以确定当初制定的目标和计划是否有效。

(2)目标控制

目标的基础性作用之一就是用以进行控制。目标必须尽可能明确、具体,同时,要在目标实施过程中建立反馈机制,以确定管理人员是否能够如期接近目标。在实践过程中,最常见的反馈措施就是定期检查和报告制度。

(3)计划控制

计划应制订得十分详细,即计划可以分为若干个不同的步骤,而且每个步骤都有一个确切的时间表,这样计划才能真正起到控制作用。

(4)资源控制

管理人员通过竞争争取到一定量的资源后,竞争所确立的资源使用标准就成了控制的一种手段,管理人员必须按照这些说明或标准来适应资源。传统的管理方法已建立了一套有效的会计和审计制度,目标管理应尽量充分利用其控制力。

(5)日常工作控制

日常工作是组织的保证和重要体现,日常工作控制也应成为目标实现过程中的一种主要控制手段。和传统管理方式一样,目标管理中的日常工作控制也主要是借助标准化的制度来实现的。它们之间的主要区别在于,传统管理方式通常要求上级对日常工作进行严格控制,而目标管理则将其交给基层部门和各位管理人员进行处理。

在上述五个方面的控制过程中,也需要管理人员对与目标实现相违背的活动采取必要的矫正措施。这些矫正措施既包括对以前的管理方式方法、行动步骤进行改进,也包括对目标、计划或资源分配方案进行调整,以使目标管理更为完善。

三、目标管理的优缺点

作为一种管理方式,目标管理与其他管理方式一样,存在着优点和缺点,这是管理者在运用目标管理方法时应该注意的。

(一)目标管理的优点

1. 激励明显

当目标成员组织的每个层次、每个部门和每个成员致力于达成一种结果,且实现的可能性相当大时,目标就成为组织成员的内在激励,当目标实现并获得相应报酬后,目标的激励作用就更大。最好的是每个层次、每个部门及组织中的每个成员都有自己参与制定的目标,这有利于形成全面激励的局面。

2. 管理有效

目标管理方式比计划管理方式更优越,这是因为目标管理是一种结果式管理,不仅仅是一种过程式管理。目标管理使组织的每个层次、每个部门及每个成员尽力去实现目标,由于这些目标是由组织总目标分解出来的,组织的每个层次、每个部门及每个成员实现目标,也就是组织总目标的实现。

3. 任务明确

目标管理可以使组织各级主管及成员都明确组织目标、组织的结构系统、组织的分工与合作及各自的任务。同时,在目标实施的过程中会发现组织体系存在的缺陷,从而对组织体系进行改进。

4. 控制有力

目标管理方式本身也是一种控制的方式,目标分解后的部门活动,通常还需要受到检查和督促,由于目标管理提供了一套明确的可考核的体系,更为组织高层进行监督控制提供了直接的依据。

5. 自我管理

目标管理也是一种引导组织成员进行自我管理的方式。在实施目标管理的过程中,组织成员不再只是执行指示,依赖上级的指导和决策,而是在此时已成为有明确规定目标的单位或个人,他们实现目标的过程也是自我管理的过程。

(二)目标管理的缺点

1. 容易注重短期目标

大多数的目标管理中的目标通常是一些短期目标。一方面来说,短期目标比较具体而易于分解,而长期目标则比较抽象和难以分解;另一方面短期目标易迅速见效,长期目标则不然。所以在目标管理方式的实施中,组织往往强调短期目标的实现而忽略了长期目标。

2. 目标设置存在困难

真正可用于考核的目标是比较难以设定的。这是因为,组织作为一个联合体,它的产出是组织全体成员共同努力的结果,在具体操作中,很难确定各自做了多少,这使得确定可度量的目标显得十分困难。

3. 难以权变

在执行目标管理过程中,目标是不能改变的,改变目标会导致组织的混乱。但目标确定后不能轻易改变,就使得组织运作缺乏弹性,无法通过权变来适应变化多端的外部环境。

四、目标管理的应用

目标管理在1950年以后被广泛运用于企业和政府部门,并继1960年的计划预算制度实施以后成为公共部门管理的一个重要工具。统计资料表明,一方面目标管理在公共部门应用十分广泛,而且在提高政府生产力方面起到了重要作用。另一方面,由于公共部门与私人部门存在本质的差异,公共部门实行目标管理,除面临与私人部门相同的问题外,还遇到了一些特有的限制,具体表现在以下几方面。

(1)目标管理在封闭体系的组织中较易实施,但在变动而且难以预测的环境中则不易使用,因此此时目标往往难以设定。由于公共部门所处的环境比私人部门所处的环境更加复杂多变,因而目标管理运用的范围和程度会受到一定的影响。

(2)目标管理存在信任问题。在官僚制行政组织中,目标往往是高层领导制定的,一般人员很少有参与机会,在执行目标过程中,也会进行严密控制,普通成员也只能按目标的要求行事,对目标的合理与否难以置信。但目标管理运行的有效性在很大程度上是建立在信任的基础上的,即高层主管要信任下属的能力,以及下属愿为实现组织目标尽心尽力;下属也要相信高层主管是真心鼓励大家参与,而不是走走过场、借下属参与来增加合法性。但研究表明,在官僚体制中建立信任是一件很不容易的事。

(3)公共部门的目标往往比较模糊,不易量化,其结果也不容易衡量。同时,公共目标的制定过程,并非是一个理性选择的过程,而是一个政治过程,往往充满了多元目标的冲突。

(4)目标管理的实施通常以一年或少于一年为周期,这种强调短期目标的管理,容易忽视组织长期目标发展的规划。

第四节 公共质量管理

一、公共质量管理的含义和内容

随着社会的进步、科技的发展和全球贸易竞争的加剧,质量管理越来越成为所有组织管理工作的重点。

(一)全面质量

全面质量管理是为了能够在经济的基础上,并在考虑到充分满足用户需求的条件下进行市场研究、设计、生产和服务,把企业各部门的设计质量、过程控制质量和质量改进等活动构成一个有效体系。简而言之,就是产品质量的好坏不仅来自最后检验手段或检验方法的优劣,更来自市场调查、研究开发、生产控制以及后勤物流等产品制造的所有环节。只有经历了这一过程的产品或服务才具备全面质量。

1. 产品质量

产品质量是指产品或服务在满足顾客需要方面所具备的特性和总和。这是顾客对产品或服务要求的集中体现,它标志着产品或服务的使用价值甚至价值的大小。

通常,人们将用户对产品或服务的要求归为六个方面,以此来作为质量标准。这六个方面是:

(1)性能。性能是指产品或服务在设计时综合用户需求而设定的,在产品提供服务过程中加以保证,产品或服务规定的性能任务,即某种产品或服务所应发挥的效能和作用与性能。

(2)可靠性。可靠性指在规定的时间内和条件下产品或劳务的表现能力。可靠性关系到顾客对产品或服务的实际享受程度,因而是关系到产品或服务质量的大事。在现代社会中,产品的可靠性还包括产品的可维修性。

(3)安全性。安全性指产品或服务在流通、传输过程中,对顾客、环境及社会的外部性或危害程度。这也是至关重要的一种质量特性。

(4)经济性。经济性指产品或服务必须价格低廉,使顾客能够消费得起。

(5)适应性。适应性指产品或服务适应环境变化的能力。质量好的产品或服务能广泛适应于不同顾客的偏好。

(6)时间性。时间性指厂商在规定的时间内满足顾客对产品或服务的提供期限和数量要求。有些产品在超过一定的时间期限后可能会失效,而有些服务在过期后也会毫无意义。

由于公共部门从事的主要是服务,这里专门介绍一下服务质量的概念。按照 ISO 9000 系列的规定,所谓服务是指为满足顾客的需要,供方与顾客接触的活动和供方内部活动所产生的结果。一般而言,顾客对服务的需要主要表现在物美价廉、及时周到、安全卫生、舒适方便、热情诚恳、礼貌尊重、亲切友好、谅解安慰八个方面。这八个方面概括为服务的特性:第一,舒适性,它是指服务过程的舒适程度,包括服务设施的完善和适用,方便和舒适,环境的整洁、美观和有序;第二,文明性,它指顾客在接受服务过程中精神满足需要的程度,包括自由、亲切、尊重、友好、自然与谅解的气氛,和谐的人际关系等,这也是服务特色之所在。

由于各个公共部门从事服务的性质不同,上述指标在各项服务中的重要性也就不同,例如在财务部门,可靠性很重要;而对于交通运输业,安全就是第一位的要求。

2. 工作质量

工作质量是为了保证和提高产品或服务质量所做的工作的质量,如市场开发、设计、提供服务、服务业绩的改进与分析等工作的质量。

任何产品更新换代或服务的质量,都取决于人、材料、机器设备、方法和环境五个方面的因素。每个因素又受到其他因素的影响。要想获得质量较高的产品和服务质量水平,只能在管理过程中很好地控制这些因素,使之处于较稳定状态,也就是说要维持较高的工作质量水平,这是管理学中过程管理思想在质量管理学中的体现,也是全面质量管理的基本内涵。

(二)全面质量管理

全面质量管理是以质量为中心,建立在组织全体员工参与基础上的一种管理,其目的是通过顾客、本组织成员和社会收益来达到长期成功。

1. 全面质量管理的具体含义

(1)对全面质量的管理

全面质量管理针对的是全面质量。它不仅要对产品质量进行管理,也要对工作质量进行管理;不仅对产品或服务性能进行管理,也要对经济性、时间性、舒适性等进行管理;不仅要对人进行管理,也要对物进行管理。全面质量管理是整个组织和部门管理的重心。

(2)全过程的管理

为使顾客得到满意的产品和服务,不仅要对产品和服务的形成过程进行质量管理,还要对各项工作的各个环节进行质量管理。

(3)全员参与的管理

产品或服务的质量涉及组织内的各个部门和各个成员,他们的工作都直接或间接地影响着产品和服务的质量。因而为了获得所期望的质量,必须要求组织内所有部门、成员都参与质量管理活动,不断改进和提高质量水平。

(4)科学的管理

全面质量管理是现代管理的一种模式。它使用以统计方法为主的科学方法,并将其与新型经营管理技术结合起来。

2. 全面质量管理思想

(1)质量第一

质量是组织管理工作的重要组成部分。随着竞争的加剧和人们需求水平的提高,质量已成为关系到组织前途和命运的头等大事。质量管理也就成为组织各项工作的重心和中心环节。

(2)为顾客服务

质量就是满足顾客要求的能力和程度。全面质量管理就是在产品和服务的形成、传输和使用时,要以顾客的需求为考虑问题的出发点和检查效果的归宿。任何组织都依存于他们的顾客,因而组织应理解顾客当前和未来的需求,满足顾客需求并争取超过顾客的期望。

(3)预防式管理

全面质量管理理论认为,仅靠产品或服务的质量检验不可能真正提高质量水平。只有在质量管理过程中,采取先进、规范的管理方式,将质量问题消灭在萌芽之中才能达到目的。因此,全面质量管理特别注意预防式管理,通过建立一整套质量保证体系来达到防患于未然的目的。

(4)大家受益

全面质量管理将质量理解为"大 Q",即质量的受益者包括五个方面,包括顾客、业主、员工、供应者和社会。全面质量管理的目的在于使这些受益者受益方面达到长期成功。

(5)领导作用

领导者建立组织相互统一的宗旨、方向和内部环境。所创造的环境能使员工充分参与实现组织目标的活动。作为领导,应努力进取,起领导的模范带头作用;借鉴外部环境条件的变化并对此做出响应;考虑到包括顾客、所有者、员工、供方和社会等所有受益者的需求;明确地提出组织未来的前景;在组织的各个层次树立价值共享和精神道德的典范;建立信任感、消除恐惧心理;向员工提供所需要的资源和履行其职责和义务方面的自由度;鼓舞、激励和承受员工的贡献;进行开放式和真诚的相互交流;教育、培训并指导员工;设定具有挑战性的目标;推行组织的战略以实现这些目标。

(6)全员参与

各级人员都是组织的根本,只有他们充分参与才能使他们的才干为组织带来效益。

(7)过程方法

将相关的资源和活动作为过程来进行管理,可以更高效地达到预期的目的。应该对过程给予界定,以实现预期的目标。识别并测量过程的输入和输出。根据组织的作用识别过程的界面,评价可能存在的风险、因果关系以及内部过程与顾客、供方和其他受益者的过程之间可能存在的相互冲突。明确规定对过程进行管理的职责、权限和义务。识别过程内部和外部的顾客、供方和其他受益者。在设计过程中,应考虑过程的步骤、活动、流程、控制措施、培训需求、设备、方法、信息、材料和其他资源,以达到预期的结果。整个组织利用确定的过程,能够增强结果的可预见性、更好地使用资源、缩短循环时间、降低成本。了解过程能力有助于确立更具有挑战性的目标。采用过程的方法,能够以降低成本、避免失误、控制偏差、缩短循环时间、增强对输出的可预见性的方法得到运作的结果。可降低人力资源管理(如人员的租用、教育与培训等)过程的成本,能够把这些过程与组织的需要相结合,并造就一支有能力的劳动力队伍。

(8)持续改进

持续改进是一个组织永恒的目标。应将持续地对产品、过程和体系进行改进作为组织每一名成员的目标。应用有关改进的理论进行渐进式的改进和突破性的改进。周期性地按照“卓越”的准则进行评价,以识别具有改进的潜力的区域;持续地改进过程的效率和有效性。

(9)以事实为决策依据

有效的决策是建立在对数据和信息进行合乎逻辑和直观的分析基础上。要达到这一点,必须对相关的目标值进行测量,收集数据的信息;确保数据和信息具有足够的可信度、可靠性和可获取性;使用有效的方法分析数据和信息;理解适宜的统计技术的价值;根据逻辑分析的结果以及经验和直觉进行决策并采取行动。

二、公共质量管理的工作程序

全面质量管理思想是一个组织在质量管理方面的总体原则,这些原则需要通过具体的活动得到体现。其应用可分为质量管理和质量保证两个方面。质量管理要考虑的是作为一个公共部门组织管理的重要组成部分,怎样保证目标的实现。组织要生存、要发展、要提高效率,当然离不开顾客,离不开质量。就质量保证来说,主要目的是取得足够的信任以表明组织能够满足质量要求。因此,所开展的活动主要涉及:测定顾客的质量要求、设定质量方针和目标、建立并实施文件化的质量体系、最终确保质量目标的实现。下面介绍全面质量管理的工作程序。

(一)全面质量管理的PDCA循环

全面质量管理是一套规范的管理模式。美国管理学家戴明在研究和指导日本企业进行质量管理时提出过称为“PDCA循环”的工作程序,其工作程序是以下内容。

(1)计划(Plan)——搜寻质量管理问题,有针对性地制定质量方针、目标,奖励质量标准和工作制度等。

(2)实施(Do)——根据计划阶段的方案,采取具体行动和措施,贯彻执行计划。

(3)检查(Check)——检查实施阶段的各种任务和活动是否遵循计划阶段制定的标准,结构是否达到预期要求。如果没有,存在的问题及其原因又是什么。

(4)处理(Action)——根据检查结果采取相应措施。如果导致问题产生的因素是有利的,则可以在认真实验后固定下来;如果这些因素是不利的,则应防止其再次发生。

以上四个方面构成质量管理工作的一个周期,形成循环的工作圈。

对于一次PDCA循环而言,在循环的处理阶段,应将该次质量管理的成功经验和教训加以总结,以形成更为标准和科学的工作程序。只有如此,质量管理工作才会每经过一次循环而提高一个台阶,后面的每一个环节都高于前一个环节,但又能环环相扣。

对于整个部门而言,其中的任何分部门,或任何工作阶段,都存在着全面质量管理的PDCA循环。每一个循环都存在着计划、实施、检查和处理阶段,形成一环扣一环,环环相扣的局面。

(二)公共部门的PDCA循环

PDCA循环是公共部门开展全面质量管理工作的典型程序类。对公共部门而言,PDCA

循环可被细化为以下八个步骤。

1. 问题的认定

公共部门在考虑如何提供最佳服务时,必须首先清楚该部门的工作性质,再确定问题存在的可能根源及大致的改进方向。

2. 分析产生问题的原因

略。

3. 找出最大的原因

略。

4. 制订计划

在一个完整的计划中,要能明确地回答"5W1H"的问题,分别是:必要性(Why)、目的(What)、地点(Where)、执行人(Who)和方法(How)。针对一些难度较大的问题,所制订的计划应尽量将其定位于实际可能达到的程度,主要利用 PDCA 循环来渐进地解决问题。

5. 执行计划

公共部门所制订的计划是在一个 APDC 循环的基础上制订的,所以具有一定的针对性和科学性,那么在执行计划时,要严格地落实计划与措施,以达到全面质量管理的效果。

6. 调查效果

由于公共部门的工作性质和活动成果很难量化,导致其质量改进的效果一般不太明显。调查方法不当,可能会挫伤管理人员的积极性,所以无论是在调查方法还是在调查对象上都应多样化。

7. 巩固成绩

标准化是巩固成绩的主要途径。它是指在经济、技术及管理等社会实践中,对重复性事件和概念,通过制定、发布和实施标准达到统一,以获得最佳秩序和社会效益。公共部门可以将质量管理中的一些成功经验固定为标准,实行手册化管理,从而提高其服务质量。

8. 提出尚未解决的问题

根据前一循环过程中产生但尚未解决的问题,提出下一个循环的针对性问题及解决方案。

三、公共质量管理的质量保证体系

质量保证体系是指为了保证和提高产品和服务质量而在各组织内建立的一种质量管理系统。它主要运用系统工程的原理和方法,通过规定组织内各部门、各环节在质量管理方面的职责、任务和权限,并建立统一协调机构将他们严密组织起来,以保证产品和服务满足用户的需要。质量保证体系既是组织对客户的一种质量保证,也是取得优质产品和服务的一种管理手段。这是全面质量管理深入发展的结果。

(一)质量保证体系的要素

从总体上说,质量保证体系的构成要素如下。

1. 结构要素

结构要素包括组织结构、职责、程序和资源四个部分。

(1)组织结构

在政府机构中,必须把全面质量管理纳入日常的组织结构中去,或者说将全面质量管理渗透到组织的标准运行程序、价值观念和组织文化中去,但不宜建立一个常设性的支持全面质量管理的部门,因为这样会妨碍全面质量管理与日常运作的结合。如果建立了独立的全面质量管理部门,项目就由该部门即全面质量管理办公室来协调,这会使员工觉得质量改进项目是一个独立的、与日常工作相分离的项目。所以,全面质量管理要在整个组织的各个层次和日常工作的各个方面加以实施。

(2)职责

公共部门内的各位员工从事的各项活动都在直接或间接地影响着整个部门的最终服务质量。所有人员都应承担起维护和提高工作质量的职责。这是全面质量管理的全员参与原则的要求。除此之外,有些机构和人员还承担着专门的质量管理职责。

(3)程序

程序指为了完成某项活动所规定的方法。它一般以书面形式规定为:满足客户需要所进行的活动的目的和范围;应由谁来做;何时何地以及如何去做;应使用何种材料、设施及文件,以及如何控制和记录等。

(4)资源

保证员工具有满足组织的顾客所需的知识与技能。为了实施质量体系,必须具备足够和适当的资源,主要是人力资源和物资资源,其中人力资源的开发最为重要。公共部门应从三个方面来开发人力资源:首先是激励,例如基于能力来选择工作人员;为员工提供良好的工作环境;注意开发员工的潜能等;其次是培训与开发;最后是沟通联络。通过培养员工的沟通技巧,建立正式的沟通渠道协调组织与顾客、组织内部人员之间的关系,以保证服务的及时性和运转流畅。

2. 运作要素

运作要素包括开发、设计、提供以及业绩的分析和改进四个部分。

(1)开发

开发是指从顾客和社会出发,识别和确定服务对象的需要,结合本组织实际情况,提出一个完整的服务纲要,说明服务的类型、规模、档次和质量要求等内容。

(2)设计

设计能够保证将目标直接与顾客的需要和期望相关联,将组织未来的前景转化为可测量的目标。

(3)提供

提供能够改进组织满足顾客需求的业绩,通过授权和员工的参与,实现组织的目标。

(4)业绩的分析和改进

在服务提供过程所做出的供方评价和顾客评价的基础上,进行服务业绩的分析和改进,并将分析和改进的结果反馈到开发和设计过程,以形成服务质量信息的循环系统。

(二)质量保证体系的建设

质量保证体系的建设直接关系到公共部门最终服务的优劣,具有一定的复杂性、相当大的难度和较大的工作量。这是一项系统工程,与 PDCA 循环相对应,其主要步骤和方法如下。

1. 统一认识和组织决策

(1) 高层管理者统一认识和决策

全面质量管理最重要的构成要素来自高层管理者的认识、支持和决策。高层管理者必须直接而且积极地投入,并为建立一个鼓励变革、鼓励创新,以工作为荣以及为了公共利益而持续不断地改进的组织环境而努力。

(2) 建立精干的工作班子

精干的工作班子是建设质量保证体系的组织基础。它最好由管理层直接领导,代表最高管理者发动、组织、协调、控制和管理质量保证体系的建设工作。工作班子的规模依公共部门的具体情况而定,其成员要精干,具有较高的工作热情和工作能力。

(3) 制订工作计划

这是 PDCA 循环的 P 阶段。制订的计划要全面、明确,有一定的弹性。

(4) 教育培训

教育培训贯穿于质量保证建设的全过程。在本阶段,教育培训的任务主要是加深员工质量保证体系的认识,了解其目标和要求,掌握其步骤和方法。

(5) 制定质量方针和目标

2. 选择要素和开展活动

(1) 现状调查

遵循已经制定的质量方针和目标,对本部门服务的全过程、各个方面进行详尽的调查,了解现状,发现问题,分析原因,并提出努力改进的方向。

(2) 选择运作要素

质量保证体系是由若干运作要素支撑的。公共部门应在调查的基础上,根据自己所要解决的问题,来确定运作要素。

(3) 将要素展开为活动

质量保证体系运作要素只有具体化为各项活动才有实际价值。因而,要根据本部门质量工作规模和选择的运作要素,确定一项具体活动,并充分发动有关人员参与、支持这些活动,以便质量工作能切实地向前推进。

3. 分解职责和配置资源

(1) 建立健全物质机构。根据公共部门现有组织机构的状况,遵循质量活动的要求,对现有组织机构进行适当调整和重新设计。

(2) 明确和正确地分解职责。

(3) 确使资源合理地配置。

4. 编制质量保证体系文件

全面质量管理必须在规范的基础上进行,而规范的表现形式就是文件体系。因而,建设质量保证体系,必须建立起一套相应的文件体系。这套文件体系主要由以下四个部分组成。

(1) 质量手册

这是质量保证体系文件中的总体性和纲领性文件,其目的是阐述公共部门的质量方针和整个质量保证体系。质量保证手册的内容包括质量方针、质量目标、组织体系、运作要素、实施要点。质量体系文件的管理,包括文件的结构、制定和审批程序、分发、控制和归档等。

(2)质量计划

质量计划是针对特定的产品、服务、合同和项目,规定专门的质量实施、资源和活动的文件。

(3)程序

程序是有关质量活动的目的、步骤、方式、时间、资源等程序内容的文件。

(4)质量记录

质量记录是为了已完成的活动和达到的结果提供客观证据的文件。它包括实际服务过程的全部信息,如质量目标达到的程度,顾客的满意程度,质量改进状况,人员的技能和培训,与竞争对手的比较等。

(5)实施质量保证体系

这是质量保证体系建设的关键一步,应注意以下几点:

①不断组织教育培训,使各级员工掌握质量保证体系文件;

②注意随时掌握质量保证体系实施过程中的情况,加强组织协调;

③严格对有关程序、方法、条件、过程、产品和服务、记录进行连续监视和验证,以纠正偏离规范的情况;

④建立信息封闭管理系统,及时发现并纠正不符合质量保证体系文件要求的情况,并对质量体系文件本身存在的问题进行处理;

⑤组织对质量保证体系的审核与评审。

【核心概念】

战略管理　绩效管理　目标管理　质量管理

【思考与练习】

1. 简述公共部门战略管理的特征及存在的问题和改进方法。
2. 简述绩效管理的内涵及其意义。
3. 绩效评估的程序和指标体系各是什么?
4. 影响公共部门绩效有哪些因素?公共部门绩效管理存在哪些困难?
5. 什么是目标管理,其优缺点有哪些?
6. 什么是全面质量管理?公共部门如何建立质量保证体系?

【案例分析】

夕阳产业的蜕变之路——唐山钢铁产业的困境与发展

作者:严颖琦　指导教师:赵艳霞

1.“黄金产业”新问题

在河北经济发展中,唐山占据重要地位,其国内生产总值和人均国内生产总值常年位居河北第一。在唐山经济发展中,钢铁约占唐山经济总量的15%,是真正的第一支柱。但从经济增速来看,从2013年开始唐山GDP增速低于河北及全国水平。在经济发展方面,

“黄金产业”的新问题已经逐渐显露出来。

从唐山钢铁产业结构角度来分析，唐山钢铁行业呈现规模较大，市场分散，盈余严重，整个行业都在亏损的现状。近年来，唐山钢铁产业产能过剩问题十分严重，需求下降和产能过剩导致整个行业亏损。从经济总量、人均GDP、产业结构、就业贡献、税收等方面来看，唐山市经济发展水平要远高于河北省。过去十几年重化工业大发展，钢铁行业是名副其实的第一大支柱产业，推动了经济的快速增长。但面临产业转型和产能过剩，钢铁行业景气不再的现状，从而又拖累唐山经济社会发展。

一是企业规模缩小，产业集聚程度低。受钢铁行业发展规律和特点的制约，企业即使有自己的特点，也难以做到大干一场。各大钢铁公司独立竞争，难以进行统一的规划布局，这给绿色产业链建设带来了一些困难。二是生产过程中缺乏有效的连接，没有降低成本，工艺设备水平参差不齐，技术水平低，造成环保不良、效率低下、能源消耗高。三是产品品种结构不合理，附加值低，这类产品的技术含量较低，市场竞争力较弱。四是企业环保基础设施不达标，环境治理受到的关注程度较低，环保设备在使用过程中仍存在不按要求运行的现象，污染控制技术水平较低，二次资源利用率也较低。总体来看，唐山钢铁行业国有企业规模较大，中小企业数量众多，产业集中度比较低，私营企业占了大部分。这种国有企业规模虽大，但数量少。民营企业规模小但数量多、产业集中度较低的市场结构，决定了唐山钢铁行业去产能的前景与路径。

2.“拦路虎”如何转化成“垫脚石”

唐山钢铁产业的发展已经进入了瓶颈期，面对重重的困境，如何健康持续有序地发展成了政府工作的重心，是政府亟待解决的问题。2015年11月，中央提出了供给侧改革方案，产能转移是其中的关键部分。2016年1月4日，李克强总理指出，要坚决淘汰落后产能。习近平总书记在第十九届全国代表大会上指出，深化供给侧结构性改革。李克强总理于2018年3月5日将“新动力的发展和增长”和“加快制造业强国建设”列为2018年《政府工作报告》供给侧结构性改革的两大任务。加快制造业升级，培育经济新动力。在中央加大力度进行供给侧结构性改革去产能中，钢铁工业和煤炭工业首当其冲。

考虑到钢铁行业在唐山经济社会发展中的重要性，这可能会造成较大影响，唐山钢铁行业去产能困难重重，但更加刻不容缓。在唐山市开平区某钢铁集团有限公司，大门紧锁、锈迹斑斑，工厂内空无一人。这只是唐山钢铁行业现状的一个缩影，唐山钢铁行业的暴风雨已经来临。唐山粗钢产能“减量化”势在必行，并为此采取了关闭、非法处置、否决等措施，对落后产能实行强行淘汰。

因煤兴，因钢而盛，这是唐山无法回避的发展轨迹。如今，为了碧水蓝天，唐山钢铁产业开启了艰难的去产能攻坚战，那些依靠钢铁产业生存的人们的饭碗遭到了冲击。在去产能过程中，各利益相关方出现冲突并且难以协调。这一过程中的主要利益相关方中央政府即政策制定者、地方政府即政策执行者、各钢企(政策针对对象)中，只有中央政府有坚定的决心推动去产能，地方政府则有各自利益纠葛，钢企在当前有盈利的情况下，则是最不愿意关闭产能的。

所以说，当前的去产能力度虽大，阻力也大，短期的政策执行力度决定了去产能的成绩，而盈利水平决定了钢企产量的水平和长期的供给能力。执行层面，地方政府利益与中央政策的不一致性，带来了去产能的困难，在没有找到新的产业支撑地方发展之前，指望地方政府自觉自主地去产能，自然是难上加难。企业层面，当前钢企盈利尚可，并不愿意关闭产能。当开始限制产量的时候,可能钢铁行业的央企会较为顺从,民企必将会有某种方式的反弹。在历史的角度看,去产能最好的时间点是在整个行业不景气,钢企普遍亏损的情况下推动,这个时候的阻力最小。从供给侧结构性改革的视角来看,钢铁等过剩行业去产能虽势在必行,但是更重要的一点是新产业和新产能的供给也是相当重要的。从行政手段的角度看,行政手段去产能效果立竿见影,但是成本高昂,出现复产的可能性极大。

去产能的各种阻力和各方冲突严重,如何顺利完成钢铁产业去产能任务,实现行业健康有序发展,让地方政府努力推进积极响应中央政府的政策指示,让行业内企业积极配合,民众接受成了困扰政府的新的问题。归根结底,最难的问题就是,企业的领导和地方政府愿不愿意接受由于去产能所产生的短期的地方 GDP 下降,所产生的地方税收的下降。

3. 荆棘载途去产能

2016 年是中国供给侧结构性改革起始之年,从中央到企业,中国钢铁工业坚决清除“地条钢”,基本解决了产能严重过剩问题,优化了产业产能结构和市场环境,达到了优胜劣汰的目的,从根本上解决了多年来根深蒂固的问题,打下了行业强身健骨的基础,这是钢铁行业最重要的战略性调整。但是在去产能拖累经济增长,影响就业,造成不良贷款增加。化解钢铁产能任务约占全国的一半、全省的 2/3。这对唐山而言,不仅要关闭一部分钢铁企业,而且将直接减少企业就业岗位 7 万多个、连带影响就业岗位 20 多万个,全市钢铁企业也会直接减少收入 60 多亿元。

首先,钢铁化解产能拖累经济增长,钢铁去产能对唐山市 GDP 增速产生了明显的影响。据唐山市发改委测算,实施钢铁过剩产能化解,综合直接影响和间接影响,2013—2015 年实施钢铁产能化解分别拖累 GDP 增速 3.3、2.3、1.3 个百分点,唐山市 GDP 增速分别较上一年下降 2.1、3.2 个百分点和上升 1.9 个百分点。从数据可以看出,在唐山市经济增速下降中,钢铁行业是主要拖累所在。其次,压减 4 000 万吨炼钢产能意味着将减少直接就业岗位 6.8 万,而产能过剩造成的失业是全行业及相关行业大面积、集体性失业。就业是保障相关人员生活的基本前提和有效途径,促进失业人员再就业是化解产能过剩、完成产业结构升级的基本要求,也是妥善解决产能过剩所致失业人员的生活问题的重要措施。最后,钢铁行业贷款占比较高,去产能带来的风险之一就是可能会导致行业不良贷款的增加。2013 年底,唐山钢铁生产企业贷款属银行大额贷款。然而,银行正在收回对钢铁行业的贷款,唐山地区商业银行向钢铁企业撤资规模不断扩大,预计该行对唐山钢铁企业的信贷支持在未来将持续减少。如果钢铁行业去产能,必将会造成银行不良贷款的增加。

去产能困难重重,要实现钢铁产业转型升级,健康持续稳定的发展,必须放弃一部分经济利益,做好行业内员工再就业的防范措施。除此之外,钢铁行业给环境造成了一定的压力,自实施新的空气环境质量标准评估以来,唐山已五次跻身全国污染最严重城市前十名。唐山环境迫切需要进行治理,化解产能过剩的任务也非常艰巨。政府在行业持续健康有序发展,例如破解“雾霾围城”困局和市民再就业困难、经济效益减少上难以抉择。

4. 凤凰涅槃新出路

化解产能过剩,仅依靠关停淘汰会使行业陷入利润微薄甚至全损的囧境。这就要求钢铁企业必须寻找新的发展模式。河北钢铁集团总经理、唐钢企业董事长于勇坦言,唐钢也是一家濒临迁出市区的污染企业。在这种情况下,他们决定“不断做减法”,努力降低产品能耗,消除落后生产能力,率先实施能源成本管理,有效综合利用二次能源;同时不断地做“加法”,将主要钢铁产业延伸到工业价值链的最高端,走“钢铁为主,适度多元化”的新发展道路。唐钢对被转入非钢行业工人承诺,他们的工作环境不变,待遇不变,身份不变,如果任何非钢铁公司倒闭,唐钢的总部将继续接收这些调任的员工。就这样,唐钢22 000名员工和近一半的工厂部门领导开始了"二次创业"企业转型升级。以开滦煤矿为例,产业链上游的煤炭产业也难以"独善其身",它不断扩大产业链,实现了产业布局由"一个行业"向"一个基地、多个行业"的调整。今天,开滦煤矿可以销售的煤炭超过30倍,轻油、工业萘、酚盐等煤化工产品就有十多页的简介。缓解产能过剩的战斗已经开始,这是对唐山能否快速发展的考验。减重前行的唐山,将提交一份怎样的问卷,我们拭目以待。

在权威人士的设想中,去产能的手段一是靠提高环保、质量、安全等各种门槛准入,二是通过信贷政策的调整,给僵尸企业断奶。从下一阶段的政策动态来看,目前的力度已经非常之大,但是在钢铁产量继续增加的情况下,有关钢铁行业的各类政策预计会继续收紧,旨在产能出清和进而提高产业集中度的措施会陆续出台。去产能最后将会去向限制产量之路,而不再是各地方上报的"产能"。

5. 众人拾柴火焰高

在去产能的过程中,企业之间、企业与政府之间的博弈行为非常普遍并且严重。国务院关于钢铁化解产能的文件提到,要依靠市场倒逼来去产能。在经济下行阶段,风险在积聚并会逐渐爆发。如果没有稳定,也就没有发展。如何避免系统性的经济危机、金融危机,仍然是政府的第一考虑。

去产能难,唐山去产能更难,改革有阵痛、但不改革就是长痛。为此,唐山在去产能工作中,严格执行环保、能耗、水耗、质量、技术、安全6类标准,科学运用市场、法治手段,鼓励企业通过产能有偿交易等方法,依法依规倒逼过剩产能退出市场。唐山市发改委相关负责人表示,去产能犹如逆水行舟,不进则退。现在唐山的企业认识越来越清晰,主动性越来越强,不少企业已经从原来的"要我去"变成了"我要去"。在钢铁价格持续低迷和钢铁产能被强制淘汰的压力下,唐山许多中小型钢铁企业迟早会退出市场,企业要想长久生存,转型升级才是唯一出路。当前,唐山市的新经济模式是压缩重工业,发展现代服务业,将产能过剩与结构调整、转型结合起来。根据国务院近期发布的《关于化解产能严重过剩矛盾的指导意见》可以看出,当前钢铁行业产能过剩应以创新为驱动,实现转型升级,降低能源资源消耗。以提高品种质量和效益为核心的内涵式发展道路。

唐山钢铁行业坚决服从全国、全省的发展大局,坚决去、主动调、加快转,自我加压、负重前行,自觉挑起全国钢铁行业去产能的"唐山责任"重担,全力以赴打赢钢铁去产能这场攻坚战,这些年来为了有效化解钢铁产能,推进产业优化升级,唐山市政府多管齐下为产业发展擘画新的发展篇章。

【问题思考】

1. 政府在促进河北省唐山市钢铁行业转型升级过程中运用了哪些政府职能?
2. 在去产能的过程中,政府是如何运用公共管理的管理工具的?

第八章　公共管理的责任、监控与伦理

【内容提要】

公共权力是公共管理或公共组织影响其他个体或组织的能力。具有公共权力的个人或组织必须承担相应的公共责任。没有责任的权力或没有权力的责任都是不对等的，而且在这种不对等状况下公共组织的目标将无法实现。公共部门权力的增长，一方面无疑会增强政府的权能，运用恰当的话，可以造福于民众；但另一方面，若不加制约也会损害社会公众的利益。在任何社会中，权力越是集中于社会上的任何一个组织或个人，就越存在着滥用的可能性。由于公共权力的强制性和公共性特征使得公共权力的私营部门权力影响更大、影响范围更广。因此，授予公共组织权力，必须授以相应的责任，而且对公共权力的行使必须进行有效的约束和监控。公共管理与以往的社会治理模式之间的本质区别就在于它的伦理特性。公共管理主体的多元化及其合作治理的过程，也决定了只有伦理和道德才能成为整合社会治理活动的基本力量。

【知识结构图】

本章知识结构图如图 8-1 所示。

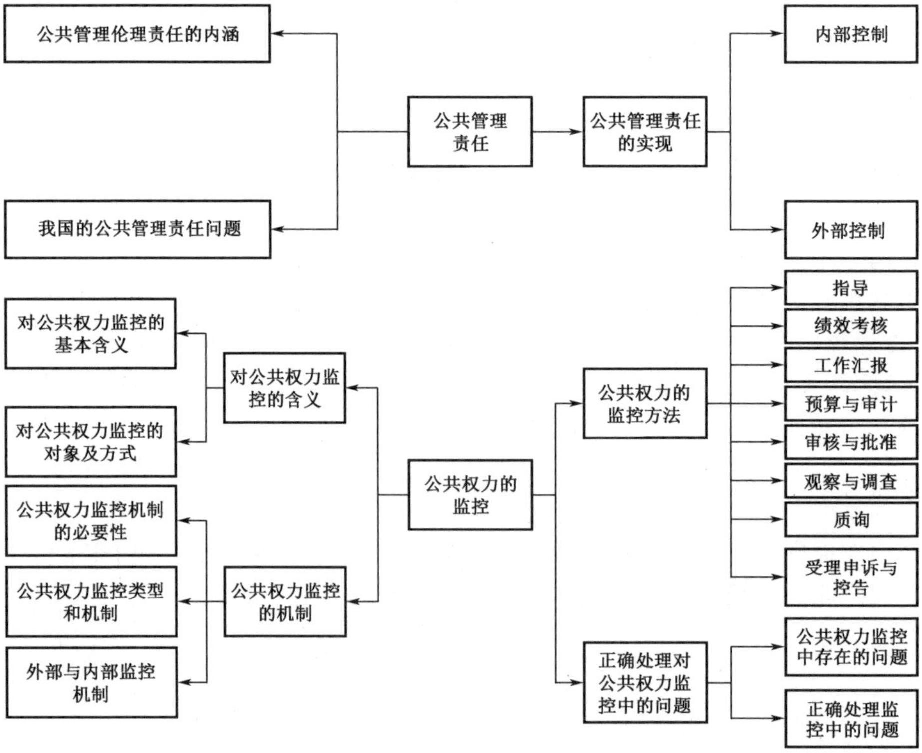

图 8-1　本章知识结构图

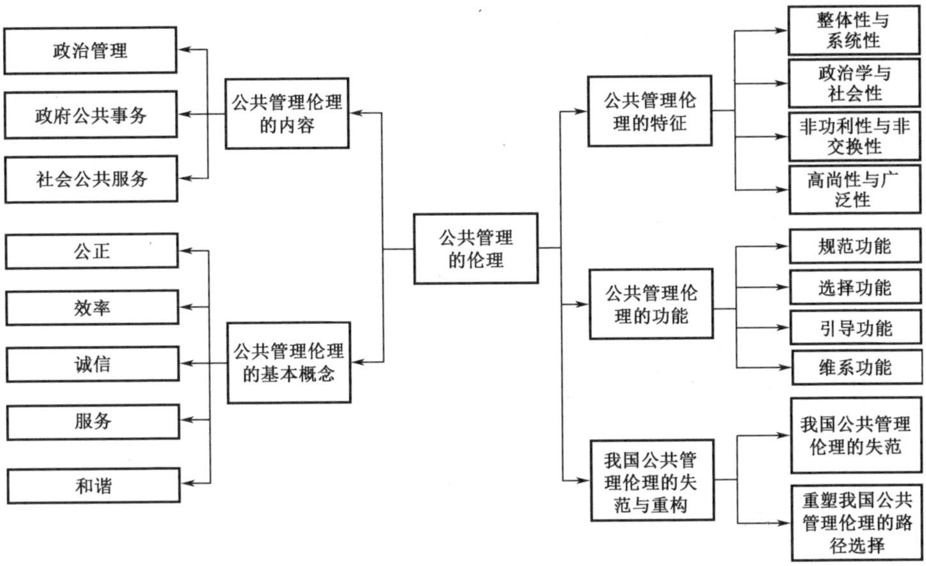

图 8-1(续)

【引导案例】

哈尔滨天价鱼事件

事情还要从陈先生的一条微博说起。大年初二。北上哈尔滨过年的陈先生被导游带到一家名叫“北岸野生渔村”的饭店吃饭。结账时发现,一共吃了 1 万多块。贵是一方面,更关键是三种鱼的斤两都是乱写的,而且在理论时还被店家殴打。随后陈先生报警,但他认为警方和店家沆瀣一气,逼迫自己结账。

与很多类似事件不一样,哈尔滨松北区官方公布的调查结果让这件事情奇妙地转折了。官方通报称,北岸野生渔村饭店明码标价,销售的食材不在政府指导价和政府定价范畴内,属于市场调节,也没有发现双方肢体冲突和警察执法中的不文明行为。但是调查组又说自己并未联系到消费者,无法还原事件原貌。

调查结果一出,立刻引起网民的质疑。网友认为,仅仅因为明码标价就认为商家没有违规行为是没有逻辑的。而且调查过程中官方始终只引用了店家的证言,对消费者一方的论述完全忽视,结论太过草率。

随后公布的材料和证据,也同样向这份调查结果的权威性提出了挑战。有调查发现,这家饭店的餐饮许可已经过期,而在原先的经营范围内并无野生一项。更过分的是,该商家宣传售卖的“野生鳇鱼”为国家二级保护动物。所以,这笔交易要么是以次充好,要么就是涉嫌违法。之后,又有新闻爆出,在手写账单上,确认最终斤两的签字是店员“代签”的,并未得到陈先生的认可。随后当地导游也爆料,导游和司机带游客吃天价鱼,可以获得高达 60%的回扣。陈先生也表示,如果公布完整监控视频,自己所说的所有情况都能得到证实,包括店家打人和警察抽烟等行为。

直到写稿前,调查组再次公布了调查结果,认定饭店存在不以真实名称提供服务、餐饮许可过期等问题,责令其停业整顿。

资料来源:京华时报,2016 年 2 月 15 日,记者迟名

从哈尔滨“天价鱼”事件中,政府应如何履行自己的职责,同时其权力的行使又该怎样监控呢?

第一节　公共管理责任

一、公共管理伦理责任的内涵

公共管理本质上是对公共事务负责,因此,不同于个人责任,公共管理的责任本质上是一种公共责任。我们认为公共管理是公共管理伦理具体化的表现,是评价公共管理根据法律、政策、道德等社会行为规范的标杆,对公共管理客体所承担的义务。具体地说,它是公共管理主体基于职业责任层面的道德要求,具有主动性,表达的是公共管理者基于对职业精神领会的情况主动承担责任和要求,以“应当”的方式表达,以道德规范的形式实施。

公共管理责任包括以下三个层次:一是指公共管理人员在一定的岗位和职务上开展公共管理活动时所承担的角色义务,也就是职责,这意味着公共组织与公共管理人员必须具有高度的职责感和义务感;二是指在公共管理过程中,公共组织与公共管理人员主动追求公共目标并自觉接受监督、评判的道德态度和行为;三是指由于公共组织与公共管理人员没有积极有效地履行职责和接受监督时而承担的责任追究,它往往表现为否认性的批评、惩罚和制裁。

完整的公共管理责任应当是上述三个方面的有机统一与系统整合。因为公共管理人员首先是公职人员,占据行政岗位,承担特定职务,所以必然有相应的职责,“在其位谋其政”,公共管理人员必须主动积极地履行岗位或职务的责任,否则,“玩忽职守”就是“渎职”,造成严重后果要追究其法律责任。

公共管理责任还可作狭义和广义两个方面的理解。狭义的公共管理责任,是指公共管理人员作为一种代理人角色,包括复杂的责任内容,即对多种委托人负责,这些委托人包括组织的上级、政府官员、职业性协会和公民。在这种情况下,公共管理人员要对自己的违法失职行为及其后果负责,公共组织将依法追究其公共管理责任并予以惩罚。广义的公共管理责任包括三个层次的内容:第一,国家的全部公共管理机构,作为一个整体对公民大众负责;第二,在公共管理系统内部的各环节、各层次之间进行责任分工和权限分解,通过确立垂直的责任关系和层级负责的方法,将分散的组织和个人的工作形成全力开展公共管理工作;第三,包括上述狭义的公共管理责任。

二、我国的公共管理责任问题

我国现阶段推行官员问责制,本质上是建立责任政府,为人民负责的政府。而是否有负责的政府,是否为人民服务,要由人民来评价。因此,评价的指标和价值与人们心目中追求的目标息息相关。

民主是任何行使人民权力的政府所必须拥有的素质。政府的权力来自人民的授权,权

力在民，政府只是行使管理国家权力的代理机构，而不能替民做主。如果政府不清楚自己的位置，而是凌驾于人民之上，就会失去其存在的合法性，被人民推翻，所以作为代行使人民权力的政府要始终维护人民权益，按人民的意愿行使权力。我国实行的是人民代表大会制度，人民当家作主，人民参政议政。但在实践中，由于制度、技术等方面的原因，人民表达意见、参政议政的渠道还不是很通畅。所以民主是现阶段人民追求的目标之一，也是官员问责制的内容之一。因此，民主成为人民评价官员履行责任的第一个指标。

实现民主的前提就是政务公开。只有保证人民的知情权，人民真正知道政府应该做什么、正在做什么、没有做什么，把政府及官员置于公众监督之下，才能对他们的工作做出评价。因此，目前我国全面推行政务公开，实行“阳光行政”，不断提高施政的透明度，完善公民监督渠道，是现阶段官员问责制的第二个内容，是人民评价政府工作的第二个指标。

人民评价政府工作的第三个指标是效率。没有任何纳税人愿意请一个办事效率极低的政府为他做事。人人都希望用最少的钱买到最好的服务，这就需要我们的政府最好是一支精兵强将，人员精简，战斗力要强，并且要不断加强训练提高作战能力，以满足人民的需求。这是官员问责的又一要义。

与效率相对应的就是公平，这是人民评价政府工作的第四个指标。公平与效率是辩证的统一的，显然在一定程度上追求公平会影响效率，但公平是效率的基础，公平带来效率。在社会主义市场经济条件下，政府一定要保证规则的公平，做到了公平，经济社会才能正常运行，才会有效率，物质生产才能丰富，人民才能满意。

因此，民主、公开、效率和公平在当代中国，既是人民评价政府的价值尺度，也是官员问责制的内容所指。

根据前面对公共责任内涵的分析，现阶段我国政坛上推行的行政问责制的责任体系应由如下几个方面构成。

第一，在其位，谋其职，并主动接受外部监督的责任。政府官员应明确自己的身份，将其施政纲领与所执行的政策向人民汇报、解释说明。这也是我国推行“民主政府”“透明政府”的应有之举。政府作为委托者有按照民间初稿政策及纲领，完成受托任务向人民（委托者）做出汇报或说明的义务，这是政府应该履行的责任。

第二，政府官员在没有做好分内的职责义务时，要承担政治上的责任。政府官员要对人民代表大会负责，接受人民代表大会的问责，接受人民的问责。人民的问责是我国问责制最为根本的内容。但目前由于诸多原因只能间接地问责，弱化了问责力度。因此，人民的问责也是我国推进高官问责能否成功最为关键的内容。人民通过行使对自己选举官员的停职、罢免的权力来实现对没有履行其职责义务的官员的问责。

从现代民主政治的理论和实践看，问责包括同体问责和异体问责。同体问责是指执政系统对其下属官员的问责，包括党的系统和行政系统内部对其官员的问责；异体问责是指执政体系外部对官员的问责，包括公民问责、媒体问责等。问责制的关键在异体兑现，异体兑现是一种更有效、更符合民主政治要求的问责方式。

从我国2003年实施行政兑现制以来，异体问责缺失非常明显，以异体问责中的公民问责为例。我国公民问责缺失，既有公民问责意识淡薄的因素，更多时候是因为公民有问责意愿但缺少问责路径。一般公众是无法通过电视、报纸、广播电台等主流媒体直接参与问责的，所以，当前我国公民问责更多的是表现为在网络上发表评论、发出追问。但是，对于那些没有掌握网络评价技巧或者没有条件上网的人来说，则没有在网络上发表问责的机会。

第三,承担来自政府系统内部的问责。依据宪法和相关法律,我国的行政机关实行的是行政首长负责制,各级政府乃至部、厅、局,均由相应的行政正职即“一把手”负责。这种问责姑且称为同体问责,即行政官员要对上级负责,为其过失或违法乱纪行为承担行政责任,主要表现为上级对其任命的下级的行政处分或责令辞职。我国现行的“以上问下”的同体问责方式有时会产生立竿见影的效果,但它带有深厚行政色彩、等级之分,并不是理想的问责方式。

第四,法律法规的问责,即对失职、渎职的违法犯罪行为要承担的法律责任,包括刑事的、民事的、经济上的赔偿等。了解问责制这一含义,对于在推行问责制的起始阶段,避免一些官员打着“引咎辞职”的幌子而逃避其他责任的情况,有着积极的意义。

我国的问责制刚刚实行,必须警惕其在一开始就被“扭曲变形”而走样,防止高官问责成为官员们的“保护伞”。

第五,来自自身的问责。这是官员由于道德上的责任义务而做出的一种“自问”,是官员本人自省的形式,它直接表现为引咎辞职。这种问责的机制,是官员因自觉对其职责义务履行不力或自认对所发生的问题负有责任而自动请辞,以表内心的愧疚,完全是官员的自愿行为。“完全自愿”的特点告诉我们,引咎辞职不是外在压力的结果,而是官员内部的道德自觉所致。所以,它不属于外在的制度责任的追究,而是制度责任内化为道德责任的反映。可见,问责制这一层面的含义对维护政府信誉,加强公务员道德文化建设,具有非常重大的意义。

与西方官员的问责制相比,我国推行行政问责制的主体范围要广泛得多,这是由我国的特殊国情决定的。我国实行的是社会主义制度,除了政府机关之外,还有大量的国有企业和事业单位,国有企业财产属人民所有,事业单位大多是全民所有或集体所有。因此,其管理人员也要接受人民问责,属官员问责制的对象范畴。在中国公用事业市场化、国有企业市场化,乃至于政府管理向第三部门转移的浪潮的推动下,公共权力的行使方式正发生着变化,会出现新的责任要求,也将促使获得公共管理职能的企业、公司、中介组织等主体的多元化。总之,必须注意我国官员问责制评估的多元化和问责内容多样化的发展趋势,促进官员问责制的健康发展。

公共责任的落实应从以下四个方面着手。

首先,公共权力与公共责任应权责对等。公共责任的分配应当清晰明确,而且公共责任应与公共权力相对应,即拥有多大的权力必须相应课以多大的责任。

其次,公共责任与公共权力的落实必须通过监控方式实现。监控不仅可以监督和约束公共权力的行使过程,还是评价公共权力作用、落实公共责任的一种有效方式。失去监控的权力与责任最有可能出现的情况是,公共权力的不断膨胀和公共责任的不断萎缩,这是公众偏好权力而厌恶责任的一般表现,因此落实公共责任不能没有监控。

再次,落实公共责任必须具备相应的客观条件。在进行权力与责任分配时,应考虑到承担公共权力与公共责任的组织和个人的具体情况,对不具备承担能力的,不能赋予其公共权力。承担公共责任的能力是指公共组织行使公共权力的各种资源状况,如公共组织成员的工作能力、公共组织的财力以及公共组织的其他环境因素对行使公共权力的影响等。

最后,公共责任的落实需要兼顾客观责任和主观责任的落实与监控。在逐渐完善法制、加强客观责任落实的同时,不能忽视主观责任机制的建立。重视思想道德教育和宣传,树立良好的社会风气,做到以"德"治国,也是落实公共责任的非常重要的环节。

总之,公共责任的落实应坚持的原则是:公共权力与公共责任的对等;公共权力与公共责任的分配应明确;公共权力行使过程必须受到监控;公共权力机构具有行使权力和承担责任的能力。

第二节 公共权力的监控

一、对公共权力监控的含义

(一)对公共权力监控的基本含义

对公共权力的监控包括公共管理组织内部和外部的各种监控主体,采取相应的措施,对公共权力运行的合法性、合理性及有效性进行监督和控制。这个定义强调了如下内容。

(1)对公共权力监控的主体是多元化的。它包括具有公共权力的机构之间的相互监控,专门设立的公共权力监控机构,如立法、司法、审计等机构的监督,公共组织内部上级对下级或下级对上级的监控,此外还有社会公众对权力机关的监督等。

(2)监控对象是具有公共权力的所有公共组织或公共管理者。

(3)监控的内容是公共权力的合法性、合理性和有效性。

关于监督和控制的概念有不同的理解,有的学者将监督和控制定义为两个不同的管理职能,也有学者将监督归属于控制职能的范畴。我们认为组织内部或个人主观上的控制就是通常意义上的控制,因此,监督和控制的差异主要在于组织外部控制或个人客观控制的职能定义上存在差异。我们更倾向于将监督职能界定为控制职能的一个方面。

(二)对公共权力监控的对象及方式

1. 对公共权力监控的对象

对公共权力监控的对象,主要是针对具有公共权力的组织或个人。由于任何一个公共组织都是由一个以上的公共管理者组成,对公共组织的权力监控,实质上是对公共组织的由每个具有不同权力的个人构成的权力体系的监控。因此,公共权力的监控最终也要落实到对公共管理者个人的监控。

2. 对公共权力监控的方式

在公共管理过程中对公共管理者的公共权力运行过程实行控制是非常必要的。对公共管理者个人公共权力的控制可分为两个方面,即主观控制和客观控制。所谓主观控制并不是指公共组织的内部的控制,而是公共管理者内化了的态度、价值观和信仰等因素对其自身的控制力,又称为"内在控制"。加强主观控制的手段主要是思想教育、培训等,也可以通过创造良好的工作环境和氛围来影响公共管理者的态度、价值观。客观控制指公共管理者的外部因素对其行为的约束或影响。如国家的法律法规、公共组织内部的规章制度或工作程序、社会公众的监督等都属于客观控制,又称为"外在控制"。

公共组织和公共管理者的内部控制与外部控制的作用是不同的。在对公共权力实行内部(或主观)、外部(或客观)控制的选择上,有两种不同观点:一种观点认为内部控制更重要;另一种观点认为外部控制更重要。实际上,不同时期公共组织根据实际情况,在采用内部或外部控制机制上是有所偏重的,但这不过是一种策略选择而已,并不能说明哪一种控制方式更重要,更不是对另一种控制方式的否定。任何一种将内部和外部控制绝对化甚至对立起来的观点都是非理性的、不可取的。内部控制和外部控制具有同样的重要性。相对于公共组织控制而言,对公共管理者的控制是最基本的控制过程。

二、公共权力监控的机制

对公共权力的监控不仅仅是一种形式上的监控,而是要使监控有实效,并有助于实现公共组织的目标,即公共权力监控应是有效监控。有效监控,对个人而言,仅靠被监控对象的主观控制是不现实的,也达不到监控效果,应加以客观控制;对公共组织而言,仅靠内部控制也同样是不够的,应加以外部控制。因此,为了对公共权力进行有效监控必须建立科学的监控机制。

(一)公共权力监控机制的必要性

对公共权力监控的实质是对拥有公共权力的公共组织或个人进行监控,防止他们滥用公共权力,从而保证公共组织目标的实现。公共组织的管理者为了更有效地工作,需要上一级管理者授予他们相应的公共权力。因此,公共权力的制度化或非制度化分散在各个公共管理部门和层级。公共权力越是分散,监控就越有必要。有些公共组织(主要是非政府组织)只是具有一定的公共职能,而不具有公共权力,对其活动而言,主要依赖内部成员实现。它们同私营部门组织一样,只有在与其他组织或个人的活动相关时,才受到法律的规范和外部监控。因此,这里所指的对公共权力的监控,主要是对政府权力机构和这些机构的管理者的监控。

对具有公共权力的组织及个人的公共权力行使过程实施有效监控,主要是出于以下几方面的需要。

(1)公共管理者受到自身认识水平的局限,对公共权力的行使过程无法做出正确的判断,需要外界的监督和纠正。为了弥补公共权力的执行者自身局限造成的不良后果,需要适当分散权力,避免独裁式公共管理者,而且公共权力的管理也应该由具有各方面专长的专家组成。

(2)公共管理者也具有“经济人”的特点,在推动权力监督时,他们可能会利用手中的权力牟取私利,损害社会公众利益。因此,应该有针对性地加以制度约束,使被监控者明白违规将受到惩罚,而且惩罚的代价比违规的收益要大得多,使违规者得不偿失。所谓制度的约束,就是公共组织外部的法律和公共组织内部的规章的约束。为了使监控者有法可依,必须制定完善的规章制度,同时需要监控者尽职尽责。

(3)对公共权力的监控机制的建立,不仅要考虑监控效率(即降低监控成本,增进监控效果),而且要考虑监控方法的科学化。从监控成本上考虑,对公共管理者实行严密的监控,必然需要一定的监控成本,过高的监控成本是一种浪费,也违背了监控的宗旨。为了减少监控成本,在对公共管理过程进行监控时,不可能实施全过程监控,而是根据公共管理过程中的具体情况,选择关键的切入点和一些有效的衡量指标与标准,对公共权力进行监控。

(4)对监控者必须赋予相应的权力,同时对监控者也要实施监控。在对监控者赋予监控权力的同时,也要使监控者承担相应的责任,他们必须对授予其监控权力的主体负责,如果因监控不严造成不良后果,就要追究监控者的渎职责任。对监控者的控制往往通过被监控者的绩效来衡量监控者是否尽到责任。

(5)监控者应建立有效的信息收集和处理系统,使监控活动更加准确、有效。由于监控者和被监控者之间的消息不对称,使监控者的监控效果受到一定程度的削弱。被监控者从自身的利益考虑,他们会故意隐瞒一些对自己不利的信息,阻碍监控者的有效监控。因此,公共权力监控者应经常与被监控者及相关的组织和个人保持联系,到现场参观,听取受监管组织成员的意见或建议,建立有效的监控信息收集与反馈机制。

(二)公共权力监控类型和机制

1. 公共权力监控的类型

对公共权力而言,涉及监控主体、监控对象和监控过程等问题。由于监控主体、监控对象以及监控过程的多样性,我们可以从不同角度划分出多种监控的类型。例如,从公共组织行使公共权力的过程看,可以分为立法监控、执法监控和司法监控;从监控主体的划分看,可以分为立法组织监控、审判组织监控、监察组织监控、群众组织监控、新闻单位监控、公民监控等;从隶属关系上划分,可以分为上级对下级的监控(或称为“下行监控”)、下级对上级的监控(或称为“上行监控”)、同级之间的监控(或称为“横向监控”)等;从监控手段上划分,可以分为立法监控、法律监控、执法监控、舆论监控等;从公共权力职能上划分,可以分为财政监控、审计监控、税收监控等;从时间或范围划分,可以分为事前监控、事中监控、事后监控,或宏观监控、微观监控等。

2. 公共权力监控的机制

既要有监控又要有有效的监控,而且要建立一个有内在联系的、规律性的监控方式,这就是我们所说的监控机制,也有的称为监控体系。

公共权力监控机制是在严密的法律体系基础上建立起来的,即依法监控。因此,公共权力监控机制是否完备取决于是否有一个完善的、科学的法律体系。在对各监控主体依法授予监控权时,必须明确监控权力作用的目标、范围和方式等,如监控对象、监控方式、监控手段等。由于监控权力本身就是一种公共权力,因此它也同样受到法律的约束。也就是说,任何一个公共权力组织在对其他组织行使监控权力的同时,也受到其他监控主体对该公共权力组织的监控。因此,公共权力的监控体系是公共权力相互作用的结果,任何一个公共权力组织既是监控主体又是被监控对象,它们同时具有双重角色。对一个公共权力组织进行监控,所有该公共权力组织之外的监控主体,从不同的角度行使着监控权力,它们共同构成了一个有机整体,这一整体我们称之为外部监控机制,它是独立于一个公共权力组织之外的各种监控主体对该组织的公共权力行使过程实施监控的机制。与外部监控机制相对应的是内部监控机制,内部监控机制指一个公共权力组织在行使公共权力过程中,通过该组织内部形成的一套监控机制发挥监控作用。内部监控机制与外部监控机制相互依存、相互补充,共同构成了公共权力的监控机制。

(三)外部与内部监控机制

1. 外部监控机制

公共组织的外部监控是整个公共组织的运行机制和组织形式的综合表现,它反映出公共权力的分配关系、公共组织地位和作用及其受到的制约。外部监控机制包括以下几个方面。

(1)立法监控

立法组织监控的主要内容一般包括监控宪法实施,监控立法组织制定的法律和法规,监控行政法规的合法性,处理其他公共组织之间的争端等。

在实行"三权分立"原则的国家中,公共权力被分为三个部分:立法、司法和行政。这三部分权力分别由三个公共权力组织独立行使,三者之间是互相牵制、互相约束的关系。立法机关对行政的控制,主要通过质询权、调查权、弹劾权、不信任表决权等方式实现。

在中国,实行的是人民代表大会制度,它既不同于西方议会制,也不同于总统制。《中华人民共和国宪法》第二条规定:"人民行使国家权力的机关是全国人民代表大会和地方各级人民代表大会。"全国人民代表大会是国家最高权力机关,行使国家立法权,对重大事务的决定权、任免权和监控权。它既是议事机关,又是工作机关,不存在与其他国家机关分权的问题。《中华人民共和国宪法》第三条规定:"中华人民共和国的国家机构实行民主集中制的原则。""国家行政机关、审判机关、检察机关都由人民代表大会产生,对它负责,受它监督。"这明确了我国的政体,以及权力机关对行政机关进行监督的宪法依据。

根据我国的宪法、有关组织法和人民代表大会及其常务委员会的议事规则,人民代表大会监控政府的方式和内容主要有听取和审议政府工作报告,审查和批准国民经济计划和财政预算、决算,审查政府的法规,发布决定和命令,进行视察和检查,受理申诉和检举,罢黜职务等。

(2)司法监控

当行政部门实施法律需要协助时,当一项争端的发生并非行政者的权限所能解决时,或者当行政者在工作过程中有侵犯人民的合法权益时,这时候便需要司法的介入。在历史上,司法与行政原是一体,即使在当代,政府虽然分设行政部门与司法部门,但一般的行政程序在功能上仍具有裁判效力,只是在行政程序无能为力或裁定错误时,才由法院提出补救。

正如立法对行政的控制一样,法院的力量也是监督行政的一种重要力量。一旦公共管理者有违法行为,法院便采取制裁行动。一旦权限被误用或滥用,法院便有最后的制裁权。宪政便是法治,因此,公共部门必须受到法院的控制,而法院是否能实行有效的控制,这也是关系到责任是否实现的一个大问题。

从公民权益来说,司法控制不仅有助于维护行政之责任,更重要者,在行政权力导致人民权益受到损害的情况下,给予受损的权益以司法上的救济,这本身便是责任政府的核心要求。在司法控制的责任机制中,司法审查和宪政赔偿责任是最为重要的两个方面。

(3)政党和社会团体监控

政党和社会团体是公共组织外部监控机制中的重要组成部分。政党和社会团体出于本集团利益考虑,对公共权力施加影响,同时为了保障本集团的利益不受损害,对公共权力的行使过程实施监控。就政党和社会团体而言,这种监控行为是利益机制作用的体现。由于一些政党或社会团体成员本身就是公共权力的拥有者,他们的利益倾向也许会影响其他政党或社会团体的利益,因此,政党或社会团体对公共组织行使公共权力过程的监控是必要的,而且这种监控的力度也非常大。监控力度大的主要表现是:第一,政党或社会团体的成员分布广泛,这为监控者提供了更加充足的信息来源,使监控更及时、准确;第二,由于政党或社会团体的监控行为是一种自觉行为,这使得监控的效率更高,而且相对其他监控形式而言监控成本较低;第三,政党或社会团体作为监控主体,其部分成员又是公共权力的拥有者,这使外部监控内在化,监控更为直接有效。

(4)社会监控

社会监控是指社会公众对公共权力行使过程中的监控,又称为群众监督。《中华人民共和国宪法》第二条指出:“中华人民共和国一切权力属于人民”“人民依照法律规定,通过各种途径和形式,管理国家事务,管理经济和文化事业,管理社会事务”。第二十七条指出:“一切国家机关和国家工作人员必须依靠人民的支持,经常保持同人民的密切联系,倾听人民的意见和建议,接受人民的监督,努力为人民服务。”这为群众监督提供了最根本的法律依据。在此基础上,依法建立和健全方便群众监督、保护群众监督、激励群众监督的运行机制便理所当然地提到重要的日程上。同时,国家公共权力组织建立了群众监督机制,如信访制度、举报制度、申诉制度、政务公开制度等。

(5)舆论监控

随着社会的发展与进步,舆论监控日益成为社会关注的焦点,成为社会调控公共权力关系的重要手段。

改革开放以来,中国的舆论监控有了质的进步。这表现在:第一,舆论监控逐步得到法律比较坚实的支持。《中华人民共和国宪法》规定公民有言论、出版等自由,在实践中取得了相当大的发展。第二,加强舆论监督的内容已经写进了党和政府的有关文件。其中,党的十三大报告中首次使用了“舆论监督”概念,明确指出:“要通过各种现代化的新闻和宣传工具,增加对政务和党务活动的报道,发挥舆论监督的作用,支持群众批评工作中的缺点错误,反对官僚主义,同各种不正之风做斗争。”第三,舆论监督的制度化进程已初见成效,在党风廉政建设中发挥了重要作用。

2. 内部监控机制

公共组织内部监控机制是公共组织结构形式和内部运行机制的综合表现。它反映了公共组织自身作为监控主体对组织内部各部门行使公共权力过程的监控过程。内部监控的目标是保证公共权力行使的统一和提高公共权力活动的效率。

(1)结构监控

结构监控是一种最主要的内部监控形式,它是指与公共组织结构形式相关的监控机制。结构监控包括两种类型,即纵向监控(又称为垂直监控)和横向监控(又称为职能监控)。

纵向监控是与公共组织直线结构形式相联系的一种监控机制,调整的是组织内部指挥和服从、命令和执行的关系。监控内容主要包括上级对下级的监控权力和责任,依法监控的法定内容,上级对下级的任免和奖惩等,也包括下级对上级的监控。这种监控体制主要是根据隶属关系确立的层级监控机制。

横向监控是与公共组织职能结构形式相联系的一种监控机制,目的在于保证公共组织的运行效率。横向监控是根据业务范围或行业范围分工协作,如计划部门负责计划方面的监控、财政部门负责财政监控等。监控内容主要是计划、组织、人事、协调、预算等职能部门在职权范围内对其行使公共权力和承担公共责任的监控。

(2)纪律监控

纪律监控是指在公共组织内部设立专门的监控机构(或由有关职能部门代为行使监控),负责对该组织内其他行使公共权力的部门进行监控。监控主要是对公共组织内部的规章制度的执行情况进行监控。对违反组织纪律者予以惩处,对遵守规章制度者予以奖励是公共组织进行管理的常用手段。

(3)法律监控

法律监控主要指对国家行政机关的监控。在国家行政组织内设立行政监察、监督或政法机关,对国家行政机关及其工作人员实施监控。其主要特点是:第一,实施监控的机关隶属于国家行政组织,一般由政府统一领导和管辖,不同于外部监控中的司法监控,但与司法监控有衔接关系;第二,监控机关依法独立行使职权,不受其他行政机构和个人的干涉。

3. 对公共权力监控的原则

(1)合法性原则

公共权力机关制定的法律法规,发布决定和命令,采取的措施等行为,必须符合国家宪法、法律及政策要求,同时也是重要的监控内容。这意味着政府机关及其工作人员在公共管理过程中的一切行为均须合乎国家法律,否则将追究违法者的法律责任。在强调被监控者的行为合法性的同时,监控主体,即那些具有监控权力的机关,也必须依法行使监控权。

(2)公正性原则

对公共权力的监控必须遵循"公开、公平、公正"的原则,监控主体在实施监控过程中,对待不同的监控对象应采用统一的监控标准,不能随监控对象的变化而有所不同,应做到监控活动信息公开,同时接受全社会的监督。

(3)经常性原则

对公共权力的行使过程进行监控,不是临时性的工作,而应贯穿公共权力行使过程的始终。监控本身不是目的,关键是实现组织目标,失去监控的组织是谈不上效率的,偶尔为之的监控也同样达不到监控的效果。因此,监控行为和监控方式应遵循制度化和经常性原则。

(4)广泛性原则

对公共权力监控的广泛性原则主要体现在监控主体的多元性,同时也体现在监控客体和监控内容的广泛性上。一方面,由于公共管理者相对其他组织或个体而言,既是监控者又是被监控者,不可能出现一个具有公共权力的管理者只是监控者或只是被监控者的单一角色的情况,因此监控者和被监控者包括了所有拥有公共权力监控的范围涵盖了整个公共管理活动的过程,说明监控内容的涵盖面非常广。

(5)系统性原则

建立一个制度化的、协调的公共权力监控机制是提高监控绩效的保障。当今世界公共权力的运行过程日趋复杂,权力体系和结构也出现分化。为了提高公共权力的绩效,必须加强监控的效率和力度,使监控行为制度化,而且有必要在多元化的监控主体之间做好协调工作。制度化和统一协调的监控机制是降低监控成本、加强相互分工合作的前提条件。

三、公共权力的监控方法

公共权力的监控方法,是指监控主体为实现监控目标采取的措施和手段。从大的方面看,公共权力的监控方法可以分为两方面,即内部监控和外部监控。具体的监控方法主要有以下几种方式。

(一)指导

指导是上级对下级权力机关和个人进行业务与工作方式的指导,尽量避免下级机构和个人走弯路,提高公共权力的影响力,最终实现公共组织目标的一种方法。指导包括命令、要求、指示或建议。命令,是在紧急情况下处理问题的方式,具有一定强制性;要求,则是上级对下级提出的工作要求,是一种制度化的任务安排;指示或建议,是一种非强制性的监控方式,主要是发挥下属的创造力和主动性。指导是公共组织中上级对下级进行控制常用的事前监控方法。

(二)绩效考核

对公共管理者实行绩效考核,是对公共管理者行使公共权力行为结果和过程的一种评价,它是调整公共权力和公共责任关系的重要手段。通过绩效考核可以了解被考核者的管理素质、工作能力、工作业绩和效果等,从而实现对公共管理者调整的目标。例如,对被考核者的奖惩、岗位的调整、有针对性地加强培训、重新分配公共权力和公共责任等,都是需要以绩效考核结果为依据的。

(三)工作汇报

工作汇报是下级定期向上级管理者反映工作情况的一种方式,也是上级了解下级公共管理者的公共权力行使状况和公共责任落实情况的手段。通过对下级单位(或个人)的汇报情况进行分析,上级可以发现问题,并责令下级予以纠正。

(四)预算与审计

预算是事前监控,预算不仅可以节约公共权力的运行成本,将成本控制在一定范围内,而且可以合理运用公共管理资源。审计则是事后监控,对公共权力的运行结果进行审计,主要是对公共部门的财务执行情况进行审验,检查其财政支出是否超出预算范围,保证公共权力运行过程高效、廉洁。

(五)审核与批准

审核与批准是上级公共管理组织(或个人)对下级公共权力部门的运行过程进行事前查验的方法,是对被监控者的未来行为进行预测、判断和做出决策的过程,是确保被监控者的行为合法、合理的有效手段。

(六)视察与调查

视察与调查也是行使监控权力过程的一种方式,从公共管理的角度看也是一种权力。视察与调查的目标是了解被监控对象的情况,以便做出调整性策略。调查权是各国立法机关普遍行使的一项重要监督权,分为经常性调查和临时性调查。调查权往往由专门的调查委员会行使,调查的范围往往涉及法律执行、政府官员的违法失职行为。调查的结果可能导致对公共管理者或对公共权力机构的不信任。民间调查是调查的一个重要方面,民意反映了公民对公共组织的期待,对公共组织政策的评价,对公共组织行为和绩效的评估,这一方面构成公共组织的公共责任的基础,另一方面也是对公共权力行使过程的监控。因此,进行民意调查是促进公共责任的基础工作。需要指出的是,民意调查虽然十分重要,但并不能替代公共管理者的理性判断,公民的期望不等于公共组织的理性行为。

(七)质询

质询是指质询者以个人或集体名义,一般通过书面形式,对于政府的某项决策,向行政机关领导提出询问或质问,要求答复。质询的内容十分广泛,凡是与政府政策、公职有关的事项均可提出质询。质询权一般分为询问和质问,后果亦不同。询问是议员向政府就某事发问,被询问的政府官员必须给予回答,但不能引起辩论。质问所提出的问题比较严重,一般需要辩论,辩论后还可能进行信任投票,如果不信任投票占多数,就会导致政府危机。

在我国,质询是人民代表依据宪法和法律规定对政府机关提出质问,要求被质询机关在法定时间内以法定的形式进行答复。我国质询制度的基本点包括:①质询提案的时间应在人大会议或常委会会议期间;②质询提案的人数必须符合法定的要求;③质询提案以书面的形式提出;④质询的对象主要是政府及其有关部门,也可以质询法院和检察院;⑤受质询的机关必须做出答复。

依据全国人大组织法及各级人大、地方各级政府组织法的有关规定,在人民代表大会审议议案的时候,代表可以向有关国家机关提出询问,由有关机关派人进行说明。《全国人民代表大会议事规则》第 41 条规定:"各代表团审议议案和有关报告的时候,有关机关应当派负责人员到会,听取意见,回答代表提出的询问。"质询和询问都是监督政府的形式,但是有区别:质询带有明显的批评性质,询问只是为了了解有关情况;质询以书面形式提出,并且应符合法定人数,而询问可以由代表个人提出,不必采取书面形式;质询要求受质询的机关的领导人在会议期间答复,而询问既可以由有关领导人答复,也可以由机关的其他工作人员答复。

(八)受理申诉和控告

申诉与控告是指监控主体对公共权力机关(或个人)在执行公共权力过程中,对损害公共利益的行为提出法律诉求。申诉是针对公共权力损害公共权益而提出的;控告是对公共权力行使过程中的违法行为而提出的。申诉和控告主体可以是公民、社会团体、政党、检察机关、纪律检查部门等。受理申诉和控告的部门是纪检监察部门和司法审判机关。

四、正确处理对公共权力监控中的问题

维持公共管理的责任,说起来简单,但做起来却是一件十分困难的事情。行政学家罗森布罗姆等曾分析了追求责任的几大困境,并做了如下分析说明。

(一)公共权力监控中存在的问题

1. 对被监控者实施监控的问题

(1)专业知识与信息不对称

公共管理者在其专业领域可谓是专家,外人无法挑战其专业性,也不能用间接的方法揣摩其决策或行动。同时,公共管理者掌握着一般人无法获知的信息,而这些信息通常是决策的重要基础。公共管理者所拥有的特殊专业知识和信息,使得他们比监督者更有优势,可以躲避监督。

(2)专职地位的优势

绝大部分被监控对象——公共管理者都是全职的,而外部监督者全身心地观察与掌握

他们所做的一切。例如,议会有其他许多活动,因此它对行政监督投入的时间是有限的,而且也缺乏足够的诱因去监督政府行政机关。

(3)人事制度的保护性质

为了减少因政治波动对政府各部门造成的冲击,各国逐渐实行公务员制度以保持公共行政的中立性。随着公务员制度的发展,人事制度予以公务员的保障也大大增强。虽然对公务员的惩戒和开除是有可能的,但也是相当困难的。对一些情节轻微的贪污受贿行为,如利用公共资源贪图小利,可能不予惩罚;除非引起民愤,对一般的违法行为也往往不了了之。

(4)被监控者逃避监控

被监控者出于各种目的,如扩大公共权力、以权谋私、为自己的利益集团谋取利益等,往往会设法逃避受到的监控,这就是所谓"反监控法则"(the Law of Counter Control)。决策者或高级官员越是致力于控制下级的行为,部属就越致力于付出更大的心力去规避这些控制。

2. 对监控者实施监控的问题

(1)监控者内在动力不足

监控者能否实施有效监控,很大程度上取决于监控者的主观责任,即道德规范和公共责任机制。由于对监控者的行为规范不可能过于细化,给监控者留下了较大的自主决策空间,因此,监控者的道德修养、敬业精神等对监控效果影响较大。在监控过程中,如果将监控结果与实现监控者的利益联系起来,可以激发监控者内在的监控能力,但在监控机制中融入利益机制有一定的难度。

(2)对监控者的公共权力的监控与约束

由于监控者的监控权是一种公共权力,也同样会存在滥用公共权力的行为。因此,对监控者实施监控很有必要,但现实中对具有监控权的组织和个人实施监控的力度不大。

(3)监控者之间的协调

公共权力分立的目的是落实公共责任,但立法、司法、行政三部门有各自的职能、角色和利害关系,在缺乏协调的情况下,彼此的监督制衡容易造成监督能力的丧失。

3. 政治指导的监控手段缺乏

以美国为例,政治并没有为公共管理者提供全面的政治指导,政党是分裂的,政治的指导是不明确的。

4. 组织结构和功能的分割问题

公共组织的权力、结构和功能是分割的,政府的功能和职责亦是重叠交叉的,而且许多问题的解决需要不同机关彼此分工与配合,因此便产生了行政责任的多头问题(Many-hands Problem),责任不易明确。

5. 公共权力的监控成本问题

公共管理的范围庞大,公共部门雇用了大量的人员,从事各种各样的活动,每天花费大量的经费,这使得监督变得十分困难。

(二)正确处理监控中的问题

公共权力的监控确实存在许多问题,即使有非常完善的监控机制和监控技术,也无法杜绝违规和犯罪。但不能因此而失去信心,必须通过不断完善监控机制,提高监控管理水平,逐渐实现监控目标。解决公共权力监控中的问题必须从以下几方面着手。

1. 建立监控机构

在公共组织自我监控和相互监控的基础上,建立独立的、专门的监控机构很有必要。独立的监控机构在管理体制上独立于监控对象,做到监控者的人、财、物的真正独立,因此可以减少来自监控的对象干扰和约束,确保独立行使监控权,并提高监控绩效。专门的监控机构实行专业化分工,由于被监控对象分布在不同行业或领域,因此需要有相应专业水平的监控者实施监控。专业化的监控方式在一定程度上解决了被监控对象因专职地位优势造成的监控困难问题。

2. 完善监控机制

完善监控机制主要是完善监控制度,将监控纳入法治轨道。完善监控机制的首要工作是使监控制度化,以使公共权力在宪法和法律的范围内运行。运用法律、规章等制度化方式来规范监控主体、监控范围、监控方式和监控程序,可以落实监控者承担的公共责任,而且可以提高监控效率。在提倡被监控者承担主观责任的条件下,还应重视客观责任的作用,特别是以制度化方式规范监控者和被监控者的行为。

同时,应在监控机制中建立利益机制,使监控者的监控效果与个人利益联系在一起。对于监控效果好、达到监控目标的,予以奖励;对于滥用权力或监控不力、造成重大损失的,追究其责任、给予相应的惩罚。将监控过程、监控结果与监控者的利益挂钩,可以增强监控机制的内在驱动力,使监控效果得到改善。在现实中,一般采用对不同监控者进行比较的评价办法,判别哪个监控者更优秀,并以差别奖励的方法鼓励先进。

3. 提高监控机构绩效

这方面的一个重要内容是降低监控成本,提高办事效率。由于监控对象多元化,且监控对象活动范围大、过程复杂,使监控难度大大增加,因此,改进监控技术和方法是提高监控机构绩效的有效办法。例如,对监控对象的某一行为过程采取抽样监控的方法,可以大幅度降低监控成本。

4. 发挥社会监督的作用

全体社会公众是公共权力的最终拥有者,他们也同样拥有监控公共权力运行的权利和责任。加强社会公众对公共权力的监控,有助于公共管理者的行为规范和公共权力有效运行。

公民参与公共管理过程的监控,有以下几方面的优点:第一,公民的参与可以反映公民的需求与偏好,使公共管理部门的政策与行为符合大多数公民的需求,防止监控对象损害公共利益;第二,公民参与监控是监控者获取监控对象信息并对其公共权力的绩效进行评估的重要手段;第三,公民参与监控也有利于监控者与公民的沟通、理解和相互支持;第四,公民的参与可促使公共组织改善工作绩效,增强公民对公共权力机关的信心、认同和支持。

舆论监督包括报刊、电视、广播等传媒对公共权力行使过程中的违法、违规行为的报道,这种监控方式的最大优点是信息来源广泛、及时,而且舆论的传播速度快,覆盖面广,影响大。尽管各媒体的报道有一定倾向性和局限性,但是舆论仍然是一个非常重要的社会监控手段。舆论是社会公众参与监控的桥梁,它在传播监控对象的信息、引起高层管理者和全社会公众关注方面,具有不可替代的优势。舆论监控可以在一定程度上改善监控者与被监督者之间的信息不对称问题。应充分发挥舆论监控作用,从法律上保障舆论报道的自由,明确舆论的监督权、批评权和采访权,建立具有权威性的新闻纠纷仲裁制度。

第三节　公共管理的伦理

一、公共管理伦理的内容

公共管理伦理是一个有机的体系，我们可以从公共管理三个层面的含义来理解我国公共管理的内涵。它们是一个相互联系、相互制约、相互作用的完整系统。

（一）政治管理

公共管理的第一层面是政治（国家）管理，即国家的立法（含决策）、司法的职能行为。这一层面公共管理伦理指的是：凡从事制定公共政策与法律、法规，维护国家主权与安全，维护社会秩序，履行宏观调控等国家职能的公务人员的日常心态及行为，所应遵循的基本道德规范体系。如决策（立法）道德规范——只制定善策和良法；维权道德——确保国家主权、公民权益不受侵害；公正与公平理念——掌权用权者（含组织和个人）以心忧天下、造福百姓为己任，通过政策法律、制度的安排和创新，实现最广大人民群众的根本利益。值得强调的是，公共政策的首要职能是匡扶正义、维护公道，尤其是在当前我国公民收入差距扩大、弱势群体扩张的情况下，政治管理行为人秉持的理念应当是“公平优先，兼顾效率”。

（二）政府公共事务

公共管理的第二层面是政府公共事务，主要包括行政区划与国家礼仪事务、国家公共安全事务、国家对外关系事务、公共人事与财政事务、政府机关自身管理事务等。这一层面的公共管理伦理指的是：从事这类公共管理事务人员的工作的动机和行为，应当遵循的基本道德观规范体系，如践行全心全意为人民服务的道德规范；模范守法、依法行政的执法道德规范；认真负责、办事高效的业务道德规范；秉公办事不以权谋私的廉政道德规范，等等。必须强调的是当前这一层面最突出的悖论问题恰恰在于，公共管理不公、行政人员廉洁度低，对社会公共利益造成很大的侵害。因此必须强化全心全意为人民服务的宗旨道德和说法自律的道德修养。

（三）社会公共服务

公共管理的第三层面是社会公共服务。其主要是提供教育、科技、文化艺术、医药卫生、体育发展以及维持社会公共秩序等公共服务。这类公共事务与全体社会成员日常生活和切身利益的关系更为密切，更为广大普通老百姓所关注。这一层面的公共管理伦理指的是：所有从事社会公共服务的国家公务人员，其动机和行为应当遵循的是道德规范体系。比如：认真负责、不要滑偷懒的职业道德；珍惜时间，不拖拉推诿的效能道德；诚恳待人、不嫌贫爱富、不趋炎附势的公仆意识等道德系统。在当前有许多弱势群体的存在，社会最需要的是所有基层政权（社区）、中介机构的公共服务人员，充分地体察、理解弱势群众的心态与诉求，从而确保我国政治基础和社会环境的稳定。

总之，公共管理伦理的内容丰富多彩，是一个表现形式多样化、内在结构多层次的公务职业道德规范体系。它日常表现为公务职业理想、公务职业态度、公务职业责任、公务职业纪律、公务职业良心、公务职业作风和公务职业荣誉等公务道德品质与道德规范知识。其规范主体主要是国家公务人员，规范客体是公务行为的动机、过程、结果及其评估，以公务“动机”的道德规范为关键。实践一再证明：“动机”的道德理性起点往往决定着“过程”和“结果”的道德理性水准。公务不公、吏治腐败行为的发生和滋长蔓延，无不首先萌发于“权力寻租”的动机。公共管理伦理对于具体的公务人员个人而言，其内容和作用方式是有层次性和侧重点的；权力越大、职位越高的公务人员，道德标准越高，要求越严；有了道德楷模与垂范，上行下效，公务道德的约束和规范力量才能事半功倍地散发出来。

二、公共管理伦理的基本概念

公共管理伦理的具体表现是多样的，但是在人类文明的发展历程之中，随着公共管理理论和实践的不断丰富，公共管理伦理也形成了一些基本理念。一些国际组织已经开始根据这些基本理念制定公共管理的伦理标准，以推动公共管理伦理的可持续发展。

(一)公正

公正，简单而言就是公平、正直、不偏私，是人类社会具有永恒从优的行为准则，也是社会治理的重要原则。《正义论》的作者罗尔斯曾说过：正义是社会制度的首要价值，正像真理是思想体系的首要价值一样，公正也是公共管理伦理最为基本的理念。公共管理的公正理念是由公共管理的性质决定的，公共管理作为对于公共领域的管理，其管理是公众的权力委托，权力行使应当对所有对象负责，目标是谋取公共利益的最大化，而不应为了个人或者某一小团体的利益牺牲公众的利益。而且，随着社会文明的发展，公共管理在允许为多数人而牺牲少数人利益的同时，也越来越关注对于少数人正当权益的补偿。公共管理的公正包括公共管理的实质公正和程序公正两个主要方面。实质公正指公共管理中的利益交易和利益分配，其与利益直接相关；而程序公正则指在公共管理中应当建立平等、自由、开放的规则制度，从程序上保障实质公正的实现。

(二)效率

所谓公共管理伦理意义上的效率是指公共管理组织提供公共秩序、公共产品或公共服务的效率，它要求政府与其他公共管理组织应当以尽可能低的成本为社会提供丰富的公共产品或满足公民的需要，实现尽可能高的社会公共效益。这种效率观吸收了社会公平理念，强调伦理与功利的统一，在合理利用配置社会资源，最大限度帮助公民的同时，尽可能地减少对其他人利益的损害。从这个意义上说，公共管理伦理的效率原则，一方面要求以政府组织为主导的公共管理部门或机构应当而且必须为公共社会提供足够丰富的公共产品，以满足全体公民对社会物质生活条件不断增长的需要；另一方面还要建构一个公正、稳定、良好的社会公共秩序。没有公共社会的长治久安和良好秩序，没有良好的社会风气和公共文明水平，以及强大的社会组织能力和社会动员能力，公共管理伦理的效率就不可能真正实现。对于公共管理伦理来说，社会制度公正及良好稳定的公共秩序是衡量其是否高效管理的重要标准。制度公正具有公正与效率的双重意义。罗尔斯在《正义论》中指出：“正义是社会制度的首要美德，正如真理是思想体系的首要美德一样。”

(三)诚信

诚信是人类社会规范的基本要求，也是公共管理伦理的基本理念。公共部门作为公共权力的被委托者,诚信是其必然的选择。一方面,公共部门的诚信可以通过其影响力形成社会表率,促进社会诚实守信风气的生成,维护社会的长治久安;另一方面,公共管理活动作为双向互动的过程,只有做到诚信,才能让民众看到一个真实的政府治理,提高民众对政府的了解和信任,从而提高管理绩效。特别是在市场经济条件下,交易中信息的真实可靠是自由竞争的重要前提,这一要求也影响了公共管理活动,要求公共部门在市场调控中奉行诚信原则,推动市场各方为国家福利和市场财富的增长共同努力。

(四)服务

公共管理伦理核心是服务精神。随着市场经济的发展,社会治理模式随之发生相应的变化。对于一切社会治理模式来说,秩序、公平与效率、服务等都是基本价值,但是不同的社会治理体系中,它们的侧重点有所不同。在统治型社会治理模式中,它是以统治的形式来实现对等级差别的维护,秩序是其所追求的重点。其他价值都是为这一核心服务的。相应地,在管理型社会治理模式中,公平和效率是其核心价值,其他价值也都是为这一核心价值服务的。服务体现了政府对于公共权力和公共利益的价值取向,它强调公共管理活动的目的是提供优质的公共服务,维护公民利益,满足公民日益增长的物质生活和精神生活的需要,在实践中主要体现在公共部门尊重公民的地位和需要,对于公民的需要做出及时的回应,满足公民多样化的需求,重视人民的参与和监督。

(五)和谐

建立并维护良好的社会公共秩序,是现代公共管理伦理的首要价值目标。在现代社会,公共管理行为的发生与伦理目标的实现主要是通过供给社会秩序来完成的。社会秩序的供给,一方面体现为一系列行为措施和规则体系的形成,另一方面则体现为一种价值理念的塑造。因此,公共管理伦理不仅关注外在的社会秩序结构,而且还注重所供给的社会制度,即社会规则是否符合社会普遍的道德伦理以及社会大众对所处的制度规则体系是否有认同感和归属感。公共管理伦理不仅仅具有对公共行为和公共事务实施技术化控制的一面,而且具有通过有效协调社会公共行为和公共关系,并合法公正地处理公共事务,建立公正、良好的社会秩序,实现整个社会的和谐发展的一面。一种健康和谐的社会状态是衡量公共管理伦理是否有效、是否合理以及是否公正的最有力证明,也是一个终极的价值评价标准。

三、公共管理伦理的特征

公共管理的伦理主要是人们关于公共管理活动好坏对错的判断过程以及判断理由,主要涉及公共管理主体行为的正当性与合理性,亦即领导、决策和执行等公共管理活动的合法性等问题。它既包括公共管理人员个体在公共管理中的道德观念、道德活动与道德规范,也包括作为群体及组织机构的行政主体在行政活动中所应遵循的价值规范。

由于公共管理领域具有特定的地位、内容和功能,其在伦理上也具有一定的特殊性,因此对于公共管理伦理特征的理解有助于我们更好地理解公共管理伦理的内涵。公共管理伦理的基本特征有以下几点。

(一)整体性与系统性

公共管理系统不仅包括人,还包括公共管理组织,公共管理系统是专门行使公共管理权力和制定公共政策的系统,它每日每时都会做出关系着国家和社会发展的重大决策;会通过一系列公共管理行为的实施(包括设计、建立和完善、改革和发展行政组织、行政体制)对自己进行变革。公共管理系统中的伦理思想和道德意志代表和反映着全社会的公共利益。行政人员是公共管理伦理关系中的一个重要因素,必然要贯彻这一系统的伦理思想和道德意志。鉴于公共管理伦理所要调整的是公共管理系统与其他社会系统、组织和公民的关系,它的行为对所辖公共管理区域内的整个社会都会发生影响。当然,公共管理系统中的行政人员职业伦理也是调整行政人员个人与他人与国家和社会的关系。但是,行政人员在公共管理执行中的行为却代表了国家和政府的形象,代表国家和政府去执行公务,代表国家和政府与社会组织和社会成员发生关系,所以,公共管理伦理具有整体性和系统性的特征。

(二)政治性与社会性

公共管理伦理的政治性体现在:其一,公共管理伦理属于政治哲学范畴,政治哲学是关于政治(包括组成部分的行政)的指导理论;其二,公共管理伦理是统治阶级意识形态的重要组成部分。如果公共管理是对政治的推广和执行,那么需要贯彻和体现政治原则。公共管理伦理的社会性体现在:公共管理是对全社会负责的管理活动,公共管理的绝大部分活动是社会公共事务管理。它需要与社会的所有组织、公众、环境、地域发生关系,公共管理部门及其人员必须是社会的"公证人"。之所以说公共管理伦理既有政治性又有社会性,就在于公共管理既带有政治性色彩,又带有社会性色彩,公共管理既要维护统治阶级利益,贯彻统治阶级意志,又要站在管理者的立场上维护全社会的公共利益。

(三)非功利性和非交换性

公共性质决定了公共管理伦理的非功利性和非交换性。公共管理是指政府和其他公共组织对涉及公众利益的各种公共事务所进行的管理活动。也就是说,在公共管理这一特殊领域,强调的是公共利益。公共管理伦理以公共利益为出发点,要求公共管理者必须把公共利益作为其职业活动的出发点:公共管理是服务于公共利益的,公共管理主体是公共利益的代表。政府中的或以政府为主体的公共管理不同于"营利的""私人的""企业的"管理,它属于公共管理的范畴。公共管理中的行政执行活动主体是公共部门或公共服务机构,而不是私人部门或私人机构。私人行政的目的和性质是为了营利,而公共管理的目的和性质决定了它应负起社会的责任和义务,其工作不能用利润作标准来进行衡量,而必须用服务数量、质量、满足社会需要的程度等多种指标来衡量。公共管理行为还是企业行为或商业行为,公共管理考虑问题在很多情况下必须舍弃功利,从大局出发,从整体出发,从长远出发,从系统出发,处理好局部利益与整体利益、眼前利益与长远利益的关系。

(四)高尚性与广泛性

公共管理在社会管理中居于主导地位,公共管理伦理在社会伦理体系中也处于最高层次。公共管理伦理不仅是公共管理系统中的伦理,也是一个社会中占统治地位的道德,公共管理组织的形象应是其他社会组织的行为楷模,公共管理人员也应当是社会中较为杰出的人物。他们的行为应是高尚的,对他们的道德要求也比一般社会成员更高、更严。公共管理伦理的广泛性体现在整个公共管理系统都必须遵循统一的公共管理价值观,各个公共管理层级、各个公共管理部门、各个公共管理领域、各种不同类别的公共管理行为以及不同类别的公共管理人员都必须共同遵守的道德规范。

三、公共管理伦理的功能

伦理是通过个人的良心、社会舆论和政治信念对社会行为进行道德判断和评价,从而实现对各种利益关系的调整。公共管理的特征决定了它具有规范、选择、引导和维系四大功能。

(一)规范功能

规范功能是指公共管理伦理通过提供"应该如何行为"的道德规范,使公共管理主体控制和约束自身的功能。伦理,作为一种社会秩序的保障和前提,通过一系列的价值准则来规范大众的行为模式,影响他们的价值观念,引导他们的道德选择。同样,对于公共管理者来说,公共管理伦理,一方面通过外在的道德规范约束其行为,另一方面通过内化的道德意识和人格追求对其进行自我监督和自我评价。而对于公共管理部门来说,公共管理伦理也通过外在的舆论评价和一定的制度约束,来规定公共管理活动的范围和行为方式,引导和约束公共管理系统的运行,促使管理过程程序化和规范化。在公共管理活动过程中,公共管理伦理对符合公共管理伦理要求的公共管理行为予以纠正或弱化,以避免违背公共管理伦理的后果发生。

(二)选择功能

选择功能是指公共管理者按照一定的伦理标准,在公共管理活动过程中对不同的价值做出的一种自觉自愿的选择。公共管理者在公共管理伦理框架下实施公共管理行为,是一个自主选择的过程,所以说,公共管理者如何选择、选择什么,对公共管理伦理目标的实现是非常重要的。与以往的管理模式相比,虽然公共管理是一种新的社会治理模式,但是,对于公共管理而言,制度不会完善到至臻至善的程度,还存在各种各样的冲突。在这种情况下,公共管理者在确定实施行政行为之前,总要依照某种伦理原则和价值追求对其行为进行选择和检视,而这种选择和检视并不是情感的萌发,而是一种理性的涌现。公共管理者在对公共责任进行选择时,越是超越他的情感因素而依靠理性,就越能够做出正确且适当的选择。

(三)引导功能

引导功能是指公共管理伦理作为一种行为规范,可以从意识上引导和控制公共管理主体的动机,从而引导公共管理主体的行为,使公共管理主体在进行具体行动的过程中都有潜在的道德约束和伦理规范,从而避免行动的盲目性。从根本上讲,利益和利益关系是影响公共管理者进行公共管理活动的决定性因素。但是,完全依赖利益和利益关系的公共管理活动极有可能偏离正确的道德轨道。而由于公共管理伦理使公共管理系统中的群体有了明确的价值目标,并为理论与实践、理想与现实提供了一种有效的具体形式,公共管理伦理便对公共管理者的行为具有了某种程度的引导功能。同时,公共管理伦理对社会也产生了广泛的示范效应。当公共管理拥有了道德化制度,在公共管理主体的道德化活动中,在治理者们的道德化行为中,全社会的道德习惯行为就比较容易养成,逐渐形成一个道德实践的环境,并进一步形成系统、稳定、良好的道德观念和价值判断标准。

(四)维系功能

维系功能是指公共管理伦理将公共管理主体的多元化价值观凝聚成为一个整体,从而强化公共管理主体内在本质力量的功能。良好的社会秩序离不开法律的支持,但是,法律有其自身的局限性,它既不能激发人们追求卓越,不会成为榜样行为的准则,也不会成为良好行为的准则。道德却不一样,除了对违法者予以谴责之外,它对虽不违法但属于不道德的行为可以进行批评和惩戒,而对道德的行为,尤其是高尚的行为则可以予以鼓励和褒奖。因此,相对于法律而言,伦理对社会秩序的维系作用可能更具有普遍性和持久性。公共管理伦理作为一种应用伦理,能够在公共管理系统中的个人与个人之间创造一种广泛的信任关系,架起公共管理主体与对象之间的沟通桥梁。正像孔子所说"为政以德,譬如北辰,居其所而众星拱之。"因此,公共管理伦理是赢得民心和民意的重要力量,是稳定社会秩序、保持国家长治久安的决定性因素。

五、我国公共管理伦理的失范及重构

(一)我国公共管理伦理的失范

尽管公共管理伦理的重要性不可否认,伦理化也是公共管理发展的重要趋势,但是反观现实,在公共管理过程中,伦理因素仍常被弱化,甚至还存在违背伦理原则的失范和弱化现象,主要表现为多种形式的权力交易,渎职失责,权钱交易,等等。

1. 官本位思想严重

由于几千年的封建残余思想,重农抑商的影响,我国的伦理建设在实践中还有一段路程要走。一些官员在思想上有贪图享乐、讲究排场的不良作风;一些官员存在不良的政绩观,大搞形象建设、政绩工程而忽视公共利益。

2. 组织的责任缺失和官僚主义

公共组织作为公共权力的代表者,应当充分利用公共权力谋求公共利益的最大化。组织成员的责任缺失主要表现在对于自身权力委托者权益的漠视,组织的权力动作不以委托者的权益为依据,对自己应当履行的职责敷衍塞责、玩忽职守。在责任缺失的背景下,官僚主义成为现代政府的顽症,公共组织在管理中首要考虑的不是公共利益,而是组织内部的等级和组织外部的权威,思想僵化、办事低效、不负责任等现象直接导致组织内部力量内耗和公共利益的损失。

3. 缺乏伦理建设的自主性

所谓伦理自主性,指公共管理人员应该主动维护特定政策所包含的基本准则,并反对个人主义倾向和组织自私自利的倾向。在市场经济环境中,一些官员个人主义倾向严重,裙带关系泛滥;一些官员滋生浮躁情绪,搞形象建设,忽视实用性;一些官员重经济建设,忽视精神文明建设;一些官员重视短期效益,忽视长期良性循环发展。

4. 过分注重效率的功利主义倾向

公共管理伦理弱化和失范的另一个重要表现就是对效率的过分追求而导致的功利主义倾向。这种倾向关注如何运用科学的管理方法和技术手段提高公共组织的效率,将效率作为公共管理的出发点和终极目标。在这种倾向下,被管理者只是单纯地被视为工具人和经济人,而不考虑复杂社会关系中的伦理因素,将效率与人的快乐和幸福等同、忽视了人的内在价值。虽然效率标准可能代表伦理的取向,但是二者并非完全一致,有时甚至相互背离,这样的倾向最终会影响到公共管理活动本身。当人的内在价值被长期忽视和损害,公共组织的活动便会遭到人们的抵制。长期以来,我国在社会发展过程中尤其在分配领域,总是以效率优先,兼顾公平。这一原则激发了人们的主动性和积极性,取得了很好的实践效果。但是,随着社会的发展,这一分配原则日益体现出其局限性,诸多社会问题开始暴露,影响了经济的可持续发展和社会的长期稳定。党的十六大对于分配工作中效率和公正的关系做出了新的解释,即“初次分配注重效率,再分配注重公平”。党在十七大报告中则更是指出:“初次分配和再分配都要处理好效率与公平的关系,再分配更加注重公平。”这些对于“效率第一”做出的反思,有利于社会的长期稳定发展。

5. 权力腐败现象仍旧存在

权力是公共管理者在缺乏伦理认识和约束的情况下出现的权力异化。管理者利用公共权力谋求个人私利,这往往伴随着对公共利益的损害。权权交易和权钱交易是权力腐败最为主要的表现。权权交易即在权力分配中以权易权,谋求个人权力的最大化;权钱交易是指在公共利益分配中,公共管理者通过寻租为自己谋取经济利益。权力已经成为各国政府面临的重要问题,也成为公共部门和公民之间诸多矛盾的起因。尽管政府三令五申,通过“三规”制约高官贪污腐败,但是,如何遏制政府高官腐败,仍然是一个严峻的问题。

公共管理伦理的弱化和失范对公共管理产生了严重的负面影响,直接导致公共决策的失误和公共政策的执行不利,以及假公济私、“上有政策,下有对策”等现象。伦理的弱化和失范也导致了公共管理的低效,使得公共资源被浪费。正因如此,政府的公信力受到影响,引发了公民对于政府的信任危机。

(二)重塑我国公共管理伦理的路径选择

基于公共管理伦理化的趋势和问题,公共管理伦理建设的重要性日益突出,各国政府和国际组织也开始了相关的理论研究和实践探索。从各国的实践来看,公共管理伦理的建设有两种实施方式:一是公共管理伦理的立法。从世界各国公共管理伦理立法的基本状况来看,公共管理伦理法规的表现形式包括宪法、民法和刑法中的有关规定,专门的行政道德法典、职业守则及法律实施细则三个层面。二是通过建立专门的伦理道德管理机构、进行伦理道德训练、完善伦理道德约束机制等途径进行管理。

因此,我们可以从以下几个方面加强建设。

1. 创新伦理教育

首先,引导公共管理者科学认识公共管理伦理冲突中的功利价值,重建公共管理伦理价值的等级次序,承认并坚持社会利益高于个人利益,一切以为人民服务为宗旨和取向,把最广大人民的根本利益作为行政行为选择的出发点。

其次,引导公共管理者正确认识公共管理行为选择中目的与手段的关系,公共管理手段的有效性绝不能违背目的的伦理性。对于公共管理目的与手段来说,伦理性与有效性这两个要求是不可分割的;公共管理伦理监督的对象不仅限于目的,还包括手段。既要重视公共管理者全心全意为人民服务的公仆意识,也要提高公共管理者对公共管理伦理是为政之本的认识。公共管理者若不具备优秀的伦理修养,既无法得到人们的认可,也不可能履行好职责。

最后,改善公共管理伦理教育方式。要改变呆板的教育方式,采取更为灵活多样的手段,要利用光、声、电等具体富有吸引力的手段提升教育效果。创新教育机制,将法制教育、文化知识教育和道德教育整合贯通,使之协调互补,跳出把伦理教育泛化为惩罚教育等传统方式,推动伦理教育多层面多方式进行。

2. 健全法律规范

道德良心作为软件必须通过政治法律等硬件才能很好地发挥作用,如果没有相应的硬件设施,再好的道德体系也很难对社会产生实际的影响。因为人的道德品质的不完善性和认识客观事物的局限性,导致公共管理者无法永远正确行使权力而不发生失误和偏差。倘若权力落到了道德恶劣者手中,就极易变成牟取私利的工具。所以要有一种外在的力量来制约公共权力运行过程中的负效应和被滥用现象。因此,必须通过公共管理伦理立法,把伦理行为上升为法律行为,将一些必要的伦理规范纳入社会的法律体系之中。越是文明发达、法制完善健全的国家,其法律就越接近于伦理规范。在美国很有名的黑格期诉帕乐默案中,一个16岁的男孩毒死了他的祖父,他能否继承被害人的遗产?按一般的法律规则是合法继承人,应当继承遗产。但这与一般的社会伦理不符,最终法院依据“一个人不能从他的不当行为中得利”这一伦理原则剥夺了男孩继承权。在公共管理活动中,同样不能让公共管理者通过其不负责任的行为获得,并借助法律的刚性特征,强化管理者的责任意识,促进公共管理责任的落实。

3. 完善监督机制

公共权力源于公众,目的就是为公众服务,必然要接受公众监督。由于法律无法规范所有公共管理行为,我国法律又多不完善,通过公众对公共管理者进行无缝隙化监督,对公共管理者施加压力,是必然选择。应敞开政府机关的大门,让更多的民间直接传达给政府,增强政府与民众的直接交流,形成有效的公众参与的伦理监督机制。社会舆论反映的是整个社会对人民行为的一种监督,具有明显的行为约束优势,能为相关的公共管理者指明行为,引导行为方向,从而起到规范管理行为方式的作用,促使公共管理者遵守最起码的伦理道德秩序。在公众的严格监督下,公共管理者必然会面临履行好职责的压力,也会更自觉地承担其责任。因此要加强监督的制度建设,建立相应的新闻发言人制度,公共部门应就重大事项以及涉及公共利益的事项定期并及时地向社会通报。同时借鉴国外经验,由各级人大设立伦理委员会专门接受和审理普通公民对官员与公共管理者伦理道德的举报并做出处理。

4. 创建伦理文化

公共管理是群体性活动,管理模式取向直接影响公共管理伦理状况,同时,由于管理模式取向由管理意识、管理理论、管理认知、管理情感、管理态度等要素构成,而合适的组织管理文化有助于公共管理模式建立。在正义性组织文化中,非正义管理行为会得到纠正,正义行为则会得到强化。管理部门要加强文化建设,树立好公共品牌。加强勤政、廉政、公正、忠诚等组织文化建设,为营造环境强化意识、培养公共管理伦理观夯实文化基础,使公共管理者具备诸如在组织中的服从、执行工作中的人文关怀等伦理素质,具备协调人与人之间的动力与规范力的伦理素质，形成内在约束机制与良好管理模式取向，使其既明白其应承担客观责任，也义不容辞担当其主观责任，更公正地履行其公共管理职责，建立公共管理应有的公信。

【核心概念】

公共权力　公共权利监控　公共管理伦理

【思考与练习】

1. 何谓公共权力？为什么说公共权力运行方式是随社会形态及公共组织的演进而不断变化的？
2. 何谓责任、主观责任和客观责任？
3. 监控与控制作为落实责任的手段，它们之间有什么联系和区别？
4. 重塑我国公共管理伦理有哪些途径？

【案例分析】

无处安放的污泥，公共管理谁人责

1. 污泥为何从天而降

2005 年 11 月，辽宁省沈阳市祝家镇将村西山山地使用权有偿转让给金某经营，允许金某承包 50 年；2010 年 4 月 1 日，当地村民委员会也与金某签订一份有偿转包山地合同书，承包期同样长达 50 年。两处被承包的山地有山林、果树等植被覆盖，且合同约定该山地主要用于农业项目，并要求乙方（金某）保持生态平衡，不准在该山地搞污染空气和环境的企业，然而，金某之意却不在利润微薄的农业项目之中。

2007 年开始，在鲜为人知的情况下，金某建设围墙将其所承包的土地与外界隔离，砍掉承包地上所有山林及果树，挖出大小不等的 11 个坑，并卖掉开挖产生的数百万立方米山土，获利颇丰。而后，金某将承包地转租给某运输公司，这家运输公司将其受委托运输处置的数家污水处理厂的污泥倾倒在大坑中。长年累月，终于"酿"出了大祸。2. 不速之泥投放的环境"炸弹"

据当地村民反映，2007 年至今，污泥坑附近的村子患癌人数升高，且已经有向年轻化发展的趋势。其中当地反响较大的有一个"癌症之家"：孙某死于肺癌，他的母亲刘某死于胰腺癌，他的叔叔和侄子（25 岁大学生）死于淋巴癌，他的妹妹死于直肠癌，他的大嫂也正身患"乳腺癌"。村民普遍认为下风口和低洼地接触污染更近，是癌症"肆虐"的主要原因。

3. 政府治理的介入与治理

2015—2016 年，沈阳市政府责成环保、安监、食药监等部门开展对祝家镇污泥坑周边坝体安全评估、对地下水与土壤污染情况进行监测，对周边村民进行健康调查，以及对周边产品进行安全调查等工作。

2018 年初以来，沈阳市市委、市政府将祝家镇污泥整改工作列为市重点整改项目，成立了由市长任总指挥、副市长任副总指挥、市环保局局长为现场工作组组长、市公安局、区委区政府、环保集团为成员的指挥体系，加快推进处置进程。截至 2019 年 4 月，在各级相关部门的通力协作下,祝家镇污泥处置工作取得了显著进展。

【问题思考】

1. 污泥处置问题反映出公共管理责任存在哪些问题?
2. 在此事件中,如何对各方责任进行划分?

第九章　公共管理中政府的角色

【内容提要】

政府是公共管理活动的一个重要主体,其目的不是营利,而是有效地增进、公平地分配社会公共利益。“政府应当做什么”历来是古典保守主义与自由主义争论的焦点,但对于“政府能够做什么”却没有充分关注。事实上,由于政府失败、市场失灵和公民社会自主发展,政府行为的有效性、能力是有限度的。在探讨“政府应当做什么”“政府能够做什么”时,必然要探讨如何处理政府与市场、政府与社会、政府与企业的关系。本章对政府的性质职能、政府与各方的关系、政府角色演变与角色选择等论题展开论述。

【知识结构图】

本章知识结构如图 9-1 所示。

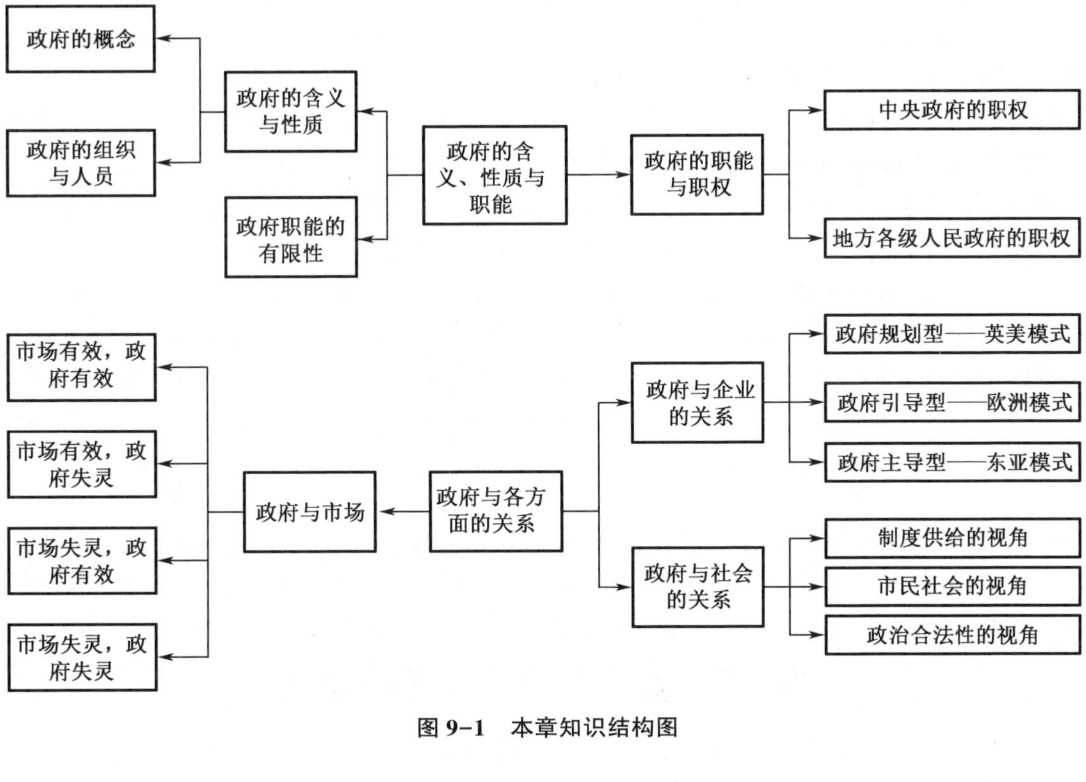

图 9-1　本章知识结构图

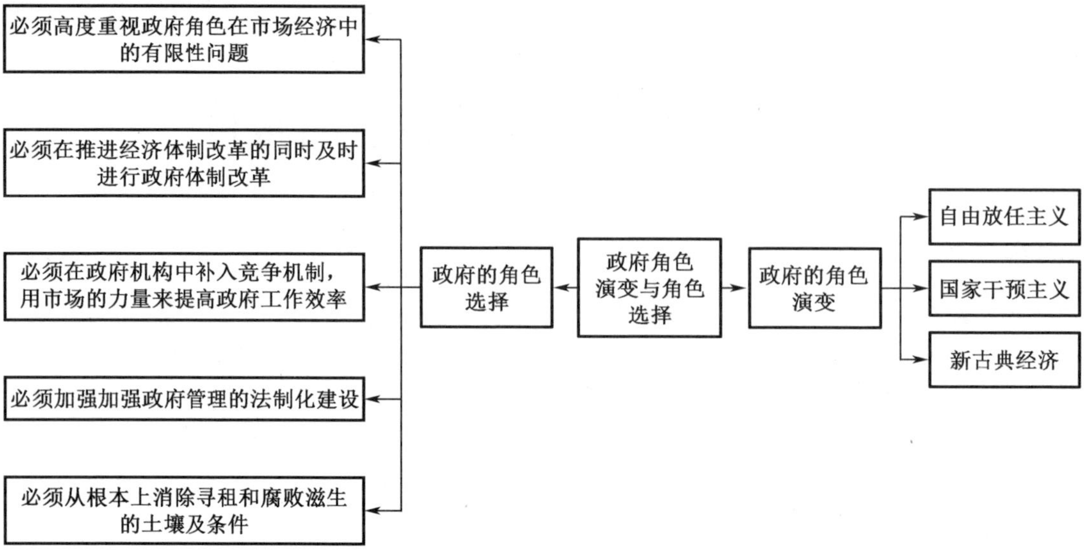

图 9-1(续)

【引导案例】

邢台七里河洪灾谁之过

2016 年 7 月 20 日凌晨，河北省邢台市大贤村洪水，以一种非常规的方式成为舆论的中心。从微信朋友圈的发酵，到周末的大热点，这个处于邢台开发区中心，却又是在邢台市城区边缘的村庄，成为整个河北洪灾中最刺目的伤疤。

当天晚上，急剧降雨造成的洪峰沿着邢台城南的七里河在大贤村决堤而出，大贤村伤亡惨重。多方质疑邢台市上游水库泄洪，未通知下游村庄，导致该村被洪水淹没。然而官方在这次事件中开始对灾情发布不及时、不准确，使各种谣言不断传播，严重损害了政府的威信。迫于舆论的压力，邢台市政府召开新闻发布会，邢台市市长对遇难者道歉，承认预判不足，应急不力，并启动追责程序。

思考：根据政府角色和政府职能的相关知识，你认为邢台政府在这次洪灾中存在哪些失误和不足?

第一节　政府的含义、性质和职能

一、政府的含义与性质

(一)政府的概念

所谓政府，是指国家进行阶级统治和社会管理的机关，是国家表达意志、发布命令和处理事务的机关。同时,政府也可以指那些不以营利为目的、旨在追求有效增进与公平分配社会公共利益的调控机构。政府是公共管理的最重要主体。

"政府"概念在不同层次上使用时其含义很不相同,概括起来有以下四种:

(1)指制定规则、为居民提供服务的机构,这是最广义的政府,也可以称为"超弱意义的政府";

(2)指治理国家或社区的政治机构,这也可以称为"次弱意义的政府";

(3)泛指一切国家政权机关,包括国家的立法机关、行政机关、司法机关和其他一切公共机关,这是广义的政府;

(4)指一个国家的中央和地方行政机关,如我国宪法中的"人民政府"就是各级行政机关。这是狭义的政府。公共管理中的政府主体通常指狭义的政府。

(二)政府的组织与人员

作为公共管理主体,我国政府具体包括以下组织与人员:

1. 中央与地方行政机关

政府的公共管理权力是通过法律规定以及立法机关授权而获得的。在实际过程中,政府行政机关的公共管理权力,通常表现为以机关的名义向社会发布所辖的行政区域或行政业务的行政规定,这种规定一般受广义政府的约束。

2. 行政首长

各国行政机关通常实行首长负责制。因此,行政首长无论在名义上还是在实际执行上都是公共行政权力的一种主体。在这里,行政首长是指一种非人格化的特定的职位,而不是作为社会存在的自然人。行政首长可以分为高级政务类行政首长和各级政务首长以下的各级常务首长。行政首长根据宪法和有关法律的规定获得权力,在得到授权的条件下,他们可以代表政府。

3. 政府普通公务员

普通公务员人数众多,由法律保障其身份、规定其职责。他们是政府内逐级授权的最后一级,如得到特殊授权,他们有时也能代表政府。他们的主要职责,是处理政府的大量日常事务,具体执行政府决策或首长决定。由于他们实行终身制,长期在政府任职,所以他们对行政的技术程序和技术规范有较多的了解。

综上,政府的含义与性质可以概括为:政府是按政治程序设立的行政机构;政府活动的目的具有公共性;在各个市场主体的职能分工中,政府主要负责提供公共产品或服务、执行公共政策;政府能力是有限的,如果政府介入经济社会生活的范围过宽、过深,容易产生许多消极作用;政府权力具有垄断性,权力的行使具有强制性;政府主体通常指中央与地方行政机关、行政首长和政府普通公务员。

二、政府的职能与职权

政府职能是指政府机关在公共管理活动中的基本职责与功能,包括政府应该管什么、怎样管的问题。

政府职权是指某一职位依法具有的权力,这一权力是由法律所规定的,是与一定的职位相联系的,因而不同于政府职能。

(一)中央政府的职权

政府的职权是由政府的地位决定的,是由法律给予保障的。根据《中华人民共和国宪法》第 89 条的规定,我国中央政府即国务院共享有 18 项职权。这 18 项职权共包括以下六个方面的内容。

(1)制定行政法规和发布行政命令。

(2)提出各项议案。其主要是向全国人民代表大会及其常务委员会提出议案。

(3)组织领导。具体包括规定各部、委的任务、职责,统一领导全国地方行政机关的有关工作;规定中央与省自治区、直辖市的国家行政机关职能的具体划分;批准省、自治区、直辖市的区域划分,批准自治州、县、自治县、市的建制和区域划分;按照法律规定任免、培训、考核、奖励、调动行政人员。

(4)管理指挥。包括领导和管理经济、城乡建设、教育、科学、卫生、体育、计划生育、民政、公安和司法行政、监察、对外事务、国防建设、民族事务;保障少数民族的平等权利和民族自治地方的自治权利;保护华侨的正当权力和利益,保护归侨和侨眷的合法权利和利益;决定省、自治区、直辖市范围内部分地区的戒严。

(5)监督审计。包括改变或者撤销各部、委发布的不适当的命令、指示和规章,改变或者撤销地方各级国家行政机关的不适当的决定和命令,审定行政机构的编制,审计各级行政机关的财务收支。

(6)全国人大及其常委会授予的其他职权。

(二)地方各级人民政府的职权

根据《中华人民共和国地方各级人民代表大会和地方各级人民政府组织法》的有关规定,我国地方各级人民政府行使以下五个方面的职权。

1. 行政执行

执行同级人民代表大会及其常务委员会的决议和命令,办理上级人民政府交办的各项事宜。

2. 发布决议和命令

在本行政区域内发布决议和命令,规定行政措施。省、自治区、直辖市以及省、自治区人民政府所在地的市和经国务院批准的较大的市的人民政府,还可以根据法律和国务院的行政法规制定行政规章。

3. 组织管理

县以上的人民政府领导所属各工作部门和下级人民政府的工作,执行经济计划和财政预算,管理本行政区域内经济、文化建设和民族、公安等工作,依照法律规定任免和奖惩行政工作人员;县以下人民政府管理本行政区域内经济、文化建设和民政、公安等工作。

4. 安全保障维护

保护社会主义全民所有的财产和劳动群众集体所有的财产,保护公民私人所有的合法财产,维护社会秩序,保障公民的人身权利、民主权利和其他权利,保障农村集体经济组织应有的自主权,保障少数民族的权利和尊重少数民族的风俗习惯(省和自治区人民政府还有责任帮助本省或本自治区少数民族聚居的地方实行区域自治),保障妇女与男子有同等的政治权利、劳动权利、同工同酬和其他权利。

5. 监督审查

县以上人民政府可以改变或者撤销所属各工作部门的不适当的命令、指示和下级人民政府的不适当的决议和命令,监督和审计各工作部门和下级人民政府的财务行为与收支状况,依照法律和有关规定奖惩行政工作人员。

三、政府职能的有限性

政府职能的有限性也被称为政府职能的限度,具体包括:一是能力限度,即政府是否具备承担某些社会或市场管理能力,如果超出能力范围,最好不要干预;二是效率限度,即在市场机制、社会组织和政府行政具有相同调节能力的条件下,应当有一个成本-收益的比较问题,行政干预应当以效率最高为限度;三是合法限度,即如果现存的政府行政、社会组织或市场机制在技术上都有能力,在经济上都能以低成本来满足特定的需求,那么谁能更符合法律与公正的原则,就应由谁来承担。

追求“有限行政”的政府,并不等于它是一个弱政府或低效政府,相反,有限政府的实质是追求强力政府和高效行政。

“有限行政”提出的理论基点是政府失败、市场失灵和公民社会自主发展。根据美国兰德公司的研究,政府行为无限制会产生以下弊端:其一,成本和收入之间的分离,即政府行政的非市场活动的一个明显趋势是成本不断增加,常出现额外成本,导致产出超出需要。其二,“内在性”影响组织目标。由于政府缺少如同市场组织那样来自消费者或市场的目标,他们就需要发展自己组织的目标以规制组织运行。由于动力来自内部,它使政府组织偏向于内部成员收益的最大化,并导致预算增加和目标被置换。其三,派生的外在性。政府在试图减少市场缺陷而干预经济的时候,往往产生无法预料的副作用。其四,分配不公形成特权。政府试图通过重新分配以克服市场带来的不平等,但重新分配的公共政策一般是取之于一些人而使另一些人获益,这就为不公平和滥用职权提供了机会,所以政府活动极有可能导致收入、权利方面的分配不公。

由此可见,政府的缺陷是显而易见的,政府职能的无限扩大有着严重的危害性。

第二节 政府与各方面的关系

一、政府与市场的关系

在现实经济活动中,有大量事实证明,市场和政府对经济生活的作用并不是只能作非此即彼的选择,两者的组合存在着如下四种情况。

(一) 市场有效,政府有效

市场有效,政府也有效,但两者的结果和目标不同。例如,一个地区的公共设施、教育、医疗保健等事业投资,既可由民营企业以有偿办法进行运营,也可由政府免费提供。一般来讲,民营企业的进入可以提高投资的经济效益,而政府投资则能有效地满足一般社会目标。

(二)市场有效,政府失灵

例如,一般消费品的供应是由民营企业提供的并由市场来调节供求,通常都能达到良好的均衡状态,而如果由政府垄断则只能是供给低效率、限制消费。

(三)市场失灵,政府有效

例如,政府安全、社会基本秩序等公共服务,如果没有政府供给或政府供给低效率,就会出现社会不安定等严重情况。另外,政府提供的法律规范等公共物品还是市场运行的必备条件,离开它们,市场就无法正常运行。

(四)市场失灵,政府失灵

一些乡规民约、文化精神的消费需要、对产品技术质量和服务的监督,有时只能依靠民间组织、协会来完成。又如,一些跨地区、跨国家的事务只能由国际组织来完成。

上述第一种情况说明政府和市场的活动可以是相互交叉的;第二、三种情况说明政府和市场必须相互依存;第四种情况说明在市场经济的发展过程中,有些问题的解决必须在政府和市场之外寻找第三条路,如非营利组织。政府与市场的复杂联系,正如世界银行在《1991 年世界发展报告》中所指出的,如果市场的机制功能发挥正常,就会获得巨大的经济收益;如果市场无法正常运转,政府就要进行谨慎而明智的干预;如果由政府与市场两者一起运转,那么就会取得惊人的成就,而当它们相互对立时,则会带来灾难性的后果。

二、政府与企业的关系

政府与企业的联系体现在两个方面:一是政府作用于企业,政府对企业提供一定的制度规范、实施直接与间接管理、为企业创造发展的环境条件,企业必须接受政府的制度安排与管理调控;二是企业作用于政府,企业必须承担法律规定地向政府缴纳税款的义务,代表企业职工的特殊利益来参与政府管理与决策,为实现政府的宏观发展目标提供微观物质基础,整个企业生产力水平制约着政府职能的发挥和机构的设置。

纵观国内外政府与企业的关系,主要有以下三种模式,这些模式之间的区别主要在政府对企业的管理程度不同,政府与企业的联系不同。

(一)政府规制型——美英模式

这种模式以美国和英国为主要代表,政府尽量让市场发挥作用,政府的作用主要是对市场进行规制和管制,并弥补市场机制的不足。这种模式的主要特点如下。

1. 充分鼓励自由竞争

维护市场竞争的正常有序是美国政府的基本职能,通过法律手段对大企业独占市场的行为进行限制的反垄断政策是美国政府对竞争管理的主要政策,即鼓励自由竞争有助于提高经济效益,但政府还必须兼顾社会公平。

2. 主要用财政政策和货币政策来调控市场

美国政府在使用财政政策、货币政策作为调控手段时,一般采取的办法是:在经济衰退和萧条时,采取宽松的财政政策和货币政策,包括减税和增加政府支出、降低贴现率和法定储备率,在市场上购进政府债券,放宽信贷条件等;而当经济繁荣或通货膨胀时,则采取紧缩的财政政策和货币政策,包括增税和减少政府支出,提高贴现率和法定储备率,在市场上抛售政府债券,收紧信贷条件等。实际上政府常根据市场经济运行的状况将两种手段交替使用,实行松紧适度的财政政策和货币政策。

3. 不制订政府经济计划和系统的产业政策

美国政府一般不制订政府经济计划和系统的产业政策,主要依靠总统向国会发表的演说和咨文来表明政府对经济发展方向的意见,例如罗斯福在1933年当选总统后推行的“新政”,里根总统于1981年推行的“经济复兴计划”等。英国政府在1945年到1975年之间曾几度试图制订并执行政府经济计划,但因收效不大,英国政府遂逐渐放弃了制订中长期经济计划,仅在年度政府预算中确定下一年度或中期的经济指标。

(二)政府引导型——欧洲模式

政府引导型模式以德国和法国为主要代表,也包括瑞典等北欧国家。在这种模式下,政府控制着基础设施和公共服务行业及一些重要的产业,政府通过规制、政策、计划,以及对国有企业的管理来引导企业的发展,同时不断完善政府社会保障系统,以保证社会公平。这种模式的基本特点如下。

1. 自由竞争与政府控制并存

德国、法国、瑞典等国政府对经济的管理也以市场手段为主,鼓励自由竞争,有比较规范的法律体系;但与此同时,政府对基础设施、公共服务,以及某些重要产业实行了较强的控制。

2. 经济杠杆与政府引导并用

德国、法国、瑞典在注意通过制定财政和金融政策,运用政府支出、信贷、价格、投资、税收等经济杠杆来调节市场的同时,也强调运用计划、预算和产业政策等手段来引导市场。

3. 经济增长与社会福利并重

德国、法国、瑞典在注重促进经济增长的同时,也十分注意完善社会保障和社会福利体系。例如,德国和法国的社会保障事业都十分发达,1993年德国、法国社会保障的费用均约占其国内生产总值的1/3。德国政府为企业员工提供的社会保障的一个重要原则是,当公民遇到危及生存的劳动和生活风险时,政府应当继续保障他们应有的经济和社会状况。

(三)政府主导型——东亚模式

政府主导型以日本、韩国、新加坡为代表,在这种模式下,政府不仅采用法律规制、政策导向、计划引导等手段来管理企业,还利用政府与企业的密切关系对企业进行行政指导,使企业在政府的主导下运营和发展。这种模式的基本特点如下。

1. 政府用严厉的规制来迫使企业遵守市场规则

日本的法律中有不少是涉及具体行业和产品的,而且多半是鼓励性条款,日本的法律体系完整,相互配套制约,政府和企业都必须依法行事,但由于政府又具有制定、解释、补充、修改法律以及执法的功能,故政府可以通过严厉的规制来迫使企业遵守市场规则。

2. 利用利益机制诱导企业的行为

日本政府利用利益机制诱导企业的行为,其中最有效的手段是对企业进行信贷控制,第二次世界大战后初期,政府的信贷绝大部分用于扶持煤炭、钢铁等重点行业,同时,限制对其他行业(如丝绸、化妆品、住宅、服务业等)提供贷款。随着日本经济恢复后进入高速增长期,为了解决基础设施的瓶颈问题,信贷主要转向建设公路、铁路、码头、通信业。而在20世纪50年代中期到20世纪60年代,日本经济全面起飞,政府利用其所属的金融机构并引导民间金融机构为重化工工业提供贷款,以后又转向扶持节能型、污染少的技术密集型产业,20世纪80年代后转向知识密集性产业。日本政府利用直接和间接的信贷手段,增加对一些新兴产业和企业的投资、对落后产业的支持,从而为产业结构的转变提供了资金保证。

3. 利用计划和产业政策来引导企业按指定方向发展

东亚政府多半习惯以计划作为调整经济的主要手段。例如韩国的经济计划有“五年经济社会发展计划”、部门发展计划、年度经济计划和解决某项重点问题的经济计划,韩国政府的经济计划着眼于长远,而依靠市场来决定企业的短期行为,二者互为补充。计划以市场信息为导向,又通过市场反馈到企业,做到“市场融合计划,计划反映市场”。

在实际操作中,计划的“导向性”往往由产业政策具体体现。韩国“一五”期间的基础工业,“二五”期间的轻纺工业,“三五”和“四五”期间的重化工工业,直至“七五”期间的微电子、生物工程和新材料等高新技术产业,都明显地带有产业倾斜的特征。

4. 通过行政指导来说服企业服从政府的意图

日本政府的行政指导建立在政府和企业间相互信任的基础上,通常包括“劝说与交涉”“信息交流”和“宣传教育”等,通过这些方式,日本政府达到了使企业按照政府意图进行运转的目的。对于那些与政府进行合作的企业,可以给予必要的“奖励”(例如提供各种政策上的优惠);反之,则进行相应的惩罚。

三、政府与社会的关系

政府与社会的联系在不同历史时期有不同的表现:在前资本主义时代,社会被遮蔽在政府之中。如古希腊时期,存在政府即社会、社会即政府的现实,私人生活和政治生活紧密地结合在一起,即所谓“人天生是一种政治动物”。资本主义启蒙时期的思想家认识到政府与社会是两种不同形式的组织,他们采用自然法的假设,按照社会契约论的理解建构了社会与政府之间的关系。近现代,政府与社会处于二元分立状态,彼此互相影响、渗透。政府和社会关系就成了自由主义和保守主义、新自由主义与法团主义等派别论争的主题,其中自由主义与法团主义最具特色。自由主义的理论尝试寻求一个有别于政府体制的独立社会,其政治设计从制度上可能越界的政府权力确立了社会防范机制,塑造了一种作为政府对立面的社会状态。法团主义希望通过一些中介组织作为传达政府与社会利益的机制,模糊了政府与社会的界限,体现了一种新的政府与社会结合形式。与西方政府与社会逐渐分离至二元对立的模式不同,传统中国的政府与社会几乎一直处于胶合状态,始终是你中有我,我中有你。1949年新中国成立,由于面对的国际和国内环境都极其恶劣,需要政府权力在中国现代化的启动和最初运转中发挥指挥、管理的重要作用,高度集中的计划经济体制的实施,使政府和社会紧密胶合在一起。但是,随着时间的逐渐推移和社会的不断发展,这种政府与社会的同构状态,造成整个社会生活的过度政治化,已不再适合于中国现代化进程的要求,因为时代的发展要求社会的结构有所分化,要求政府与社会各守其位,各司其职。

在目前的中国,政府和社会之间并不是简单的零和博弈的关系,也不是此消彼长的关系,而应该是一种正和博弈的关系,政府与社会朝着“强政府-强社会”的方向发展。一方面,政府力量不断增强,力度加大;另一方面,社会组织也在政府的扶持和许可下不断地壮大,社会自治空间得以不断扩展。中国迫切需要的是一个自主和健全的社会,一个与政府形成适度平衡、形成建设性互动关系的社会,而不是一个取消政府的社会或病态的社会。

政府与社会的关系处理得恰当与否,对于中国现代化进程有举足轻重的意义。在处理这一关系的过程中,不能偏废政府、社会任何一方。如果没有社会,内生于社会中政府难以产生,因为政府并不是独立于社会之外的一个自足体;作为公共权力代表的政府,其职能是由具体的人来承担的,有可能存在权力越界与滥用问题,没有社会,政府就缺少从外部监督、制约的社会力量。如果没有政府,公民个人的自由与权力就难以得到保证,市场经济的缺陷难以有效得到弥补,政府无论是在理论还是在现实中都是国家的代表,它代替国家行使众多具体职能。

以下从制度供给、市民社会、政治合法性的视角来探析政府与社会的互动关系。

(一)制度供给的视角

一个社会在发生剧烈变革过程中,往往会出现制度短缺的问题,也就是说,当社会在较短的时间内产生出大量新的社会关系时,原有的制度系统难以对这些新的社会关系提供充分有效的制度约束与引导,容易出现制度供给不足或短缺问题。制度的短缺又必然带来这样一个问题,即由谁来供给新的制度,实现制度供给与需求之间的平衡。实际上,政府的供给与社会的供给是制度供给的两种基本模式,这两种供给模式各有其优缺点,它们都是制度供给不可或缺的组成部分。如果政府的供给与社会的供给不能形成良性互动关系,必然会造成制度供给的短缺。

(二)市民社会的角度

市民社会理论关注现代市民社会与现代政府之间的关系。市民社会与政府是彼此独立而又相互影响、互相制约的:一方面,政府承认市民社会的独立性,并为市民社会提供制度性的法律保障,政府对市民社会自身无力解决的矛盾或冲突进行协调;另一方面,市民社会具有制衡政府的力量,即市民社会积极维护其独立自主性,使自己免受国家的超常干预和侵犯。市民社会的发展培育了多元利益社团,这些社团发展到一定阶段,便会以各种不同的方式要求在政治上表达他们的利益,市民社会为民主政治奠定了坚实的社会基础。

(三)政治合法性的视角

根据现代政治理论,政府的合法性取决于社会成员的接受和承认,社会成员对国家的要求的急剧扩张,使国家的能力受到挑战,其合法性陷入危机中,因此,解决政府的合法性,成为当代政治统治的一个基本难题。许多学者认为,克服政府合法性危机,出路在于让自发的、非政治化的社会健康发展起来。可见,从政府合法性问题的角度考虑,政府对构建市民社会的认同极为必要,强调政府与社会形成良性互动关系极为重要。

第三节　政府角色演变与角色选择

一、政府的角色演变

在西方社会的发展过程中,特别是从18世纪后期开始,政府的角色演变经历了三个不同的阶段。从自由放任社会到福利国家的出现再到20世纪70年代以来的新古典主义的兴起,对于政府的角色有着不同的认识。

(一)自由放任主义

自由放任时期是资本主义发展史上的成长时期。在这一时期,自由市场经济取代了自然经济,社会生产力得到了迅猛发展。与此相适应,人们对政府职能也有了新的认识。政府除了在保卫国家安全、建立法律秩序以及提供少量的公共基础设施等方面应当履行其职责外,亚当·斯密认为,政府的适当角色就是尽可能远离经济生活,因为市场机制自身比政府干预能产生更好的整体结果。可见,亚当·斯密认为越小的政府越是好政府。时至今日,亚当·斯密的理论仍持续产生重要的影响,当前新古典主义和自由主义经济学家都以他的理论作为重要的理论来源。

(二)国家干预主义

19世纪80年代起,福利国家开始出现。这时试图重新将政治置于经济之上,强烈反对自由放任的经济体系,主张扩大福利政策。到20世纪30年代凯恩斯主义出现时,政府已可以在稳定社会问题等方面扮演重要的角色。这一时期,西方各国的政府职能发生了如下变化:一是政府职能大大扩张,从摇篮到坟墓的比喻形象地说明了政府广泛的作用范围;二是为了维持必要的政治和法律秩序,政府的政治统治职能普遍得到加强;三是在经济和社会方面,鉴于无法回避的各种经济和社会危机,各国也开始采取了积极干预措施。

(三)新古典经济

20世纪70年代以后,新古典经济学说已占据了主导地位,该理论认为,市场力量的角色应最大化。市场是有效并能够自我调节的,能够由市场提供的商品和服务就应该由市场提供;相反,政府角色应最小化,因为政府对市场自我调节机制的干预从其本身来说是无效的。因此,该理论主张缩小政府规模、限制政府作用,并且要重视市场的作用。此后在西方各国先后兴起的方兴未艾的政府改革运动,又进一步强化了新古典主义在各种学派中的影响和地位。

政府角色在上述三个时期中时盛时衰。当前有关政府角色的争论依然没有停止,双方各执一词。一方极力主张维持公共部门的地位,至少在他们所看重的福利国家的计划和相关领域内应该如此;而另一方面则提倡要让公共活动回归私营部门。但目前不断扩展公共部门触角的观点已不复流行了。根据20世纪90年代的一些关于"最小化政府"的试验来看,一个关于政府角色的实效主义的新时代正在萌发。人们不再单纯地坚持最好的政府应该是规模减至最小的政府,而是把政府看作一个重要的、强有力的机构,它可以扮演扶助私营部门的角色,而不是作为私营部门的竞争对手而存在。

二、政府的角色选择

在我国政府角色的选择过程中,我们必须提高认识,以避免因政府扮演了错误的角色而导致政府失灵的发生。具体地讲,在当前政府角色选择过程中必须注意以下几个问题。

（一）必须高度重视政府角色在市场经济中的有限性问题

既然在对社会经济的干预过程中并不总是能弥补市场机制的缺陷，市场解决不好的问题，政府也不一定能解决好，那么在建立和完善我国社会主义市场经济体制的过程中，我们必须对政府干预的范围、内容、方式以及干预的力度给予恰当界定。即要保证政府在市场经济中扮演好自己的角色，努力做到既不越位，也不缺位。在那些市场机制能够发挥作用的领域，就充分发挥市场机制的作用，而对于那些政府不能做好而其他非市场机制能做好的领域，政府也应当给予其他非市场机制以充分的空间。

（二）必须在推进经济体制改革的同时及时进行政府体制改革

众所周知，政治过程与经济过程密切相连，经济是政治的基础，政治是经济的集中体现。因此，为了更好地适应经济体制的发展以及市场经济体制变革的要求，我们必须适时进行政府体制改革。尤其是在政府职能转变方面，要大胆地用那些宏观的、间接的调控来替代微观的、直接的政府干预。在当前的转轨时期，我们要特别防止用“老眼光”去看待“新问题”，用原来的计划经济手段来管理现代的市场经济。

（三）必须在政府机构中引入竞争机制，用市场的力量来提高政府工作效率

在市场经济条件下，提高政府工作效率的关键是在各级政府机构内部引入竞争和激励机制，真正实现择优上岗，并在一定程度上把决策者的决策权限与个人决策后果承担的政治、经济责任联系起来。例如，也可以将某些公共物品或服务的生产与供应委托给私人企业，以此来形成竞争。另外，确立节约成本、提高效率的激励机制，对于克服和防止政府失灵，提高政府的工作效率有着积极意义。

（四）必须加强政府管理的法制化建设

我们知道，市场经济是法治经济，市场经济秩序的确立和运行必须靠法律和制度来保证，政府的决策和管理活动也必须依靠法律来规范。因此，在转轨时期，我们必须强化政府的法制化建设，重视政府角色转换过程中的制度和规则的选择与创新。同时，要加强政府的行政立法和行政执法，坚持依法行政，将政府机构规模、成员编制数量以及经费开支等改革的成果以法律的形式固定下来，从而保障我国政府的改革能够有效地向前推进。

（五）必须从根本上消除寻租和腐败滋生的土壤及条件

不难理解，行政权力对市场经济的干预和管制是造成寻租的根源。因此，在抑制寻租和反腐败方面，必须从体制或制度创新方面入手，消除腐败和寻租产生的土壤及条件。为此，在加快社会主义市场经济体制形成、实现经济体制变革、推进政府体制改革的同时，我们还必须建立和完善制约行政权力的行政法规和办事制度。换句话说，在转轨时期，政府角色的转换过程中，我们还必须建立起一个灵活、高效、廉洁的政府管理体制，以此来杜绝或减少寻租和腐败的发生。

【核心概念】

政府　政府职能　政府职权

【思考与练习】

1. 如何认识政府职能的有限性?
2. 如何规范政府与市场关系?
3. 政府与社会应该建立怎样的关系才能彼此良性互动?
4. 政府角色的选择应注意的问题有哪些?

【案例分析】

共享单车治理新困境

作者:申聪聪　指导教师:赵艳霞

1. 如何治理成难题

随着共享单车带给人们出行便利的同时,也带来了一定的弊端。各单车商家正是看好了用户需求这个商机,都加大马力进行研发、生产、投放和宣传。从最初的只在特定区域内投放,到采用地推的模式,比如在校园或者工业园门口宣传可以免费骑行一周,又或是连续几天骑行会有返现等优惠活动来吸引用户。只要运营商设定的骑行价格合理,那么这一块区域内几乎就可以迅速推广开来。另外,还有的共享单车商家借助老用户来推广。比如老用户每推广一个新用户下载并使用,那么这新老用户便可以免费骑行一段时间;还有甚者,直接在用户扫码骑行时弹出红包或折扣等措施来抢占市场份额。这些共享单车商家由最初带给用户福利的初衷到最后演变成抢占自己产品在市场中份额的恶性竞争。

由于各共享单车企业无下限地投放生产,致使共享单车进入市场的数量过多,引发社区、街道、民众等诸多治理问题,公众对待共享单车的态度一片哗然。

单车造堵,交警和协管员"背锅"清理。在成都红星路三段东大街口,共享单车公司每天都会在早晚高峰期前来管理,将报废的单车拖走,再补齐新的自行车以及对乱停放的共享单车进行复位。但是在其他时间,就很难再看见共享单车公司前来打理。但是共享单车的摆放问题若不及时解决,则会造成高峰路口被堵。这就只能依靠交通协管员出手清理。共享单车因为需要随骑随停,所以会造成单车停放上锁情况,直接加大了协管员的清理难度。

资源闲置,废旧单车堆成城市"海洋"。无下限的投放,不仅会造成共享单车资源的闲置,还包括随之而产生的后期维护管理问题。每个共享单车都有它的使用寿命,所以需要企业定期维护和更新零件。但是随着大量投放,企业对于共享单车的管理效度跟不上问题的爆发速度。不仅如此,还有些素质低下的公民,恶意破坏共享单车,致使共享单车大量报废。这些闲置的或者是被破坏的共享单车由于企业回收成本过高而被企业弃之不顾,从而形成我们在各城市所看到的共享单车"海洋"。资源共享变成了资源浪费。不仅成都,全国不少城市也都出现了单车"坟墓",这些也都考验着政府如何进行决策。

2. 衍生二维码新骗术

2018 年 2 月 17 日,成都市民胡女士下楼扫车,发现在路边停放的共享单车"扫码骑走"下的二维码上新"长"出了 Kitty 猫的二维码。然而这并不是共享单车推出的新功能。胡女士出于好奇便不假思索地用手机软件扫描了这个二维码,但是并不是进入到正常的骑行界面,而是跳转到个人微信号添加的界面。这个人微信名为“明天不上班”,所在地区也显示为四川成都。胡女士尝试添加,但是对方并未通过。

然而并不是所有人都这么幸运。有的二维码会给你诱惑,比如扫码送礼物,用户不需花一分钱就可以领到些东西。但是背后的信息却不为人知。家住湖北武汉的王先生曾在地铁口看到扫二维码送湿巾的广告,因为当时情景着急需要,就用手机扫描二维码,然后自动跳转到一个软件下载页面并开始下载。据他回忆道,“光想着扫码方便,根本没意识到二维码本身也可能携带木马病毒、钓鱼软件。”结果当天晚上他的手机就收到了一条支出短信,有一笔近 4 000 元的支出。事后经警方查明,当天所扫的二维码带有恶意扣费病毒。

出现在共享单车上的这类新骗术主要有三种形式,都是针对用户扫码开锁设计的。第一种是骗子将付款二维码贴在单车上,以假乱真,导致用户分不清到底该扫哪个码,一旦扫到假冒的二维码,就会进入转账或支付页面。第二种是在官方二维码上重叠粘贴一层透明底色的二维码,导致原二维码失效,骗子又贴上一个假冒的二维码,用户扫到官方二维码后,手机出现了“二维码格式有误”的提示,就可能会不假思索地扫旁边的码来解锁,结果会收到 359“系统升级,请使用微信/支付宝使用共享单车业务”的提示。第三种是通过二维码给用户手机安装病毒软件,入侵手机。

3. 押金问题惹争议

2017 年 9 月 28 日上午,北京通州万达广场 B 座前的空地上,现场上面临着至少几百号人员排队等待。不为别的,只为自己的酷骑单车押金能够退还,维护自己的正当权利。酷骑单车总部位于该大楼 30 层,这几个月该公司深陷“用户退押金难”风波。其实从一个多月前起,酷骑单车无法完成“7 天内押金退款”的消息陆续通过各种渠道传出。公司一旦有负面消息,就会更加加剧企业的负担,用户的恐慌也会随之而来。

据央视 315 报道,从 2017 年下半年开始,很多共享单车用户经历了共享单车押金退不回来的情况。中消协调查发现,70 家共享单车平台中有 34 家倒闭,而其中仅对酷骑单车的投诉就多达 21 万次,涉及金额 10 亿多元。

共享单车押金退还难的问题不仅损害了消费者利益,也使得普惠大众绿色出行的共享单车行业受到了争议。资本对共享单车企业的态度,从最初的疯狂迅速走向冷淡,甚至逃离。那本就是依靠资本才勉强维持的共享单车企业,在资本逃离后又该由谁来管制?谁来为消费者买单?

【问题思考】

1. 结合案例,分析以上问题出现的原因有哪些?
2. 政府与市场和社会的关系是什么?如何处理好这种关系?
3. 结合案例,说说你认为应该怎样解决共享单车问题?

第十章　公共管理中的政府改革与发展

【内容摘要】

公共管理改革是各国普遍关注的问题和公共管理学研究的重大课题。在全球化时代，国家之间、地区之间的竞争越来越激烈。可以说，国家和地区的竞争力主要来源于该国或各地区企业与政府的竞争力。从全球来看，通过公共管理的变革与创新以建设一个具有较强竞争力的高效政府，已成为摆在各国政府管理者面前的难题。要解决这一难题，就要在公共管理理论和实践上进行不断的探索与创新。对于我国而言，研究公共管理改革和发展的基本趋势，对建立权责一致、分工合理、决策科学、执行顺畅、监督有力的行政管理体制，促进我国公共管理科学化和现代化发展具有重要意义。

【知识结构图】

本章知识结构图如图 10-1 所示。

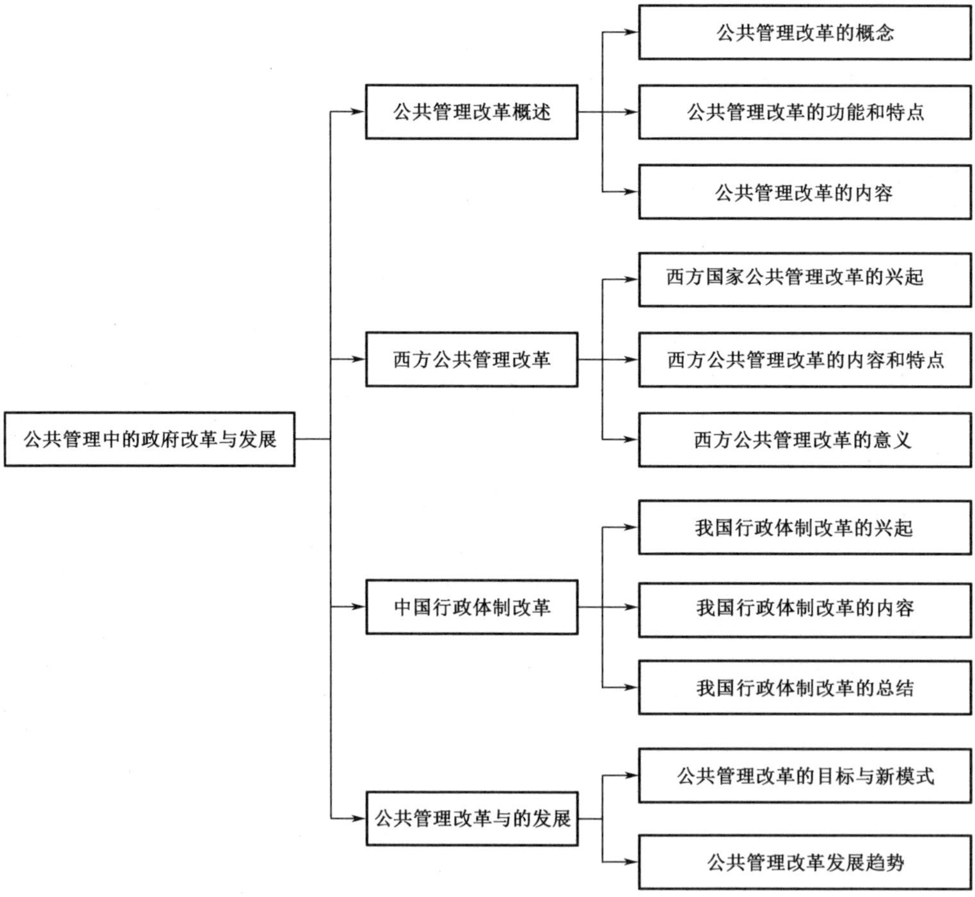

图 10-1　本章知识结构图

【引导案例】

改革开放以来中国行政体制的改革历程

40 年来，我国经济和社会发展取得了举世瞩目的巨大成就，其中行政体制改革取得了重要突破和重大进展，中国特色社会主义行政体制不断发展和完善。40 年的中国行政体制有 8 次大的改革，大体可分为四个阶段。

（一）以机构精简和人员分流为重点，建立适应社会主义商品经济体制要求的行政体制（1978—1992 年）

从党的十一届三中全会召开到党的十四大之前，行政体制改革的主要任务是：打破高度集中的计划经济体制下的行政管理模式，对建立完善中国特色社会主义行政体制进行积极探索。1982 年和 1988 年实施了两次集中的行政体制改革。1982 年的行政体制改革，国务院部门从 100 个减为 61 个，人员编制从 5.1 万人减为 3 万人。明确规定了各部门领导职数、年龄结构和文化层次。1988 年的行政体制改革，国务院部委从 45 个减为 41 个，直属机构从 22 个减为 19 个，非常设机构从 75 个减为 44 个，部委内设司局减少 20%，人员编制减少 9 700 多人。这一阶段的改革重点是适应工作重点转移、转变职能、理顺关系、精简机构人员、提高工作效率。通过改革，激发了经济社会活力，促进了社会生产力的解放和发展。

（二）以减少对微观经济干预为重点，初步建立适应社会主义市场经济体制要求的行政体制（1993—2002 年）

从党的十四大召开到党的十六大之前，行政体制改革的主要任务是按照发展社会主义市场经济的要求深化改革。1993 年的行政体制改革，国务院组成部门设置 41 个，直属机构从 19 个调减为 13 个，办事机构从 9 个调减为 5 个，合计共 59 个。比原有 86 个减少 27 个，人员编制减少 20%。1998 年的行政体制改革，政府职能进一步转变，撤销 10 个工业专业经济部门。国务院组成部门从 40 个减为 29 个。此后五年，省市县乡各级党政群机关共精简行政编制 115 万名。这一阶段的改革重点是，转变职能、推进政企分开，明确部门职权、理顺权责关系，精简机构、压缩人员编制。通过改革，初步建立了适应社会主义市场经济体制要求的行政体制。

（三）以公共服务体系（服务型政府）建设为核心，通过完善政府职能体系深化中国特色社会主义行政体制改革（2003—2012 年）

党的十六大以来，行政体制改革的主要任务是推进服务型政府和法治政府建设。党的十六大提出："完善政府的经济调节、市场监管、社会管理和公共服务的职能。"党的十六届六中全会通过的《中共中央关于构建社会主义和谐社会若干重大问题的决定》完整论述了我国公共服务体系的主要内容。党的十七大提出，要加快行政管理体制改革，建设服务型政府。党的十七届二中全会通过的《关于深化行政管理体制改革的意见》确立了深化行政管理体制改革的总体目标：到 2020 年建立起比较完善的中国特色社会主义行政管理体制。通过改革，实现政府职能向创造良好发展环境、提供优质公共服务、维护社会公平正义的根本转变；实现政府组织机构及人员编制向科学化、规范化、法治化的根本转变；实现行政运行机制和政府管理方式向规范有序、公开透明、便民高效的根本转变，建设人民满意的政府。党的十七届五中全会通过的《中共中央关于制定国民经济和社会发展第十二个五年规划的建议》明确指出,坚持民生优先,推进基本公共服务均等化,努力使发展成果惠及全体人民。总之,该阶段突出围绕公共服务体系建设真正转变政府职能,围绕公共服务体系建设着力优化政府组织结构,以公共服务为重点改进行政运行机制,加大财政投入,努力推进基本公共服务均等化。

(四)以深化"放管服"为重点加快转变政府职能,推进政府(国家)治理现代化(2013—2018年)

党的十八大以来,以习近平同志为核心的党中央对加快转变政府职能提出了明确要求。新一届政府把"放管服"改革作为政府职能转变的"先手棋"和"当头炮",在"放"上下大气力,努力做好简政放权的"减法";在"管"和"服"上不断创新,努力做好监管的"加法"和服务的"乘法"。近五年来,逐步形成了"放管服"改革的系统工程,有效激发了企业和市场活力,对经济新常态下的稳增长、促改革、调结构、保就业、惠民生、防风险发挥了积极而重大的作用。但是,改革也存在"最先一公里""中梗阻""最后一公里"、监管"短板"和服务质量不高等突出问题。"放管服"改革是推进供给侧结构性改革、激发经济新动能、保持经济持续健康发展的迫切需要,必须多措并举、坚定不移地持续推进。这一阶段行政体制改革的主要任务是推进简政放权、放管结合、优化服务和统筹推进机构改革,将行政体制改革向纵深推进。2013年的行政体制改革,国务院组成部门设置25个。实行铁路政企分开,组建国家铁路局,由交通运输部管理;组建中国铁路总公司,承担原铁道部的企业职责。组建国家卫生和计划生育委员会、国家食品药品监督管理总局、国家新闻出版广播电影电视总局,重新组建国家海洋局、国家能源局。2018年上半年的行政体制改革,大刀阔斧、建梁架柱、力度空前,是一场系统性、整体性、重构性的深刻变革,力度规模之大、涉及范围之广、触及利益之深前所未有。从完善坚持党的全面领导制度、合理配置宏观管理部门职能、完善党政机构布局、赋予省级及以下机构更多自主权、依法管理各类组织机构等5个方面做了部署。这一阶段的改革,实现了政府治理新跨越,对实现"两个一百年"奋斗目标提供了强力支撑和保障。

(六)从转变政府职能到优化政府职责体系,进一步深化了中国行政体制改革的趋势(2019—2022年)

党的十九届四中全会提出优化政府职责体系的背景是政府职能转变取得了相当的成果,而政府职责体系的不尽合理之处掣肘了治理效能的释放,改革的深化要求将视角转向政府内部职责体系,以使政府可以更好地行使职能,释放治理效能。2019年,党的十九届四中全会提出"构建职责明确、依法行政的政府治理体系",标志着行政体制改革和纵向间政府职责体系建设进入了新的阶段。对于未来中国纵向政府职责体系的演进形态和建设方向,较有代表性的是朱光磊和杨智雄提出的"职责序构"观点,它兼顾不同性质政府职责的承担主体要求和不同层级政府的客观治理需求,对于行政体制改革朝着优化职责体系的方向进一步深化有重要指导作用。

思考:请结合案例内容,总结中国行政管理改革的特点。

第一节 公共管理改革概述

一、公共管理改革的概念

20 世纪 80 年代以后,伴随着全球化、信息化、市场化以及知识经济时代的到来,西方各国进入了公共部门管理改革的新时代。而政府作为公共管理活动的核心主体,政府管理改革在这场公共管理改革浪潮中占据了相当重要的地位。

公共管理改革与政府管理改革(行政改革)有着类似之处。行政改革一般指政府为了适应社会环境,或者高效公平地处理社会公共事务,通过调整内部体制和组织结构,重新进行权力配置,并调整政府与社会之间的关系,提升政府效能的过程。而公共管理作为一项综合性的社会活动,其改革是公共管理部门通过对社会公共事务各方面进行调整和变革,以实现社会公共利益。

公共管理改革其含义一般有狭义和广义之分。狭义的公共管理改革一般指国家政府组织机构的改革;广义的公共管理改革则指国家行政组织为适应内外部环境的变化,及时调整并完善自身的结构和功能,并在各种动力和阻力的相互作用下,对社会公共事务管理的诸方面进行变革,调整政府与市场、政府与社会的关系,以增加社会公共福祉,更好地实现社会公共利益。公共管理的核心主体是政府,因此,公共管理改革的本质是政府在公共管理的环境发生变化时,为适应环境变化,满足公众对政府不断变化的要求,主动进行的调整和变革。

二、公共管理改革的功能及特点

(一)公共管理改革的功能

公共管理改革是政府改进自身建设的重要手段。自新公共管理运动以来,新公共管理模式的实质内容正在被效仿和适用于的地区越来越广泛,新公共管理思想强调商业管理的理论、方法、技术及模式在公共管理中的应用,对各国政府绩效的提高发挥了重要的作用。

1. 强化服务行政

新公共管理运动以来,很多国家引入"顾客导向"意识,把公民当成顾客,使服务行政、绩效评估、考核机制三者紧密结合,从制度上保证政府公共服务品质的提高和服务行政的体现,同时不断增强公共服务对公众需求的反应力,使公众更加容易获得公共服务。20 世纪 90 年代以来,我国各地开始推进政务服务中心建设。经过多年的发展,政务服务中心的规模逐渐扩大,管理日益规范,流程不断优化,已经成为我国行政体制架构中的重要组成部分。政务服务中心建设在简化办事程序、规范政府行为、推动政务公开、改善政府形象及提高政府绩效等方面取得了显著成效,对强化服务行政有着积极效果。

2. 促进服务行政公平高效

当今社会,很多国家的公共管理一直无法兼顾公平和效率,这既有体制上的原因,也有思想意识上的原因。公共管理改革其中一个方面是强调加强政府绩效管理,政府绩效管理是指政府在开展公共管理过程中,以提高公共服务管理水平为目标,实施的一种全面的、系统的管理,以提高政府能力,优化政府形象,这是政府管理制度、管理机制和管理方法的创新。政府绩效管理以“4E”即经济、效率、效益、公平为基础,强调效率和公平兼顾,依照某一时期经济社会发展的特定环境和政府的主要任务,科学合理地确定政府绩效目标。作为公共部门,公平原则是其行政工作的基本要求。公共管理改革要求政府以顾客为导向,强调服务意识、效率意识。现代绩效管理将公平纳入评估体系,虽然评估指标有待商榷,但注重政府部门的公平精神则是对效率意识的补充,能够有效地促进服务行政走向公平、高效。

3. 降低行政成本,提高行政效率

现代政府已逐渐意识到降低行政成本、提高政府工作效率的重要性。绩效评估的引进为公共部门全方位降低成本、提高效率提供了可能。虽然政府的绩效评估标准难以向企业那样细化量化,但通过建立灵活的管理指标,并不断地进行检查和修改,这一难点是可以克服的。政府绩效评估可以采取定性与定量相结合的方式,对任何工作,既要研究“政府是否应该参与”“程序是否合理”“环节可否省略”,还要研究“需要多少时间、人力、成本”“效率可以提高多少”,从而提高行政效率。进入 21 世纪,很多国家都面临资源危机和财政危险的问题,这要求政府组织能够以有限的资源提供更多、更优质的服务。公共管理改革过程中政府绩效评估的引入可以从制度上确保政府组织将成本意识、效率意识和竞争意识作为支撑,从而保证政府服务更为优质高效。

4. 完善行政决策机制,提高行政决策的科学性、民主性

公共选择理论认为政府工作人员也是“经济人”,政府官员与经济市场中的人一样,同样追求个人效益最大化,从而导致行政决策的社会效益低。由于政府工作人员的决策观念消极被动,特别是一些拥有决策权的领导在遇到一些提法事件时不能及时有效地采取措施来应对,而只想到请示上级领导,以致延误了解决问题的最佳时机,使决策缺乏科学性。而在政府决策传统程序中,很多时候领导主观作用力较强,决策时更多考虑部门利益,以致决策缺乏民主性。公共管理改革则更加注重公民以及社会组织在政府活动中的作用,使得政府在制定决策时,尽可能地获取有效的决策信息,充分发挥专家的咨询、论证作用,注重公民参与,实现政府与社会的良性互动,促进行政决策的科学化、民主化,促进社会决策利益的提高,尽可能减少政府决策制定过程中寻租和腐败现象。

5. 提高政府效能

公共管理改革包括用一些新的思想理念和技术方法对管理系统(包括管理观念、管理技术、管理文化和管理流程等)进行改造,以促进管理系统的不断发展,不断提高政府效能,从而更好地实现社会公共利益的目的。20 世纪 80 年代以后,在西方大部分发达国家,均出现了大规模的政府再造运动,这一运动被冠以不同的称号,例如管理主义、以市场为基础的公共管理、企业型政府,甚至具有政治理念色彩的名称,如新右派、新治理,尽管名称各异,但都是传统官僚体制被新形态的以市场为基础的治理模式所取代,并认为公共部门正浮现出新的典范。公共管理改革正在各国迅速发展起来。从撒切尔夫人开始的英国公共管理改革,到美国“创造一个少花钱多办事的政府”的公共管理改革,再到新西兰的公共管理改革和澳大利亚“竞争、绩效、透明”的公共管理改革,尽管这些国家改革的起因、范围、规模力度等有所不同,但无一例外都采用企业管理的理论、方法和技术,引入竞争市场机制,强调顾客导向以及提倡服务质量的提高。竞争机制的引入为僵化的行政体制注入了新的活力,行政效率得到提高;公共选择、委托-代理、交易成本等理论的市场分析模式在政治与行政关系当中的运用,加深了公共管理部门对效率的认识;而顾客满意、市场激励、基于绩效的

合同承包等概念的广泛引入,都为政府管理效率意识的强化、效能的提升起到了很大的作用。

这些国家的公共管理改革主要包括以下几个方面:政府公共政策的变化;政府本身治理结构的变革;管理技术的微调;制度领域的深层变革;政治与行政关系的调整;政府与市场、政府与社会关系的重新定位;政府权力与公民权利的调适;政府权力的内部转移,等等。这些措施针对政府行政效率、行政效能方面存在的问题进行改革,极大地提高了各个国家政府的行政效能。

(二)公共管理改革的主要特点

1. 公共管理改革是政治变革的体现

公共管理改革是政府对职能、组织机构、过程和行为方式等方面进行的政治变革活动。公共权力由最重要的三种权力组成,即立法权、行政权和司法权,来自行政权力方面的改革必然构成政治改革的一个重要的方面。从公共管理改革的启动机制来看,公共管理变革来自两个方面的压力和督促。民众要求公共管理改革的呼声通常经过政治参与过程反映人民代表机构即立法机关,然后由立法机关通过立法、财政审议、选举或罢免、监督等方式责成行政当局推行,政治改革决定公共管理改革,政治上的各种变动会以各种方式影响行政权力。政府当局发起的改革的合法性与合理性的审定者是立法机关,政府当局的变革不能违背宪法精神,即便是政府当局内部的技术性的变革也是为行政权力的政治表现服务的。从公共管理改革的可能结果来看,如果说政治是解决全局性问题,那么贯彻政治意志的行政权力不仅担负解决全局性问题的重任,而且是变换解决全局性问题调节社会矛盾的手法;如果说政治涉及资源和价值的分配,那么公共管理改革必然会重新配置资源、拓展特定的价值。不同国体国家的改革侧重点有所不同,在实行议行合一的社会主义国家中,公共管理改革的政治性更强;而在实行三权分立的资本主义国家中,公共管理改革的权利状态更显著。从根本上讲,无论是在社会主义国家还是在资本主义国家,公共管理改革都是为特定的国家职能服务的,在这个维度上既相区别又相联系。马克思的廉价政府和亚当·斯密的廉价政府不一样,社会主义国家的大政府和资本主义国家的大政府也不一样,但是不能否认这些政府有很多相似之处,它们的公共管理改革也有很多相似之处,其中之一便是它们的改革都是一种政治变革。

2. 公共管理改革是一种系统、全面和协调的活动

公共管理改革的各个方面是很难分开的,它们之间相互联系、相互影响。

首先,政府职能转变是公共管理改革的起点也是公共管理改革的关键。纵览世界各国,政府职能社会化是政府职能发展的显著特征。可以说,当代政府的发展已经从价值理性转向工具理性。其表现在政府如何通过权力重组和部门利益调整以克服自身缺陷,以及政府如何在社会压力之下对政府与社会关系进行全新的调整。政府自身的改革是在现实主义的轨道上逐渐实现结构和功能的完备。西方国家从廉价政府到大政府(强政府)再到小政府的轨迹正反映了政府职能转变的这一趋向;社会主义中国从计划经济的大政府向市场经济下的合理政府转变同样反映了这一走势。政府行政职能的转变决定行政当局的组织结构,决定行政当局的行政过程和行为方式。没有政府职能的转变,不会引发公共管理变革;没有政府职能的转变,不会带动其他方面的改革。正是在这样的意义上,一个国家是根据本国的国情,决定政府当局对社会经济干预多还是少,并由此决定选择大政府还是选

择小政府,选择强政府还是弱政府。

其次,政府组织结构的变革是公共管理改革的重头戏。公共管理组织结构的变革主要体现下列原则:第一,合法的原则。这种变革的程序要依照法律法规来进行,规范、方式方法要由法律法规来确定。在我国,行政组织结构的改革要依据宪法和国务院以及地方各级人民政府组织法来进行,规范、方式方法也要依此而定。第二,体现职能原则。体现职能原则要求明确变革的职能,确定变革后的政府总体职能的配置,从而合理地重新划分职能,并以新职能为依据检验政府组织机构设置的合理性。第三,完整统一的原则。政府当局的组织结构改革的职能划分,只是总体职能的一部分,这些职能是为整个国家利益服务的,所以这种改革首先要保持政府职能的完整统一,必须保证局部利益服从整体利益,地方利益照应全国利益。第四,精简与效能的原则。它具体包括四层意思,即精简机构、精干人员编制、简化办事程序和提高行政效率。

最后,公共管理方式的变革要体现出科学理政、从严治政的原则。在政府公共管理方式变革中要始终反对官僚主义,坚持建设高效、廉洁、精干的政府。政府的有效性一方面是指政府通过决策的执行和有力的监督持续、有效地推动集体行动的能力;另一方面,政府得益于政府的廉洁程度以及对官僚主义的清除程度密切相关。腐败损害政府的形象,降低政府的威信,使行政权力的合法性成为问题。腐败妨碍政府的现代化,从本质上是反应公共管理改革的。官僚主义除了旧官僚作风以外,还应包括行政当局内部性的含义。政府当局的"内部性"是与市场的"外部性"相对而言的,公共选择学派认为,由于政府是由经济人组成的,政治家与公务员同样追求个人利益的最大化。因而,布坎南认为政府的"内部性"指的是在交易过程中,公共机构尤其是政府部门及其官员追求自身组织目标或者自身利益而非公共利益或者社会福利的现象。政府"内部性"问题存在的原因有很多方面,包括信息不对称、权力的扩张、监督的乏力以及寻租问题的存在等,这些都是政府官僚主义的体现。公共管理改革引入市场竞争机制,革新管理方式,对权力的监督更为有效,有利于从严治政、科学理政。

观察公共管理改革的所有方面,可以发现公共管理改革从职能、组织结构到运行过程和行为方式等方面是互相联系、互相影响的。职能的变革决定其他方面的变革,而其他方面的变革才能使职能变革落到实处。公共管理是对社会公共事务的管理,公共管理改革不能简单地与机构改革画上等号,它还包括很多方面,是一种系统、全面和协调的变革。

3. 公共管理改革是各种政治团体相互博弈的结果

在公共管理改革中,政党的作用是十分明显的。在西方各国的公共管理改革中,政党起了十分重要的作用。新中国成立以来我国历次的公共管理改革都是在中国共产党的领导下进行的,中国共产党的领导与宣传对我国历次改革进行了具有不可估量的作用。我国各民主党派对我国的公共管理改革也起了重要的推动作用。在西方各国,从表面上看,各国的公共管理改革也与政府的换届密切相关。几乎每一届新任的行政首脑上台伊始,都把公共管理改革作为其任期内的一项重要措施。例如,1979 年英国撒切尔夫人政府上台后,大刀阔斧地进行公共管理改革:高扬自由主义旗帜,推行自由主义经济政策。1980 年,里根当选美国总统后,推行"里根革命",开启了美国"新公共管理"改革的序幕。实际上,政府换届是政党斗争的结果,公共管理改革纲领是获胜的政党上台后的执政纲领。由于政府组阁和政府各部门行政首脑的任用取决于执政党的意见,不同政党组成的政府由于执政理念不同,其在经济发展、社会管理方面的观点也会有所不同,政策和改革主张也存在一定的差异,公共管理改革方案一定程度上反映了执政党的利益诉求。因而,公共管理改革方案能否在议会中顺利通过并得以实施,是政治团体间相互斗争的结果。

4. 公共管理改革是结构性、制度性的变革

公共管理改革一般是在社会上对政府的行政效率和行政结果的不满情绪或要求改革的呼声形成较大压力的情况下进行的,但这并不意味着行政领导人完全处于被动的、消极应付的地位。实际上,许多国家的公共管理改革都是行政领导人有意识和有计划地实施的。由于社会上总要有一些力量要求或赞成进行改革,另有一些力量抑制或反对改革,领导人必须具备足够的魄力和勇气排除阻力积极推进改革。无论是实行总统制的国家还是实行内阁制的国家,新上任的行政领导人往往都以前任的教训为鉴,并以支持自己的社会力量为后盾提出自己任期内的某种公共管理改革计划。我国政治制度和社会制度的性质决定公共管理改革的提出和实施更具有计划性,党和国家领导人是从整个国家的社会经济发展的全局和长远利益出发处理和解决行政事务的,因此可以把公共管理改革计划作为推动社会发展变革的一个有机组成部分,有目的地分步实施。公共管理改革是对国家行政组织及其工作所进行的结构性、制度性的变革,没有深思熟虑的计划不可能取得预期的结果。党和政府下决心进行公共管理改革时,是以现行的行政效率和行政效果已不能或将不能适应外部环境的要求为前提的。在这种情况,妨碍行政效率和行政效果的因素不仅是某些技术性或方法性的问题,改革者必须从政治、经济、文化、社会风气和社会意识等较深层次的因素来探讨推动公共管理改革的原因,认识和掌握有效的行政执行运行机制的内在规律和客观要求。改革应从行政体制、政府职能、组织结构、管理方式等方面科学制定公共管理改革的目标和实施计划,才能从根本上解决行政效率和行政效果的问题。

在我国进行的众多公共管理改革中,往往顾此失彼,协调性、全面性做得不够,目标定位不适当,缺乏整体性,缺乏制度创新。因而历次改革虽然取得很大成就,但是仍会出现很多问题。例如,在行政组织机构变革时,常常偏离了追求效能的目标,而是片面地追求政府规模的大或小,行政机构的多与少,行政官员的众与寡,最终导致机构精简、膨胀,再精简、再膨胀的恶性循环。再如,与政府行政机构改革相比,对公共管理改革方式的重视程度明显不够。反腐败的呼声很高,但没有从与公共管理改革相联系的角度踏踏实实地去完善行政监督机制,虽加强了反腐败的力度,但缺乏从源头上、机制上、制度上预防和治理腐败的措施。同样,在反官僚主义的过程中,只是片面强调公务人员自律,强调对公务员的各种思想政治教育,但具体的工作方式没有根本转变,忽视了官僚主义也是由制度创新来遏制这一重要因素,而难以从根本上清除官僚主义。在我国,公共管理改革只是政治体制改革的一个组成部分,政治体制改革决定公共管理改革,如果离开政治体制改革谈论公共管理改革,那么公共管理改革就成了无本之木、无源之水,不可能取得良好效果。要想更好地推进我国的公共管理改革,必须在认清我国国情的基础上,把握公共管理改革的特点,认真、全面和有效地推进改革。

三、公共管理改革的内容

由于公共管理改革有复杂的社会背景、广泛的社会基础、多种多样的形式和具体目标,因而其内容可以说从大到小、包罗万象,涉及与国家行政组织、行政执行活动有关的各个方面。根据周志忍教授的观点,全球性的公共行政改革分为三类:一是以发达工业化国家为代表的调试型行政改革;二是以苏联、东欧国家和中国为代表的转轨型行政改革;三是以经

济发展水平还比较落后的第三世界国家为代表的发展型行政改革。具体来说,公共管理改革的内容主要分为以下几个方面。

(一)政府职能的合理定位

在新公共管理运动之前,政府集决策权、行政权、监察权于一身,对社会、政治、经济等领域做全面工作,造成政府机构的庞大臃肿,导致人浮于事,政府行政效率低下。20 世纪 80 年代以后,新公共管理思想成为各国政府再造的理论基石和实践指南。正如学者罗森布鲁姆所言,由政府再造所触发的新公共管理运动,其理论及实务均已展现出独特之处,成为与传统管理途径、法律途径以及政治途径所并驾齐驱的新研究途径。"新公共管理"提倡政府对社会的管理既不能统办一切、命令一切,也不能撒手不管,而是要将政府工作重心放到决策上,用决策和制度来控制社会发展大方向,把具体工作交给相关执行局,即政府的职能应是"掌舵"而不是"划桨"。如此一来可以缩小政府规模,减少政府财政开支,提高政府行政效率。因此,有效的政府并不是一个"实干"政府,也不是一个"执行"政府,而是一个能够"治理"并善于"治理"的政府。"政府的任务是明确问题的范围和性质,然后把各种资源和手段结合起来让其他人去解决这些问题。"因此,"政府必须进行调整,而且在某些方面应该对传统角色重新定义"。在许多国家的公共管理改革中,政府都力求做到合理定位政府职能,注重发挥诸如行业协会、中介组织等市场机制和第三部门在公共服务和社会管理中的作用,厘清政府与市场、政府与社会之间的关系,做到政府工作集中于战略管理、政策制定等宏观管理层面,而不是直接提供服务,同时将政府部门以往对商品和服务的直接提供,以设立执行机构、向第三部门分离和民营化等方式,或以补贴、合同委托的方式间接提供服务,总之在公共管理改革过程中将执行性、操作性政府职能剥离出去,并使之尽可能接受市场检验。

改革开放以来,在我国的多次公共管理改革中,政府职能转变都是一个重要内容。1988 年公共管理改革第一次提出"以转变职能为重点"的改革思路,本着"加强综合管理与宏观调控、减少直接管理与部门管理"的原则,着重对国务院的专业经济部门和综合部门中的专业机构进行了适当的调整与合并。此后我国的历次公共管理改革,都十分注重政府职能转变,力图加快推进政企分开、政事分开、政资分开、政社分开,从制度上更好地发挥市场在资源配置中的基础性作用,更好地发挥公民和社会组织在社会公共事务管理中的重要作用,更加有效地提供公共产品,做到由无限政府向有限政府转变,由管制型政府向服务型政府转变,由人治政府向法治政府转变,由封闭政府向透明政府转变,从而实现政府职能向创造良好发展环境、提供优质公共服务、维护社会公平正义转变,真正做到该由政府管理的一定管理好,不该政府管理的一定要转移出去,实现政府的有所为和有所不为。

(二)行政机构和人员的精简

这是全球公共管理改革中最引人注目的部分,也是中国公共管理改革的主要内容。精简机构和人员的动机主要有两个:一是缓解公共财政压力,降低公共行政成本;二是转向更加以市场为取向的经济环境。而在这方面,精简人员的困难似乎比精简机构更大一些。从国际上看,精简人员采用的典型措施包括:

(1)强制性与非强制性裁员,其主要机制有提倡自愿性提前退休、自然减员、冻结招聘和严格执行退休制度等。

(2)补偿计划,包括一揽子工龄买断和再就业培训方式,使再就业人员能够更容易转入私营部门就业以弥补精简人员带来的社会不利影响。

(3)工资政策改革,主要方式有诸如设立工资上限、工资冻结、非现金福利和补贴的货币化等。

协调的层级体系、合理的组织结构,是行政权力顺畅运行的重要基础。政府组织机构根据政府职能和履行职能的客观要求来确定,目的是有利于政府正确、合理、科学地履行职责,有利于政府各方面工作的有机衔接,有利于减少政府工作层次和提高政府工作效率。2013 年 3 月 10 日,国务院发布《国务院机构改革和职能转变方案》开启了新一轮大部制改革。改革后,国务院正部级机构减少 4 个,其中组成部门减少两个,副部级机构增减相抵数量不变,除国务院办公厅外,国务院组成部门减少至 25 个。经过持续不断的变革,政府机构更加精干,机构组合更为科学,相互衔接更加紧密,不仅数量减少,而且设置越来越规范。政府组成部门、直属机构、部门管理机构和部门内设机构等,这些由各地在中央规定的机构限额内从本地实际出发组建的机构,构成了我国政府机构的合理框架。政府部门的总数比改革开放之初减少了近 60%,各部门内设机构数量也大大减少,这些对于我国降低公共行政成本,提高公共行政效率都起到了重要的作用。

(三)公共部门的体制创新

公共部门的体制创新指与社会政治制度、经济制度的改革相联系的公共管理创新,它是整个社会改革的组成部分,比单纯结构方面的改革和职能方面的改革具有更深远的社会影响。体制创新是一种制度创新,它本身包含着政府组织机构和政府职能方面的改革,它把多方面改革有机结合在一起,通过打破旧体制从而建立新体制的方式推动多方面的改革,在公共管理改革中处于根本性的地位,决定着其他方面的变革与发展。因此,公共管理改革要取得良好的效果,必须重视体制创新。

体制方面的创新一般包括下列四种情况:第一,与经济体制创新相联系。经济体制的创新变革要求并决定政府在社会经济管理方面所应有的权利、作用和职能,因此对行政体制的改革有十分重大的影响。第二,与政治体制改革相联系。政治体制改革的目的总体而言是为了发展社会主义民主,调动人民和基层单位的积极性,因此,政治体制改革是行政体制改革的重要内容。第三,与其他社会管理制度改革相联系。行政体制是整个社会公共管理制度的一部分,与其他社会管理制度相互作用、相互影响,共同结合为一个有机整体,当其他社会管理制度,例如社会收入分配制度、社会保障制度、教育制度、人事制度等发生变革时,也将推动体制发生相应的变化。第四,国家行政组织自身的制度建设。国家行政组织为了有效地履行各种职能,保证行政执行过程顺利进行,提高行政效率,需要不断通过行政体制方面创新加强组织建设和队伍建设,如录用制度、奖惩制度、考核制度、工资制度以及领导体制、岗位责任制等各种管理体制方面的创新。诸如公务员制度改革是一项内容广泛而全面的改革。体制方面的创新要求从社会变革的全局和社会发展的总体利益出发考虑公共管理改革的问题,要求从党政关系、国家立法机关和国家行政机关的关系、政企关系等各方面重新确定国家行政组织的权利、地位、作用和职能,在与各种社会变革相结合的基础上,通过立法形式和法律手段推动国家行政组织在结构、职能、体制等方面进行变革。

党的十四届三中全会制定的"建立社会主义市场经济体制"的总体蓝图,是进一步深化改革的行动纲领。建立社会主义市场经济体制,就是让市场在国家宏观调控下对资源配置起基础性作用。为实现这一目标,要求从下列五个环节进行一系列的体制改革:①坚持以公有制为主、多种经济成分共同发展的方针,进一步转换国有企业的经营机制,建立适应市场经济要求、政企分开、产权明晰、权责明确、管理科学的现代企业制度;②深化流通体制改革,建立全国统一开放的市场体系;③转变政府管理经济的职能,建立以间接手段为主的宏观调控体系;④建立以按劳分配为主体、效率优先、兼顾公平的收入分配制度;⑤建立多层次的社会保障制度。这些主要环节相互联系、相互制约,构成了社会主义市场经济的基本框架,其中转变政府管理经济职能是具有主导意义的方面。

与此同时,党的十八大报告又一次明确指出深化行政体制改革的要求。行政体制改革是推动上层建筑适应经济基础的必然要求,我国公共管理改革力求按照建立具有中国特色行政体制的目标,深入推进政企分开、政事分开、政资分开、政社分开,建设职能科学、结构优化、廉洁高效、人民满意的服务型政府;稳步推进大部门制改革,健全部门职责体系;严格控制机构编制,减少领导职数,降低行政成本;推进事业单位分类改革;深化行政审批制度改革,继续简政放权,推动政府职能向创造良好发展环境、提供优质公共服务、维护社会公平正义转变;优化行政层级和行政区划设置,深化乡镇行政体制改革,有条件的地方可以探索省直接管理县(市)改革;创新行政管理方式,提高政府公信力和执行力;完善体制改革协调机制,统筹规划和协调重大改革等。全面进行行政体制改革是我国进入21世纪后的一项具有现实意义和历史意义的重要任务。

(四)公共管理的制度创新

在广泛的意义上,制度创新是指一种组织行为变化,这一组织与其活动环境之间的相互关系的变化,以及支配上述行为与相互关系的规则的变化。制度创新的动因,大致可以分为诱致性因素的牵动或强制性因素的推动。前者是指一群人响应由制度不均衡引致的获利机会而产生的自发性变迁,后者主要是指由政府法令引起的变迁。但不论是何种原因引发的创新,制度创新主要都是指在制度环境相对稳定、确定的条件下,对构成既定制度的次级制度,诸如行政制度、公务员制度、审批制度等具体现行制度进行某种变革,并通过规范的、具有社会公信力的方式加以确认的行为过程。在渐进改革而非革命的历史条件下,即使是原发性的完全自利的制度创新动机,也都只有在进入政府的政策议程的前提下才有可能成为具有社会公信力的正式规则,至于政府强制性制度创新,也不可能完全没有社会原因,更不可能不涉及社会群体的利益,因此,不管是诱致性制度创新还是强制性制度创新,创新过程更是紧密联系在一起的,而实现两者的协同,就成为公共管理改革的一种价值选择。

公共管理改革总是在一定的制度环境中存在和运行的,制度环境决定着公共管理改革的方向,制约着公共管理改革的基本价值选择和具体政策选择。当制度创新的要求日趋强烈以致最终经由国家名义做出制度安排,并以法律形式加以确定,那么就形成了某种制度变迁。在制度环境得以改变的历史条件下,公共管理改革的价值选择就在于实现相应的制度创新。我国在工资制度、财税体制、金融体制、投资体制、外贸体制、价格体制、国有企业经营机制、流通体制、行政监督机制、高等教育办学体制、社会保障制度、保险制度、劳动制度、户籍管理制度、住房制度、行政审批制度、公务员考试录用制度等方面进一步深化体制改革,颁布了一系列的法律、法令和条例,从职能、结构和体制等方面对公共管理改革提出了更高、更迫切的制度要求。

（五）政府管理的电子化创新

电子政务是与知识经济时代相伴而生的先进的政府运作方式，是指政府在公共管理的活动中利用现代信息技术和通信技术，超越时间、空间和部门的限制，使其管理和服务职能可以通过网络完成，同时实现政府组织结构和工作流程的重组与优化，为政府机关、企业、社会组织和公民提供高效优质的服务；是依托技术进步带动管理创新，依托流程优化带动体制创新，建立高效、廉洁服务型政府的重要手段。

跨部门、跨地区的电子政务从以下五个方面在公共管理过程中发挥作用。

(1)政府办公高效化。用现代信息技术和先进管理理念促进业务与机构的重组，通过办公的自动化与信息化，提高政府的行政效率。

(2)政府政务公开化。开辟群众参政的新渠道，向公众开放一切可以公开的信息，提高政府工作的透明度。

(3)政府与社会互动化。公民、社会组织和企业通过政府网站上的信箱、留言板、论坛、调查表格等形式，把自己的意见和建议反馈给政府，政府则把政策和措施及意见征求稿公布在网上，从而实现政府与公民之间政务互动。

(4)行政办公电子化。通过信息技术开展电子税务、电子工商、行政许可、电子海关等业务，使行政事务处理向电子化、网络化方向发展，简化流程、整合空间、方便公民。

(5)信息集约化。将部门分散资源集约为政府和社会共享、共有、共用的资源，使市场监管、公共服务、社会管理等信息资源得到充分开发利用，从而促进各地区、各部门开展跨地区、跨部门协同应用，实现不同行政层级纵向横向之间的快速信息传递与共享，保证政令畅通。

充分发挥电子政务建设在规范政府行为、进行社会监督、降低行政成本、提高行政效能、增强政府监管和服务能力以及创新政府管理等方面的重要作用，实现公共管理信息资源数字化，对外许可服务网络化，政府管理民主化，形成网络环境下的“一体化政府”，为社会提供“一站式服务”。

第二节　西方公共管理改革

一、西方国家公共管理改革的兴起

当代西方国家公共部门改革以及新公共管理模式的兴起有其深刻的背景和原因。总的来说，西方国家公共部门改革源于大致相同的社会背景，主要是由于政府职能膨胀，规制过多，基于分工的业务流程和公共管理模式已越来越不适应社会发展的要求，财政支出增长给社会带来沉重负担，现代科学技术的飞速发展以及要求加强市场机制的作用等。西方国家公共部门改革从英国、美国、澳大利亚和新西兰逐步扩展到其他西方国家乃至全世界。正如著名公共管理学者胡德所说，公共部门改革成了 20 世纪 70 年代中期以后公共管理领域中出现的一种显著的国际性趋势。

（一）流程再造理论带来了公共部门改革问题上的观念更新

基于“劳动分工原则”和“制度化管理理论”的业务流程与管理模式，是以职能为中心进行设置的,已越来越不适应信息时代的发展要求。这种以职能为中心进行设计的方法,实行组织结构层级节制,具有效率高、便于控制和指挥、避免人财务分散等优点。但也具有使一个业务流程横跨多个部门和人为地把业务流程割裂开来,使一个完整的流程消失在具有不同的职能和人员中,造成多头指挥和形成层级制组织结构等严重缺陷。

随着信息时代和知识经济的发展和到来,传统"领导下达目标,有关人员给出相应计划,计划到期检查"的事后的、表态的、各部门缺乏及时的信息交流和沟通的流程管理模式日益显露出其与社会发展不相适应性和种种弊端。这些弊端主要包括:分工过细,造成权力交叉,导致层次重叠、冗员多、成本高、浪费大、对外界反应迟缓和行政效率低下;只注重局部环节,缺乏整体协调,导致本位主义和互相推诿现象;强调以职能为中心进行组织机构设计,形成了科层制的组织结构,组织机构臃肿;公务人员技能单一,适应性差,缺乏积极性、主动性,责任感差;形成条块分割的管理体制,公共部门内部信息沟通不畅,资源共享程度差和重复劳动。分工理论在不断提高效率的同时,也给公共部门的持续发展套上了一道无形的枷锁。传统的组织结构形式、业务流程和管理模式使政府公共部门之间沟通不畅、缺乏协调,造成了很多问题。

传统官僚体制(科层制)的失效和商业管理模式的示范性影响对西方公共部门改革的兴起产生了重大影响。企业再造流程理论是具有革命性的、创新的管理理论,同时,又是在不断发展和完善的理论。当代西方国家公共部门改革吸取了企业再造的经验,也有人因此把企业再造中吸取经验发展而来的政府公共部门改革称为政府再造。以往的改革大多将注意力集中于人员精简、组织结构调整以及组织的自我更新,却忽视了公共部门与环境的关联,使改革处于不推不动、推也不动的被动状态。

再造理论带来了公共部门改革问题上的观念更新。戴维·奥斯本和特德·盖布勒以企业型政府的理念提出了重塑政府理论,提出了官僚主义体制作为工业时代的产物已不适应信息时代发展的要求,提出了与传统公共管理范式不同的企业型政府管理范式。凯特尔把这种公共管理范式称为"新治理"。这种新的治理范式强调实行解除过度规制、引进市场机制,增强政府活力、顾客至上、充分授权、业务流程再造等改革方案。重塑政府理论对西方国家公共管理改革产生了重大影响,再造业务流程成了西方国家公共管理改革的重要内容。

(二)经济和政治因素的出现促使公共部门改革提上议事日程

英国人普遍把第二次世界大战后的时代称为"战后社会福利的年代"。但是,到20世纪70年代石油危机之后的经济衰退,这个年代却随着政府背负沉重的财政赤字负担、政府公共部门规模庞大且运作失灵,以及随着公众对政府公共服务的需求急速扩张而彻底崩溃。西方各国出现的高额财政赤字、福利国家不堪重负和一系列新的社会与政治问题,是引发公共部门改革的直接原因。按照奥斯本和盖布勒在《改革政府——企业精神如何改革着公营部门》一书中的说法,解决财政赤字问题从原则上说有三种办法:①限制开支和公共任务的终结;②增加岁入尤其是税收;③用较少的开支来实现公共使命,即"少花钱多办事"。只有第三条途径才是现实的可供选择的出路,公共部门改革所选择的正是这条道路。

(三)经济全球化趋势日益明显为西方国家公共部门改革提供了推动力

全球化趋势加强了各个西方国家对本国经济竞争力的高度重视;政府能力是一国综合

国力和竞争力的一种主导性因素，政府如何主导和调控国民经济运行，参与国际经济竞争，促进经济发展，自然成为人们关注的焦点。经济全球化对政府的公共管理提出了更高的要求。经济合作与发展组织把公共部门改革当作其成员国在国际市场上进行有效竞争的一个重要途径，认为顺应经济的全球化和保持国际竞争力的内在需要，为公共部门改革提供了新的强大动力；处理国际问题不再是传统的涉外部门的专门职责，所有公共部门以及地方政府都必须具有跟踪、理解和处理国际问题的能力；经济资源的稀缺和为避免不稳定而保持经济竞争力，这是公共部门改革的直接推动力。

（四）新技术的发展和广泛应用为公共部门改革提供支撑

正如理查德·赫克斯所说，信息技术与公共部门改革之间具有两种联系方式：信息技术的运用能够支撑公共部门改革；公共部门改革能够影响信息技术发生的作用方向和社会效果。二者之间对应的相互关系、相互作用，如图 10-2 所示。

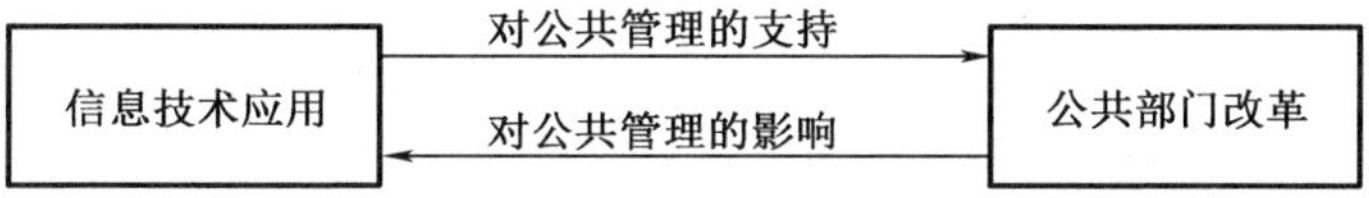

图 10-2　信息技术应用与公共部门改革的关系与作用

信息技术的快速发展为建立起高效、灵活、透明的政府创造了可能性。信息时代的来临以及“数字化生存”方式要求公共部门对迅速变化的经济做出反应，这打破了长期以来公共部门对公共信息的垄断。新通信技术以及接收公共部门信息的便利使公民和社会团体更容易参与公共管理活动，这要求对公共部门及其运作过程做出变革与调整。信息技术被普遍运用来再造政府，改革公共部门和实现公共管理目标。

二、西方国家公共管理改革的内容及特点

当代西方国家公共部门改革涉及许多国家，改革内容涉及公共部门自身的改革，公共部门与社会、市场、企业的关系的改革等多方面，形成了普遍性和范围广泛性的特点。

（一）重新界定和优化政府职能

20 世纪 70 年代，导致西方国家公共管理面临困境的一个重要原因就是政府职能扩张。因此，公共部门改革的第一要务就是重新界定和优化政府职能，解决政府应该管什么、不应该管什么和怎么管的问题。一是在政府部门内部实行大部制，将相近的职能尽可能集中到一个部门，精简政府机构，减少横向协调的困难；二是政府从大量社会事务中解脱出来，将这些职能交给或归还给社会，由社会经济组织或中介组织去承担，政府则制定法律和规章制度，执行法律和监督社会经济组织、中介组织的行为。

当代西方各国优化政府职能的基本途径是，通过采取非国有化即公有企业和公用事业的产权转移或私有化、自由化，以及压缩式管理等途径，将政府兴办和管理的大部分公共企业交给市场和社会，放松对市场的规制，尽可能地将公共部门承担的社会服务出租和承包出去，实现政府从社会的部分撤退。经过职能的优化和调整，西方国家政府的经济社会管理职能仅限于：一是建立全面而系统的经济立法体系，把社会经济活动纳入法治轨道；二是

通过计划、财政、金融干预等手段,加强对经济的宏观调控;三是提供公共物品以及公共服务。

(二)利用市场和社会力量实行公共服务社会化、市场化

政府充分利用市场和社会的力量推行公共服务社会化、市场化,是当代西方国家公共部门改革的重要措施。政府公共服务市场化是通过市场化工具来实现的;政府公共服务社会化是通过政府与社会建立伙伴关系,将部分公共服务交由社区或非政府组织来实现的。

引入市场机制或市场手段是西方各国公共部门改革的重要举措,我们把那些凡是在某一方面具有明显市场特征,诸如价格、利润、私有产权、金钱诱因、自由化等方式、方法和手段,都称为市场机制的表现。西方国家实现公共服务市场化的工具有私有化、使用者付费、合同外包、招标投标、委托代理、分散决策、产权的交易和内部市场。

公共服务社会化是在维持一定职能和服务水平的前提下实现政府机构和人员削减的有效途径,在对提高行政效率、降低财政支出、利用市场对公共机构形成竞争压力等方面具有重要意义。西方国家实现公共服务社会化的实践形式有政府业务合同出租;以私补公,打破政府垄断;建立政府部门与私营企业的伙伴关系;公共服务社区化。

(三)政府部门内部的管理体制改革

政府部门内部的管理体制改革包括组织机构改革、权责关系调整、人事制度改革、管理方法和技术改革等方面,其目的是提高政府工作效率和服务质量。改革内容主要有以下几方面。

1. 利用信息技术革命新成果,建立公共行政信息系统

当代西方国家政府部门内部管理体制改革的一个显著特征就是充分体现管理主义倾向,即引进现代化管理技术尤其是私营部门的管理技术、管理理论、原则和方法来"重塑政府",实现政府管理现代化。1993 年,美国政府提出了应用先进的网络信息技术克服美国政府在管理和提供公共服务方面所存在的弊端,构建"以顾客为中心"的电子政务,走向在线服务的政府改革目标。《运用信息技术改造政府》的报告,明确提出了借助信息技术实现政府信息化、提升政府生产力和效率等 13 项利用网络信息技术革新政府的建议。英国也出台了《政府现代化》白皮书和《政府信息服务计划》。

利用信息技术革命新成果推进电子政务建设、建立决策支持信息系统和管理信息系统等公共新政信息系统。英国部长管理信息系统是西方各国建立的多样化政府信息系统和政策方案分析选择系统的突出代表。在这里,电子政务不是一个单纯的技术概念,而是一种以信息技术为基础的政府治理新模式。西方各国的公共部门改革广泛应用信息技术,并实现了技术应用与行政改革的一体化。

2. 实行分权

当代西方国家公共部门改革的目标之一在于分散公共部门管理职能,因此,改革必然要实行分权与权力下放。分权与权力下放的改革既涉及中央与地方的关系,又涉及中央政府内部上下级的关系。政府部门内部上下级关系的改革是当代西方国家公共部门改革的热点。在政府机构改革中,许多政府经济部门被改为准政府机构或分离出去。英国的《下一步行动方案》和新西兰的公司化改革把原部门内的中下层组织转变为具有独立性质的单位,实行经理负责制——经理被赋予了机构、编制、人事管理和财务等方面的极大自主权,

成为政府部门内部上下级关系的改革的典型代表。政府部门内部上下级关系的改革实现了上下级由直接隶属到合同关系的转变,上级对下级的控制由着眼于工作过程到着眼于工作结果的转变,体现了决策与执行分离和分权制度化的趋势。

3. 推行部门内部的组织结构改革

部门内部的组织结构改革主要包括推行不同部门的层级结构多样化、减少中间管理层次、限制并削弱幕僚机构的权力、改变上下级权责关系及控制方式等方面。

4. 推行公共人事制度改革

在公共人事制度改革方面,采取的改革措施有:一是放松规制、增强灵活性。西方各国在人事录用、报酬、职位分类、培训等方面放松规制,增强灵活性,举措包括消除繁杂的规则,减少繁文缛节以及办事拖拉等。二是公共管理者的非职业化,加强公共部门与私营部门管理者之间的交流,合同雇佣制和临时聘用成了公共部门以及政府机构常用的用人方式。三是实行绩效评估以及灵活的付酬制度,注重结果而非过程控制,重视绩效评估,并采取灵活的付酬与奖励措施。由此构成了人力资源开发、公共部门劳工关系、代表性官僚制、公务员激励机制等方面的改革内容。

5. 提高服务质量、改善公共部门服务形象

这一改革措施强调以顾客取向和服务对象为中心,具体内容包括公共服务提供小规模化,打破传统划片服务的办法,从而为公众提供自由选择服务机构的机会;在公共服务机构之间引进市场竞争机制;推行公众参与管理,并借用"市场管理"办法,定期广泛调查公众服务满意程度。英国保守党政府的"公民宪章运动",体现了明确的服务标准、公开性与透明度、礼貌服务、公众自由选择、完善的投诉受理机制、金钱的价值六个特点,被认为是提高公共服务的有效途径。

6. 实现公共行政传统规范与工商企业管理办法的融合

通过各种办法,吸引私营部门管理人才到政府部门任职或兼职;大力引进私营企业的管理技术和方法,如绩效评估、全面质量管理、顾客管理、成本管理、标杆管理等,以提高公共部门的效率和整体绩效。

(四)当代西方国家公共部门改革的特点

任何公共部门改革都是为了适应外部环境的变化,之所以采取组织内部结构的调整,也是因为相对于人们对外部环境急速变迁的束手无策,只得对其所创设的组织加以再造。因此,如果从宏观的历史视野进行考察,任何时代的改革理念,都是对那个时代环境挑战的一种回应。根据这种分析方法,当代西方国家公共部门改革也就是回应后资本主义社会(也称为后工业主义、后现代主义及后福特主义)时代所出现的各种问题。面对新时代的各种挑战,旧的公共行政显然已经欲振乏力,只有通过公共部门改革的途径才能适应时代发展的要求。当代西方国家公共部门改革的特点主要表现为:

(1)有计划、渐进式地推进公共部门改革,改革遵循统一规划和逐年计划,使公共部门改革持续开展;

(2)组建精干、高效的改革机构,重视发挥参谋咨询机构的作用,例如美国的国家绩效评估委员会、"重塑政府"、总统管理委员会、英国的首相效率小组、公民宪章运动领导小组、政策与创新部门、公共服务改革办公室等;

(3)重视与改革配套的立法建设,把改革纳入法制轨道,通过法律来确认改革的效力,

解决改革与已有制度措施的冲突;

(4)注重提高公共管理效能和服务质量,大力改善公共部门与公众之间的关系;

(5)注重内外监督,形成以结果为本的公共部门绩效评估机制,西方国家把公共部门绩效评估作为消除改革阻力、提高公共管理效率和公共服务质量、建立和发展公共责任机制、提高社会公众的满意度、改善社会公众对公共部门的信任的重要手段而加以运用。

三、西方国家公共管理改革的意义

20 世纪的最后 25 年,伴随着全球化、信息化、市场化以及知识经济时代的来临,西方各国进入了公共部门管理尤其是政府管理改革的新时代。尽管新公共管理改革受到了各种指责和批评,但在西方公共行政领域,已成为一种不可逆转的时代潮流。20 世纪 80 年代以来西方许多国家开展的一系列的行政改革便是这一潮流的集中反映。从美国的"重塑政府"运动到英国的"宪章运动",以及其他国家普遍实行的市场导向和顾客导向的行政改革措施,都在不同程度上实践着新公共管理。目前,我国正处于由计划向市场的转轨时期,市场经济的发展要求转变政府职能,建立起一个灵活、高效、廉洁的政府,形成新的管理模式。分析和研究新公共管理理论,从实际出发,有选择地吸收和借鉴其先进的做法和经验,对于我国市场经济的发展和行政改革的深化,处理好政府与市场、企业和社会的关系,完善宏观调控机制,形成新的管理模式,提高政府行政效率,无论是从理论还是实践上都具有十分重要的现实意义。

(一)适应全球化时代发展的需要

全球化是全世界共同面临的一种发展趋势,是政治、经济、文化、社会等各种方面因素相互联系、相互影响的过程与结果。在全球化背景下,政府公共行政正向服务行政的方向发展,政府公共部门的基本运行方式、政府公共部门与市场和社会公众之间的关系的基本定位正在发生变化。政府公共部门与社会公众之间的关系由治理者与被治理者之间的关系演变为公共服务的提供者与消费者、顾客之间的关系。也就是说,社会公众成为政府服务的对象,是公共服务的"消费者"和"顾客",政府则成为公共服务的供给者,而不再是官僚机构和脱离社会的统治力量。这样,政府公共部门不仅需要重新界定职能和实现其部分职能的市场化,而且对于那些必须由政府承担的职能和负责提供的公共服务,也必须强调社会公众至上,以效率、服务质量、公共责任和社会公众满意程度为公共行政绩效的评价指标,以较低的成本提供最有效的服务。正是基于这种发展趋势,成本与效率观念、绩效管理、顾客至上、在政府公共部门和管理中引进竞争与市场机制等措施为当今世界各国普遍采用。目前,我国政府公共行政在很大程度上仍处在传统阶段,全球化、改革开放和加入 WTO 使我国正逐渐和世界融为一体,政府公共行政面临的挑战更加严峻。因此,我们必须切实转变观念,确立新的公共管理理念,借鉴新公共管理思想,对我国的公共行政模式进行彻底的改革。

(二)适应社会主义市场经济体制完善和发展的需要

由计划经济向市场经济转型是目前我国公共管理所处的最主要国内环境。在高度集中的计划经济体制下,我国政府公共行政长期奉行高度集中管理的指导思想,政府包揽一切,管了许多"不该管、管不好、管不了"的事。然而,在市场经济中,企业作为市场主体具有独立的地位，它们有权自主地做出经济决策，独立承担经济风险；在价值规律的作用下，市场对资源配置起基础的作用；政府的主要任务则是宏观调控和提高公共服务。由计划经济体制向市场经济体制的根本转变，客观上要求我们必须打破传统的行政管理体制，建立起适应社会主义市场经济要求的新的公共行政架构。这种架构，不仅体现在政府行政管理内部各种关系之间，更重要的是体现在政府与社会、政府与企业、政府与市场、政府与公民等各种外部关系之间。我们必须跳出政府自身，站在整个社会的高度，重新对政府进行全方位的审视，借鉴新公共管理思想，把握公共行政发展的客观规律，重新界定政府的角色，重新设置政府的职能，重新设计政府的运行机制。

（三）深化行政体制改革的需要

新公共管理思想有助于我们更好地认识、分析解决我国当前公共行政中存在的问题。长期以来，我国政府公共行政部门一直被机构臃肿、队伍庞大、效率低下、财政危机、官员腐败等问题所困扰。新中国成立以后，我国曾进行过多次以精简机构、人员为主要内容的行政改革，虽然也取得了一些阶段性成效，但却始终未逃脱“精简—膨胀—再精简—再膨胀”的怪圈。20 世纪 90 年代提出建立社会主义市场经济，对行政改革提出了新的要求，也为其注入了新的动力。但是，由于受主客观环境的制约，没有真正意义上涉及政府与社会、政府与公民、政府与国家等更为重要的关系，以及政府角色、职能、行为规范、效率与质量、绩效评估等更为重要的内容。在行政观念、政府行政组织内部，在机构设置、行政立法、行政执行、人事行政、行政监督、财政预算等方面，我国公共行政中仍然存在着许多和社会主义市场经济不相适应的问题，这些问题中有的已经成为政府公共行政中的顽疾，严重阻碍着行政改革的推进。

为了解决这些问题，新公共管理提出了许多对策性措施，如精简机构、削减政府职能、放宽规制、政府业务合同出租、公共服务社区化等，这些措施在实践中的运用包含着“政府公共政策化”（制定政策和执行政策分离）和“公共管理社会化”（政府之外的其他社会组织参与公共管理）的趋势。根据新公共管理思想，政府的公共管理职能，可以被部分甚至完全地转移给政府之外的非政府公共管理组织，自然可以达到消肿减负的目的。“服务行政”定位和“顾客至上”理念将导致官员特权的消失和特权意识的弱化，公共管理社会化和市场竞争的引入也将打破政府对公共权力的垄断，这不仅可以消除官僚主义，而且将从制度上根除腐败滋生的土壤。

第三节 中国行政体制改革

一、我国行政体制改革的兴起

当代中国行政体制改革，有其深刻的国内社会经济、政治变化发展因素，以及国际因素、科学技术飞速发展等多种因素的作用，都对政府管理提出了新的要求，体制改革日益迫切。

（1）逐步建立的市场经济体制要求进行相应的行政体制改革。1992 年，党的十四大正式提出了建立社会主义市场经济体制，把建立社会主义市场经济体制作为改革的目标，并指出社会主义市场经济体制就是要使市场在国家宏观调控下对资源配置起基础作用。社会主义市场经济理论为深化经济体制改革和推进行政体制改革指明了方向。

中国经济关系、经济体制的发展变化,引起了政府与企业之间、中央与地方之间、政府与市场之间、政府与公众之间、政府与社会之间关系的变化。与经济体制的转变相适应,要求公共行政也要由适应计划经济的行政体制转变为适应社会主义市场经济的行政体制。这是推动中国行政体制改革的首要的、直接的动因。

(2)民主化政治体制改革为中国行政体制改革提供了广阔的空间。中国经济关系、经济体制的发展变化,激发了改革政治体制的要求;经济体制改革过程中遇到的深层次问题,也需要通过政治体制改革才能予以解决,经济体制改革的成果也需要政治体制改革来确认和保证。这样,政治体制改革在经济体制改革的推动下,在中国各个领域得以展开。政治民主化、法制化的发展促进了政府与国家权力机关的关系、政府与党的关系、政府与事业单位的关系、政府与群众团体的关系的改革。这为进一步理顺职能关系奠定了基础。

(3)行政效率低下导致公众的满意度降低,为行政体制改革提供了社会动力。中国高度中央集权的行政体制既承袭了两千多年的文化传统,又强化了苏联体制中的集权倾向。这种管理体制,一是权力高度集中,二是把太多的社会功能加在政府上,大大扩充了政府的职权范围,使政府权力日益强化,政府机构愈加臃肿庞大。这种与计划经济体制相适应的高度集权的行政体制,在市场化的改革进程中,日益暴露出其不足:表面上政府无所不包、无所不能,实际上确实管了许多管不了、管不好的事,弱化了宏观调控能力;政府部门林立、机构臃肿、人浮于事,使财政不堪负荷;官僚主义盛行、效率低下,甚至为腐败的滋生提供了温床。要求建立精干、高效、廉洁的行政体制日益成为社会公众的呼声。

(4)西方国家公共部门改革的理论与实践给中国提供了有益的参考。西方国家公共部门改革措施,包括在政府公共行政中引入了市场竞争机制、改善公共部门的管理方式、提高公共部门服务质量、实施公共服务竞争制度、推行政务信息化建设和在线电子化服务等,以及公共管理理论,给中国行政改革注入了新的观念,开拓了新的视野、启迪了新的思维。在管理国际化、市场化和全球化的影响下,西方国家的市场观念、合同承包、企业化政府等观念、理论、改革措施和新公共管理取向及模式对深化中国行政体制改革,都具有一定的参考价值。

(5)现代科学技术发展为中国行政体制改革带来了机遇和挑战。以信息、技术和知识为主要特征的知识经济需要与之相适应的行政体制。实践表明,与机械工业相适应的官僚机器难以运行在信息高速发展的社会。新经济形态下的行政组织必须具有结构简单、层次较少、反应灵敏、运转协调、高效廉洁的特点,世界各国公共部门改革都致力于这一目标。加速中国行政体制改革正是顺应这一时代发展潮流的需要。

二、我国行政体制改革的内容

(一)着力转变职能、理顺关系

深化行政管理体制改革要以政府职能转变为核心。加快推进政企分开、政资分开、政事分开、政府与市场中介组织分开,把不该由政府管理的事项转移出去,把该由政府处理的事项切实管好,从制度上更好地发挥市场在资源配置方面的基础作用,更好地发挥公民与社会组织在社会公共事务管理中的作用,更加有效地提供公共产品。为此,一是要全面正确履行政府职能;二是各级政府要按照加快职能转变的要求,结合实际,突出管理和服务重点；三是合理界定政府部门职能，明确部门责任，确保权责一致，坚持一件事情原则上由一个部门负责，确需多个部门管理的事项，要明确牵头部门，分清主次责任，健全部门间协调配合机制。

（二）推进政府机构改革

按照"精简、统一、效能"的原则和决策权、执行权、监督权既相互制约又相互协调的要求，紧紧围绕职能转变和理顺职责关系，进一步优化政府组织结构，规范机构设置，探索实行职能有机统一的大部门体制，完善行政运行机制。为此，一要深化国务院机构改革；二要推进地方政府机构改革，根据各层级政府的职责重点，合理调整地方政府机构设置；三要精简和规范各类议事协调机构及其办事机构，不再保留的任务交由职能部门承担；四要推进事业单位分类改革，按照政事分开、事企分开和管办分离的原则，对现有事业单位分三类进行改革；五要认真执行政府组织法律法规和机构编制管理规定，严格控制编制，严禁超编进人，对违反规定的限期予以纠正。建立健全机构编制管理与财政预算、组织人事管理的配合制约机制，加强对机构编制执行情况的监督检查，加快推进机构编制管理的法治化进程。

（三）加强依法行政和制度建设

一要遵守宪法和法律，这是政府工作的根本原则，必须严格依法行政，坚持用制度管权、管事、管人，强化责任追究，切实做到有权必有责、用权受监督、违法要追究。二要加快建设法治政府，规范行政决策行为，完善科学民主决策机制，加强和改进政府立法工作，健全行政执法体制和程序，完善行政复议、行政赔偿和行政补偿制度。三要推行政府绩效管理和行政问责制度，建立科学合理的政府绩效评估指标体系和评估机制，健全以行政首长为重点的行政问责制度，明确问责范围，规范问责程序，加大责任追究力度，提高政府执行力和公信力。四要健全对行政权力的监督制度，各级政府要自觉接受同级人大及其常委会的监督，自觉接受政协的民主监督，加强政府层级监督，充分发挥监察、审计等专门监督的作用。依照有关法律的规定接受司法机关实施的监督。高度重视新闻舆论监督和人民群众监督。完善政务公开制度，及时发布信息，提高政府工作透明度，切实保障人民群众的监督权、知情权、表达权、参与权。五是加强公务员队伍建设，完善公务员管理配套制度和措施，建立能进能出、能上能下的用人机制，强化对公务员的教育、管理和监督。加强政风建设和廉政建设，严格执行党风廉政建设责任制，扎实推进惩治和预防腐败体系建设。

（四）健全科学民主的决策机制

健全科学民主的决策机制具体表现为建立健全决策权、执行权、监督权既相互制约又相互协调的权力结构和运行机制；建立决策调查研究制度，涉及经济社会发展全局和群众切身利益的重大事项，经过实际调查研究后再纳入决策程序；完善集体决策制度，在领导班子集体讨论的基础上，按照少数服从多数的原则进行决策；推行政务公开，实行决策事项公示、听证和专家咨询制度，完善政府新闻发布制度和信息披露制度；建立健全行政问责制，严格执行决策失误引咎辞职、经济赔偿和刑事处罚制度；推行政务公开并逐步实现制度化，完善政府新闻发布制度，提高政府工作透明度，保障公民对政府工作的知情权、参与权、表达权和监督权。

(五)改进行政方式

改进行政方式就是要注重从技术性的管理方式入手,包括合理借鉴西方国家的政府工具理论、企业的工商管理技术与方法,充分发挥现代信息技术在政府管理创新中的作用,推行电子政务,设计出指导行政体制改革的操作性工具。从而实现由细微措施的改革进而引领政府职能的重新整合、调整、转变,并最终带来运作机制和行政体制的完善。

(六)完善社会管理

完善社会管理主要是健全党委领导、政府负责、社会协同、公众参与的社会管理格局,健全基层社会管理体制;重视社会组织建设和管理;完善突发事件应急管理机制;健全社会治安防控体系,加强社会治安综合治理。

三、我国行政体制改革的总结

对自 1982 年以来的七轮行政体制改革,我们有必要进行认真的总结和反思。

(一)关于改革的经验

1. 坚持中国特色,不照搬外国经验

我国 20 世纪 70 年代末走上改革之路时,正是世界上其他国家也在改革的时候。尤其是当时的苏联等东欧国家也在进行第四轮改革。所以改革之初,借鉴了"苏东"一些国家的改革经验,但是邓小平坚持走"中国特色社会主义道路",也不犯盲目照抄照搬其他社会主义国家经验的错误。借鉴"苏东"国家的改革经验也是以立足国情为前提。所以中国最终走出的是一条适合本国国情的行政改革之路。

2. 坚持社会主义自我完善的改革性质

1980 年,邓小平提出了坚持四项基本原则,提出改革的性质是社会主义的自我完善,1984 年又进一步明确,改革的目的就是为了增强社会的"活力"。中国改革的基本目标和方向的明确,也为中国的行政改革明确了目标和方向。此后,行政改革不论经过怎样的曲折,都没有偏离社会主义的方向,在向着既定目标稳步推进中,既深化了对社会主义的本质认识,也走出了特色鲜明的行政改革之路。

3. 坚持以经济建设为中心

中国的改革始终坚持以经济建设为中心,中国的行政改革也坚持始终以经济建设为中心,不论是机构改革,还是职能转变、实行公务员制度等,实际都是适应经济体制改革的深化实行的。行政体制改革的成就,又在很大程度上促进了经济体制改革的深化。

4. 坚持"稳定压倒一切"的原则

改革是利益的重组,总会引起社会一定的震动,邓小平提出改革是动力、发展是目的、稳定是前提的辩证观点,并在这个基础上确定了"稳定压倒一切"的原则,将改革的力度和速度都服从于稳定。事实证明,维护稳定前提下的改革,才使得行政体制改革不断走向深入。

5. 坚持全方位开放

改革与开放是党的基本路线的两个基本点,所以我们在坚持改革的同时,一直坚持了对外开放,而且不仅仅是经济领域的对外开放,是所有领域对所有国家的全方位开放。由于学习和借鉴了世界各国的改革经验和教训,所以极大地丰富了行政改革思路,加速了行政改革。

(二)改革值得反思的方面

1. 政府职能转变不彻底

虽然 1988 年以后的每次行政体制改革都坚持政府职能转变的目标,但多是停留在精简机构、裁减冗员的“机构改革”表面,未深刻触及内在的权力关系调整,以致每次改革都不尽如人意。

2. 利益固化,藩篱未能冲破

以往的行政改革并未涉及对现存利益格局的优化调整,使得既得利益集团已经成为深化改革的阻力,利益矛盾更为突出,改革进入攻坚期、深水区。

3. 事业单位改革目标不明,方法单一

20 世纪 90 年代进行的市场化改革,对事业单位领域也不例外。由于对事业单位的特性研究不够,没有注意为事业单位分类采取不同改革方式,结果使有的领域的事业单位改革走了弯路。

第四节　公共管理改革的发展

一、公共管理改革的目标与新模式

(一)公共部门改革的目标

关于公共部门改革的目标的学习和研究,应当树立的总观点是:一是公共部门改革都要有目标,没有目标就会使公共部门改革失去方向;二是公共部门改革目标不是固定不变的,公共部门改革目标会因各个国家政治、经济、社会状况的不同而有所不同,会因一个国家所处的发展阶段,所面临的社会问题和根本任务的不同而有所不同。不同国家或同一个国家在不同时期,对公共部门改革的目标都有不同的选择。

概括起来,公共部门改革目标有以下几方面内容。

1. 公共管理更富有创意、开拓精神

对挑战的积极回应意味着创新与开拓,意味着摒弃陈旧的思维方式和思想观念,摒弃陈规陋习,创造新模式,走出新路子。创新、开拓表现为观念与理论创新、职能优化与管理体制创新、公共管理手段创新与管理能力提高这三个相互联系、相互作用并构成为有机总体的层次体系。

2. 公共管理更为经济,降低人力、物力和财力的投入

公共部门不堪财政支出上升的重负,往往导致公共部门改革的提出。可以说,历史上的公共部门改革多是以财政危机为契机而被提出的,在很大程度上都是迫于财政的压力。因此,公共部门改革通常都会包括削减行政开支的内容。

3. 提高公共部门绩效,加强公共管理效能

这是公共管理结果方面的目标,强调通过改革促进公共管理能够制定出更为科学的政策,为社会提供更具高质量水平的服务与公共产品,提高公众对公共部门的满意程度。这

个目标反映了社会需要和公共管理目标的多重性。为实现这个目标,公共部门改革就要涉及公共部门内部结构的重组、组织间协调的增强、公共管理模式和行为的改进等。

4. 提高公共管理效率

公共管理效率是指公共部门在公共管理活动中,投入与产出的比例,或公共部门在单位时间、单位物质投入中所获得的产出数量。提高公共管理效率最根本的目的是要提高纳税人的办事效率、降低纳税人的办事成本。

5. 公共管理系统更具适应性

当今世界科学技术的飞速发展、社会复杂性的日益增强以及社会的不断变化,都要求公共管理系统能够根据环境的变化及时做出反应,积极回应社会变革对公共管理系统提出的挑战。

6. 公共部门更负责

公共管理的民主精神和适应管理民主化的发展要求,越来越强调公共管理向公共服务的方向转化。公共部门服务的对象是公众,而且不具有选择性。因此,公共部门改革必然要促使公共管理体系更加贴近公众、对公众更为负责,提高公众对公共部门的满意和信任程度,发展公共责任。

当代中国行政体制改革的目标就是要通过改革,建立与社会主义民主政治相配套、与社会主义市场经济体制相适应的中国特色社会主义行政体制。其主要包括:造就高素质的专业化行政管理干部队伍;把依法施政贯穿于公共行政全过程;建设廉洁、高效、勤政、务实的人民满意的政府;要进一步转变政府职能,改进管理方式,推行电子政务,提高行政效率,降低行政成本,形成行为规范、运转协调、公正透明、廉洁高效的行政管理体制。

(二)新的公共管理模式

当代西方国家的行政改革形成和造就了新的公共管理模式。由于各国情况的不同、各位学者研究角度的不同,这些新模式主要包括以下内容。

1. 奥斯本、盖布勒的新公共管理模式

奥斯本、盖布勒在《改革政府——企业家精神如何改革着公共部门》一书中,全面阐述了“企业家政府”模式:

(1)起催化作用的政府——掌舵而不是划桨;

(2)社区拥有的政府——授权而不是服务;

(3)竞争性政府——把竞争机制注入提供服务中去;

(4)有使命感的政府——改变照章办事的组织;

(5)讲究效果的政府——按效果而不是按投入拨款;

(6)受顾客驱使的政府——满足顾客的需要,而不是满足官僚政治的需要;

(7)有事业心的政府——有收益而不浪费;

(8)有预见的政府——预防而不是治疗;

(9)分权的政府——从等级制到参与和协作;

(10)以市场为导向的政府——通过市场量进行变革。

奥斯本和盖布勒强调借用私营部门的管理理论、管理模式、管理原则、管理技术和方法,包括录用私营部门的管理人员来“重塑政府”,并认为这是提高政府工作效率和管理水平的根本途径。

2. 休斯的新公共管理模式

休斯将公共管理新模式概括为以下六个方面:

(1)意味着一种与传统公共行政不同的重大变化,较为引人注意的是结果的实现和管理者的个人责任;

(2)明确表示了脱离官僚制的意图,目的是使组织、人事、任期和条件更具灵活性;

(3)明确规定组织和人事目标,以便用明确的绩效指标评估工作业绩,以及对项目进行系统评估,其背后的推动力是经济、效率和效能的"3E 标准";

(4)公共管理人员更有可能带有政治色彩地致力于政府工作,而不是政治中立或无党派立场的;

(5)政府职能更有可能受市场检验,或奥斯本所说的"将掌舵与划桨分开",政府介入并不一定指政府非通过官僚制手段不可;

(6)通过民营化或市场检验以及合同外包等方式减少政府职能。

3. 彼得斯的新公共管理模式

美国学者彼得斯在《治理的未来》中提出了当代西方公共部门改革及公共管理实践中正在出现的以新公共管理定向的四种治理模式:市场式政府模式、参与式政府模式、弹性化政府模式、解制式政府模式。他从组织结构、管理过程、政策制定和公共利益四个方面来刻画和比较了这四种治理模式的特征,如表 10-1 所示。

表 10-1　四种治理模式的主要特征

治理模式	市场式政府	参与式政府	弹性化政府	解制式政府
主要的诊断	垄断	层级节制	永久性	内部规划
组织结构	分权	扁平型组织	虚拟组织	没有特别的建议
管理过程	绩效工资制及其私营部门管理技术	全面质量管理	管理临时人事	更大的管理自由
政策制定	内部市场	咨询、谈判	试验	企业化政府
公共利益	低成本	参与、咨询	低成本、协调	行动主义

4. 费利耶的新公共管理模式

英国学者费利耶等人在《行动中的新公共管理》一书中认为,在现实中并不存在统一的新公共管理模式,而是有着各种不同类型的新公共管理模式。由此他们论述了在当代西方国家公共部门改革过程中,至少有过四种不同于旧的公共行政模式的新公共管理模式。这些模式都包含着重要的差别和明确的特征。

费利耶的新公共管理模式包括以下内容。

(1)效率驱动模式,基本内容与特征是:关注财政控制、成本核算和效率问题,关心信息系统的完善,建立更强有力的一般管理中心,采用层级管理和"命令与控制"的工作方式;强化明确的目标定向和绩效管理,全力向资深管理者转移,推进和改善正式的绩效评估方法,强调对顾客负责;让非公共部门参与公共物品的提供,以市场为基础和顾客导向,以及在边际上进行类似于市场的实验;解除劳动力市场的规制,加快工作步伐,采用绩效工作制以及短期聘用合同;雇员自我调节权力的减少,权力向管理者的转移,吸收部分雇员参与管理过程,采用更透明的管理形式;增加更具有企业管理色彩而较少官僚色彩的授权,但更强调责任制;采用公司治理的新形式,权力向组织战略顶层转移等。

(2)小型化与分权模式,主要特点是:从早期强调以市场为中心向更精致和更成熟的准市场扩展,从计划到准市场的转变成为公共部门配置资源的机制;从层级管理向合同管理的转变,较松散的合同管理形式的出现;小战略核心与大操作边缘的分离,市场检验和非战略职能的合同承包;分权和小型化——公共部门领取薪金者的大量减少,向扁平型组织结构转变,组织高层领导和低层职员减少;公共资助与独立部门供应相对分离,购买者和提供者分离组织,出现了购买型组织形式;从"命令与控制"的管理方式向诸如影响式管理、组织网络形式相互作用等新风格的管理方式转变,日益重视组织间的战略;从标准化的服务向灵活多样的服务系统的转变。

(3)追求卓越模式,主要特点是:在由上而下的形式中,强调组织发展和组织学习,将组织文化看作一种组织发展的黏合剂;强调由结果判断绩效,主张分权和非中心化;在由上而下的形式中,努力促进组织文化的变迁,管理组织变迁项目;重视领导魅力的影响和示范作用;强化团队精神,强调更具战略性的人力资源管理职能。

(4)公共服务取向模式,基本内容及特征是:主要关心提高服务质量,强调产出价值,但必须实现以公共服务使命为基础;在管理过程中反应使用者的愿望、要求和利益,以使用者的声音而非顾客的退出作为反馈回路,强调公民权理念;怀疑市场机制在公共服务中的作用,主张将权力由指派者转移到民选的地方委员会;强调对日常服务提供的全社会学习过程;要求一系列连续不断的公共服务的使命与价值,强调公民参与和公共责任制等。

新的公共管理模式取代旧的管理模式,不只是公共行政内部实行技术专业化,不只是对公共部门进行改革,而且还要求公共部门转换机制并改变其政府与社会的关系。作为人类政治文明、管理文明的共同遗产,当代西方国家公共管理新模式对转轨期的中国公共部门改革,具有一定的借鉴意义和参考价值。事实上,当代中国所进行的公共部门改革在一定程度上也受到了西方国家公共管理新模式的影响。在中国转轨期进行的完善社会主义市场经济体制、引入市场竞争机制实行间接化管理、转变政府职能、推行服务型政府建设和电子政务、改进管理方式、提高行政效率等各项改革,涉及公共部门内部与社会、与市场、与企业关系的改革。这都表现出西方国家公共管理新模式对于中国公共部门改革的实践具有较强适用性。

但是由于基本国情不同、所处发展水平和历史发展阶段不同,又决定了转轨时期的中国行政体制改革不能照搬、照抄西方国家的公共管理模式,而必须结合中国的具体国情,在根本上实现西方国家公共管理新模式的中国化。因此,在全球化和信息化时代,对西方国家政治文明的成果包括现代公共管理理论和公共管理新模式采取一概排斥的态度,无疑是不符合社会发展潮流和发展规律的,但忽视基本国情的差别而一味照搬,甚至以西方的理论与做法为标准来比附中国的公共部门改革,无疑也是十分不科学的。任何国家的公共部门改革都必须立足于自己的国情。

二、公共管理改革发展趋势

(一)公共管理的民主化

公共管理的民主化包括两方面的内容,即权力分散和放松规制。权力分散涉及民主的价值本原，体现出权力向社会和公民回归的社会历史趋势。其“分权”和“权力的非集中化”两种做法，前者是权力与责任的一起下移；后者是将不包括决策责任的权力下移。权力分散的好处是反映了人性追求自我价值实现的普遍本质；可以调动各方面的积极性和创造性；使管理权力和责任有机结合从而增强管理者的责任心，政府能够更方便地获取民众的反应信息从而提高政府回应速度和决策质量；同时能够减少繁文缛节和提高行政效率。在这方面，瑞典政府以其在中央和地方承担广泛公共服务职能的众多自治机构和代理机构而著称于世。其他国家的做法，如荷兰政府的“自主化机构”、丹麦政府的“契约局”或“国有公司”、法国政府的“责任中心”、加拿大政府的“皇冠公司”以及“特别执行局”、澳大利亚的“国家公司”等，都与瑞典的做法有异曲同工之处。而日本地方分权则是行政体制改革方面的另一种范例。日本于1995年推出了历史性的《地方分权推进法》，并成立地方分权推进政府改革与创新委员会来促其落实。其措施是建立中央与地方平等协作关系，推进地方分权，遏制中央干预。这些改革措施都极大地推动了这些国家公共管理民主化的发展，促进了公共管理的公平、公正，有利于经济的发展和社会的进步。

放松规制也是公共管理民主化的重要内容。规制是指政府为了谋求社会整体利益，设立并依据一定规则对社会特定主体限制权力或课以责任的强制性行为。规制分为政府内部管理规制和政府外部管理规制。外部管理规制又有经济性规制和社会性规制之分。经济性规制主要是政府为确保市场公平竞争、资源配置有效和保护消费者利益而对经济主体设立的一系列认证、许可、条件、标准等规则。社会性规制主要是政府为了保证社会安全和公民权益而在相关领域设立的一系列规则。伴随各国政府职能的扩张，规制功能逐渐走向初衷的反面，演变为限制企业发展和公民自由的工具。为了恢复民间的自主与活力，放松规制成为公共管理改革的主要内容之一。美国政府对放松政府内部规制的界定是：设计一种“激励人对结果负责的新体制，摆脱那种驱使人只对规则负责的旧体制”。政府放松规制有利于提高行政机关及其行政人员的积极性、主动性和创造性，进而提高行政效率，降低行政成本。

（二）公共管理的社会化

公共管理社会化是近年来公共管理改革的一个很明显的趋势。所谓公共管理社会化，是指政府在实施公共管理的过程中，在社会管理和公共服务领域，政府通过向社会转移或委托代理等方式，将一些政府职能转移出去，以提高政府效能，改善行政管理。它的主要内容包括以下几个方面：①政府业务合同出租。即政府将某些公共服务以合同的形式承包给私人部门，私人部门必须在合同规定的框架内行使权利和义务。②政府部门与私营企业建立伙伴关系。即将政府投资兴建的基础设施和公共设施工程，通过招标投的形式交给私营企业。③公共服务社区化。主要是将政府过去承担的一些职能从政府工作中剥离出来，交由社会中介组织来承担。④有选择地实行公共服务使用者付费制度。主要方式是通过付费将价格机制引入公共服务中来，以此避免或减少免费提供公共服务所导致的资源浪费和不合理配置，缓解政府的财政压力。

关于社会化，法国学者托克维尔在《论美国的民主》一书中，多次提到以社会制约权力的思想。他说：“美国总统掌握的大权几乎接近王权，但没有应用的机会……法律容许他强大，但环境使他软弱无力。”他在分析美国得以维持民主制度时进一步指出美国的乡镇制度“使人民养成了爱好自由和掌握行使自由的艺术”。事实上，对行使权力的监督也是公共管理社会化的理论源泉之一。众所周知,对行政权力的监督,包括体制内和体制外两种途径。作为监督行政权力的第三部门,其设立的目的是抵制政府对社会事务的过度干预。公共管理社会化的作用之一就是促进社会大众参与公共事物的管理,从而提高政府决策的科学性和民主性,让政府更好地为社会公众服务。

(三)公共管理的人本化

伴随着社会的不断发展,政府的公共事务管理涵盖的内容也越来越广泛,社会大众对于公共事务的服务要求也越来越高。社会公众希望政府提供的服务更加切合自己的实际要求,能帮助自己解决更为实际的问题。这就使得政府在行使公共管理职能时,除了运用一般的公共管理办法,更要做到"特殊群众特殊对待",树立"执政为民"的执政理念,即政府的各项公共决策都必须紧紧围绕公众和社会的需求来展开,公共权力的使用必须以民众为出发点和归属点。社会是不断发展的,人的受教育程度和素质也在不断提高,需求也日趋多样化,人的个性化特征也越来越明显,尤其是信息技术的发展,使得政府组织管理更多建立在知识和能力上,只有充分调动人们的积极性、主动性和创造性,才能取得更好的绩效。这就要求公共管理不断向人性化方向发展,强调"人本主义"。

在公务员制度中,政府人事行政理念也逐步由"管人治事"到"以人为本"。人事行政在某种意义上是一种统治的工具。随着社会的发展,越来越多的国家强调:社会发展的关键在人,开发人才资源,促进人的全面发展,不仅是推动社会发展的手段,更是社会发展的目标。人事行政应以人为本,要尊重人、培养人、吸引人、激励人、服务于人,提高公民素质,促进人的全面发展。要高度认可公务人员的价值与贡献,推动公务人员的待遇体系与市场进行充分的接轨,高度重视公务人员的知识培训与能力开发,推动公务人员的才能全面与市场接轨,提高公务人员的终生就业能力。克林顿曾指出,我们每一个人都拥有走向成功的机会与能力,否则美国的民主不能存在下去。我们有责任保证他们拥有那种机会和能力。由此可见,在政府管理中,树立人本主义的政府治理理想,促进公共管理的人性化发展,是一种社会发展趋势。

(四)公共部门的民营化

当今世界,各国都基本认识到政府失灵的原因不仅在于政府职能的过于庞杂,还在于政府自身的一些问题。部分国家在公共改革的过程中采取了民营化的方式,对国有企业和事业单位进行瘦身,取得了较好的效果。其中韩国和日本的改革比较突出。

韩国政府采取了对原有国有企业分类的办法来实施民营化改造。第一类,企业性强的公有企业果断进行民营化;第二类,公共性强的公有企业继续保留,同时根据现状,施行大幅度的结构调整和经营管理改革;第三类,那些企业性与公共性兼而有之的企业,经过评估剥离以后,将企业性强的部分或完全出售或委托民间经营;而对公共性比较强的部分则参照企业性的标准和经验来加以调整和改革。实际运作结果是,生产能力占国民生产总值的8%~9%的所有26家国企总公司及其82家分公司中,各有九成被政府施行了民营化改制和经营革新改造。在改革实施不到两年的时间里,韩国国企资产股份向海外出售所得收入达46亿美元,国内出售所得为27亿美元。在纳入完全民营化范围的国有企业中,既包括像电信、电力、天然气、供暖、输油管道、烟草、人参这类垄断性企业,还包括韩国重工业集团、韩国化工制造业集团、韩国金融集团、国定教科书出版集团和浦港钢铁集团这类国企巨舰。

日本的国有企业民营化开始于20世纪80年代对日本电信电话公司、日本烟草公司和日本国有铁道公司三大公司的改革。后来大规模的改革发生在1997年的桥本政府时期。其民营化的主要做法有：①对邮政、国有林地的政府经营事业实施部分企业化管理，通过扩大管理自主权和独立核算来增加压力，以促使其改进管理。②推行独立行政法人制度。独立行政法人主要从事不能完全由民间完成的公共性较强的业务，日本政府在对公共事业机构进行整理分类以后，对不宜民营化的60多家机构实行了独立行政法人制度，以明确的责任与绩效指标来约束他们的服务水平。③改革特殊法人制度。特殊法人是为了完成一些与行政相关的公共事务而设置的，一般被称为公团、事业团、公库等，比如对金融、基金、互助、财团、住宅、道路的管理组织。改革的办法是依据其必要性或者缩小规模或者撤销或者导入独立行政法人制度。

(五)公共管理的企业化

公共管理企业化的目的在于将企业管理的相关理念用于公共管理，从而提高行政效率，提高公共管理的水平。公共管理企业化的指导思想是企业型政府理论，该理论主张政府应该师法企业，强调用企业管理的相关理论来改造传统的官僚体系，将企业经营上重视成本、品质、顾客满意等观念引入政府运作之中，使政府运作更有效率、更具效益。

具体而言，公共管理企业化的主要特征包括以下几个方面：①重视成本效益关系。即政府的公共管理应改变过去只关心投入而不关心产出的做法，应该强调政策、规划、项目的成本效益关系，要求以最小的投入，获得最大的效益。②强调顾客导向。即政府的公共服务的提供应有强烈的当事人取向，施政目标应以公民的需求为考虑，视顾客为关怀的对象，强调对顾客负责，并以顾客满意为衡量公共服务质量的标准。③强调市场机制，重视选择和竞争。即主张通过市场机制的发挥，提供公共服务，使民间机构与政府共同生产，提供多种选择机会。④改革与创新。公共管理企业化要求解除规则枷锁，打破结构惯性，活化官员思维，主张多运用创新策略达到管理目标。在当代公共管理改革中多针对过于单一、垄断的公营部门，引入竞争机制。通过合同、承包、放松管制等多种形式，把原由政府承担的公共事业交由市场调节，将以市场为导向，重视公民自由选择服务机构的思想应用到政府行政管理中去，以提高行政效率。

(六)公共服务的市场化

市场经济的竞争原则，冲击了政府对公共服务部门的垄断，如交通、邮电、教育等行业，同时地区性组织、民营企业、社团等都要求参与或实际地与政府公共部门展开竞争。可见，市场化就是要打破政府公共部门的垄断性，市场化也与政府部门本身所固有的公共性息息相关，政府是社会中最大的公共部门。公共部门是公共政治决策的产物，而非包含于市场过程之中，它是以命令为基础的，而私人部门则是以自愿行为为基础的。由于政府公共部门本身的特点不可避免地产生了垄断性、目标多元性、非营利性等特点，造成公共部门在理论和实践上存在着一定的弊端。用市场和社会力量实行公共服务市场化，有利于政府垄断被打破从而形成对官僚机构的外部竞争压力，促使其提高效率。如果公私机构同时介入某一公共服务，这一服务的“成本信息”就不再为官僚机构所垄断，这样就有利于公众对官僚机构的工作效率实施有效的监督和控制，弥补政府服务能力的不足，有效遏制公共机构规模的全面扩大。在公共组织机构中引入市场竞争原则，主要是通过分权、分群以及分部门

富的知识和多样的技能。知识和技能既是他们维持自身生存的基本条件，也是胜任政府管理工作的基本要求。③政府公共决策的民主化、公众化、信息网络时代，行政人员的信息收集和分析能力大大提升。政府组织内部，层层参与决策、人人参与决策，公共决策民主化程度大大提高。公共组织外部，公众和相关组织利用网络就可以自由地就公共决策发表见解，提出自己的要求。政府的公共管理活动将更加关注民意，注重公众参与，与社会整体系统形成一种互动关系。通过信息网络，不仅能促进政府系统内部不同层级间的合作、加强行政部门之间的横向协调，而且能加强政府对外界环境变化的反应能力和协调行动能力。灵活机动、超前意识、开拓创新精神，是维系信息网络时代政府组织动态管理和动态平衡的基本要求，而信息网络技术，则为实现政府组织的动态管理和动态平衡提供了可能。综上所述，信息网络技术从多方面推动着政府公共管理的变革，对促进政府公共管理的公平、公正、廉洁、高效，具有深远的意义。

【核心概念】

公共管理改革　新公共管理　行政体制改革

【思考与练习】

1. 什么是公共管理改革？

2. 试问在现有经济政治体制框架下，中国政府应当如何进行公共治理的改革？

3. “掌舵而不是划桨”“服务而不是掌舵”，这是当代西方公共管理理论中关于政府职能定位的两类观点。请比较分析在这两种理论观点支配下政府职能的具体定位，并对这两种观点进行分析评价。

【案例分析】

开江县任市镇行政管理体制改革试点案例

为了贯彻落实中央关于“依法赋予经济发展快、人口吸纳能力强的小城镇相应行政管理权限”的精神，按照四川省经济发达镇行政管理体制改革试点工作指导小组、中共四川省委机构编制委员会办公室《关于创新体制机制推动全省百镇建设发展的若干意见》、四川省加快推进新型城镇化工作领导小组办公室《关于公布四川省第二批“百镇建设试点”(2014年度)名单的通知》、中共达州市委编办《关于扩大经济发达镇行政管理体制改革试点工作的通知》等文件精神，2014年，开江县任市镇确定为全省百镇经济发达镇行政管理体制改革试点镇。在对任市镇进行调研并向大竹县庙坝镇学习取经后，由县委编办拟草了《关于深入推进经济发达镇行政管理体制改革的实施意见(征求意见稿)》，送30个相关单位征求意见完善修改后，经县委常委会通过并印发了《开江县经济发达镇行政管理体制改革试点工作方案》，指导任市镇改革工作。

2016年3月，按照试点方案，任市镇开始了经济发达镇行政管理体制改革。任市镇坚持深化改革、创新发展，稳步推进产权制度改革、积极探索投融资创新结合自身实际，有序承接部分城镇经济社会管理权限。目前，任市镇已顺利承接开江县下放的公共服务和行政审批事项共82项，其中村镇建设项目选址审批等行政许可14项，打击查处违法建设等行政处罚10项,城市建设基础设施配套费收取等行政征收2项,其他行政行为56项,形成了“前台”与“后台”分工协作、运行顺畅的新格局,充分激活了内生发展动力,一个适应新时期经济社会发展、满足基层群众需要的镇级管理体制和运行机制正在改革探索中逐步确立并开始发挥作用。

2018年2月,为深入推进全市经济发达镇改革,积极探索试点镇事权、人权、财权下放新模式,达州市行政审批改革领导小组办公室召开了全市经济发达镇行政体制改革工作研讨会。会上各试点镇围绕“经济发达镇行政体制改革中,人民群众最盼望、最需要,且试点镇接得住、用得好的公共服务和行政审批事项有哪些?”“当前推进经济发达镇行政体制改革的存在困难和问题是什么?事权下放承接存在哪些难点?对解决这些问题和困难有何建议?”“事权下放后,您对下放的事权目录公开、动态调整和优化机构编制配置有何建议?”等问题进行了讨论总结,为进一步创新达州市经济发达镇行政体制改革工作举措进言献策、谋划出力。任市镇结合改革实际,对改革的经验进行了总结,提出目前存在的问题,并对进一步深化改革提出了在人权、事权、财权等方面的意见建议。

按照“转变职能、理顺关系、权责统一、优化结构、提高效能”的要求,将发改、经信、商务、住建、国土、环保、林业等部门的部分审批(管理)权限下放或委托任市镇直接行使,首批下放了82项县级经济和社会管理权限。凡委托任市镇人民政府办理的行政许可、行政审批和公共服务,均应进入镇便民服务中心,实现“一站式服务”。简化项目审批服务环节,将需要报送国家、省和市投资主管部门审批的项目,由任市镇政府预审,报县投资主管部门“见文行文”,予以转报;其他项目由任市镇备案预审,报县级投资主管部门“见章盖章”,予以备案,在城管、人社、市场监管、安全监督等领域,依法委托任市镇人民政府行使部分县级行政审批许可和行政处罚权。县级部门加强下放管理权限的规范监督,督促指导任市镇加快推进下放权力的标准化建设,权力事项下放前期同步提供人员、技术、网络端口等方面支持和保障,建立健全业务对接和后续正常运行保障机制。

任市镇重点理顺了机构设置和人员编制事项,机构设置上通过撤并、新建等方式,围绕扩权强镇所需职能,综合设置了相关机关和事业单位,将原来的34个机构统一调整为14个内设机构、8个镇属事业单位(含挂牌机构)。派驻机构实行条块结合、以块为主的管理体制,业务上接受县级主管部门指导,日常工作由任市镇政府统筹协调监督,主要负责人工作不力的,任市镇党委可书面提出调整建议。适当增加人员编制,在不突破全县行政编制、财政供给事业单位编制总额的前提下,适当向任市镇倾斜,根据工作需要,逐年补充任市镇公务员和事业人员。同时,建立了工作联席会议制度、直通车制度、报告通报制度、分工负责制度和责任追究制度,确保改革工作顺利有序持续推进和落实。

引导农民在城镇安居乐业、创业兴业。任市镇坚持“政府主导、市场运作、农民参与”,大力推进农村宅基地置换安置,制定城乡社会保障制度的转换和接续办法,改革户籍管理制度,实现农民向城镇集中。积极推进村级集体经济股份制建设,鼓励农民利用土地承包经营权入股,加快农村股权和产权市场建设。任市镇按照“统一规划、适度超前、统筹兼顾、完善功能”的原则,完善交通路网建设,加快供水、排水、污水处理、垃圾清运处理、环境卫生、广播电视、网络通信等基础设施建设。引导符合条件的县级公共服务单位在任市镇设立分支机构,公共服务体系进一步得到完善。

案例来源:

胡婷婷.开江县任市镇行政管理体制改革的案例研究[D].电子科技大学,2020.

【问题思考】

1. 政府积极推动行政管理体制改革，积极完善公共服务体系，在此过程中是如何体现政府的公共责任？

2. 你从开江县任市镇行政管理体制改革中得到了什么样的启示？

3. 通过案例可知，开江县任市镇行政管理体制改革已经取得初步成就，让人民感受到了行政管理改革的效益，谈谈你认为社会主义现代化的今天，应该怎样更好地推动行政管理体制改革？

第十一章　公共管理若干热点

【内容提要】

自20世纪80年代以来,随着全球社会日趋复杂与快速变迁,公共管理的理论与实践面临许多新的挑战。在应对这些挑战中,当代公共管理形成了许多新的热点。譬如,随着20世纪90年代互联网普及应用和信息时代的到来,各国政府和理论工作者对政府管理如何实现电子化的积极回应;煤炭石油等传统能源的日渐枯竭及其所造成的一系列环境问题愈发引起人们的关注,资源与环境管理显得尤为重要;面对各国频发的公共危机事件所造成的巨大社会冲击,人们对如何加强公共危机管理的强烈关注;在公共管理的发展中,对公共管理新模式的思考,等等。分析这些热点,有助于我们加深对于当前公共管理及其发展趋势的认识。

【知识结构图】

本章知识结构图如图11-1所示。

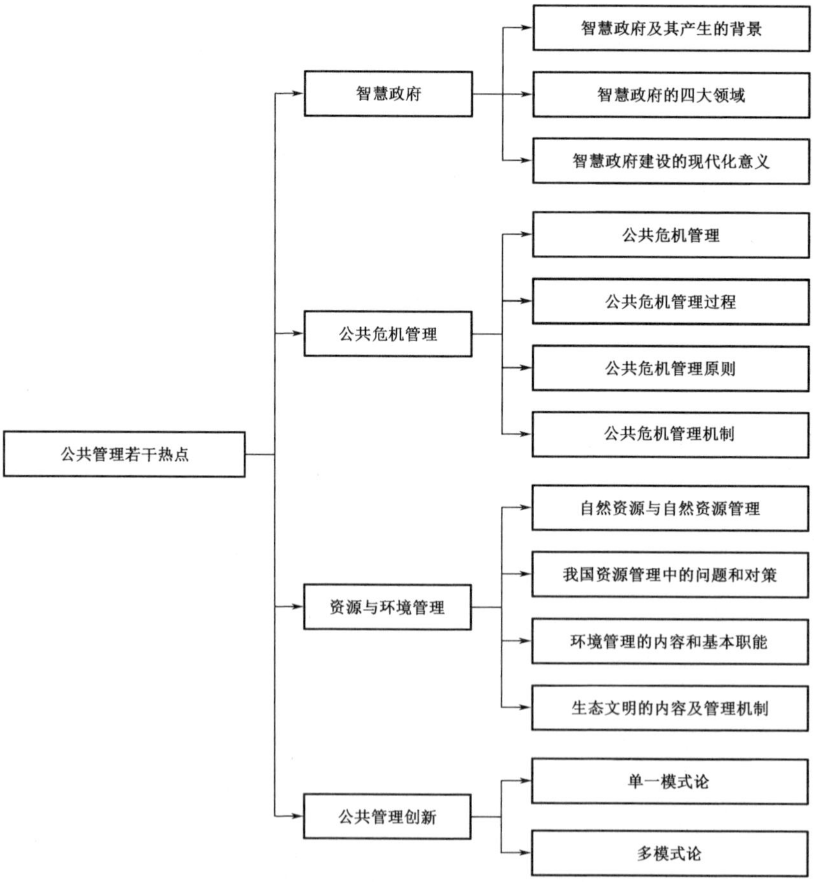

图11-1　本章知识结构图

【引导案例】

2021 年 7 月 20 日以来,河南等地持续遭受强降雨袭击,郑州等城市发生严重内涝。习近平总书记对防汛救灾工作做出重要指示,相关地方和部门坚决贯彻落实,迅速组织力量防汛救灾,尽快恢复生产生活秩序,扎实做好受灾群众帮扶救助和卫生防疫工作。

紧接着,作为河南暴雨的幕后推手,2021 年第 6 号台风"烟花"于 2021 年 7 月 25 日 12 时 30 分前后登陆浙江舟山普陀区,华东地区多地亮起红色风暴潮预警。

2021 年 7 月下旬以来,各大媒体纷纷发布多起突发公共事件的跟踪报道,全方位展示了相关部门的舆情管理能力、对突发公共事件的防御能力以及网络治理能力。

思考:政府应如何加强公共危机事件管理?

第一节 智慧政府

一、智慧政府及其产生的背景

(一)智慧政府的内涵

智慧政府充分利用物联网、云计算、大数据分析、移动互联网等新一代信息技术,以用户创新、大众创新、开放创新、共同创新为特征,强调作为平台的政府架构,并以此为基础实现政府、市场、社会多方协同的公共价值塑造,实现政府管理与公共服务的精细化、智能化、社会化。实现政府和公民的双向互动。

智慧政府不是凭空产生的,它与传统政府既有联系又有区别,智慧政府建设要依托于传统政府。当前,我国社会经济形态与以往大不相同,各类矛盾性问题发生了巨大变化,传统的社会治理方式与当下经济社会现实情况已不相适应。在新时期,科技支撑已是增强新时代社会治理执行力的基础性力量和重要抓手。基于大数据、云计算、人工智能等新技术的诞生和持续发展,技术驱动的政府再造和社会治理创新成为新的发展趋势,同时新的信息技术也为解决当前政府治理所面临的现实困境提供了的新途径。创新社会治理方式,更加精准、科学地履行政府职能,是智慧政府建设的目标和方向。

(二)智慧政府的特征

智慧政府具有以下特征。

(1)从主体的角度来看,智慧政府涵盖政府、企业和社会公众,他们既是智慧政府建设的参与者,也是智慧政府建设的服务对象。维护社会安全与稳定、推动政府各项事业发展的职责在政府,政府自身即是推进智慧政府建设的重要主体。企业是社会发展的基础动力,是政府发挥经济功能的根基。企业为智慧政府建设提供必要的资金及科技支撑,政府也为企业发展提供更好的政策支持。另外,智慧政府建设的本心是服务于广大人民,为社会公众提供智能化的生产生活方式。

(2)从职能的角度来看,政府的主要责任包括公共安全、财政管理、社会保障、医疗卫生、教育科技、经济发展、自然资源开发利用等。就智慧政府而言,它以面向社会公众(或组织)服务为目的,通过各类智慧应用系统进行政府运营、管理和服务,比如智慧化社会管理、智慧化公共安全、智慧化公共服务等,涵盖政府核心任务,共同支撑政府更智慧地发挥其政治、经济和社会文化功能。

(3)从运行的角度来看,网络技术尤其是大数据、云计算等新型技术的发展,为智慧政府的建设、运行提供了重要的技术支撑。数据或信息流贯穿于整个智慧政府的业务过程,智慧政府相当于一个统一协调的智能系统,接收信息、分析识别、传输信息、反馈信息,并与各主体交交互作协。依托于不同种类的通信方式,将分散在人员个体、组织部门及政府机关所占据的数据集中并建立联系,突破信息壁垒、时空限制,达到信息的连通、整合。而且,在智慧政府的运行中,应用大数据、云计算等技术手段,可以对特定事项进行智能化分析,辅助政府决策及高效实施管理行为。

(三)智慧政府产生的背景

1. 信息时代的来临为构建智慧政府提供了机遇

从人类生活基础性资源的构成要素重心的角度考察,人类历史已经经历了直接利用资源为主的农业社会和以加工利用自然资源为主的工业社会,现在正在走向以利用数字资源为主的数字社会。在这个时代,除了各种自然资源和生产工具外,数字技术已成为非常重要的战略资源和财富,对人类社会生活产生越来越重大的影响,同时,也对智慧政府的产生提出了客观要求。社会生活的高度复杂化,要求政府管理必须采取数字化、网络化、智能化等方法在生产力水平低下、生活内容单调的传统社会,公共管理所面对的事务简单,对信息处理要求不高;但在信息社会的信息爆炸的环境下,通过传统的、直接面对面管理对象的方式,已无法担负管理社会的重任,只有借助先进的数字技术,才能与时俱进,适应社会管理的要求。

2. 信息技术的发展为构建智慧政府创造了技术条件

"智慧政府"不仅利用物联网、云计算、移动互联网、人工智能、数据挖掘、知识管理等技术,还强调以用户创新、大众创新、开放创新、共同创新为特征创新 2.0 方法论,提高政府办公、监管、服务、决策的智能化水平,形成高效、敏捷、便民的新型政府。"智慧政府"是电子政务发展的高级阶段,是提高党的执政能力的重要手段。如果对"智慧政府"这一概念进行解构的话,可以看到这一概念是由"智慧"和"政府"两部分组成的。前者属于技术工具范畴,追求技术的先进性和稳定性,以效率为取向;后者指向政府的职能实现,追求的是公共利益最大化和社会公平的价值理念。显然,智慧政府价值理念的实现,需要数字技术的发展提供支撑平台。可以说,智慧政府的出现,正是数字技术与互联网发展到一定阶段的产物。

二、智慧政府的四大领域

一般来说,智慧政府包括智能办公、智能监管、智能服务、智能决策四大领域。

(一)智能办公

在智能办公方面,采用人工智能、知识管理、移动互联网等手段,将传统办公自动化(OA)系统改造成为智能办公系统。智能办公系统对公务员的办公行为有记忆功能,能够根据公务员的职责、偏好、使用频率等,对用户界面、系统功能等进行自动优化。智能办公系统有自动提醒功能,如代办件提醒、邮件提醒、会议通知提醒等,公务员不需要去查询就知道哪些事情需要处理。智能办公系统可以对代办事项根据重要程度、紧急程度等进行排序。智能办公系统具有移动办公功能,公务员随时随地可以进行办公。智能办公系统集成了政府知识库,使公务员方便查询政策法规、办事流程等,分享他人的工作经验。

(二)智能监管

在智能监管方面,智能化的监管系统可以对监管对象的自动感知、自动识别、自动跟踪。例如,在主要路口安装具有人脸识别功能的监视器,就能够自动识别在逃犯等;在服刑人员、犯罪嫌疑人等身上植入生物芯片,就可以对他们进行追踪。智能化的监管系统可以对突发性事件进行自动报警、自动处置等。例如,利用物联网技术对山体形变进行监测,可以对滑坡进行预警。当探测到火情,建筑立即自动切断电源。智能化的监管系统可以自动比对企业数据,发现企业偷逃税等行为。智能化的移动执法系统可以根据执法人员需求自动调取有关材料,生成罚单,方便执法人员执行公务。

(三)智能服务

在智能服务方面,能够自动感知、预测民众所需的服务,为民众提供个性化的服务。例如,如果某个市民想去某地,智能交通系统可以根据交通情况选择一条最优线路,并给市民实时导航。在斑马线安装传感器,当老人、残疾人或小孩过马路时,智能交通系统就能感知,适当延长红灯时间,保证这些人顺利通过。政府网站为民众提供场景式服务,引导民众办理有关事项。

(四)智能决策

在智能决策方面,采用数据仓库、数据挖掘、知识库系统等技术手段建立智能决策系统,该系统能够根据领导需要自动生成统计报表;开发用于辅助政府领导干部决策的"仪表盘"系统,把经济运行情况、社会管理情况等形象地呈现在政府领导干部面前,使他们可以像开汽车一样驾驭所赋予的本地区、本部门职责。

"智慧政府"不仅强调新一代信息技术应用,也强调以用户创新、大众创新、开放创新、共同创新为特征的创新2.0,将实现作为平台的政府架构,并以此为基础实现政府、市场、社会多方协同的公共价值塑造,实现从生产范式向服务范式的转变。

三、智慧政府建设的现代化意义

推进智慧政府建设,可以帮助公共部门高效决策、增强干部的执政能力、提高领导水平、实现"善治"的目标。智慧政府的目标体现了政府一直所追求的必须多谋民生之利、多解民生之忧,在发展中补齐民生短板,促进社公平正义。实现保证全体人民在共建共享发展中有更多获得感,不断促进人的全面发展、全体人民共同富裕。

(一)有效化解由治理规模产生的治理负荷

我国国家治理面临的一个重要挑战是治理规模及由其产生的治理负荷,存在的一个困境是环境的多样性远远大于组织自身的多样性,而管理的多样性却又远远小于组织的多样性。治理规模是指国家(政府)在统领、管理、整合其管辖领土以及其上的空间规模和实际内容。国家治理的规模取决于国家的物理空间和人口规模。一个国家的规模越大,其治理规模也越大,两者之间成正比。在比较研究的众多讨论中,学者们经常引用不同国家的治理模式,如新加坡模式、日本模式等,但这些讨论大都忽视了一个重要的维度,即国家治理规模。我国的国土面积接近整个欧洲,人口为其两倍多。换言之,要研究我国的治理规模相当于将整个欧洲纳入一个统一的治理规模之中。所以,在小规模治理中可以发挥作用的一系列技术手段在大规模治理中往往会失灵。在我国的历史发展过程中形成了显著的区域差异性和民族文化的多样性。随着生活水平不断提高,人们对社会发展速度和质量的要求越来越高,对公共服务的种类、质量的需求也呈现出多样化、复杂化、高效化等一系列特点。新时代国家治理规模和治理负荷之间关系也越来越受到人们的关注和重视。这些都使我国的治理负荷远超过其他国家。智慧政府正是借助于信息化、科技化、大数据等现代技术的运用,有效化解治理负荷之间的难题。智慧政府也是在"放管服"的背景下,使政府更加关注其"核心能力",释放治理负荷,更好地提供公共产品和市场规则,服务人民和社会。

(二)有利于降低政府治理成本

智慧政府及其创新管理可以提高决策的针对性和有效性,有助于社会资源的有效配置。任何管理都是决策,有效决策需要了解全面、客观的信息,依托于智慧政府可以实现更加高效决策的政府管理模式。通过数据分析追踪"蝴蝶效应",其中的关联性又强化了对这个相互关联世界的认识,帮助政府更准确地捕捉当下和预测未来社会的发展。"相关关系也许不能准确地告知某件事情为何发生,但是它会提醒人们这件事情正在发生。"智慧政府会更善于借助数据分析事物之间存在的相关关系,减少不必要的成本。智慧政府建设可以做到降低政府治理成本,既包括决策成本也包括财政成本。智慧政府的决策模式是理性+互动。首先,政策决策的目标函数更加明晰。从经济学的角度看,政府的目标函数就是使社会福利最大化。换言之,政府的行政目标就是为人民服务。智慧政府可以有效避免过去信息隔离下看问题的视野局限和偏差,可以使决策更加理性。其次,摆脱决策的约束条件。政府想要做好一件事情,最直接的约束条件就是财政成本。从政府的角度看,为公众提供义务教育、公费医疗是政府的责任,但往往缺少财力作为支撑。智慧政府借助于现代化管理技术可以避免决策的越位、错位和缺位等,通过数据对比进行最高效的发展投入,摆脱了因掌握信息不全面而做出低效的决策,避免"半截子"工程。

(三)有利于优化营商环境

"实际上,经济转型、社会转型与政府转型密不可分,政府转型是一切转型的关键。"我国经济发展进入了新常态,新常态下如何更好地服务企业的发展是政府职责所在,智慧政府同样不可避免要解决这个问题。智慧政府要助推经济发展,必须形成一个效率更高、更具持续发展力的经济体系,同时也是智能化、互联化的体系,它能强有力地吸引企业家和公司,也能创造就业机会和商机。首先,完善企业服务体系。智慧政府对企业发展而言具有积极意义,"一是企业能够方便地和政府进行互动并获得服务;二是提高企业自身效能;三是提高政府响应企业的能力,增强政府服务能力。""在构建智慧政府的企业服务体系中,业务分类和模型建立是核心,而面向企业的服务分类体系正是解决这一问题的切入点。"通过智慧政府建设来实现整个企业服务体系,以企业为中心,以服务企业为主线,充分体现了建设智慧政府为企业服务的宗旨。尤其是对中小企业而言,智慧政府的企业服务体系可以优化营商环境,激发企业活力,助力与实现“大象与蚂蚁一起舞蹈”的企业发展景象。其次,提高透明度。智慧政府可以实现开放性,让过去不透明的信息透明起来。更好地追踪、收集和分析数据,改善数据的质量,保证数据的一致性、可靠性,进而提高透明度,这也为企业获取可靠信息、更好地做出决策创造了有利条件。数据透明度会让企业和投资者在决定投资方面充满信心。再次,促进可持续发展。这对当下正处于转型发的许多企业而言尤为重要。这些企业急需解决问题的方案,智慧政府可以督促企业广泛采用智慧技术以降低能源消耗,实现可持续发展目标。

(四)有利于政府管理创新

智慧政府建设体现了新时代政府管理的创新。首先,数据化管理——先导:数据在线交互。这里的数据不同于过去那种资料型管理, 因为数据可以是看得见的资料也可以是看不见的互联网数据资料,它更广泛也更抽象。其次,技术化管理——载体:现代科技。智慧政府相比传统政府更加依赖于现代化技术,现代化技术是智慧政府建设的基础,所以也更加注重对基础设施的管理。再次,智慧化管理——方式:人脑+机脑+数据。人们习惯将互联网文明称为硅基文明,因为互联网最基本的单元是芯片,而芯片是由硅制成的。那么,与它相对的物理上的城市空间,主要容纳的是人类的身体。人体的基本元素是碳, 所以把实体的城市空间称为碳基空间。“大数据并不是一个充斥着运算法则和机器的冰冷世界,其中仍需要人类扮演重要角色。”智慧政府建设追求人、机、数据的和谐统一。最后,合作管理——基础:协作共治。智慧政府的智慧来自现代化,更来自广大人民群众,在全民共治的社会背景下,每一个个体都是政府管理的合作者,因此,做好政府管理的同时还需要做到良好的合作管理,更好地发挥协同共治的作用。智慧政府建设可以使政府持续不断地诞生“智慧”,最终实现基于“智慧”的政府。智慧政府建设既是政府改革的实践,又是政府管理方面的创新;既是实现政府管理现代化、高效化的内在需求,又是解决当下诸多社会问题的有效方式。其可以更好地造福于国家、造福于社会、造福于人民。因此,研究这一主题具有重要的理论意义和现实意义。

第二节　公共危机管理

一、公共危机管理

(一)公共危机管理的概念

公共危机管理又称为“政府危机管理”,是政府针对公共危机事件的管理,是解决政府对外交往和对内管理中处于危险和困难境地的问题而直接采取的对策及管理活动,即政府部门或其他公共组织通过监测、预警、监控、预控、预防、应急处理、评估、恢复等措施,防止可能发生的危机和处理已经发生的危机,以减少、消除危机的危害,甚至将危险转化为机会,保护公众人身财产安全,维护国家和社会秩序的正常和稳定。

(二)公共危机管理的特征

1. 主体的整合性

公共危机管理的主体与一般公共管理的主体一致,是政府部门及其他非政府公共组织。在公共危机的管理活动中,必须依靠政府组织、非政府公共组织、企业甚至公民个人的共同努力,才能化解公共危机的危害,但是对公共危机事件进行管理应是以政府部门为主体的公共组织的职责所在,企业等私人部门的相关活动主要局限于使其自身免受公共危机的侵害。同时,有效的危机管理需要政府、公民社会、企业、国际社会和国际组织之间的协作伙伴关系。危机管理主体的整合性强调的是统一领导、分工合作、利益共享、责任共担的危机管理体制。

2. 处置的时效性

公共危机管理的重点在于预防,应力争将危机控制在萌芽之中,以预防为主是最主动、最积极的危机管理态度。危机一旦发生,有效的危机管理则必须在最短的时间内将危机处置得当,力争做到危机不扩大、不升级、不蔓延。

3. 过程的阶段性

危机管理是一套系统的过程和循环,完整的危机管理过程分为舒缓、准备、回应、恢复四个阶段,"回应"是危机管理过程中最核心、最具挑战性的活动。公共危机管理的主要工作是研究问题、发现问题、解决问题,全方位、全过程的系统工程。

4. 手段的强制性

强制性权力是公共权力主体在公共管理中的重要手段。在实际的危机管理活动中,政府可以运用行政紧急权力,采取一系列紧急措施,包括大量的即时行政强制措施,必要时还可以中断某些法律规范的实施,甚至暂停或限制公民的部分宪法权利。

5. 技术的专业性

随着更多技术风险所导致的技术灾难的发生,公共危机管理对技术的要求不断增大,技术含量逐步提高。

二、公共危机管理过程

关于危机管理的具体过程,学者们有不同的界定。除上述舒缓、准备、回应、恢复四阶段的提法外,国外学者提出了一系列的研究模式,主要包括:①美国学者诺曼·奥古斯丁(N. R. Augustine)的六阶段模式。其将危机管理划分为危机的避免、危机管理的准备、危机的确认、危机的控制、危机的解决和从危机中获利这六个不同的阶段,并针对不同阶段提出了具体的管理建议。②美国危机管理专家罗伯特·希斯(R. Health)的4R模式。这一模式将危机管理划分为缩减(Reduction)、预备(Readiness)、反应(Response)、恢复(Recovery)四个阶段。有效的危机管理是对4R模式所有方面的整合。③美国学者史蒂文·芬克(S. Fink)的四阶段论,将危机分为征兆期、发作期、延续期、痊愈期等以下四个阶段。④米特罗夫和皮尔森的五阶段模式。这一模式则将危机管理划分为信号侦测、准备及预防、遏制灾害扩大、恢复、学习五个阶段。

根据公共危机发展的规律,总结不同学者的有关研究成果,我们将公共危机管理分为四个阶段。

（一）舒缓、监测阶段

危机的舒缓包括消除或减少灾难出现的机会或影响的一切活动，其基本出发点在于：一个社会即使不能预防灾难，至少可以通过各种努力减少灾难的损失。任何危机事件都有前兆，这就需要有专门的公共管理部门来对公共危机事件的前兆进行监测，对可能发生的危机事件进行预先的控制和防范，以防止危机的发生，或者减轻危机发生危害后果。舒缓、监测阶段是公共危机管理的前提，其作用主要是发现危机的存在，为防范危机提供依据。

（二）准备、预警阶段

危机的准备指做出计划，以确定在危机出现的时候如何有效地应对危机，它包括危机规划、危机训练、危机的资源准备和储备等。准备、预警阶段是危机管理的关键，做好准备工作，就等于做好危机管理的主要工作。在这一阶段公共危机管理工作，能够以最小的成本取得最大的收益。

（三）应急处理阶段

对于已经发生的危机，政府部门根据事先指定的预案，采取紧急行动，通过各种反危机的措施，控制或解决正在发生的危机事件，尽力减轻危机的损害，保护人民生命、财产安全。应急处理阶段是危机管理的核心，是整个危机管理过程中最困难、最复杂的阶段。危机事件发生的紧急状态要求人们必须立刻做出快速有效的反应，才能及时制止危害蔓延。

（四）评估、恢复阶段

该阶段着重对危机事件造成的危害和影响进行评估，在评估的基础上通过各种措施，恢复正常的社会运作和秩序，做好重建工作。评估、恢复阶段是公共危机管理不可分割的组成部分，在整个公共危机管理过程中有着重要地位。危机事件发生后，对危机事件造成的后果进行评估，决定重建成本，关系着人民生命、财产的安危。

三、公共危机管理原则

（一）美国的公共危机管理原则

美国在公共安全管理中，坚持的是全面紧急事态管理（Comprehensive Emergency Management）原则，它的含义包括：①对各种类型的灾难及其后果实施管理；②对所有紧急事态管理的参与者实施统一协调与领导；③对紧急事态的全过程（四个阶段）或生命周期（Emergency Life cycle）实施管理；④对全国各级政府、各种组织的所有合适的资源实施统一调配与使用。这四种含义概括了现代西方国家公共安全管理的实质和全貌。在此原则之下，分解出若干其他原则。

（二）我国的公共危机管理原则

我国学者根据我国国情以及公共危机管理的时间，从不同的侧面对公共危机管理的原则进行概括。综合国内外长期的管理实践和相关研究成果，公共危机管理中需要坚持以下六个原则。

1. 生命第一、以人为本原则

这是指把保障公民生命安全作为公共管理的首要任务。人的生命权是人与生俱来的权利,对人的生命权的尊重,是人类社会的一条基本公理,也是公共危机管理中"以人为本"思想的具体体现。在公共危机管理中坚持以人为本,就是要做好预警防范工作,尽量防止公共危机事件的发生,以保护公民的人身安全和财产安全。当危机发生后,要通过应急处理程序,最大限度地保护、挽救最大多数人的生命安全,哪怕这样要付出较大的成本也在所不惜。几年来,我国在抗洪抢险、矿山救援等突发公共事件的处置中,充分体现了以人为本的原则,优先考虑人的安全,最大限度地保障人的生命,及时疏散和转移群众,抢救生命受到威胁的群众时不惜一切,只要有一线希望就决不放弃。

2. 第一时间、效率优先原则

公共危机事件通常具有突发性的特征,来势凶猛、发展迅速、后果难以预测。因此政府部门必须在第一时间采取紧急处理手段,及时控制危机事态的发展。公共危机管理机构在第一时间内采取紧急处理手段,及时控制危机事态的发展。公共危机管理机构在第一时间内做出正确的反应,有利于危机的及时化解。反映越早,就越主动,否则就会十分被动。反应时间的长短在很大程度上直接决定了应急管理的成败。所以,管理学家福斯特将"迅速反应"作为危机管理的首要特征。

3. 信息通畅、协调一致原则

信息畅通是正确决策的前提,也是采取迅速行动的前提。一旦得到公共危机发生的信息,公共危机管理机构就应该迅速做出反应,立即开展调查研究,研究对策,采取行动,防止危机的进一步扩散。政府部门必须及时把公众须知、预知、应知的全部信息通过最容易使公众接受的方式发出去,在公众中树立诚实守信、敢于负责、能够负责的形象。由于参与危及应对的人员和力量来自各方面,各个危机管理主体以及所辖部门工作性质不同、职责不同,各自的利益去向也会有差异,各自需要介入的方式和程度也不相同,因此危机应对中的协调一致特别重要。如果没有协调就有可能出现自行其是的状况,不利于有效地开展公共危机管理。危机事件的不可回避性以及危机事件应急管理的紧迫性,要求不同部门之间实现协同运作,明细各参与机构的相互职责,把个体的、分散的应对危机的人力、物力整合起来,从而发挥出整体的最大优势,以最大限度减少损失。

4. 预防为主、平战结合的原则

预防为主意味着两层含义:一是树立危机意识,积极预防,把危机管理纳入常态管理之中,常备不懈,通过预警来防止危机事件的发生;二是通过采取预防措施,提前做好各种防范准备工作,将无法制止的危机事件造成的损失减轻到最低程度。公共危机管理必须坚持以防为主的原则,将可能发生的危机事件控制在萌芽状态,将无法控制的危机事件的损失,尤其是对人的生命安全的危害减轻到最低程度。平战结合是公共危机管理工作的一个基本出发点,它要求做到平时危机的预防管理与危机爆发时的应急管理相结合,实现平时危机管理与爆发时危机管理在组织体制、工程建设、应急准备、指挥程序等方面的有机统一。

5. 分级管理、适度反应的原则

分级管理有以下两层含义。

一是对危机本身的分级管理。造成公共危机的突发公共事件一般按其危害程度、涉及的范围以及可控性等特点,可以分为不同的层次和级别,有涉及一个地区的公共危机,也有涉及几个地区甚至全国范围的公共危机。我国《国家突发公共事件总体应急预案》中把突发公共事件划分为四级,即特别严重、严重、较重和一般。不同级别的公共危机应对的方式和动用的人力、物力等是不同的。因此,在应对危机时应该根据不同级别的危机采取适度的反应方式。否则,不但不会消解危机,反而有可能使危机升级,尤其是处理情况十分复杂的群体性事件更是如此。既不能过度反应,更不能无所反应。要按照突发公共事件的级别,启动相应的应急预案或者由相应级别和层次的管理部门进行处理。

二是按照政府公共部门等级进行划分,由中央政府公共危机管理和地方政府公共危机管理。在公共事件中,最先介入的应该是危机发生的基层地方政府。基层政府对控制局势有不可推卸的责任。一般而言,按照先后介入的顺序,先由层级较低的地方政府危机管理,再由层次较高的地方政府危机管理,最后才是中央政府公共危机管理。当然有一个前提,即前者无法处理,需要后者支援。

6. 依靠科学、保障有力的原则

应对突发公共事件,进行危机管理,要依靠科学。一是决策时尽可能充分发挥专家的作用,听取专家的意见,按照客观规律办事。这需要平时各级危机管理部门建立专家库,建立与专家畅通的联系渠道和机制,经常向专家咨询,要有科技支撑。二是重视对相关领域的公共危机发生、发展的特点、形式、危害的规律、应对措施和保障手段的研究。保障有力首先需要充分的物资保障,只有人与物的有效结合才能实现公共危机管理效率的最大化。面对公共危机,必须保证通信、交通能够正常运转,救灾救援所需物资能够及时到位。

四、公共危机管理机制

公共危机管理运行机制是指以国家政治机构为核心,在政府危机管理基本原则的指导下,根据公共危机的发生、发展过程而建立起来的一整套公共危机管理的运行机制。它是公共危机管理理论的核心内容。目前我国在构建和完善公共危机管理机制方面已取得重要进展:全国应急预案框架体系已初步形成;国务院统一领导的行政领导体制初步建立;国家应急法律体系逐步健全。但仍存在一些问题,主要如:公共危机管理的决策机制还不完善,公共危机管理的法律体系还不完备,社会动员参与机制不健全,信息公开机制有待进一步完善,等等。

运用较为规范的系统方法、情景分析法、机制设计理论和组织实际理论,根据危机产生的过程,可将公共危机管理运行机制整合为公共危机预警机制、危机处理机制、危机善后机制。危机预警机制与检测、预警手段(此二者为事前管理手段)相对应,危机处理机制与应急处理阶段(是中观阶段)相对应,危机善后机制与评估、恢复阶段(事后管理阶段)相对应。

(一)公共危机预警机制

危机预警机制在事前管理阶段非常重要,避免危机的发生或者将危机消灭在萌芽状态也是成本最小、最经济的危机管理办法。为此,事前管理阶段也需要建立一条规范、全面的危机管理预警系统,即建立危机预警机制。危机预警机制(系统)的主要内容包括以下几方面。

1. 培养危机意识

有效的危机管理需要全社会的危机意识,危机意识是危机治理的起点。要采取警示宣传、危机管理知识培训等多种措施,增强公众的危机意识,提高应对危机的技能,尽可能地减少危机带来的混乱和损失。同时,各级政府必须树立起危机管理不只是危机发生后政府回应和对危机局势的严厉控制,更重要的是政府要有及时了解社会问题、有效防止危机爆发的意识。换言之,各级政府必须要有忧患意识。要能将危机管理融入日常的制度建设管理之中,优化政府常态管理。在日常的公共决策中,以广大群众利益为先导,采取科学民主的决策方式,在源头上降低危机事件发生的可能。

2. 进行危机监测

这是指对可能引起危机的各种因素和危机的表象进行严密的监测,搜集有关公共危机发生的信息,及时掌握公共危机变化的第一手资料。

3. 编制应急预案

这是指针对引发公共危机的各种可能性因素,采取应对措施和制订各种危机预案,以有效避免危机的发生或尽量使损失减至最小。

4. 发出危机预警

这是指对监测得到的信息进行鉴别、分类和分析,对未来可能发生的危机类型及其危害程度做出估计,并在必要时发出危机预警。

(二)公共危机处理机制

危机处理机制是公共危机管理的核心与关键机制。这一阶段需要针对危机发生的状况,对危机性质做出快速判断和对危机形势做出正确分析,采取一系列有效措施,尽快控制住危机,减少危机造成的损失,并尽快从危机中恢复出来。公共危机处理机制主要包括以下内容。

1. 快速反应机制

这是指在最短的时间内对危机做出最有效的反应或行动的控制。政府对公共危机的反应越迅速,就越使自己处于有利地位。危机发生后,政府应针对具体问题,果断采取措施,动用各种所需的社会资源,迅速确定处理对策,控制事态发展,尽快恢复正常秩序。

2. 高效沟通机制

沟通是危机管理的基础性手段。公共危机具有突发性的特点,当社会面临重大威胁时,人们必然会通过各种渠道去获取与危机相关的信息,当人们获取的信息不足时,就会出现各种流言。这时,政府应在第一时间向社会公众公开危机真相及相关信息,以官方的权威来稳定民心。只有及时地传递真实的信息,才能正确引导公众在危机事态中保持理性,不产生过激反应和行为。而且,及时公布信息有利于提高政府的公信力,垄断和封锁信息则会导致公众对政府的不信任,从而降低政府的公信力,并且会影响政府危机管理系统的运行效能。危机管理中的沟通主要包括公共部门与公众、公共部门与新闻媒体、公共部门之间的沟通等。公共部门应充分尊重公众的知情权、建立良好的媒体关系并加强公共部门之间的协调与沟通。

3. 高效信息管理机制

信息管理是以政府为主的公共部门有效处理危机的必要条件。及时、客观、全面、准确地了解公共危机的发生与发展的有关信息,对于危机管理者而言是正确决策的前提。而对于社会公众而言则是配合、参与危机管理的必要前提。信息管理机制主要需要建立公共危机信息报告制度、信息分析制度和信息发布制度。

4. 科学决策机制

公共危机决策在各个危机管理中处于核心地位,是决定危机管理成败的最关键环节。它要求公共部门在决策的时间高度紧张和可利用资源严重短缺的限制条件下,面临着高度不确定和极其复杂的现实危机环境,做出危机决策的活动和过程。科学决策的重要前提一是建构完善的法律体系。公共危机管理是发达国家的成功经验之一,它们有比较全面的公共危机管理法律框架,在紧急事态面前,有法律依据,政府应该做什么,相关的社会组织应该做什么,法律有基本的甚至是详尽细致的规定。我国已经颁布了《中华人民共和国戒严法》《中华人民共和国传染病防治法》《突发性公共卫生事件应急条例》等法律法规,但是,从总体上来看,体系尚不完整。针对我国突发性公共危机的特点,亟须建立信息畅通、反应敏捷、指挥有力、责任明确的应急法律制度,在法律上明确各级政府在危机处理中的责任,用法律保证应急减灾的胜利。

(三)公共危机善后机制

在控制住危机后,并不意味着危机管理已经结束,而是进入了一个新阶段——善后与恢复,即事后管理阶段。在这一阶段,组织需要从危机中恢复与重建起来,更需要为应对下一次危机管理做好准备。公共危机善后机制的主要内容有:

1. 恢复与重建机制

危机对社会或组织生存和稳定的破坏力大大超过了正常水平,造成组织或社会整体的失衡与混乱。政府部门要帮助相关人员及组织恢复正常的生产、生活秩序,做好受害群众及家属的身心抚慰工作。

2. 评估与反馈机制

在危机结束后,应全面对危机的产生原因及影响进行调查与评估,总结经验教训、反思危机管理过程中各种应对行为是否得当,并将其反馈到今后的危机管理中,以提供有效指导和改进。评估与反馈的重要内容之一是加强官员问责制度。“问责制”有利于促进政府官员的责任感、危机感和紧迫感,提高他们的责任心。在加强官员“问责制”的同时,要进一步修正考核体系,坚持以科学的发展观作为衡量政府绩效的重要标准,建立以公共服务为取向的政府业绩评价体系,强化政府的社会服务功能,实现各级政府运作的公开化、程序化、透明化,扩大公民的政治参与。

第三节 资源与环境管理

一、自然资源与自然资源管理

(一)自然资源及其分类

所谓自然资源,就是自然界中能为人类所利用的物质和能量,如土地、矿藏、海洋、生物水资源等。它是人类生活和生产资料的来源,是人类社会和经济发展的物质基础,同时也是构成人类生存环境的基本要素。

根据自然性质和人类对自然资源利用的要求,自然资源可有多种分类,但按自然资源固有的性质特征能否再生进行分类,自然资源可分为可耗竭资源和可更新资源两大类。这种分类方法有利于研究自然资源的可持续利用问题,它提醒我们,为了人类的长远利益,要研究怎样提高可更新资源的承载能力,保证其可以被永续利用;要对可耗竭资源进行更合理的利用和管理,以提高其效益和使用时限。

资源可以分为可耗竭资源和可更新资源,可耗竭资源按其能否重用,可分为可回收的可耗竭资源和不可回收的可耗竭资源。

(二)自然资源管理的意义和特征

1. 自然资源管理的意义

(1)自然资源管理是人类生存和发展的需要

自然资源是人类生存和社会发展的基本物质条件,自然资源如果一旦出现短缺甚至枯竭,就会给人类的生存和社会发展带来一定的威胁。过去,由于人类掠夺式地开发资源,破坏了自然生态平衡,带来了森林破坏、草原退化、水土流失、土壤盐碱化、沙漠化、气候异常、物种减少以及资源枯竭等一系列问题,影响着当代人类社会的正常发展,也危及子孙后代的生存。我们不能对自然资源肆意掠夺,而要合理地开发利用它,实施有效的管理手段,维护人与自然的和谐,以资源的可持续利用支撑社会经济的可持续发展。

(2)自然资源管理是实现社会再生产的客观要求

自然资源为人类生产活动提供生产资料,使社会再生产得以顺利进行。当资源遭到破坏、退化甚至枯竭时,就难以保证社会生产活动的原料供应,从而影响到社会再生产过程的顺畅。为此,要加强自然资源管理,坚持谁开发谁保护的方针,控制开发量,使其与资源的再生相平衡,实现自然资源再生产和社会再生产的良性循环。

(3)自然资源管理也是环境保护的需要

当今社会面临着环境污染和生态破坏两大问题,生态破坏的主要原因是由于不合理的开发利用自然资源造成的,生态的破坏又会导致生态功能下降,从而进一步加剧环境污染。因此,保护资源就是保护环境,通过有效的管理,使自然生态系统逐步实现良性循环。

2. 自然资源管理的特征

根据自然资源本身的特性,自然资源的管理具有以下特点。

(1)管理手段多样化,但以经济手段为主

自然资源的管理可以通过行政手段、经济手段、法律手段、技术手段、教育手段等进行,但经济手段应该是中心,这可以从自然资源的特点以及资源管理的目的中看出。自然资源的稀缺性要求自然资源的开发利用必须遵循经济原则。尽管自然资源开发应当是经济效益、社会效益和生态效益的相对统一,但应以经济效益为基础。如果在资源开发中缺乏应有的经济效益,那么开发活动自身缺乏内在动力,开发规模及其发展就会受到严重限制,从而使社会效益和生态效益都难以充分有效地体现出来。因此,自然资源管理应当以经济手段为主,依靠经济规律进行自然资源核算,征收自然资源使用费、环境补偿费等,只有这样,法规政策才能真正落实,行政管理才能够有效实施,才能有力地改变有法不依的局面。

(2)资源管理客体的分散性

资源管理客体的分散性是由自然资源的区域性产生的,如一些地区拥有丰富的矿藏和石油燃料,而另一些地区则拥有肥沃的土地和广袤的森林。各个地区的资源开发历史也不相同,发达地区由于长期的资源开发,已耗尽了绝大部分的优质资源,只有依靠先进的技术、雄厚的经济实力去利用其他地区的资源。资源的分散性及生产在空间上的不一致使资源的统一管理区域复杂化。

(3)管理过程的层次性

在资源系统中,有不同特性的自然资源、不同的开发模式和目标、不同的区域特征,因而资源的管理也应当是多层次的。资源管理的基层是自然保护过程,包括建立自然保护区,进行自然区域划分等;中间层是经济管理过程,即基于生态经济原则,考虑资源开发利用过程对社会经济系统及各部门之间的影响,如经济规划、区域发展规划等;资源管理的最高层是社会需求管理,即对资源开发利用和生产活动的最终目的——消费进行设计和引导。

二、我国资源管理中的问题和对策

(一)我国资源管理中存在的问题

我国资源管理中存在的问题较多,主要有以下几方面问题。

1. 模糊的资源产权制度

在我国传统的自然资源产权制度下,国家是自然资源的所有者,具体由各级部门或地方政府代行管理,有关的企业或个人是这些自然资源的经营使用者。由于所有者缺乏明确的人格化代表,造成事实上责权关系不明确,使得所有权与使用权不分,带来了管理上的混乱。

2. 无价的资源价格制度

传统观念上人们认为自然资源是大自然的馈赠,是没有价值的,这种资源物无价的观点是形成资源退化的最根本原因,产生了诸多弊端。首先,在资源产品的价格制定上,由于自然资源的价值被排斥在外,使资源产品的价格低下,使资源产品的价格与价值严重背离,从而严重制约了基础原料产业的发展,基础原料工业陷入“增产越大,亏损越大”的怪圈,日趋萎缩,使国民经济发展出现了原材料供应紧张的“瓶颈”。其次,它导致人们对资源的开发利用不加珍惜。在开发上,以掠夺式的滥采滥挖、滥砍滥伐为特征,使人类赖以生存的珍贵资源过度开发和严重浪费。再次,难以用经济手段加强对资源的管理和保护。资源价格的扭曲使得资源的消耗速度和稀缺程度难以反映出来,从而在客观上造成了缺乏对资源短缺与否的关注,运用经济手段管理和保护自然资源也就成为一种幻想,资源退化在所难免。

3. 不计资源消长的国民经济核算体系

国民经济核算体系有两种:一种是“国民账户体系”(System of National Account,SNA),它是1953年由联合国制定的,1968年进行改进,后被大多数西方国家所采用。它主要包括国内生产、收入与支出、资本贸易、国际收支四个综合账户及投入产出、资金流量表、资产负债表等。另一种是“物质产品平衡体系”(System of Material Product Balance,MPB),它最早产生和发展于苏联,主要包括综合财政表、投入产出表表、劳动力平衡表、资产平衡表、非物质平衡表、物质产品平衡表等。我国的国民经济核算体系层采用MPBJ,1994年开始采用以SNA为主体的核算制度。不管是SNA,还是MPB,它们都存在着缺陷,主要表现在没有将自然资源作为国民财富加以核算,只注重经济产值及其增长速度,而忽视了资源的消长和环境质量的变化。其后果是:一方面自然资源持续减少;另一方面国民生产总值却虚假增长,使得社会经济的发展缺乏后劲,形成经济快速发展过程中的资源“空心化”现象。

4. 资源再生产不受重视的产业政策

资源日益紧缺的原因,既有破坏、浪费的一面,也有再生产不足的一面。资源的再生产过程,是自然再生产过程和社会再生产过程的结合。在我国人口不断增加、经济持续增长而对资源需求日益扩大的情况下,单纯依靠自然再生产来增加资源已远远不能解决资源短缺的矛盾,必须强化其社会再生产,即通过资源产业,增加社会投入,通过保护、恢复、再生、更新等来增加资源量,才有可能满足今世和后代经济社会发展对资源的需求。

目前,我国尚未确立资源产业的地位,国家对资源的社会再生产投入不足,资源的再生产大多依赖于资源本身的自然再生产过程。因此,资源恢复和再生的速度远不及其耗损的速度,大多数资源已出现“赤字”现象。

(二)加强资源管理的对策

1. 明晰产权关系

首先,我国自然资源产权制度改革应该针对所有者“缺位”的问题,明确自然资源的所有权机构主体。要真正塑造出具有人格化的自然资源所有权主体,必须建立具有权威性的自然资源产权管理机构,如自然资源管理委员会,赋予这些人格化的所有权代表权力,让它们行使征收自然资源管理费用和监督经营者、使用者利用自然资源的行为规范权力,承担自然资源增值和自然资源使用过程中的环境保护责任。在此基础上,清晰地界定自然资源所有权主体、经营使用权主体应享有的权利、利益及承担相应的责任,使它们之间形成法律、经济等方面的内在约束,让自然资源的使用强度、自然资源增值和环境保护之间达到合理的平衡点。

其次,要建立符合市场经济体制要求的自然资源产权流转制度。在企业(或个人)向政府租赁自然资源时,应按均额有偿租赁(如土地资源的家庭承包制)或公开招标租赁(如某些矿产资源的公开招标开采制)方式进行,以减少租赁过程中的寻租行为,保持自然资源使用的公平性。在此基础上,建立产权立传制度允许经营使用者之间按市场规则进行自然资源使用权的自由交易,以提高自然资源的配置和使用效率。

2. 确立资源价值观

我们必须纠正长期流行的资源无价的观念,树立资源有价的新观念。英国皇家学会会员艾伦·科特雷尔教授曾指出:“无论以什么样的社会形式,都必须承认有限的、会枯竭的自然资源都有价值。因此,必须以这样或那样的形式给资源制定价格,以便限制消耗和给予保护。”资源价值首先决定于它对人类的有用性,其价值大小则取决于它的稀缺性和开发利用条件。根据不同的资源特点,确定不同的资源价格。在此基础上,全面推行资源有偿使用制度。国家作为资源的所有者,有权对资源经营者征收资源耗竭费和资源税。

3. 建立资源核算制度,并将其纳入国民经济核算体系

自然资源核算是对自然资源的存量、流量以及自然资源的财富价值进行的科学计量。只有对资源进行核算,并将其纳入国民经济核算体系,才能揭示经济发展的实际水平和资源耗竭的实际程度,才能把经济发展与资源有效利用和保护有机地结合起来,才能避免经济发展中的资源短缺和资源空心化现象的出现。

资源核算的基本思路是:先进行资源实物量核算,再进行价值量核算;先做单项资源核算,再进行综合资源核算。然后,将资源核算纳入国民经济核算体系中去,可通过以下三条

渠道进行:①将资源核算纳入国民财富核算;②把资源核算与国民生产总值(GNP)和国民生产净值(NNP)等国民经济产值连接起来,即把一定时期内的资源增加量当作资本形成来看待,把一定时期内的资源减少量当作资本损耗来处理,并据此对国民生产总值和国民生产净值做出修正和调整,得出新的 GNP 和新的 NNP;③对资源产业活动进行投入与产出平衡核算,即将资源产业与其他物质生产部门同等看待,纳入物质生产部门间的投入与产出平衡表,进行总体投入与产出核算。

4. 资源再生产要实行产业化

所谓资源产业,是指从事自然资源再生产活动的生产事业,也就是通过社会劳动投入,进行保护、恢复、再生、增值和积累自然资源的生产过程。资源生产活动主要包括矿产资源的勘探、土壤改良、耕地恢复、采种育林、育草、水产育苗、海洋调查与勘探、废气废水的净化、资源保护等。

三、环境管理的内容和基本职能

(一)环境管理的含义

从广义上讲,所谓环境管理是依据国家的环境政策,以及环境法律、法规和标准,坚持宏观综合决策与微观执法监督相结合,从环境与发展综合决策入手,运用各种有效管理手段,调控人类的各种行为,协调社会经济发展同环境保护之间的关系,限制人类损害环境质量的活动以维护区域正常的环境秩序和环境安全,实现区域社会可持续发展的行为总体。其中,管理手段包括法律、经济、行政、技术和教育五种手段,人类行为包括自然、经济、社会三种基本行为。

从环境管理的这个广义概念中,我们可以知道:第一,环境管理是针对环境问题而言的一种管理活动,主要解决由于人类活动所造成的各类环境问题。第二,环境管理的核心是对人的管理。传统上的一个误区就是把污染源作为环境管理的对象,却忽视了对人的管理。其实人是各种行为的实施主体,是产生各种环境问题的根源。只有解决人的问题,从人的三种基本行为入手开展环境管理,环境问题才能得到有效的解决。第三,环境管理是国家管理的重要组成部分。环境管理的目的是解决环境污染和生态破坏所造成的各类环境问题,保护区域的环境安全,实现区域社会的可持续发展。环境管理设计包括社会领域、经济领域和资源领域在内的所有领域。环境管理的内容非常广泛和复杂,与国家的其他管理工作紧密联系、相互影响和制约,成为国家管理系统的重要组成部分。

(二)环境管理的内容

管理的内容是由管理目标和管理对象决定的。环境管理的根本目标是协调发展与环境之间的联系,涉及人口、经济、社会、资源和环境等重大问题,关系到国民经济的各个方面,因而,其管理内容广泛且复杂。从总体上说,可以按照管理的范围和管理的性质来分类。

1. 按管理范围分类

(1)资源管理

自然资源是国民经济与社会发展的重要物质基础。随着工业化及人口的增长,人对自然资源的巨大需求和大规模的开采及使用已导致资源基础的削弱、退化、枯竭。如何以最低的环境成本确保自然资源可持续利用,已成为现代环境管理的重要内容。其主要内容包括:水资源的保护与开发利用;土地资源的管理和可持续开发与保护;矿产资源的合理开发利用与保护;草地资源的开发利用与保护;生物多样性保护;能源的合理开发利用与保护等。

(2)区域环境管理

环境问题与自然环境及经济状况有关,存在着明显的区域性特征,因地制宜地加强区域管理是管理的基本原则。如何根据区域自然资源、社会、经济的具体情况,选择有利于环境的发展模式,建立新的社会、经济、生态环境系统,是区域环境管理的主要任务。其主要内容包括城市环境管理、风沙区生态建设及管理等。

(3)专业环境管理

环境问题与行业性质及污染因子有关,存在着明显的专业性特征。不同的经济领域会产生不同的环境问题,而不同的环境问题要素往往涉及不同的专业领域。有针对性地加强专业化管理,是现代科学管理的基本原则。如何根据行业性质和污染因子(或环境要素)的特点,调整经济结构的布局,开展清洁生产和生产环境标志产品,推广有利于环境的实用技术,提高污染防治和生态恢复工程及设施的技术水平,加强和改善专业管理,是环境管理的重要内容。

2. 按管理性质分类

(1)环境计划管理

计划是为实现一定目标而拟定的科学预计和判定未来的行动方案。计划主要包括两项基本活动:一是确立目标;二是决定实现这些目标的实施方案。计划能促进和保证管理人员在管理活动中进行有效的管理。环境计划管理的主要任务是制定、执行、检查和调整各部门、各行业、各区域的环境规划,使之成为整个社会经济发展规划的重要组成部分。

(2)环境质量管理

环境质量管理是环境管理的核心内容。质量管理是指组织必要的人力和其他资源去执行既定的计划,并将计划完成情况和计划目标相对照,采取措施纠正计划执行中的偏差,以确保计划目标的实现。环境质量管理是为了落实环境规划、保护改善环境质量而进行的各项活动,如调查、监测、评价、检查、交流、研究和污染防治等。

(3)环境技术管理

环境技术管理需要综合运用规划、法制、行政、经济等手段,培养高素质的管理人才,采用先进的管理手段,建立和不断完善组织机构,形成协调管理的机制。要实现这一目标,必须不断健全环境法规、标准体系,建立现代管理体系,建立环境管理信息系统,加强环境教育和宣传,加强科学技术支持能力建设,加强国际科技合作和交流。所有这些活动就构成了环境技术管理的主要内容。总之,加强技术管理就是加强技术支持能力建设,依靠科技进步,实现规范、有效、科学的管理。

(三)环境管理的基本职能

环境管理的职能是指环境管理活动应有的功能。如果说环境管理的内容属于管什么的问题,那么环境管理的职能则属于怎么管的问题。环境管理的基本职能包括计划、监督、协调和指导。

1. 计划职能

所谓计划职能，是指对未来的环境管理的目标、对策和措施进行规划和安排，也就是在开展环境管理工作或行动之前，预先拟定出具体内容和步骤。它包括建立短期和长期的管理目标以及选定实现管理目标的对策和措施。

计划职能的主要内容有：一是分析和预测环境管理对象未来的变化情况；二是制定环境管理目标，包括确定任务、对策、措施等；三是拟订实现计划目标的方案，做出决策，对各种方案进行可行性研究，选出可靠的满意方案；四是编制环境保护的综合规划、环境保护的年度计划和各专项活动具体计划，务实检查总结计划的执行情况。

2. 监督职能

环境管理的监督职能是指管理主体监督被管理者在实际活动中的行为和结果是否偏离管理目标，并督促他们按照环境方针、政策、规划、法规、标准等办事的管理活动。监督职能是由相互衔接的两个方面的管理活动构成：一是通过监督，取得实际活动的信息、查明偏差及产生偏差的原因；二是督促被管理者纠正偏差，保证管理目标的顺利实现。

3. 协调职能

所谓协调职能是指在实现管理目标的过程中协调各种横向和纵向关系及联系的职能。协调职能与监督职能的关系非常密切，强化监督管理离不开协调。

4. 指导职能

如果说前三个职能主要侧重让被管理者“做什么”，那么环境管理的职能则是指管理主体指引被管理者应该“怎么做”的导向活动。指导职能的实质就是服务。指导在环境管理过程中是不可忽视的，管理者不仅应该要求别人做什么，而且应该尽可能告诉人家怎么去做，只有把二者有机地结合起来，才能充分发挥环境管理的整体功能。

规划、指导、协调和监督，是整个环境管理过程的基本职能。四个方面的管理活动一方面在实践上是连续的，即规划→指导→协调→监督；另一方面在空间中是并存的，如规划不仅仅存在与管理过程的开始，对规划的调整和修订贯穿于管理的全过程。因此，管理活动在同一时点上，既要有所侧重，又要全面考虑其他的职能，避免管理的片面性。

另外，处于不同层次的管理活动其职能也应有不同的侧重。对国家、省级来说，规划和协调这两个职能显得更加重要，因为这一层次的管理活动属于宏观和中观环境管理。确定切实的规划目标，并协调有关地区、行业采取各种措施，促使规划目标的实现是宏观和中观环境管理的主要任务。市、县级以下的管理活动，主要侧重于指导和监督这两个职能，因为指导和监督的对象，主要是微观活动的企事业单位和城乡居民，其处在市、县级以下管理活动所涉及的范围内。

四、生态文明的内容及管理机制

(一)生态文明的含义

生态文明是人类文明发展过程中一种新的文明形态，也是人类社会进步的一种具体形态，是人类在正确处理生产发展与生态自然环境关系时思维方式和行为方式的总和。

生态文明是由生态和文明两个词组成的复合词。生态是一个系统，是指由生物与无机环境构成的统一体。而文明是指人类社会的物质、精神文化发展程度和进步状态。生态文明，是指人类遵照自然、人、社会的发展规律而获得的物质和精神成果的总和，是以人与自然、人与社会、人与人和谐可持续发展为宗旨的文明形态。生态文明不同于过去工业文明时代人类社会的发展,是在改造和利用自然的过程中,不断克服负面效应,优化人与自然关系,建设有序的生态运行机制以及营造良好的生态环境。生态文明的内涵表明了生态文明是新型文明形态,是在工业文明破坏人与自然平衡,环境污染严重的基础上提出的,是为了解决资源、环境、生态等具体问题。

(二)生态文明管理的意义

生态文明作为人类文明发展的基础,是在人类社会原始文明、农耕文明、工业文明的发展基础之上,承载物质文明、精神文明和政治文明的建设成果,贯穿于我们整个社会发展的全过程。多年来,党和国家高度重视生态文明建设,将其作为中国特色社会主义事业的有机组成部分。因此,生态文明管理在资源与环境管理中具有重要的意义。

1. 理论意义

在我国,生态文明建设比较系统化的研究开始于党的十七大召开后,相关领域的实践经验也不够丰富。同时,探索生态管理是深入贯彻十八大精神的必然要求,是党中央全面建设小康社会和构建社会主义和谐社会的必然要求。相对于生态文明建设,生态管理研究尚未有比较系统的研究,尤其是将生态管理创新研究的发展作为促进生态文明建设的重要组成部分更是少见。因此,我国国情及生态管理的现状,通过多角度、多层次的综合分析来建立我国生态文明管理体系,以此推动我国生态文明建设的进一步发展,是非常有意义更是非常紧迫的研究课题。

2. 实践意义

研究生态文明建设中的生态管理创新,对我国政治、经济、生态、社会的协调发展都具有明显的现实意义。生态文明管理反映了当前我国生态文明建设中生态管理实践的复杂性特点,能够为生态管理提供有价值的指导。通过对生态管理进行研究,找到新的生态管理模式与方法,有利于提高政府管理绩效、有利于企业增强竞争力实现绿色发展、有利于正确处理人与自然、人与人、人与社会的关系、有利于实现统筹兼顾,正确应对日益严重的生态问题,进一步指导我国正在进行的生态文明建设。

(三)生态文明管理机制

人类的经济行为如果不加制约会不自觉地产生负外部性,最终导致生态环境的破坏。因此,政府展开生态管理工作成为必然。

1. 建立生态计划调控机制

长久以来,我国一直保持制定国民经济发展计划的传统。政府进行生态管理,首先就要在制定国民经济发展计划时考虑生态化诉求。要把社会效益、经济效益同生态效益统一起来,满足大多数人民群众的基本需求。其次,还要实行绿色 GDP 的国民经济核算体系。传统的国民经济核算体系只记录人造资本的消耗,不考虑自然资源的投入,在环境污染上,环境治理的费用虽然被列入国内生产总值,但环境破坏带来的损失却不被从中扣除。绿色国民经济核算体系,引入了自然资本的概念,改变了过去传统工业经济增长模式,引导人们从单纯追求经济增长向关注经济、社会、环境共同协调发展转变。

2. 健全我国政府生态责任制

健全我国政府的生态责任制,要坚持依法治国和保护生态环境的基本国策,坚持遵循